Anne Bernet

Ich, Pontius Pilatus

Anne Bernet

Ich, Pontius Pilatus

Aus dem Französischen von
Gabriele Krüger-Wirrer

Knaur

Originaltitel: Les Memoires de Ponce Pilate
Originalverlag: Plon, Paris

Schreibweise und Zitate richten sich nach folgender Bibelausgabe:
Die Bibel nach der Übersetzung Martin Luthers, Bibeltext in der revidierten Fassung von 1984, Deutsche Bibelgesellschaft, Stuttgart 1985.

Die Folie des Schutzumschlags sowie die Einschweißfolie
sind PE-Folien und biologisch abbaubar.
Dieses Buch wurde auf chlor- und säurefreiem Papier gedruckt.

Knaur Verlag

Umschlaggestaltung: Agentur Zero, München
Umschlagabbildung: ZEFA/Index Stock, Frankfurt a. M.
Satz: Ventura Publisher im Verlag
Druck und Bindung: Clausen & Bosse, Leck
Printed in Germany
ISBN 3-426-66050-4

2 4 5 3 1

Für François-Xavier de Vivie

Da fragte ihn Pilatus: So bist du dennoch ein König? Jesus antwortete: Du sagst es, ich bin ein König. Ich bin dazu geboren und in die Welt gekommen, daß ich die Wahrheit bezeugen soll. Wer aus der Wahrheit ist, der hört meine Stimme.
Spricht Pilatus zu ihm: Was ist Wahrheit?

Das Evangelium nach Johannes, 18, 37-38

Prolog

Auch heute nacht hat Procula wieder von dem Galiläer geträumt. Sie hat es mir nicht gesagt; aber ich weiß es dennoch. Ich erkenne es an ihrem Schweigen beim Aufwachen, an diesem Blick, den sie mir dann zuwirft, an dem stummen Vorwurf, den ihre Augen an mich richten. Ist es überhaupt ein Vorwurf? Nein ... Ich lese darin ein unermeßliches Leid, tief wie das Meer, unstillbar, an dem ich schuld bin. Ihre Augen scheinen mir zu sagen:
Gaius, was hast du getan?
Und wenn Procula mich so ansieht, will mir die einzige Antwort, die ich ihr geben möchte, nicht über die Lippen kommen.
Ich habe meine Pflicht getan, müßte ich ihr sagen. Doch die Worte verweigern sich mir, denn ich bin mir weder meiner Handlungen noch meiner selbst noch sicher. Ich bin ein Mensch voller Unsicherheit und Zweifel. Mein ganzes Leben wird mit dem Versuch verstrichen sein, vor den anderen zu verbergen, was ich in Wirklichkeit bin: ein unsicheres, kleinmütiges Geschöpf.
Ein Feigling.
Nichts verletzt mich so sehr wie der Gedanke, daß Procula mich durchschaut und mich verurteilt. Und daß sie mich dennoch weiterhin liebt. Wie kann sie mich noch lieben, wenn ich mich verachte?
Gäben mir die Götter die Gelegenheit zurückzugehen, würde ich versuchen, dieses Schicksal abzuwenden, das mein Leben

ebenso wie das Glück und die Freude meiner Frau verfinstert hat; aber die Götter geben einem niemals eine zweite Chance. Im übrigen glaube ich schon lange nicht mehr an die Gottheiten Roms.

Doch selbst wenn ich an sie glauben würde und sie mir zu Hilfe kämen, selbst wenn es mir gegeben wäre, diesen Tag noch einmal zu erleben, wäre ich dann imstande, seinen Lauf zu ändern? Wäre ich nicht erneut gelähmt vor Furcht?

Denn ich bin feige.

Dieser Fehler ist gegenwärtig sehr verbreitet. Patrizier, Ritter, wir alle zittern. Die Edelsten unter uns, die Söhne der Eroberer des Weltreichs, haben sich in Sklaven verwandelt, geduckt in der Furcht vor der Peitsche. Es wäre verwunderlich, wenn der Abkömmling der Pontier mehr taugte als die Sprößlinge der erlauchtesten Familien.

Procula steht am Fenster. Meine Frau ist nicht schön und ist es nie gewesen. Als der göttliche Tiberius sie mir zur Frau gab, hatte ich den Verdacht, daß er mir einen üblen Streich spielte, der ihn belustigte. Unter dem Deckmantel einer ehrenvollen Verbindung – Claudia Procula ist seine Cousine – bugsierte er mir ein häßliches Mädchen ins Bett, mir, der als großer Liebhaber von Schönheiten galt ... Und es war mir unmöglich, mich zu weigern!

Wenn der Cäsar geahnt hätte, welch prachtvolles Geschenk er mir machte ... Wir haben ihn nie erraten lassen, wie sehr wir uns liebten. Als Tiberius älter wurde, hatte er seltsame Launen, und das Glück anderer war ihm unerträglich.

Ich war dreißig Jahre alt, Procula zwanzig. Und obwohl sie mit Tiberius Nero verwandt war, dem ersten Gatten Livias und Vater des Tiberius, hatte keiner sie haben wollen. Meine eigene Mutter hatte ebenso wie die ihre mit zwölf Jahren geheiratet.

Woran denkt sie in diesem Augenblick? Ist es der graue

Himmel, der sie traurig macht? Ist es der Regen, der unaufhörliche Regen, der den ganzen Winter über auf Vienna fällt? Vermißt sie ebenso wie ich das Licht der Stadt?
Gelten diese Tränen, die zu häufig von ihren Wimpern perlen, unserer Tochter Pontia, fern von uns und unglücklich, der wir nicht helfen können? Gelten sie den Manen unserer Söhne, die nun alle drei verstorben sind? Ich möchte es mir einreden. Aber ich weiß, daß Procula weder über sie noch über unser Exil weint, nicht einmal über unsere Kinder. Sie weint über mich. Über meine Schuld.
Über meine Feigheit.
Jedesmal, wenn sie von dem Galiläer träumt, ist es so. Und sie träumt oft von ihm.

1

Ich bin im Jahre 742 nach der Stadtgründung geboren, am sechsten Tag der Iden des Mai.
Zu dieser Jahreszeit kreisen die Schwalben über Rom, und im Atrium unseres Hauses fallen die ersten Rosenblätter ins Becken. Zur Stunde des purpurnen Sonnenuntergangs am Horizont erscheinen die Pinien auf unseren Terrassen schwarz. Ihr Duft, vermischt mit dem der Rosen, durchdringt das Zimmer, das meiner Mutter gehörte. Obwohl Rom niemals ganz und gar schläft, beruhigt sich der Tumult auf den Straßen, während in den Fenstern die Lampen angezündet werden und der Wind die Flamme der Fackeln flackern läßt, die Sklaven vor den Sänften derer hertragen, die sich zum Abendessen in den Palast begeben.
Das hätte mein erstes Bild der Welt sein sollen, und ebendieses Bild hätte sie, die mich zur Welt gebracht hatte und dabei starb, mit sich nehmen sollen.
Sie war sechzehn Jahre alt und hieß Tullia. Hartnäckiger Nebel verschleierte das letzte Leuchten der blassen Sonne Galliens. In Lugdunum sind im Mai die Schwalben noch nicht aus Afrika zurückgekehrt, und die Rosenstöcke haben noch nicht geblüht. Meine Mutter stammte aus Kampanien; sie liebte Licht, Blumen und Vögel. Als man sie auf den Scheiterhaufen legte, setzte ihr die Dienerin, die sie aufgezogen hatte, einen Kranz aus wilden Hyazinthen mit blauen, duftenden Blütenglöckchen auf den Kopf; das waren die einzigen Blumen, die sie hatte finden können.

All diese Einzelheiten erfuhr ich von Aula, jener Frau, die die Amme meiner Mutter gewesen war und sie mir ersetzte. Sie erzählte mir auch, daß die Kremation lange gedauert hatte, weil das Holz feucht war und schlecht brannte.
Mein Vater war weit weg, an der Elbe. Er kämpfte mit Drusus und Tiberius. Ich weiß nicht, ob er unter seiner Witwerschaft litt. Er war vier Jahre verheiratet gewesen, die für ihn vier Jahre Feldzug gewesen waren. Sicherlich liebte er meine Mutter, da er Wert darauf gelegt hatte, daß sie Rom verließ, um näher bei ihm zu sein. Einmal im Monat fand er die Zeit, sie in diesem Haus am Ufer der Rhône zu besuchen, das er von einem italienischen Kaufmann aus Lugdunum gemietet hatte. Ich war die Frucht einer dieser Zusammenkünfte von ein paar Stunden, für die mein Vater Meilen um Meilen durch halb barbarische Landstriche galoppiert war. Bei der Armee riskierte er Tag für Tag sein Leben, und er wollte einen Sohn, der sein Andenken ehrte, falls er fallen sollte.
Drusus hatte ihm Urlaub gegeben, damit er anwesend sein konnte, als ich geboren wurde. Doch als er kam – und unterwegs drei Pferde zuschanden geritten hatte –, war Tullia tot, und ich schrie als Halbwaise in einer gallischen Wiege.
Gaius der Ältere, mein Vater, hatte seinen vor Regen tropfenden Reisemantel noch nicht ausgezogen, als Aula zu ihm gestürzt kam. Sie lachte und weinte zugleich.
»Herr, Herr, du hast einen Sohn!« rief sie. Und gemäß dem Brauch der Vorfahren legte sie mich ihm zu Füßen auf den Boden.
Viermal in meinem Leben haben Dienerinnen so die Kinder, die Procula zur Welt gebracht hatte, vor mich hingelegt. Jedesmal empfand ich wieder dieselbe Rührung, ebenso lebhaft wie bei der Geburt meiner Ältesten.
Mein Vater war jung, als er mich zum erstenmal auf den Arm

nahm, viel jünger als ich es selbst gewesen war, als Pontia geboren wurde. Er sah Aula mit einem fast verstörten Blick an, als hätte er das Ritual vergessen.

»Herr, du hast einen Sohn«, wiederholte sie, »einen gesunden und kräftigen Sohn! Er sieht dir bereits ähnlich!«

Um mich besser zu zeigen und meinem Vater zu beweisen, daß ich normal und kräftig war, hatte Aula mich aus den Windeln gewickelt, und rot vor Zorn schrie ich bei der Berührung mit den kalten Marmorfliesen. Mein Vater war groß und stattlich; seine starken Hände hatten öfter Hengste gezähmt oder Schwert und Wurfspieß geschwungen als ein Neugeborenes gehalten. Er wußte nicht, wie er mich aufheben sollte, da er fürchtete, mir unwillentlich weh zu tun. Aula begriff nicht, daß er Angst hatte, und als sie ihn schweigend und unentschlossen sah, befürchtete sie, er könne mich verstoßen, wie das Gesetz es erlaubt.

Um uns herum hatten sich aufmerksam und stumm die Diener versammelt. Langsam kniete mein Vater nun nieder. Ungeschickt nahm er mich hoch, richtete sich wieder auf, und mit einer Geste, als schwenkte er am Tag eines Sieges den Adler, hob er mich hoch über seinen Kopf und sagte:

»Gaius, mein Sohn ...«

»Gaius, mein Sohn!«

Ich war an der Reihe, die Spielstäbchen zu werfen, aber als ich diese Stimme vernahm, die ich nie mehr zu hören geglaubt hatte, vergaß ich alles: das Spiel, das Zählen der Punkte bei dieser Partie und selbst meinen Freund Adelphos, Sohn des Demetrios, unseres griechischen Verwalters. Die Elfenbeinstäbchen rollten im Staub. Ich drehte mich um, war mit einem Satz auf den Beinen, rannte auf den Mann zu, der unter dem Portikus stand. Ich dachte nicht mehr an die Stufen, die dorthin führten, und wäre der Länge nach hingeschlagen,

wenn nicht die Arme meines Vaters mich im Flug aufgefangen und hochgehoben hätten, bevor er mich drückte, als hätte er befürchtet, das nie mehr tun zu können. In seinen Augen standen Tränen. Ich wußte nicht, daß er weinen konnte, und bekam Angst:

»Vater! Was hast du?«

Aber er antwortete nicht, weil er mich leidenschaftlich umarmte, und ich spürte auf seiner Haut den Geruch von Pferden und Leder.

Ich war sieben. Vor einem halben Jahr hatte sich in Rom die Nachricht verbreitet, Gaius Pontius Pilatus, mein Vater, sei beim Untergang des Schiffes, das ihn von Rhodos zurückbringen sollte, umgekommen.

Es war eine blaue Nacht in Latium, in der der Schild des Mondes sanft leuchtete. Eine Nacht berauscht von Düften und dem Zirpen der Zikaden. Nach dem Bad hatte mein Vater sich auf der Terrasse ausgestreckt. Seinem Sklaven befahl er, ihm einen Pokal roten Falerners zu bringen, des roten starken Weins unserer Weinberge.

Zu dieser Stunde schlief ich gewöhnlich friedlich, doch mein Vater hatte mich nicht ins Bett geschickt, er wollte, daß ich bei ihm blieb, und er sprach zu mir wie zu einem Mann:

»Siehst du diesen Stern, Gaius, der am Horizont aufsteigt? Das ist Orion, der Jäger. Wenn er an unserem Himmel erscheint, zeigt er die Ankunft des Herbstes an. Früher, in Germanien, fürchteten wir sein Erscheinen, denn er kündigte uns die grauen Tage dieses nördlichen Landes an, den eisigen Wind über der Ebene und den Schnee unter dem tiefhängenden Himmel, wo sich das gefrorene Wasser der Flüsse und Teiche mit den Wolken vermengt.«

»Vater, warum warst du in Germanien, bei den Barbaren?«

»Um meine Pflicht zu tun. Um Rom zu dienen.«

Er beugte sich zu mir, zog mich zu sich. Schwer lag seine Hand auf meiner Schulter.

»Sieh, Gaius! Sieh dir die Stadt an! Die Götter haben den Römern die Macht über die Welt versprochen. Ihr Versprechen ist fast erfüllt. Weil unser Volk niemals gefürchtet hat, zu kämpfen, zu leiden und zu sterben, damit dieser göttliche Wille in Erfüllung geht. Daher werden die Götter Rom segnen, solange es einen einzigen Römer gibt, der dieser Stadt dient und sie mehr liebt als sein eigenes Leben.«

Auf den sieben Hügeln funkelten Tempel und Paläste, so weit das Auge reichte, im Mondlicht.

»Die Stadt, Gaius ... Überall auf der ganzen Welt, bis an die Grenzen der bekannten Königreiche, wissen die Menschen, daß es nur eine Stadt gibt: Rom; daß sie mächtig ist, unbesiegbar. Ihre Macht und Unbesiegbarkeit sind wir. Es gibt keine ruhmvollere Aufgabe, keinen beneidenswerteren Tod, als für Rom zu sterben.«

Mein ganzes Leben lang habe ich mich bemüht, den Lehren meines Vaters treu zu bleiben. Ich habe Rom – Licht der Welt und im Besitz der Wahrheit – gedient.

Aber was ist Wahrheit? Ich habe dem Galiläer diese Frage gestellt; er hat mir nicht geantwortet.

Mein Vater hätte so etwas nicht gefragt. Für ihn waren die Dinge, was sie sein mußten. Rom war seine Wahrheit.

Wir waren keine Patrizier. Auch wenn ich mich auf die Aussagen meiner Verwandten, die von Äneas und seinen Gefährten abstammen wollten, verließ, so konnten selbst dreihundert Jahre Bürgerrecht und dem Staat geleistete Dienste nichts daran ändern, daß ich ein *homo novus* war. Eine Art Emporkömmling, dessen Familie in den Annalen der Stadt kaum geglänzt hatte. Obwohl Procula es mich nie hatte spüren lassen, war sie doch unendlich edler geboren als ich.

Ich war also kein Patrizier. Nur ein Ritter. Man sagt, wir seien das Fundament des Staates. Durch unsere Vermögen, gewiß, aber vor allem durch unsere Hingabe an die *res publica,* unseren Anteil an Militär und Verwaltung; auch durch die Banken und den Handel, den die Reichsten unter uns in Händen hielten. Wir gehörten nicht zu den Optimaten, doch das Geschick Roms ruhte auf unseren Schultern.

Um die Wahrheit zu sagen: Auf den Schultern meiner Familie hatte es nie besonders stark geruht. Meine *Gens* konnte keinen Anspruch auf einen großen Ruf erheben, und keiner meiner Angehörigen gelangte zu den höchsten Ämtern.

Mein Großvater Aulus hatte mit dem göttlichen Julius in Gallien gedient. Danach hatte er sich dem Lager des Antonius zugeschlagen. Doch als dem Triumvir sein ägyptisches Abenteuer zu Kopf stieg, verließ Aulus ihn, um unter den Adlern Oktavians zu dienen.

Ich wußte wohl, was man über meinen Ahnen sagte: Eigennutz, nicht noble Gefühle hätten zu diesem Anschluß an Oktavian geführt, da diese Kehrtwendung ihm sofort, unter den Beutestücken seines Cousins Aquilius, dieses Haus auf dem Aventin einbrachte, in dem die süßesten Stunden meines Lebens dahinflossen. Die so redeten, wußten nicht, daß Aulus weder Gold noch Luxus liebte, auch nicht die Vergnügungen, die man damit kaufen kann. Seine einzige Leidenschaft war Rom. Er ertrug nicht den orientalischen Wahn des Antonius, der in seiner rauschhaften Liebe zu Kleopatra bereit war, ihr Ägypten zurückzugeben und ihr unsere asiatischen Provinzen zu versprechen, die so viel römisches Blut gekostet hatten. Aulus verriet Markus Antonius, um Rom nicht zu verraten. Oktavian hatte das begriffen.

Mein Großvater fiel bei Aktium. Ein ägyptischer Dreiruderer rammte die Galeere, die unter seinem Kommando stand. Ich bin sicher, daß er glücklich starb, denn als er in den Fluten

unterging, wußte er, daß unsere Schiffe den Sieg davontragen würden.
Mein Vater war damals noch ein ganz kleines Kind. Terentia, meine Großmutter, blieb allein zurück, um ihn großzuziehen und einen Mann aus ihm zu machen. Sie erfüllte ihre Aufgabe gut. Als lebende Inkarnation der altrömischen Tugend zeigte Terentia sich imstande, Livias Freundschaft zu gewinnen, was keineswegs einfach war, und ebenso die Wertschätzung des Augustus, eine noch schwierigere Sache. Diese doppelt seltene Gunst gab meinem Vater die Möglichkeit, an der Seite von Drusus und Tiberius aufzuwachsen.
Meine Kindheit war glücklich, unbelastet von der großen Historie. Ich lernte lesen und schreiben. Ich hatte einen Lehrer aus Alexandria, der mich die Sprache Homers lehrte, bis sie mir ebenso vertraut war wie das Lateinische. Mein Vater behielt es sich vor, mich in den Sattel zu setzen und mir den Umgang mit dem Schwert beizubringen.
Meine freie Zeit verbrachte ich mit Adelphos. Oder auch allein, im Garten umherstreifend und die Stadt zu meinen Füßen betrachtend. Ich schmiedete mir eine harte, männliche Seele, nach dem Vorbild meines Vaters, der Hingabe an Rom geweiht. Ich war glücklich, auch wenn ich mich manchmal fragte, wie wohl die Zärtlichkeit einer Mutter sein mochte.

2

Varus weiß nicht, wohin er geht noch was er tut.
So gering meine militärische Erfahrung auch sein mochte, erschien es mir doch offensichtlich, daß der Befehlshaber der Lager Irrtum um Irrtum beging. Er konnte das Gelände, auf dem er operierte, nicht einschätzen, er kannte dieses Germanien nicht, in dem er vorwärts marschierte. Noch weniger konnte er unseren Gegner einschätzen. Varus war von unserer Überlegenheit felsenfest überzeugt, und diese selbstgefällige Sicherheit machte ihn unvorsichtig. Unsere schlimmsten Niederlagen wurden stets durch ähnliche Fehler verursacht.
Seit einigen Tagen verfolgten mich unerfreuliche Bilder, die direkt meiner Ausbildungszeit, mir noch so nahe, entsprangen. Der Hinterhalt bei den Caudinischen Engpässen ... Die Vernichtung der Legionen des Crassus in der persischen Wüste ...
Wenn ich um mich blickte, ließ sicherlich nichts an das Reich der Parther denken. Wälder, riesige Wälder, ein nicht enden wollender Wald, seit wir die Ufer des Rheins verlassen hatten. Schwarze, dichtbelaubte, feindliche Wälder, die einen umzingelten, so wie die parthischen Bogenschützen Crassus und seine Männer umzingelten, bevor sie sie mit Pfeilen durchbohrten. Jeden Augenblick ertappte ich mich dabei, daß ich mich umdrehte und suchend in das dichte Unterholz starrte. Meine Muskeln verkrampften sich instinktiv, spannten sich an in Erwartung eines tödlichen Schlags, geführt von einer un-

sichtbaren Hand. Ich riß mich wieder zusammen, denn ich ahnte die stumme Angst der Soldaten, die mir folgten. Auch sie fühlten sich nicht wohl in ihrer Haut.
Hin und wieder warf ich einen kurzen Blick auf Flavius, meinen gallischen Zenturio. Ein vorwitziger Kerl, draufgängerisch und verwegen, der niemals Angst hatte. Mit fünfundzwanzig Jahren war er bereits von Narben zerfurcht; ein Faustschlag hatte ihm die Nase korrigiert. Außerdem war er klein, aber zänkisch und eitel wie ein Gockel! Natürlich hieß er nicht Flavius. Diesen Namen hatte er gewählt, weil der seine für unsere lateinischen Kehlen zu rauh war.
Er war Abkömmling eines fernen Stamms und kam aus einem kleinen Ort, Zwischenstation auf der Route zum Ozean, sehr weit im Westen. Er erklärte, daß er adlig sei, und vielleicht stimmte es ja? Sicher war ich aber, daß er ein guter Krieger war und daß dieses verwünschte Land ihn gewöhnlich nicht beeindruckte.
»Weißt du, Tribun«, sagte er immer mit diesem unmöglichen Akzent, der das *R* und die Endsilben verschluckt. »Die Gegend hier ist auch nicht wilder als bei mir daheim.«
Und auch nicht wilder als die Schluchten meines Samnium, die mich jedoch nicht so niederdrückten wie diese endlosen Wälder, die sich über die Ebene zogen ...
Am meisten beunruhigte mich im Augenblick das Schweigen von Flavius. Er, der so gerne schimpfte und unsere Rekruten vorwärts trieb – »Idiotenhaufen! Da ist keine Gefahr« –, eine Formulierung, die mich zugleich zum Lachen brachte und ärgerte, schwieg nun.
»Mir gefällt das nicht, Tribun!« flüsterte er schließlich. »Ganz und gar nicht! Varus dürfte sich nicht so weit von unseren Stützpunkten entfernen! Wenn er unsere Verbindungen zu weit auseinanderzieht, ist es unmöglich, Verstärkung anzufordern.«

Ich antwortete nicht. Einem Zenturio stand es nicht an, über die Handlungen eines Befehlshabers zu urteilen, selbst wenn der Zenturio recht hatte … Wohin käme es mit Rom, wenn die Legionen anfingen, über die Wohlbegründetheit der Befehle zu diskutieren, die sie erhielten?
Meine und Flavius' Gedanken müssen wohl parallel verlaufen sein.
»Na ja, Tribun … du oben in der Hierarchie und ich, der subalterne Offizier unten, auf meinem Platz, wir sind genau wie unsere Männer: Man sagt uns, wir sollen gehen, und wir gehen … Wir sollen kommen, und wir kommen … Wir sollen dies oder jenes tun, und wir tun es … Aber glaub mir: Heute ist es schlecht, sehr schlecht.«
Ich wußte es. Es war schlimmer als schlecht, es war dumm! Wir jagten einem Phantom hinterher, durch eine unbekannte Gegend voller Fallen. Seit acht Tagen marschierten wir, ohne den Schatten eines Rebellen zu sehen. Hin und wieder stieg eine Rauchfahne zum Himmel; die paar Hütten eines Dorfes brannten nieder. Arminius hatte Anweisungen gegeben. Auf unserem Vormarsch sollten wir weder Bevölkerung noch Vieh oder Proviant finden. Durch wie viele zu Asche verbrannte Weiler sind wir gekommen? Viele.
Ihr Anblick versetzte mir immer wieder denselben Schlag. Männer, die freiwillig ihre Häuser und ihre Ernte zerstörten, waren zu allem bereit, zum Töten wie zum Sterben. Vermutlich gaben ihnen großer Haß und große Wut die Kraft. Ich mußte es eingestehen: Ich hatte Angst.
»Wieder einer, Tribun«, murmelte Flavius und zeigte auf einen Punkt irgendwo im Osten. »Du wirst sehen! Es ist noch nicht vorbei! Vercingetorix hat auch so gekämpft …«
Ja, aber dort hatte nicht Varus das Kommando, sondern Cäsar … Und die Germanen hatten keine einzige Stadt, die mit Avaricum vergleichbar gewesen wäre, eine Stadt, die sie viel-

leicht nicht anzünden wollten. Bis wohin sollten wir marschieren, eingeschlossen zwischen Wald und Ruinen? Bis ins Kernland der teutonischen Nation? Bis zur Elbe? Vielleicht noch weiter, in jene Gegenden, in die noch kein Römer einen Fuß gesetzt hatte. Warum sollten wir anhalten? Varus folgte der heißen Spur, die Arminius entgegenkommenderweise hinterlassen hatte, zu entgegenkommend. Varus war eingebildet. Und er führte drei Legionen. Zwölftausend Mann. Arminius müßte verrückt sein, um einen Angriff zu wagen. Aber er war sicher ein wenig verrückt.

Er kannte uns; er war einer der unseren. Er hatte unsere Lager besucht, seinen barbarischen Namen Herrmann latinisiert. Er kannte uns, und er forderte uns heraus. Dachte er, daß er oft genug mit uns in Berührung gekommen war, um unsere Schwächen einschätzen zu können? Um zu glauben, er hätte das Format, uns zu besiegen? Er wäre nicht der erste, der dieses Spiel spielt. Schon Vercingetorix, an den Flavius erinnert hat ...

Der Tag war so grau, daß es unmöglich schien, die Uhrzeit zu schätzen. Nur Schwärme von Raben stiegen vor unseren Füßen hoch. Unheilverkündende Vögel ... Varus hatte die Orakel befragt, bevor er sich auf den Marsch machte. Wie hätte er sich dem auch entziehen können? Zweifellos glaubte er nicht mehr als ich, nicht mehr als irgendein Offizier seines Stabs an die undeutlichen Weissagungen der Auguren, die sie aus den dampfenden Eingeweiden der Opfertiere zu lesen vorgaben. Doch das erlaubte ihm nicht, auf das Ritual zu verzichten.

Vier Monate war es her, seit Arminius die rheinischen Stämme aufgewiegelt hatte und uns trotzte; vier Monate, seit er unsere isolierten Posten angriff und unseren Kaufleuten die Kehle durchschnitt. Vier Monate, seit Wotan, ihr einäugiger Gott, Jupiter und Rom verhöhnte. Varus hatte Schreiben von

Augustus erhalten, die ihm keine Wahl ließen. Er sollte die Rebellion niederschlagen, und zwar schnell.
Augustus war ein alter Mann, daran gewöhnt, die Welt nach seinem Willen zu biegen.
Flavius seufzte:
»Weißt du, Tribun, ein paar Tage vor der Übergabe Alesias sind die Kavallerieverstärkungen, auf die Vercingetorix gewartet hat, auf die Kohorten von Cäsars Offizier Labienus gestoßen. Zehn gegen einen, oder doch beinahe ... Und trotzdem haben die keltischen Ritter geschworen, den Kampf nicht abzubrechen, bevor sie nicht zwölfmal, hörst du, Tribun, zwölfmal! die Reihen des Feindes durchstoßen hätten ... Stell dir bloß vor ... Sie haben sich bis auf den letzten Mann an Ort und Stelle niedermetzeln lassen.«
Was wollte Flavius mit seiner Geschichte beweisen? Den Mut seiner Landsleute, und davon ausgehend auch des Arminius? Oder die erdrückende Übermacht Roms? Ich war gezwungen, daraus zu schließen, daß die Germanen sehr wohl fähig waren, sich auf uns zu stürzen, trotz unserer Taktik, unserer Zahl und unseres Rufes. Kaum erfreulich! Wie sollte Varus auf diesem bewaldeten Gelände seine Truppen entfalten? Wie sollten wir zwischen den Bäumen operieren?
Flavius hatte mittlerweile die Sprache wiedergefunden.
»Weißt du, Tribun, wie viele Jahre mein Volk nach Alesia dem deinen noch die Stirn geboten hat? Zehn Jahre, Tribun, zehn Jahre! Das Land der Cenomanen ist von Wäldern bedeckt, sogar unsere Wege führen unter einem Gewölbe von Ästen hindurch. Wir finden uns dort zurecht. Aber wir sind die einzigen! Du verstehst, was das im Krieg für ein Vorteil ist?! Wenn eure Patrouillen versucht haben, auf unser Territorium vorzudringen, wußten sie nicht, wo sie den Fuß hinsetzten. Genau wie wir im Augenblick ... Und wenn wir wollten, haben wir uns auf sie gestürzt und ...«

Flavius zeigte die beredte Geste des Halsabschneidens.
Blieb zu wünschen, daß die Germanen weniger durchtrieben waren als die Cenomanen. Ich grinste höhnisch. Ich durfte nicht selbst in den Fehler von Varus verfallen, den Feind zu unterschätzen. Aber was nützte es mir, wenn ich Arminius ernst nahm? Der Befehlshaber des Lagers verachtete ihn, und der Befehlshaber hatte das Kommando über diese Expedition. Ich war nur einer seiner Tribunen, der jüngste, gerade zwanzig Jahre alt. Ich trug die Männertoga seit zu kurzer Zeit, um im Rat meine Meinung durchzusetzen. Und außerdem waren wir keine vereinzelte Patrouille, sondern drei ganze Legionen. Vor mir, hinter mir, neben mir wogten unsere Kolonnen. Ihr regelmäßiger Schritt ließ Staubwolken aufsteigen, die diesen scheußlichen Tag gänzlich verdunkelten. Grau, schwarz, dunkelgrün, die unveränderlichen Farben in dieser jammervollen Landschaft ... Das Purpur unserer Mäntel und unsere rote Offiziershelmzier waren die einzigen lebhaften Flecke in diesem Dekor. Aber in mir riefen sie nicht Bilder von Sieg und Triumph hervor, im Gegenteil! Hin und wieder hatte ich den Eindruck, als seien unsere Uniformen blutbespritzt. Ströme von Blut ...
Oft hatte ich Gladiatoren gesehen, denen in der Arena die Kehle durchgeschnitten wurde. Nicht aus Roheit finden wir Gefallen daran zuzusehen, wie sie gegeneinander kämpfen und sterben. Was wir im Zirkus suchen, ist nicht eine grausame Befriedigung beim Betrachten von Schmerz und Todeskampf, sondern das Geheimnis des Muts, das Vorbild. Wer von uns würde in der Schlacht um Gnade schreien, wenn ein Sklave imstande war, ohne eine Klage auf dem Sand des Amphitheaters zu sterben? Ich erinnerte mich an einen besiegten Netzkämpfer, der auf dem Boden lag. Er senkte den Blick nicht. Die Schwertspitze auf der Brust, vernichtete er seinen Überwinder immer noch mit seinem verächt-

lichen Mut. Ich habe mit dem Daumen nach oben gezeigt.

Damals habe ich mich gefragt, ob ich ebenso imstande sein würde, dem, der mich töten könnte, bis zum Schluß zu trotzen. Ich fragte es mich in diesem Augenblick, während Flavius' Schilderungen von Patrouillen, die in diesen Wäldern, die dem Gegner einen so schrecklichen Vorteil boten, niedergemetzelt wurden, mich an den bleichen, stolzen Netzkämpfer in der Arena erinnerten. Wäre ich weniger tapfer als dieser unterjochte Mann, der uns allen eine Lektion erteilte, für die wir ihm zu Dank verpflichtet sind? Würde ich mich, niedergedrückt unter dem Knie eines dieser blonden Germanen, flehend winden? Oder könnte ich meinen Blick ohne Schwäche in diese blauen Augen senken?

Die Macht zu töten. Die Macht, am Leben zu lassen. Würde ich eines Tages würdig sein, sie auszuüben, so wie sie den Römern von den Göttern oder etwas anderem an ihrer Statt verliehen worden war? Würde ich lange genug leben, um diese Ehre zu beanspruchen?

Wie spät war es? Unmöglich, es unter diesem blaugrünen Himmel, über den die fahle Sonne glitt, zu schätzen. Das Sonnenlicht erweckte einen bronzefarbenen Schimmer auf dem Boden, dort wo die Fläche der Sümpfe angrenzte. Seit wie vielen Tagen hatten wir keinen Vogel mehr singen hören? Nur die Krähen begleiteten uns, hartnäckig und düster.

Gegen Abend begann es heftig zu regnen. Mit der feuchten Nacht stieg die Kälte hoch. Wer hätte geglaubt, daß es September war und in Rom eine solche Hitze herrschte, daß man die Dämmerung abwarten mußte, um seinen Beschäftigungen nachzugehen? Ich träumte von unserer Villa in Kampanien, mit dem glitzernden Meer unter den Fenstern, den Brunnen im Garten, dem Saft der violetten Feigen und den schweren Trauben auf unseren Falerner Weinbergen. Mein Vater las

wohl in der Bibliothek oder ging mit Demetrios die Abrechnungen durch. Er war zu lange fort gewesen, hatte Tiberius auf seiner Expedition gegen die meuternden Truppen in Illyrien begleitet. Und ich war seit zwei Jahren in Gallien.
Bevor Gaius der Ältere zu den aufständischen Regionen aufgebrochen war, hatte er mir die Toga hinterlegen lassen, damit ich ihm nachfolgen konnte, falls er nicht zurückkäme. Er hatte mir einen Brief für Varus, den Proprätor in Gallien, gegeben. Als Söhne von Senatoren oder Rittern waren wir nicht mehr zum Militärdienst verpflichtet, aber mein Vater wäre vor Scham gestorben, wenn ich daran gedacht hätte, den Dienst zu umgehen. Ich auch.
Dennoch gibt es Augenblicke, in denen die Pflicht schwer und der Gehorsam bitter ist. Dieser Marsch durch das Land der Cherusker oder der Chatten – niemand kennt genau die Grenze zwischen den Gebieten dieser Völker – gehörte zu diesen Augenblicken. Der Regen drang schließlich durch den dicken Stoff unserer Mäntel. Die Hufe der Pferde ließen das Wasser der Pfützen hochspritzen, so daß die Männer der Infanterie voller Schmutz waren. So abgehärtet sie auch sein mochten, begann sich doch ihr Rücken unter der Last der Tornister zu beugen, unter diesem unglaublichen Gepäck aus Kochgeschirr, Kleidung, Werkzeugen und siebzehn Tagesrationen, ganz zu schweigen von persönlichen Andenken oder Beutestücken, von denen ein Legionär sich nicht trennen mochte. Varus hatte nicht angeordnet, die Quersäcke leichter zu machen; was ihn nicht daran hinderte, im Eilmarsch voranzugehen. Mit müden Gesten wischten sich die Männer die Stirn ab und rieben sich die Regentropfen aus den Augen, dann suchten sie mit dem Blick den Träger der Feldzeichen, sehnsüchtig auf den Augenblick wartend, in dem das Signal zum Ende der Etappe ertönte:
Fahnenträger! Pflanzt die Feldzeichen auf!

Müdigkeit überfiel uns alle, ebenso wie Hunger. Flavius hatte aufgehört zu schwatzen und mich mit seinem ständigen »weißt du, Tribun« zu bedrängen ... Ja, ich wußte. Ich wußte, daß das alles albern war und daß Publius Quintilius Varus, auch wenn er der Großneffe von Augustus war, den Verstand verloren haben mußte, um so zu handeln.

Varus hatte sich schließlich entschieden, halt zu machen. Es war Zeit. Der Regen hatte sich noch verstärkt, die Nacht war hereingebrochen. Der Boden war vollkommen durchweicht. War das wirklich ein Feld, auf dem wir unser Lager aufzuschlagen begannen? Schenkte ich der Geographie Glauben, so mußten in dieser Gegend die Mündungen mehrerer Flüsse liegen, und in deren Nähe ähnelte die ganze Ebene einem riesigen Sumpf. Die Männer wateten bis zu den Knien im Schlamm, und dumpf saugende Geräusche waren zu hören, als sie mit ihren Schaufeln den Wallgraben aushoben und die schützende Brustwehr errichteten. Sie beklagten sich nicht, obwohl sie vor Erschöpfung taumelten. Die 17., 18., 19. Legion ... Ihre Zelte bedeckten den Platz, eine ganze Stadt aus Leinwand und Holz war im Entstehen begriffen. Varus, der nicht zuließ, daß man seinen Rang, seine Würde und seine Stellung innerhalb der, wenn auch fernen, kaiserlichen Familie verkannte, hatte die besten Erdarbeiter und die geschicktesten Soldaten requiriert, die ihm ein Stabsquartier bauen sollten, das seinem Status und seinen Rechten angemessen war. Diese Legionäre würden sich erst spät niederlegen können, und wofür hatten sie gearbeitet? Für das Biwak einer Nacht, denn es war offenkundig, daß unser Proprätor und Befehlshaber der Lager Arminius nicht laufenlassen würde.
Das Plätschern des Regens auf der Leinwand, vielleicht auch meine übermäßige Erschöpfung oder diese Unruhe, die ich

nur schlecht beherrschen konnte, hinderten mich am Schlafen. Aus dem Zelt von Varus nebenan drangen Lachen und erregter Stimmenlärm; die Würfelpartie, die man nach dem Abendessen begonnen hatte, war noch nicht zu Ende. Ich wollte nicht spielen und hatte es vorgezogen, zu Bett zu gehen. Nun bedauerte ich es. Lieber noch wären mir die Gespräche der anderen Tribunen gewesen, sogar das ständige Gerede von Varus über die Vorzüge seiner Frau Claudia Pulchra oder über seine Prätur in Judäa, als meine Einsamkeit und Ängste. Außerdem würde Marcus mich beim Zurückkommen ohnehin wecken.

Dann überwältigte mich die Müdigkeit doch, ich schlief ein, und ich träumte. Ich träumte, daß Arminius, gekleidet wie ein parthischer Bogenschütze, uns in die Caudinischen Engpässe trieb! Um meinen Alptraum zu interpretieren, brauchte ich keinen Traumschlüssel oder die Dienste eines Auguren. Sogar im Schlaf setzten mir meine üblen Vorahnungen zu.

Marcus kam herein, halb betrunken, wie mir schien. Er sprach mit sich selbst. Er weckte mich auf, es sei ihm gedankt!

Nein, Marcus war nicht betrunken, jedenfalls nicht vom Wein. Er war wütend. Voller Zorn – erfüllt von einem lauten, zungenfertigen Zorn, den er mit mir teilen wollte.

»Ich kann es nicht glauben, Gaius! Ich kann es nicht glauben! Weißt du, was Publius Quintilius Varus während der Unterhaltung herausgerutscht ist? Daß er über Arminius' Verrat unterrichtet war! Er war gewarnt, verstehst du! Und er hat nichts unternommen!«

Marcus stieß eine Reihe von Flüchen aus, die Varus' Männlichkeit, die Treue Claudia Pulchras und die Legitimität ihrer Nachkommenschaft in Zweifel zogen. Ich setzte mich auf. Auch ich konnte es nicht glauben.

»Von wem gewarnt, Marcus?«

»Von Segestes, dem Schwiegervater von Arminius! Sie hassen

sich! Gudrun, Segestes' Tochter, ist mit Arminius geflohen, während sie einem anderen Stammesoberhaupt versprochen war. Ihr Vater war gezwungen, dem Verlobten das Geld zurückzuzahlen, das er im voraus bekommen hatte. Du kannst dir vorstellen, wie er Herrmann liebt! Als Arminius bei seiner Rückkehr aus Rom, wo er ein Korps germanischer Hilfstruppen kommandiert hatte, anfing, die verschiedenen Stämme aufzuwiegeln, ist Segestes zu Quintilius gegangen und hat ihm erzählt, was sein Schwiegersohn ausheckt.«

»Und was hat Varus gesagt?«

»Daß Arminius ein römischer Bürger sei, daß er die Milch der Wölfin getrunken habe, daß er einer unserer brillantesten Tribunen sei, lauter solche Dummheiten. Und als Segestes wieder auf das Thema zurückkam, hat Varus ihn angefahren, wenn er nicht imstande gewesen sei, über die Tugend seiner Tochter zu wachen, könne Rom nichts dafür, und es sei nicht Sache des Proprätors, seine Familienstreitigkeiten zu regeln. Er fügte noch hinzu, daß Arminius Gudrun schöne Kinder machen würde und daß er ihnen großen Wohlstand wünsche. Das war der Abend des großen Banketts, du erinnerst dich ... Fast genauso gut wie ein Essen bei Maecenas! Und am nächsten Morgen, während wir unseren Rausch ausgeschlafen haben, setzten Arminius und seine Hilfstruppen über den Rhein.«

Und ob ich mich erinnerte! Arminius lag zur Rechten von Publius Quintilius, auf dem Ehrenplatz. Unaufhörlich riß er in seinem perfekten Latein, das kaum eine Spur von germanischem Akzent hatte, nicht sehr feine Witze, die nur ihn zum Lachen brachten. Freund und Verbündeter des römischen Volkes ... Wir haben ihn gefeiert, haben ihn nach seinen Eindrücken von der Stadt gefragt. Wie muß er sich auf unsere Kosten amüsiert haben! Ich hatte Marcus Sabinus Graecinus, Tribun der 19. Legion, sehr gern. Dieser fröhliche große

Junge, der die Bankette bei Maecenas erwähnte, als hätte er sie gekannt, war nicht nur der Lebemann, der er zu sein vorgab. Marcus war mutig, ausdauernd, intelligent; er spickte seine Unterhaltungen mit Zitaten von Homer und Vergil, die er kunstvoll so plazierte, als würde er sich darüber lustig machen, und vor diesem Abend hatte ich ihn noch nie zornig gesehen.

»Mach dir keine Sorgen, Gaius«, seufzte er, als er sich aufs Bett sinken ließ. »Ich bin einfach nur deshalb wütend, weil ich in Argentoratum eine kleine syrische Flötenspielerin zurückgelassen habe und sie wegen dieses Schwachkopfs Quintilius nicht schon morgen wiedersehen werde …«

In der Tat, das würde er nicht … Am folgenden Morgen hatte Varus beschlossen, die Jagd fortzusetzen, was wir erwartet hatten, aber für den Fall, daß Arminius eher nach Norden als nach Osten vorgestoßen war, wollte er unsere Streitkräfte in zwei Gruppen aufteilen. Flavius, der neben mir war, als er von dieser Entscheidung erfuhr, zog eine Grimasse.

Die 17. Legion war nach Osten aufgebrochen. Wir rückten weiter in Richtung Weser vor. Stellenweise blieben wir im Morast stecken, und die Männer von der Pioniertruppe mußten primitive Brücken improvisieren. Das ganze Land war in Grautönen versunken. Beim Herkules! Bis wohin wollte Varus uns weiterschleppen?

Um die neunte Stunde herum hatte Varus eine Gruppe Kundschafter vorausgeschickt, die immer noch nicht wiedergekommen war. Marcus ritt unablässig neben der Kolonne auf und ab, ermahnte die Männer, den Schritt zu beschleunigen, die Reihen zu schließen, keine Nachzügler zurückzulassen. Als er an mir vorbeikam, zügelte er sein Pferd und flüsterte mir zu:

»Die Männer von der Kampfsturm-Vorhut hätten schon längst wieder zu uns stoßen müssen.«

Flavius zuckte die Achseln.

»Weißt du, Tribun, vielleicht haben sie sich verirrt. Hier gibt es keine Orientierungspunkte.«
Ich hatte den Verdacht, daß er das sagte, ohne daran zu glauben, um sich selbst zu beruhigen.
Nicht einmal Rauch sah man mehr am Horizont, vielleicht weil es an diesem trostlosen Fleck Erde kein Dorf gab, das man verbrennen konnte. Keinerlei Spur von Leben, außer den Raben, die uns immer folgten.
»Weißt du, Tribun, diese Vögel sind anscheinend die Boten Wotans, so wie der Adler bei Jupiter.«
Nein, das wußte ich nicht, und von nun an fand ich diese schwarzen Komplizen der feindlichen Gottheiten noch unheilverkündender.
Der Tag zog sich hin, ohne daß unsere Kundschafter wieder aufgetaucht wären. Und Varus, der seit Beginn der Expedition große Sicherheit und Ruhe geheuchelt hatte, machte eine Miene, als finge er gerade an, sich Fragen zu stellen.
Wieder waren wir in diesem Tannenwald, wo es der Sonne nie gelang, das Halbdunkel zu vertreiben. Die Ebene endete, und wir machten uns daran, eine Hügelkette zu erklimmen. Die zu schwer beladenen Männer gerieten außer Atem. Fluchend befreiten sie ihre Füße aus den kriechenden Brombeerranken, die hier überall den Boden bedeckten.
Brüsk wurde unser Vormarsch aufgehalten, die Männer in den Reihen drängelten und schubsten. Von meinem Platz in der Mitte der Kolonne aus sah ich nicht, was passierte, aber ich hörte Rufe und Schreie. Marcus kam im Galopp heran, aschfahl im Gesicht.
»Pilatus, komm!«
Obwohl ich keinerlei Lust hatte zu erfahren, von wo er zurückkehrte, folgte ich ihm. Wir gelangten auf eine große Lichtung, die im Vergleich zum übrigen Wald fast hell war. In ihrer Mitte breitete eine Eiche riesig und einsam ihre Äste und ihr herbst-

goldenes Laub aus. Den Dingen nach zu urteilen, die an ihren Stamm genagelt waren oder in ihrem Geäst hingen, war es ein heiliger Baum.
Zwischen diesen Weihgaben, an die Eiche gekreuzigt, gemartert und ausgeblutet, hingen die Leichname unserer Kundschafter wie eine unheilverkündende Warnung ...
Ich dachte, ich müsse mich übergeben; hastig wandte ich mich ab. Marcus starrte weiter mit hypnotisiertem Blick auf diesen grauenerregenden Anblick, während seine Hände krampfhaft am Zaumzeug zerrten und sein Pferd, das er am Maul riß, zu tänzeln begann. Mittlerweile waren alle Offiziere vor diesem barbarischen Altar versammelt, und unsere roten Helmziere kontrastierten mit der Blässe unserer Gesichter und betonten sie.
Die normalerweise rötliche Gesichtsfarbe von Varus hatte ins Aschgraue gewechselt. Mit ungeheurer Anstrengung gelang es ihm schließlich, sich in die Gewalt zu bekommen und mit kaum zitternder Stimme zu befehlen:
»Soldaten herbei, die diese Männer losmachen sollen!«
Dann bedeckte er langsam das Gesicht mit einem Zipfel seines Mantels. Als Oberbefehlshaber, mit derselben religiösen Macht ausgestattet wie der Priester des Jupiter, durfte Varus Leichname und Begräbnisgegenstände nicht ansehen, da er sonst davon befleckt würde und seine Ämter nicht mehr ausüben konnte. Dieses Glück hatten wir nicht ... Ich hatte das Ritual vergessen, er hatte sich leider rechtzeitig daran erinnert ...
Meilen um Meilen wechselten Freiwillige sich ab, um die sterblichen Überreste ihrer Kameraden zu tragen. Wir wollten sie weder ohne Begräbnis zurücklassen noch ihnen an diesem Ort, der dem Kult des Gottes mit den Raben, der Menschenopfer liebte, geweiht war, die letzte Ehre erweisen.
Abends schlugen wir unser Lager am Waldrand auf. Der

Boden war trockener als bei unserem Biwak vom Vorabend. Die Männer waren erschöpft und vor allem demoralisiert. Beim Betrachten der Befestigung stellte ich fest, daß sie nur flüchtig etwas hingehauen hatten; der Graben war nicht tief und die Brustwehr nicht hoch genug. Ich hätte wütend werden müssen, damit drohen, ihnen Sold oder Beute zu verweigern, oder aber ihnen Vernunft zureden müssen, sie daran erinnern, daß wir von Feinden umgeben waren und solide Verschanzungen brauchten. Es wäre nutzlos gewesen. An diesem Abend dachten sie weder an Plünderung noch an die Sesterzen des nächsten Monats und bewahrten sich ihre Kräfte für etwas anderes: das Fällen von Bäumen, um einen Scheiterhaufen für die Toten zu errichten. Diese Gemütsverfassung war so spürbar, daß nicht einmal Varus es gewagt hatte, für sein Stabsquartier die majestätischen Maße zu fordern, auf die er sonst solche Wert legte.
Spät am Abend standen wir da und sahen zu, wie die sterblichen Überreste unserer Kundschafter verbrannten. Auf der einen Seite brieten wir in der Hitze der Flammen, während wir auf der anderen Seite im Nordwind zu Eis erstarrten. Der kräftige Geruch des brennenden Tannenholzes konnte den von verbranntem Fleisch nicht überdecken. Am Ende meinte Marcus düster zu mir:
»Und wer wird uns die Totenehre erweisen?«
Vor Morgengrauen brachen wir wieder auf. Varus blieb hartnäckig, und wir hatten keine Nachrichten von Messala. Vor uns erstreckte sich eine sumpfige Ebene, umschlossen von finsteren Bergen, die von schwarzer Vegetation bedeckt waren. Unzählige Raben kreisten am Himmel. Manchmal stürzten sie laut krächzend auf uns nieder, aggressiv wie Raubvögel.

Woher waren sie aufgetaucht? Wir hatten weder gesehen noch gehört, wie sie herannahten. Dabei waren es Tausende, aufge-

stellt am Horizont, so weit unsere Blicke reichten. Tausende von Barbaren: Cherusker, Chatten, Brukterer, Friesen vielleicht, die von den nebligen Ufern des germanischen Meers gekommen waren. Arminius hatte das Wunder vollbracht, die zerstreuten germanischen Stämme unter seinem Befehl zu vereinen.

Wir stellten uns in Schlachtordnung auf, Manipel nach Manipel, Zenturie nach Zenturie. Die römische Armee, eine gutgeölte Maschinerie, entfaltete ihre Kraft, ihr Wissen, ihre Disziplin. Die Signalhörner ertönten, rhythmisch schlugen die Schwerter auf die Schilde. Uns gegenüber zauste der Wind die langen Haare der Barbaren. Die Standartenträger unserer Kavallerie hoben die Feldzeichen, die Fahnenträger schlossen die Finger um die Stangen der Adler unserer Legionen und Kohorten. Varus' Rapphengst bäumte sich wiehernd auf. Ich löste die Fibel, die meinen Mantel zusammenhielt, da er mich in meiner Beweglichkeit behinderte. Meine Handfläche auf dem Heft meines Schwertes war feucht.

Jahrelang habe ich mich darüber gewundert, wie ungenau meine Erinnerungen waren, diese turbulenten und wirr durcheinanderlaufenden Bilder, die mich in meinen Alpträumen heimsuchten, ohne daß ich ihnen einen Sinn, einen Zusammenhang oder eine Logik hätte verleihen können. Später kam es vor, daß ich mit anderen Veteranen, Legaten, Tribunen, Zenturionen oder einfachen Männern aus der Truppe sprach, die ebenfalls Schlachten überstanden hatten. Aber keiner davon hatte etwas erlebt, das dem ähnelte, was mir im germanischen Teutoburg, ein paar Tage vor den Kalenden des Oktobers, widerfahren war.

Wir hatten lange und tapfer gekämpft. Rom soll nicht denken, wir hätten seine Ehre nicht zu verteidigen gewußt! Immer wieder griffen die gallischen Hilfstruppen Herrmanns Reiter an. Die Nachkommen von Vercingetorix' Mitkämpfern erwie-

sen sich der Uniform ihrer Bezwinger durchaus würdig. Und wie ihre Väter angesichts der Truppen des Labienus ließen sich die Gallier eher vom Feind niedermetzeln als zurückzuweichen.
Sextus Numentinus Priscus, Legat der 18. Legion, fiel beim Herannahen der siebten Stunde. Da erinnerte sich Varus daran, was er war, und beschloß, sich vor der Nachwelt zu rechtfertigen. Er übernahm das Kommando der 18. Legion, und es gelang ihm, den rechten Flügel von Arminius zu durchstoßen. Einen kurzen Augenblick lang schien die germanische Horde zu wanken. Doch ein Anführer, wie seine Krieger mit nacktem Oberkörper, drängte sein Pferd gegen das von Varus. Ich erkannte Arminius. Er war jung, stark und geschickt mit den Waffen; Varus hatte bereits ein reifes Alter erreicht. Alle, Römer und Germanen, sahen wir zu, wie die Feldherren gegeneinander kämpften, und vergaßen, uns gegenseitig umzubringen.
Blut rann dem Barbaren über die Brust; das Purpur des Imperators bedeckte Quintilius' Verletzungen. Plötzlich sahen wir ihn schwanken; er wäre gefallen, wenn ich nicht hingestürzt wäre, um den Befehlshaber der Lager aufzufangen und sein Reittier nach hinten zu ziehen. Schweiß lief Arminius über das Gesicht, doch er lächelte verzerrt wie ein Wolf.
Während ich Varus stützte, bemerkte ich, daß er weinte. »Das hättest du nicht tun sollen, Gaius Pontius«, murmelte der Proprätor, »das hättest du nicht tun sollen.«
Der Tumult auf der Ebene ließ nach. Die 19. Legion war von einem letzten Angriff der Germanen überwältigt worden, und von der 18. waren wir nur noch drei Kohorten; wir hatten Rücken an Rücken einen Kreis gebildet, entschlossen, Widerstand zu leisten, solange noch ein einziger unter uns die Kraft haben würde, einen Spieß oder ein Schwert zu halten. Wutge-

heul, das zu einem Wehklagen wurde, erscholl aus unseren Reihen, als der Adler der 19. Legion verschwand und in den Händen eines der triumphierenden Offiziere von Arminius wieder auftauchte.
Varus senkte den Blick: Er betrachtete sein Schwert. Ich erriet, was er vorhatte, verspürte aber nicht das Recht, ihn daran zu hindern. Abrupt stieß er sich die Klinge zwischen die Rippen. Noch einmal streckte ich den Arm aus, um ihn aufzufangen.
»Gaius, sag in Rom ...«
Ich erfuhr niemals, was Publius Quintilius durch mich in Rom sagen lassen wollte. Ungemeine Erleichterung erschien auf seinen Gesichtszügen. Er zumindest würde in der nicht endenden Nacht in Frieden schlafen.
Ich war der einzige noch übrige höhere Offizier der 18. Legion.
Varus war tot, und wir waren nur noch eine Handvoll, die den Adler verteidigten. Ich hatte mehr als eine Verwundung davongetragen. Davonzukommen hoffte ich nicht mehr. Wie sollte man im übrigen einen solchen Tag auch überleben wollen? Dieses eine Mal hatte Varus die beste Wahl getroffen. Ich glaubte, bald sterben zu müssen, und dennoch gingen mir seltsame Gedanken durch den Sinn. Ich dachte weder an meinen Vater noch an Rom. Ich dachte an den schwarzen Hengst von Quintilius, der davongaloppiert war; er kam aus der Zucht des Augustus, und ich bedauerte, daß dieses Tier einem Herrn zufallen mußte, der es nicht verdiente. Diese absurde Sorge verhinderte es, daß ich den Reiter vom Stamm der Brukterer sah, der seinen Spieß gegen mich erhob. Ich stürzte. In meiner Bewußtlosigkeit erlebte ich nicht, wie unser Fahnenträger fiel und unsere geheiligten Feldzeichen erobert wurden.
Was machte es, daß zwei Legionen vernichtet worden waren? Die einzige Katastrophe waren unsere geschlagenen und ver-

lorenen Adler. In der gesamten Geschichte Roms war vor diesem verhängnisvollen Tag ein solches Unglück nur ein einziges Mal geschehen, bei Carrhae, durch die Schuld des Crassus …

»Beweg dich nicht, Tribun, und halt dich still! Ich hole dich hier heraus.«
An seinem gallischen Akzent erkannte ich, daß es Flavius war, der da sprach. Seine Stimme durchdrang den Nebel, in dem ich driftete. Mühsam öffnete ich die Augen. Ich nahm kaum den Schatten des über mich gebeugten Zenturios wahr. Es herrschte schwarze Nacht; sehr hoch am Himmel blinkten kalt die Sterne. In der Ferne leuchteten andere Lichter, rot waren sie. Man hörte Lachen, gutturale Schreie, vom Nachtwind herübergewehte einzelne Strophen wilder Lieder. Die Feuer und der Lärm eines Lagers.
Flavius half mir, mich aufzurichten.
»Weißt du, Tribun, die Männer von Arminius feiern ihren Sieg, sie sind sternhagelvoll. Das ist unsere Chance. Wir müssen fliehen, oder vielmehr, wir müssen uns verstecken. Nicht lange. Herrmann und seine Leute wollen nach Messala und dort auf die 17. treffen, mögen die Götter der Legion beistehen!«
Im feuchten Gras sitzend, spürte ich meinen Kopf, in dem sich alles drehte. Abwechselnd war mir warm und kalt. Die Zunge klebte mir ausgetrocknet am Gaumen, die Lippen bluteten. In meiner linken Schulter tobte der Schmerz, wo der Spieß des brukterischen Kriegers mich getroffen hatte. Weitere Wunden bereiteten mir Qualen. Zudem hatte ich mich verletzt, als ich vom Pferd stürzte, meine Tunika war blutgetränkt. Doch all das war nichts im Vergleich zur Qual meiner Seele, als ich in die Realität zurückkehrte: die Niederlage, die Schande.

»Laß mich sterben, Flavius.«
»Wenn die Götter gewollt hätten, daß du stirbst, Tribun, hätten sie dir heute die Gelegenheit dazu gegeben. Widersetz dich nicht ihrem Willen.«
Warum war ich nicht gestorben, wenn doch alle in meiner Umgebung mittlerweile leblos auf der Ebene lagen? Wie war ich am Ende der Schlacht den Germanen entkommen, die über das Schlachtfeld streiften, die Leichname ausraubten, und vor allem die der Offiziere? Durch welchen Zufall hatte Flavius mich in diesem Leichenhaufen gefunden? Und durch welches Wunder war der gallische Zenturio, den ich so oft den rasenden Angriff der Hilfstruppen hatte anführen sehen, noch am Leben?
»Weißt du, Tribun, mir ist heute eine verrückte Sache passiert ... Ich habe gesehen, habe geglaubt zu sehen, wie eine Art weißes Licht um mich war, und damit bin ich durch die Reihen der Germanen gekommen ... Es war, als wäre ich unsichtbar geworden.«
»Minerva oder irgendeiner deiner Götter hat dich beschützt, Flavius«, antwortete ich. Bei mir dachte ich, der Krieger vom Stamm der Cenomanen habe sich wohl am Kopf verletzt und begänne zu phantasieren.
»Du hast recht, Tribun, die Götter haben uns beschützt.«
Flavius hatte das Glück, an die Götter zu glauben; ich hatte weder diese Chance noch diese Schwäche.
Den Rest der Nacht verbrachten wir unter einen Busch gekauert, aneinandergeschmiegt in dem Versuch, uns gegenseitig zu wärmen. Flavius hatte seine Feldflasche mit saurem Wein gerettet. Er gab mir zu trinken, und dieses nach Essig schmeckende Gebräu erschien mir ebenso köstlich wie ein großer Falerner. Und dann kam das Morgenrot.
Überall Kadaver von krepierten Pferden, die starren Beine in die Luft gestreckt, die Bäuche schon angeschwollen. Unzähli-

ge menschliche Leichname lagen auf dem Boden, als hätten sie Sehnsucht, in die Erde zurückzukehren, sich in ihr aufzulösen. Ich erkannte einen Fahnenträger in blutbeflecktem Pantherfell, das ihm von seinem halb abgetrennten Kopf hing. Viele Germanen waren unter den Toten; unsere Legionen hatten sich zu verteidigen gewußt. Ein schaler Geruch hing über dem Leichenfeld.

Um die siebte Stunde, als die Sonne im Zenit stand, kam Arminius auf die Ebene, er saß auf dem Rapphengst von Varus. Zu seinen Seiten ritten zwei Stammesoberhäupter, von denen jeder einen unserer Adler trug. Ein wenig weiter hinten stand eine blonde Frau auf einem Streitwagen. Die Germanen hatten den Brauch, ihre Frauen mit in den Krieg zu nehmen. Das Wissen, daß eine Niederlage ihre Familien zur Sklaverei verdammte, spornte sie im Kampf an. Die blonde Frau war Gudrun, die Tochter des Segestes, die Herrmann vor einiger Zeit entführt und zu seiner Königin gemacht hatte; sie war sehr schön.

Arminius ritt auf eine kleine Anhöhe, die über der Landschaft aufragte, und von dort hielt er in seiner Sprache eine Rede an seine Truppen. Er packte die Adler, schwenkte sie, dann spuckte er darauf, warf sie zu Boden und ließ sie von seinem Pferd zertrampeln.

Die Reihen der Barbaren öffneten sich, und eine Kolonne von Männern kam nach vorn. Es waren die unsrigen, die sie lebend gefangengenommen hatten: Dekurionen, Zenturionen, rangälteste Zenturionen und im Rang am höchsten der Tribun der 19. Legion, mein Freund Marcus Sabinus Graecinus.

Manche wurden von den Germanen aufgehängt, andere wurden enthauptet oder in Pfahlgruben geworfen.

Arminius ließ Graecinus vor sich führen. Und während seine Henker unsere Soldaten massakrierten, musterte er ihn und lauerte auf Anzeichen von Schrecken oder Panik in seinen

Zügen. Auch ich betrachtete ihn und war zwischen Verzweiflung und Bewunderung hin- und hergerissen. Marcus hielt sich aufrecht, stolz und voller Verachtung. Als außer Sabinus kein Römer mehr am Leben war, fragte Arminius:
»Sag mir, Graecinus, wäre ich an deiner Stelle und du an meiner, was würdest du mit mir machen?«
Marcus brachte den Mut auf zu lächeln, und laut und deutlich, in einem Ton unsagbarer Verachtung, hörte ich ihn antworten:
»Ich würde dich töten, Arminius, zweifle nicht daran; ich würde dich töten.«
An einem Abend im vergangenen Frühjahr hatte Marcus lachend zu mir gesagt:
»Rom degeneriert, Gaius! Ich verspüre keinerlei Lust in mir, Scaevola oder Horatius Cocles nachzuahmen; die Tugend von Catilina dem Älteren und Regulus jagt mir Schrecken ein.«
Und Marcus, den der Gedanke an die Martern, die einst von den Helden Roms erduldet wurden, mit solchem Schrecken erfüllte, fuhr fort, Arminius im selben Ton herauszufordern:
»Du hast die Macht, mich zu töten, Herrmann, aber nicht, mich zu entehren. Du glaubst, Rom besiegt zu haben, aber du hast nur einen Feldherrn besiegt. Rom beherrscht die Welt! Rom ist unbesiegbar. Rom ist ewig.«
Graecinus starb, den Namen der Stadt auf den Lippen.
Ich schwor mir, für die Rache zu überleben.
Zwei Monate später erreichten Flavius und ich unter dichtem Schneefall die Ufer des Rheins. In Argentoratum sagte man uns, daß Messala und die 17. Legion ebenfalls untergegangen waren.
Der Gallier und ich sahen aus wie Geister, die aus dem Hades zurückgekehrt waren.

3

Als wir in diesem Dezember, im Jahr 763 nach der Stadtgründung, über den Rhein kamen, lastete ein schwarzer Himmel über Argentoratum, der neue Schneefälle mit ihrer tödlichen Stille ankündigte. Doch diese dunklen Wolken und diese Grabesstille waren nichts, verglichen mit dem Mantel von Trauer, Zorn und Schmach, der über unseren Lagern lag.

Es war keine Rede mehr davon, den Fluß zu überschreiten. Zurück und gegen dieses Land aus Wald und Sümpfen anstürmen wollte niemand mehr, nicht einmal Augustus, der sich, als er von der Katastrophe erfuhr, das Haupt mit Asche bestreute, durch die Gänge und Säle des Palastes irrte, sich auf die Brust schlug und unablässig stöhnte:

»Varus, gib mir meine Legionen zurück!«

Zwölftausend waren umgekommen, und ich hatte gesehen mit welcher Tapferkeit und unter welchen Qualen. Argentoratum hallte wider von Schreien und Schluchzen. Jeder hatte einen Freund, einen Bruder, einen Sohn verloren. Frauen mit zerrauftem Haar irrten, umringt von ihren verwaisten Kindern, durch die Straßen und riefen weinend die Namen derer, die nicht mehr waren.

Doch ich, Gaius Pontius Pilatus, Tribun mit schmalem Purpurstreifen der 18. Legion, ich, dessen Leichnam zwischen jenen der gallischen Kavalleriehilfstruppen und den Kadavern der Pferde hätte verwesen sollen, ich war am Leben. Und ich wußte nicht, wie und warum es geschehen war, daß ich nicht

den Tod gefunden hatte. Es ist wahrhaftig seltsam, von den Toten zurückzukehren ...

Ich blieb nicht in Argentoratum; nicht länger, als meine Jugend brauchte, um sich von den erlittenen Strapazen zu erholen. Meine Verwundungen von Teutoburg hatten sich schon vor unserer wunderbaren Rückkehr geschlossen. Ich freute mich, daß ich so schnell geheilt war. Daher hatte ich kaum zugehört, als Glaucos, der Wundarzt, angesichts meiner Schulter gejammert hatte:

»Glaub mir, Tribun! Dein Leben lang wirst du dich an den Germanen erinnern, der dir diese Sperrwunde zugefügt hat.«

Mit der Zeit mußte ich feststellen, daß der alte Grieche recht gehabt hatte. Ich konnte meinen linken Arm nie wieder vollkommen gebrauchen, und drei Tage im voraus spürte ich es, wenn das Wetter wechselte. Überzeugt, daß ich diese Unannehmlichkeit bis zu meinem Tod aushalten müßte, gewöhnte ich mich an sie und übte mich so in Stoizismus. Aber auch hier täuschte ich mich ... Denn vor zwanzig Jahren, innerhalb einer Sekunde, fand ich mich plötzlich vollkommen von meinem Gebrechen geheilt. Ich weiß, was Procula darüber denkt, und will darin den Beweis für die Leichtgläubigkeit der Frauen sehen. Aber warum will ich es mir selbst nicht eingestehen? Meine Selbstvorwürfe sind bereits schwer genug, ohne daß ich noch diese zusätzliche Last hinzufügen müßte – den Gedanken, wem ich diese Gnade verdanke ... Nun beginne ich schon selbst zu phantasieren. Der Orient erfüllt die vernünftigsten Köpfe mit seltsamen Miasmen!

Die Wunden meines Körpers verheilten also, doch mein Herz blieb erfüllt von Bangigkeit und Schrecken. Ich glaubte mich entehrt, weil ich am Leben war, während so viele bessere und mutigere Männer als ich nun die Beute wilder Tiere wurden. Flavius ertrug das übermäßige Glück unseres Schicksals besser. Doch während einer Würfelpartie oder zwischen zwei

Kelchen gallischen Weins kam es manchmal vor, daß er, plötzlich nachdenklich, in seinen Bewegungen innehielt, den Blick der grauen Augen in der Ferne verloren, und murmelte: »Weißt du, Tribun, ich frage mich, ob ich nicht aus der Armee ausscheiden sollte.«

Wir beide wußten, daß es sich nur um einen frommen Wunsch handelte. Flavius hatte weder das Alter, um seinen Abschied zu erhalten, noch die Lust, ihn zu beantragen. Es genügte zu sehen, mit welcher Begeisterung er sich der Ausbildung neuer Rekruten widmete, um zu verstehen, daß die Feldlager sein Leben waren. Eines Abends im Februar, als die Tage schon länger wurden, kam Flavius zu mir:

»Tribun, ich will dich um etwas bitten, um einen Gefallen.«

Ich nickte wortlos; welchen Gefallen hätte ich einem Mann verweigern können, der mir das Leben gerettet hatte, mich nicht nur aus den Leichenhaufen von Teutoburg gezogen, sondern mich auch wochenlang gepflegt, getröstet und auf dem Rücken getragen hatte, wenn ich vor Erschöpfung und Verzweiflung zusammengebrochen war?

»Weißt du, Tribun, du kennst Zenobia ...«

Ja, ich kannte die Syrerin Zenobia, die Flötenspielerin und Hure. Monatelang hatte sie Nacht für Nacht das Bett von Graecinus und das einiger anderer Offiziere gewärmt, was der verliebte Marcus – als könnte man in diese Art von Mädchen verliebt sein – hartnäckig leugnete ... Ich persönlich verstand nicht, welches Begehren diese Frau mit den schweren Gesichtszügen und den hängenden Lidern, die sich mit billiger Rosenessenz übergoß und in meinen Augen das Abbild triumphierender Vulgarität war, in einem Mann wecken konnte. Aber egal! Ich bedeutete Flavius, daß er fortfahren solle.

»Ich werde sie heiraten, Tribun. Wir lieben uns. Aber weißt du, sie erträgt das Klima hier nicht. Der Schnee, die Kälte, dieses Grau ... Tribun, glaubst du, ich könnte es erreichen,

daß man mich versetzt? Wenn du mein Gesuch unterstützen würdest? Nach Antiochia, Damaskus oder Cäsarea ...«

Ich willigte ein, hätte ich etwas anderes tun können? Es war nicht schwierig, ich mußte nur an meinen Vater schreiben und ihn daran erinnern, daß er das Leben seines Sohnes Flavius verdankte. Erst als ich mich von ihm trennte, begriff ich das Erstaunliche: Trotz allem, was uns unterschied, war Flavius mein Freund gewesen.

»Weißt du, Tribun, ich werde dir schreiben«, sagte er mir beim Abschied.

Ich war überzeugt, daß er das nicht tun würde. Schon allein der Gedanke an Flavius' grobe Hand, die eine Schreibfeder umklammern sollte, war komisch. Die Anstrengung, die er aufbringen müßte, um in seinem unsicheren Latein die Worte aneinanderzureihen, würde seine Vorsätze bald zunichte machen. Ich war nicht verwundert, daß ich nie eine Nachricht von dem gallischen Zenturio erhielt.

Als Flavius fort war, wurde mir der Aufenthalt in Argentoratum verleidet. Seit der Niederlage von Varus konnte man unsere ganze Strategie gegen Arminius in einem Wort zusammenfassen: warten.

Im Mai erlangte mein Vater ein Kommando in Illyrien für mich, wo das Klima, wie er sagte, meiner vollkommenen Genesung günstig sei. Tatsächlich ging es ihm darum, mich näher an Rom heranzubringen, an den Cäsar, an Ehrungen. Ohne es einzugestehen, wollte er mich auch aus den gefährlichen Gebieten entfernen und näher bei sich haben. In diesem Sommer ging ich nach Rom, dann nach Kampanien, wo ich Gaius den Älteren wiedersah; ich erkannte ihn zuerst nicht.

Mein Vater war alt geworden. Seine frühere Robustheit und Stärke waren dahin; sein Haar wurde grau, seine Toga schlotterte um seine abgemagerten Schultern. Seine Stimme war

heiser geworden, und häufig schüttelten ihn lange Hustenanfälle. Eines Morgens, als wir zusammen im Garten spazierengingen, bekam er Atemnot und spuckte Blut. Plötzlich begriff ich, daß mein Vater am Sterben war, und trotz der milden Luft wurde mein Herz von Eiseskälte ergriffen.

Die folgenden drei Jahre verbrachte ich zwischen Illyrien und Rom. Bei jedem Besuch fand ich Gaius den Älteren schwächer vor, obwohl er sich bemühte, die Schwere seiner Krankheit vor mir zu verheimlichen. Demetrios hatte mir weinend gestanden, daß mein Vater sich schminkte, bevor ich kam, um die Veränderung seiner Gesichtszüge und seine extreme Blässe vor mir zu verbergen.

Noch im Sterben sorgte sich mein Vater um meine Zukunft. Gewiß waren die Pontier reich, doch unsere Truhen voller Sesterzen wogen wenig im Vergleich zum Erbe der Senatoren oder manch anderer Familien aus dem Ritterstand.

Er erträumte für mich eine Verbindung mit der Tochter eines Senators. Auch drängte er mich, die Armee zu verlassen, wenn ich meine fünf Dienstjahre hinter mir hätte, und in den Amtsstuben des Palastes eine Verwaltungslaufbahn einzuschlagen. Als ich angesichts dieser Perspektive eine Grimasse zog, lächelte er auf eine sonderbare Art, die für einen kurzen Augenblick den Mann wieder aufleben ließ, der er gewesen war.

»Wie jung du bist, Gaius. Hast du überhaupt eine Vorstellung von der Arbeit, die im Schatten des Palastes vollbracht wird? Glaubst du, daß ich dort meine Zeit vertändelt habe? Daß ich aufgehört habe, Soldat zu sein, weil ich keine Uniform mehr trug?«

Nein, das dachte ich nicht, obwohl ich damals von der wahren Laufbahn meines Vaters nichts wußte …

Tatsächlich klammerte Gaius der Ältere sich nur aus einem einzigen Grund ans Leben: die Hoffnung, Tiberius als Nach-

folger des Augustus zu sehen; dieses Ziel hatte er immer verfolgt.

Aber ich bezweifelte, daß mein Vater den Cäsar überleben würde. Augustus hatte seinen siebzigsten Geburtstag gefeiert, und seine Gesundheit schien beständig ... Als mein Vater seine Kräfte schließlich schwinden fühlte, stellte er mich Tiberius vor. Er pflegte mit ihm einen Ton respektvoller Vertrautheit, den ich mit keinem Angehörigen des kaiserlichen Hauses jemals erreichte.

Als Tiberius nahte, erstarrte ich zu Eis. Mein Vater war groß. Claudius Tiberius Nero war noch größer, aber er ging früh schon gebeugt, und diese gebückte Haltung verlieh ihm ein unangenehmes Aussehen. Man behauptete, in seiner Jugend sei er schön gewesen. Seine energischen Gesichtszüge waren schlaff geworden, zugleich hatte er sein Haar verloren. Dennoch war eines in seinem Gesicht fesselnd: seine Augen, riesig groß, forschend, aufmerksam. Als ich den göttlichen Tiberius besser kennenlernte, begriff ich, daß dieser seltsame Blick von einer extremen Sehschwäche herrührte. Dennoch wurde ich nie den Gedanken los, Tiberius könne die Geheimnisse der Herzen ebenso durchdringen wie die der Nacht, vielleicht weil ich mich an das Gerücht bei den Legionen Germaniens erinnerte, Tiberius könne im Finstern sehen.

Ja, beim Kontakt mit Tiberius erstarrte ich zu Eis, und ich konnte ihm gegenüber nie etwas anderes empfinden als einen heiligen, respektvollen Schrecken. Was wäre geschehen, wenn ich so wie mein Vater der Freundschaft und Unterstützung des Cäsars sicher gewesen wäre? Wenn ich nicht Furcht, sondern Zuneigung für ihn empfunden hätte? Heute, zu spät, weiß ich, daß Tiberius mich so weit, wie es ihm möglich war, schätzte, sogar gern hatte ... Das war mir damals nicht bewußt. Er mußte erst sterben und Gaius ihm nachfolgen und mich zum Exil verdammen, bis ich diese offenkundige Tatsache

begriff: Tiberius schätzte mich, mochte mich und schützte mich. Ja, was wäre geschehen, wenn ich gewußt hätte, daß Tiberius mich unterstützte? Im sicheren Bewußtsein, daß der Herrscher mir Halt gab, wäre ich vielleicht nicht so jämmerlich zurückgewichen, als diese anonyme und daher um so bedrohlichere Stimme mir vorwarf:
»Wenn du ihn freiläßt, bist du nicht der Freund des Cäsar!«
Bestimmt hätte ich dann gelacht über diesen Elenden, der dem Prokurator Judäas sein Verhalten vorschreiben wollte ...
Aber ich wußte nicht, daß der Cäsar mich mit all seiner Macht und Kraft schützte.
Mein Vater widmete seine letzten Monate der Aufgabe, mich eine Welt kennenlernen zu lassen, deren Existenz ich bisher nicht einmal geahnt hatte.
Ich war noch ein junger Mann; vom Leben kannte ich nur, was ich in den Feldlagern und im Krieg erfahren hatte. Es fiel mir schwer, mich an diese andere Form des Kampfes zu gewöhnen, den Dienst für den Staat, so wie mein Vater ihn seit Jahren an der Seite von Tiberius auf sich genommen hatte.
Tiberius und Gaius der Ältere machten aus mir einen Mann der Gegenmacht, des Gegeneinflusses, und ihren Agenten für Informationen. Andere benennen das schonungsloser: einen Spion.
Im August 768 wurde Augustus krank, und innerhalb zweier Tage raffte ihn der Tod ohne Leiden dahin. Nacheinander defilierten alle Senatsmitglieder und alle Ritter am Palast vorbei. Alle, die in Rom etwas galten, drängten sich in der Furcht, sie würden zu spät ihre Anteilnahme, ihre Huldigungen und ihre Glückwünsche zum Ausdruck bringen, im Palasteingang.
Soviel gekünsteltes Getue war Tiberius schon zuwider.
Die Kräfte meines Vaters verfielen sehr schnell. Der Wille, der ihn am Leben erhalten hatte, solange der Purpur noch nicht an Tiberius weitergereicht worden war, war nun, als sein

Freund herrschte und er mich ihm anempfohlen hatte, erloschen. Bald verließ er das Bett nicht mehr; er hustete Blut, doch trotz der schrecklichen Anfälle blieb er heiter. Sein Ziel war erreicht, Tiberius war Kaiser.
Gaius der Ältere starb in den Kalenden des Monats Oktober, zu der Stunde, wenn die Sonne über Rom niedersinkt und die Stadt in jenes Licht taucht, nach dem ich mich im Nebel von Vienna unablässig sehne. Ich war bei ihm. In dem Augenblick, als das Gestirn am flammendsten leuchtete, hob mein Vater die Hand, zeigte mir den unvergleichlichen Glanz der sieben Hügel, und murmelte:
»Sieh, Gaius! Rom …«
Und mit dem Namen seiner größten Liebe auf den Lippen hauchte er seine Seele aus.
Als Kind hätte ich meinen Vater fast verloren. Als Soldat wäre ich ihm fast ins Grab vorausgegangen. Dennoch hatte mich nichts darauf vorbereitet, wie groß dieser Verlust und mein Kummer sein würde. An jenem fernen Oktoberabend wurde ich zum erwachsenen Mann; ich hatte niemanden mehr, der mich beschützte und sich um mich kümmerte. Ich war gänzlich frei, aber diese Freiheit erschien mir ungemein bitter.
Am übernächsten Tag, nach der Bestattung, ließ Tiberius mich rufen und gab mir den Befehl, nach Gallien aufzubrechen.

Im Unterschied zu Augustus, ein schlechter Stratege, den das Alter zaghaft gemacht hatte, war Tiberius ein großartiger Feldherr gewesen. Er fand sich nicht mit dem Verlust dieses Germaniens ab, wo er einst soviel Lorbeer erobert hatte. So hatte er den besten General Roms an den Rhein geschickt, seinen Neffen Germanicus. Doch Tiberius mißtraute dem Sohn des Drusus.
Germanicus täuschte sich keinen Augenblick über die Rolle,

die ich bei ihm spielte; er wußte, welche Dienste mein Vater seinem Onkel geleistet hatte ... Doch was konnte er sagen? Ich war Tribun mit dem schmalen Purpurstreifen; ich bekundete meine Absicht, Karriere in der Armee zu machen. Vor allem war ich einer der Überlebenden der Schlacht vom Teutoburger Wald und daher der geeignetste Mann, der ihm Informationen über das Land und über Arminius geben konnte. Meine Anwesenheit am Rhein hatte so eigentlich nichts Verdächtiges an sich. Und dennoch ließen sich weder Germanicus noch Agrippina, seine Gattin, eine Sekunde lang von dieser allzu vollkommenen Tarnung täuschen. Von Anfang an mißtrauten sie mir.

Als ich in Argentoratum ankam, befand sich Germanicus auf dem Gipfel seiner Beliebtheit. Agrippina und ihre Kinder, die ihm überallhin nachfolgten, teilten diesen Ruhm mit ihm. Die Truppe war vor allem in ihren Letztgeborenen vernarrt, den kleinen Gaius, der damals drei Jahre alt war und den seine Mutter in demagogischer Absicht gerne in die *caligae*, die Soldatenstiefel der Uniform, steckte. Daher bekam er von uns den Spitznamen Caligula. Ja, Gaius war wirklich ein entzückendes Kind, von dem wir alle bezaubert waren ... Sogar ich. Wie hätte ich mir vorstellen können, daß ich es ihm verdanken sollte, in Ungnade zu fallen und ins Exil geschickt zu werden? Und nicht die Ankunft eines Boten in der Stadt sehen zu können, ohne mich zu fragen, ob er mir nicht den Befehl bringen würde, mir die Pulsadern aufzuschneiden? Ein wahrhaft entzückendes Kind ...

Germanicus ließ im Einverständnis mit dem Legaten Caecina acht Legionen und gallische und germanische Hilfskorps den Rhein überqueren und in das Gebiet der Chatten einfallen. Wir richteten unter den Barbaren ein großes Massaker an und führten unsere wenigen Gefangenen in die Sklaverei, ein Los, das in ihren Augen grausamer ist als der Tod.

Caecina, der inmitten der Brände in das Land der Brukterer vordrang, eroberte dort den Adler der 19. Legion zurück. Marcus Sabinus war sterbend ein guter Augur gewesen: Arminius hatte einen Feldherrn besiegt, aber nicht Rom.
So vergingen drei Jahre. Herrmann war nur noch ein Geächteter, der sich in so entlegenen Regionen verkroch, daß unsere Geographen nicht einmal ihre Namen kannten. Seine Hauptleute hatten ihn nacheinander verlassen und sich Rom unterworfen. Im Osten hatten wir die Grenzen des Imperiums wiederhergestellt. Obwohl es ihm widerstrebte, gestattete Tiberius daher, daß Germanicus die Ehren des Triumphzugs zuteil würden, und 771 kehrten wir nach Rom zurück.
Hinter dem siegreichen Feldherrn nahm ich an den Feierlichkeiten teil und lernte den Rausch kennen, den man empfindet, wenn man unter dem Geschrei der tobenden Menge zum Kapitol marschiert.
Ich hatte das dreißigste Lebensjahr erreicht. Für mich verlief die Laufbahn der Ehren nun über den Ämterweg. Sofort bewarb ich mich um eine Verwaltungsstelle.
Genau zu diesem Zeitpunkt kündigte Tiberius mir an, daß er eine Gattin für mich gefunden habe.

4

Es war der achte Tag der Feralia, des Totenfestes. In dem Wunsch, sich beim Herannahen der neuen Jahreszeit der Gunst der Manen zu versichern, gedachte Rom seit einer Woche der Toten.

Weniger aus Liebe zu den Büchern, als um den Schatten meines Vaters zu finden, hatte ich mich in der Bibliothek eingeschlossen.

Die Feralia hatten mich zur Muße und zu einem unerquicklichen neuntägigen Alleinsein mit mir selbst gezwungen. Ich hatte genügend Zeit, um nachzudenken, und das ist für einen Römer die schlimmste aller Beschäftigungen. Der alte Cato hatte nicht zu Unrecht die griechische Denkweise und den Siegeszug der Philosophie in die Stadt gegeißelt. Keiner von uns war dieser Pest entronnen. Hatte ich mich nicht eines Tages dabei ertappt, daß ich mit einem Mann, den ich ans Kreuz liefern wollte, über Wahrheit zu diskutieren versuchte? Cato hätte mich verflucht!

Ich war traurig und langweilte mich; viele hatten sich aus geringeren Gründen das Leben genommen! Aber immerhin hatten die Feralia mir für neun volle Tage Pomponia vom Halse geschafft. Man erwartete von ihr, daß sie sich ganz ihrem Kummer hingab, denn es war noch kein Jahr her, daß ihr Gatte Titus Domitius Persicus verstorben war.

Seit er nicht mehr lebte, hatte sich seine Witwe, einst die liebenswürdigste aller Mätressen, in eine Furie verwandelt. Sie war schön und kokett. Sie liebte Schmuck, erlesene Parfums,

die man unter großen Kosten aus dem Orient einführte, schillernde Stoffe, die man aus einer Mischung von ägyptischer Baumwolle und schwerer Seide aus dem Land der Serer webte und die ihr Gewicht in Gold wert waren. Persicus hatte mit all diesen Dingen nicht gegeizt. Er war Patrizier, und sein Vermögen betrug Millionen; meines war nicht höher als fünfhunderttausend Sesterzen. Pomponias Launen überstiegen meine Mittel.

Innerhalb eines Monats hatte ich ihr ein massives Armband nach gallischem Vorbild, das zwei einander gegenüberstehende Löwen darstellte, Sandalen »nach babylonischer Art«, deren Preis der winzigen Menge an verarbeitetem Leder nicht angemessen war, und ein Haarnetz aus indischen Perlen für eine neue Frisur, die Pomponia ausprobieren wollte, kaufen müssen. Es stellte sich heraus, daß die Frisur ihr nicht stand, aber das Haarnetz hatte mich sechs Monate Einkünfte meines Guts in Kampanien gekostet ...

Während fünfundzwanzig Jahren Ehe hat Procula mich weniger gekostet als meine damalige Mätresse in drei Monaten. In Wahrheit schmeichelte es meiner Eitelkeit, Pomponia zu besitzen, die Verkörperung patrizischer Arroganz. Doch da sie nicht mehr ganz jung war und befürchtete, ohne Mann zu altern, klammerte sie sich an mich, den einfachen Ritter, und ich begann zu befürchten, daß sie geheiratet werden wollte ...

Demetrios hatte mich – unter Berufung auf seine lange Anhänglichkeit an mein Haus – bereits respektvoll gewarnt. Er hatte auf die unklugen und maßlosen Liebschaften junger Leute hingewiesen, auf meine Pflichten, auf den Aderlaß in meinen Truhen, auf das Andenken meines Vaters. Ich war kein Jüngling mehr, der ein Opfer der Verblendung durch seine erste Liebe wurde, und ich wußte, daß ich keine Entschuldigung hatte. Ich wußte auch, wie sehr mein Vater, der

den alten Sitten so gewissenhaft treu gewesen war, meine Verbindung mit einer schamlosen, ehebrecherischen Frau verurteilt hätte. Demetrios' Vorwürfe waren begründet, und es hatte mir nicht gefallen, vor einem Freigelassenen ins Unrecht gesetzt zu werden. Daher hatte ich mich entschlossen, so rasch wie möglich mit Pomponia zu brechen, selbst wenn diese Trennung mich noch zwei oder drei teure Geschenke kosten würde.

Daran dachte ich also an diesem Abend im Halbdunkel meiner Bibliothek.

Ich gehörte nicht zu dem sehr kleinen Kreis von Ratgebern, die Tiberius als seine Freunde bezeichnete, aber mein Vater hatte dazugehört, und im Andenken an ihn beehrte der Cäsar mich manchmal mit einer Einladung zum Abendessen. Im übrigen rechtfertigten die Ämter, die ich nunmehr innehatte, diese kleine Gunst.

Tiberius hatte mir die Pflege eines der kaiserlichen Gärten anvertraut. Ich war kein Mann von Bedeutung, einer dieser wertvollen Verwalter, auf denen das Getriebe des Staates ruht. Dafür hatte ich nicht genügend Qualitäten – und nicht genügend Fehler. Aber ich konnte dem Fürsten einen Dienst erweisen, den er anerkannte, wie seine regelmäßigen Einladungen bewiesen. Ich war daher keineswegs erstaunt, als ich im Jahr 772 der Stadtgründung am sechsten Tag vor den Kalenden des März in den Palast eingeladen wurde.

Bei diesem Essen waren wir zu zehnt. Mit Ausnahme des Seianus, der sich in der Gunst des Herrschers einzunisten begann, habe ich die Gesichter und Namen der anderen Gäste vergessen. Zu Beginn der Mahlzeit erschien kurz die Augusta. Es gefiel ihr immer noch, wie in der Zeit ihrer Jugend, das einfache weiße, leinene, selbstgewebte Kleid zu tragen, das Augustus so gerne sah. Hätte Livia auf ihre altmodische Frisur

verzichtet, so hätte man sie kaum für achtzig gehalten, und man ahnte noch, wie schön sie gewesen war.
Solange sie anwesend war, herrschte bei dem Festmahl größte Zurückhaltung. In reinster Familientradition patriarchalischer Sparsamkeit hatte Tiberius angeordnet, daß man die Reste des Mahles vom Vorabend servierte, gemäß einer Redewendung, die er nur zu gerne gebrauchte, daß »ein halbes Wildschwein ebensogut wie ein ganzes Wildschwein« sei. Ich hatte die Fleischgerichte verschmäht und mich lieber an die Austern gehalten, die nicht aus Tarent, sondern vom Lukriner See kamen, wie Tiberius betont hatte.
Als seine Mutter sich zurückgezogen hatte, schlug Tiberius lachend vor, wir sollten einen Wein kosten, den man ihm aus Afrika gesandt hatte. Es war ein gehaltvoller Wein, den man mit der doppelten Menge Wasser hätte verdünnen müssen und zu dem Gewürze oder Minze gepaßt hätten. Doch als ich einem Sklaven bedeutete, meinem Pokal Wasser hinzuzugießen, machte sich der Cäsar über mich lustig und sagte, nur Matronen, die heimlich tranken, würden reinen Wein ablehnen. Ich begriff, daß eines der abstoßenden Wetttrinken stattfinden sollte, die er so liebte. Ich persönlich trank wenig und fand nichts Lustiges an dem Spiel, möglichst berauscht zu werden. Vor allem stellte ich mir, da ich wenig vertrug, mit Schrecken vor, wie fürchterlich peinlich es mir sein würde, wenn ich sturzbetrunken in die auf kampanische Art gestreiften Kissen sinken oder meine Muscheln auf dem Fußbodenmosaik von mir geben würde … An den spöttischen Blicken, die Tiberius und die anderen mir zuwarfen, erkannte ich, daß sie genau das erwarteten.
Angesichts meiner Verlegenheit lächelte Tiberius und meinte:
»Ich will dich beruhigen, mein lieber Pilatus. Heute abend geht der Siegespreis nicht an den, der den Wein am besten

verträgt, sondern an den, der aufgibt. Wenn du es bist, dann danke dem Schicksal, denn die Belohnung ist groß: Ich selbst werde dir eine Ehegattin geben.«

Da wurde mir bewußt, daß außer Seianus alle Gäste Junggesellen, Witwer oder Geschiedene waren. Doch Tiberius fuhr fort:

»Und was für eine Gattin, Pilatus! Was für eine Gattin! Meine eigene Cousine, die *clarissima* Claudia Procula, die beste Partie Roms!«

Und mit einem boshaften Lächeln fügte er hinzu:

»Und das häßlichste Mädchen der Stadt und der Welt!«

Ich kannte den Namen Claudia Procula. Sie galt tatsächlich als häßlich und ohne Vermögen, das ihren Mangel an Reizen ausgeglichen hätte ... Sie hatte den Ruf, eine Eigenbrötlerin zu sein, man sagte, sie sei in die Lehren des Pythagoras eingeweiht und eine Anhängerin der ägyptischen Isis, ein Kult, dem Tiberius feindlich gesinnt war. Die Behauptung, Procula huldige orientalischen Kulten, war falsch und rein von Gehässigkeit inspiriert, oder davon, daß manche Unwissende gewisse pythagoreische Vorschriften mit dem Isiskult verwechselten. Die Gerüchte hatten dem jungen Mädchen jedoch sehr geschadet, denn Isis galt als Beschützerin von Prostituierten und Frauen mit leichten Sitten.

Das wenige, was ich über Claudia Procula wußte, war nicht dazu angetan, mich über den Fortgang des Abends zu beruhigen. An Tiberius' Lächeln sah ich, daß er mir den Lauf meiner traurigen Gedanken an der Miene ablas und sich darüber höchst belustigte. Schließlich gelang mir ein Gesichtsausdruck, der als fröhlich gelten konnte, und in einem dennoch falsch klingenden Ton rief ich:

»Deine Cousine! Cäsar, eine Frau aus dem Geschlecht der Claudier! Welche Ehre für einen einfachen Ritter!«

Tiberius legte mir schwer die Hand auf die Schulter und antwortete:

»Lieber Gaius, ich habe deinem Vater, meinem Freund, versprochen, daß du nur eine Patrizierin heiraten würdest.«
Drei Kelche Wein vertrug ich. Schon beim zweiten lachte ich ohne Grund, nachdem ich an einer Schale mit *garum* einige Minuten sinnlos herumgefummelt und sie mir schließlich über meine beste Toga gegossen hatte.
Beim dritten Kelch begannen die Fresken an den Mauern einen ungestümen Tanz. Durch den Geruch des *garum*, vermischt mit der Ausdünstung der kalten Speisen in ihren Saucen, wurde mir übel. Ich blieb noch nüchtern genug, um den Kelch abzustellen, ohne daß ich ihn zerbrach. Schwankend erhob ich mich, näherte mich Tiberius, warf mich zu seinen Füßen und murmelte:
»Cäsar, ich strecke die Waffen!«
Undeutlich hörte ich, wie die anderen in lautes Lachen ausbrachen. Zwei Sklaven trugen mich nach draußen; erst im Palasthof konnte ich nicht mehr anders als mich zu übergeben.
Danach schlief ich vierundzwanzig Stunden und erwachte erst, als schon wieder die Nacht hereinbrach, mit dem Eindruck, als hätten Vulcanus und all seine Zyklopen ihre Schmiede in meinem Kopf errichtet. Demetrios kam in mein Zimmer und verbarg nicht, wie sehr es ihn bekümmerte, daß er mich so vollkommen betrunken hatte zurückkommen sehen. Er reichte mir einen Brief, der zwischenzeitlich gebracht worden war. Er trug das persönliche Siegel des Cäsars und teilte mit: »Junger Gaius, meine Cousine Procula erhält eine Mitgift von einer Million Sesterzen.«
So war der göttliche Tiberius, fähig zum Übelsten und zum Besten.

Claudia Procula war wie ich Waise. Sie lebte auf dem Esquilin, bei einer Tante mütterlicherseits aus dem Geschlecht der Antonier, die während der letzten Unruhen der Bürgerkriege aufgewachsen war. Sie hatte viele Kinder gehabt, sechs glaube ich, und einen einzigen Ehemann, eine doppelte Leistung in einer Stadt, in der die Frauen lieber viele Ehemänner und nur ein Kind haben ... Aber Antonia und Probus hatten außer einer Tochter, Valeria, alle ihre Nachkommen verloren. Procula und ihre Cousine waren zusammen aufgewachsen. Antonia hatte ihnen das Weben, das Wollespinnen und die Grundregeln guter Haushaltsführung beigebracht, doch Procula beherrschte auch Griechisch und hatte die Bücher der Pythagoreer gelesen, die ihren Anhängern ewiges Glück in einer anderen Welt versprachen. Daraus hatte sie verschiedenste seltsame Überzeugungen und den Glauben an Prophezeiungen, Horoskope und die Botschaft von Träumen gezogen ... Abgesehen von diesem Bedürfnis, an außergewöhnliche Dinge zu glauben, besaß meine Frau jedoch großen Verstand, und mehr als einmal hatte ich gut daran getan, ihren Ratschlägen zu folgen. Und um ihres und meines Glückes willen wäre ich gut beraten gewesen, ihnen auch an einem gewissen Tag zu folgen ... Warum mußte es sein, daß sie einen ihrer konfusen Träume, die mir suspekt waren, in diese Sache vermengte, so daß dieser mich auf den falschen Weg bringen konnte?

Procula erwartete mich im Schatten einer Zeder, unter einer Laube roter Rosen. Der intensive Duft, der mich an meinen Rosengarten in Kampanien erinnerte, ist für mich seither untrennbar mit meiner Frau verbunden. Zu ihren Füßen spielte ein weißes Hündchen. Die Gesichtszüge der *clarissima* Claudia konnte ich nicht sofort erkennen, doch ich hörte ihre Stimme, dunkel und melodiös:

»Ich grüße dich, Gaius Pontius! Sei willkommen!«

Und bevor ich noch ihr Gesicht gesehen hatte, war ich leidenschaftlich in diese Stimme verliebt und blieb es mein Leben lang. Seltsam bewegt antwortete ich:
»Ich grüße dich, Claudia Procula!«
Sie erhob sich und ging mir entgegen. Sie war nicht anmutig. Ihre Frisur stand ihr nicht, und keine Schminke konnte ihren matten Teint verschönern, doch ich achtete nicht darauf, denn ich sah nur ihre Augen, ihre riesengroßen braunen Augen, deren Blick in Überraschung, Furcht und unsagbarer Hoffnung auf mich gerichtet war. Ich begriff, daß ich nur die Hand auszustrecken brauchte, und für Procula wäre ich der stärkste, der tapferste und beste Mann, den Rom jemals hervorgebracht hatte. Nichts tut mir so weh wie der Schmerz, in ihren Augen heute nicht mehr diese strahlende Sicherheit zu lesen. Und dennoch liebt sie mich immer noch …
Gewiß ließen mir der Wille des Tiberius und seine Verwandtschaft zu Claudia Procula nicht die Freiheit, diese Eheschließung abzulehnen. Doch nicht aus Zwang, es sei denn unter dem der Liebe, nahm ich sie zur Frau.
Gleich am nächsten Tag kaufte ich einen Verlobungsring, in den ich unsere beiden Vornamen eingravieren ließ. Dann lief ich zu Probus' Haus auf den Esquilin. Procula war im Garten, unter ihrer Lieblingszeder.
»Ich dachte nicht, daß du wiederkommen würdest, Gaius Pontius«, sagte sie, als sie mich kommen sah, und als ich mich erstaunt zeigte:
»Hast du dich angesehen und mich angesehen? Ganz Rom wird sich über dich lustig machen.«
Ohne zu antworten, zog ich den Ring hervor und streifte ihn über den Ringfinger ihrer linken Hand.
Procula war nicht mehr sehr jung; in den Kalenden des Juli hatte sie ihren zwanzigsten Geburtstag gefeiert und wollte sich daher nicht mit einer zu prunkhaften Hochzeit lächerlich

machen. Doch ich lehnte es ab, daß ihr weder Fest noch Feierlichkeit vergönnt sein sollten. Ich befragte die Auguren nach einem Festdatum für unsere Hochzeit, und sie schlugen den Vorabend meines Geburtstages vor, noch vor dem vollen Beginn des Monats Mai, der für Eheschließungen nicht günstig war.

Meine Ehe mit Procula sicherte mir, was die meisten Menschen nie besitzen: Glück. Fünf ganze Jahre war es vollkommen. Innerhalb von vier Jahren wurden uns drei Kinder geboren. Zuerst eine Tochter, meine geliebte, meine schöne, meine sanfte Pontia ... und dann zwei Knaben, Gaius und Aulus.

Ich, dessen Erbteil seit dem Tod meines Vaters Einsamkeit und Mißtrauen gewesen waren, hatte in Procula die Gefährtin gefunden, die all meine Klagen anhörte, all meine Fehler verzieh, all meine Kümmernisse tröstete, all meine Ängste besänftigte und mich all meine Zweifel vergessen ließ. Wir liebten uns. Eingesponnen in unser Glück, sahen wir gleichgültig zu, wie die Ereignisse Rom und die Welt erschütterten. Es war auch besser so.

Tiberius war beim Volk nicht beliebt. Mit sechzig Jahren war er der Macht, auf die er so lange gewartet hatte, müde, der menschlichen Niedrigkeit überdrüssig. Da ihn das Regieren abstieß, entfernte er sich immer öfter aus Rom, in der Illusion, daß während seiner Abwesenheit sein Sohn Drusus Gefallen an den Staatsangelegenheiten finden würde. Zugleich begann der Cäsar, allen und jedem zu mißtrauen. Außer – unglücklicherweise – dem einzigen für ihn, seine Familie und für Rom gefährlichen Mann. Ich möchte von Aelius Seianus sprechen, diesem Provinzritter, der zum Präfekt der Prätorianerkohorten geworden war und bereits davon träumte, sich nach dem Ausschalten der kaiserlichen Prinzen durch die Verbindung mit einer der Prinzessinnen den Thron zu sichern.

Tiberius, der Aelius zum Schaden seines eigenen Blutes und seines eigenen Stamms ehrte, wurde in dessen geschickten Händen zum Spielzeug. So wurden alle, die mit ihren Ratschlägen dem Einfluß des Seianus auf den Cäsar hätten entgegenhalten können, aus der Nähe des Fürsten entfernt, entweder durch falsche Anschuldigungen oder unter dem Deckmantel politischer Notwendigkeiten, die sie weit von Rom fortführten.
Ich wurde nie mehr in den intimen Kreis von Tiberius zugelassen und war darüber erleichtert, denn in seiner Gegenwart mußte man sich das geringste Wort überlegen; man mußte Höfling sein, ohne es zu scheinen, da der Cäsar Schmeichler ebenso haßte wie Unehrerbietigkeit.
In der Gewißheit, daß Tiberius mich vergessen hatte und Seianus mich nicht fürchtete, war ich in meiner glücklichen Mittelmäßigkeit zufrieden. Zweifellos würde ich lange Prokurator des kaiserlichen Gartens bleiben, denn der Cäsar, der es verabscheute, Entscheidungen zu treffen, ließ seine Männer während ihrer ganzen Laufbahn gerne an denselben Stellen. Ich hatte jeglichem Ehrgeiz, jedem Aufstieg entsagt. An die großen militärischen Ehren, von denen ich einst so geträumt hatte, dachte ich nicht einmal mehr.
Es war mir bewußt, daß mein Verhalten der römischen Tugend unwürdig war. Ich wußte auch, daß es für ein Volk, das der Welt seine Gesetze diktierte, schändlich war, die Bevormundung eines Aelius zu ertragen, sei sie auch verkleidet als Wille des Tiberius … Doch das ertrug ganz Rom. Warum hätte ich, Gaius Pontius Pilatus, einfacher Ritter und Prokurator eines kaiserlichen Gartens, mich entehrter fühlen sollen als all diese Patrizier, die kein Wort laut werden ließen? Ich hatte eine Familie, die ich liebte und deren Glück für mich vor jeder anderen Sorge Vorrang hatte. Was bedeutete es mir, daß der Name Gaius Pontius Pilatus der Nachwelt nicht über-

liefert werden würde? Ich hatte es akzeptiert, ein gewöhnlicher Mann zu sein, ohne Schicksal oder Ruhm.
Daher überraschte mich der Ruf in den Palast unangenehm. Zwar hatte ich ein ruhiges Gewissen, aber in diesen letzten Jahren waren zu viele Leute aus unbedeutenden Motiven umgekommen, und keiner näherte sich Tiberius mehr ohne Angst.
Diese Angst las ich in Proculas Augen. Sie ergriff meinen Arm.
»Gaius, welche Aufgabe auch immer der Cäsar dir übertragen will, lehne sie ab, wenn es in deiner Macht steht! Denn heute nacht hatte ich einen Traum, der mich sehr gequält hat!«
Dabei hatte Procula seit unserer Heirat und der Geburt unserer Kinder die Lehren des Pythagoras vergessen und keine solchen seltsamen Träume mehr gehabt.
»Gaius«, fuhr sie fort, »du warst in einer fremden Stadt, und Tiberius stand im Schatten hinter dir. Ein Mann, ein Orientale, legte dir ein Lamm zu Füßen und sagte dir, du sollest es zur Ehre des Gottes seines Volks töten. Er reichte dir das Opfermesser, aber du weigertest dich, es zu nehmen, denn das Lamm hatte sich in ein kleines Kind verwandelt. Daher wolltest du es nicht töten. Doch plötzlich hörte man Stimmen, die schrien: ›Stoß zu! Stoß zu! Töte es!‹ Ich hatte solche Angst, Gaius, daß ich aufgewacht bin. Ich weiß nicht, was dieser Traum bedeutet, aber er ist voller unheilverkündender Omen!«
Ich schloß Procula in die Arme.
»Warum machst du dir Sorgen wegen dieses Traums, Liebste«, murmelte ich, »da ich doch nicht zugestoßen habe? Ich habe das Lamm nicht getötet.«
Doch sie zitterte, so wie in Cumae die Sibylle in ihrer Trance zittert, und das erschreckte mich. Meine Frau richtete den Blick auf mich, ertrunken in Tränen und Visionen; mit kaum zu erkennender Stimme forderte sie:

»Gaius, schwöre es mir! Schwöre es mir, daß du das Lamm nicht töten wirst!«
Um sie zu trösten, antwortete ich:
»Niemals! Ich schwöre es dir.«
Wie hätte ich es wissen können?
Unendlich besorgt ging ich auf den Palatin, wäre auf einer Treppe des Palastes fast gestolpert und verzerrte mir den Knöchel, was Cato als äußerst schlechtes Vorzeichen angesehen hätte ... Plötzlich in abergläubischer Stimmung, was mir manchmal passiert, entschloß ich mich, meinen Mut zusammenzunehmen, um dem Cäsar zu trotzen und alles abzulehnen, was er mir vorschlagen wollte, selbst auf die Gefahr hin, daß ich mich auf das Übelwollen der Götter berufen müßte. Tiberius glaubte an sie kaum mehr als ich, aber ich war in der Stimmung, jedes Argument zu nutzen.
Als ich ihm dann gegenüberstand, war ich natürlich nicht fähig, den Mund aufzumachen ... Ich tat es nur, um ihm zu danken: Er hatte mich zum Prokurator von Judäa ernannt.

5

Warum hatte ich angenommen? Aus Angst. Eine Stunde zuvor, bei Procula, hatte ich Mut und männliche Entschlußkraft geheuchelt. Diese Tugenden hatten mich allein beim Anblick von Tiberius verlassen. Mich ihm entgegenzustellen überstieg meine Kräfte. Doch zu meiner Angst kamen noch andere Gefühle: Stolz und Ehrgeiz.

Schon so lange abseits von allen öffentlichen Angelegenheiten, darin ergeben, mich mein Leben lang mit Blumen, Brunnen und Tieren zu befassen, hatte ich gedacht, meine früheren Träume aufgegeben zu haben. Und nun genügten ein paar Worte des Cäsars über eine Laufbahn, die ich schon vor ihrem Anfang beendet geglaubt hatte, und die Träume lebten wieder auf.

Als einfacher Ritter hatte ich es mir nie vorzustellen gewagt, Prokurator einer Provinz zu sein, ein Amt, das fast ausschließlich dem Senatorenadel vorbehalten war. Und Tiberius machte mir dieses Geschenk. Oh, gewiß, Judäa war die bescheidenste aller Provinzen, eine Präfektur, die von den Statthaltern Syriens und Ägyptens abhängig war. Dem Anschein nach ein untergeordneter Posten, in Wahrheit aber eine Vertrauensstelle.

Ich muß gestehen, daß ich von der jüdischen Wirklichkeit und den Problemen Judäas keine Ahnung hatte. Daher war ich an diesem Tag und sogar noch in den folgenden Monaten unfähig, die Tragweite meiner Aufgabe und die Schwierigkeiten, die mich erwarteten, abzuschätzen. Und im übrigen,

selbst wenn sie mir bewußt gewesen wären, hätte ich deshalb doch nicht versucht, mich einer schwierigen Mission, die ich als Ehre betrachtete, zu entziehen.
Die Lehren meines Vaters kamen mir wieder ins Gedächtnis: Roms Größe, die Ergebenheit der Bürger an den Staat, der zivilisatorische Auftrag unseres Volkes, das die Götter dazu berufen hatten, über die Welt zu herrschen. Heute weiß ich, wie weit ich von der Realität entfernt war. Ich machte mich auf den Weg, die Augen auf ein trügerisches Ideal geheftet. Ich kannte weder den Orient noch die obligatorisch mit ihm verbundenen Niedrigkeiten und Kompromisse, die das Los seiner Regierenden sind. In diesem Augenblick, als ich vor Tiberius stand, glaubte ich, mir sei eine gewaltige Rolle übertragen worden; ich erwog die geheimen Absichten des Cäsars, die diskrete Überwachung meiner Vorgesetzen in Syrien und Ägypten, die er implizit von mir erwartete ...
Dreizehn Jahre sind seit diesem Morgen voller Verheißungen in Rom vergangen, und ich stelle mir immer noch diese Fragen. Durch das Fenster sehe ich weder das Meer noch die kahlen Hügel Judäas, sondern die schmutzigen Gassen von Vienna, den tiefhängenden Himmel und in der Ferne die Allobroger Berge. Der Morgennebel hat sich aufgelöst, so daß man die Bergspitzen und ihre Schneekuppen sieht.
Ich habe Irrtümer begangen, die manche Verbrechen nennen, aber nicht das sühne ich im Exil. Denn niemals habe ich gegen die Vorstellung verstoßen, die ich mir von meiner Pflicht machte. Außer einem Mal, und ich ziehe es vor, nicht daran zu denken. Ich stelle mir Fragen. Nicht wegen meiner eitlen Leichtgläubigkeit von einst – ich war noch jung –, sondern über die wahren Absichten von Tiberius. So viele Dinge wären anders gewesen, wenn ich den Willen des Cäsars besser verstanden hätte.
Zur Zeit meiner Ernennung behaupteten meine Feinde –

denn nun entdeckte ich einige, die ich niemals im Verdacht gehabt hatte –, ich sei eine Kreatur des Seianus – eine furchtbare Beleidigung. Es stimmt zwar, daß Tiberius zu dieser Zeit ohne die Unterstützung des Aelius keine Entscheidung traf. Aber ich gehörte nicht zu den Höflingen dieses Ehrgeizigen, und wenn man es recht bedenkt, konnte mein Aufbruch nach Cäsarea auch als Entfernung gelten.
War es das, was Tiberius bezweckte? Mich aus Rom zu entfernen? Und wenn ja, war das ein Zeichen der Ungnade oder des Schutzes? Denn die Zeit war gekommen, in der die früheren Vertrauten des Palastes und die Verwandten des Fürsten dem Größenwahn des Aelius einen hohen Tribut zollen sollten ...
Was erwartete man von mir? Erfolg oder Scheitern? Ich war eine unbedeutende Figur. Wenn ich scheiterte, berührte das weder den Cäsar noch Rom, nur mich brächte es ins Verderben. Wenn ich Erfolge hatte, würden sie auf den Herrscher zurückfallen. War ich nicht, und vielleicht hatte sich Tiberius zu der Zeit daran erinnert, der Gatte seiner Cousine? Hatte nicht früher Publius Quintilius Varus Judäa regiert? Und da ich ihn zu gut gekannt hatte, wußte ich, daß er diesen Posten weniger seinen Talenten als seiner Ehe mit einer Großnichte des Augustus verdankte. Vielleicht wollte Tiberius mit meiner Ernennung lediglich einen entfernten Verwandten ehren.
Ich stelle mir Fragen und finde keine Antworten. Ich weiß nur, daß Tiberius mich zehn Jahre lang an der Spitze Judäas ließ, und wer weiß, welchen anderen Posten er mir zugebilligt hätte, wenn er nicht gestorben wäre?
Vor meinem geistigen Auge sehe ich, wie ich in dem großen Saal des Palastes stand. Es kommt mir vor, als könnte ich wieder den Schmerz in meinem verstauchten Knöchel spüren, der mir aufgrund meiner unbeweglichen Haltung weh zu tun begann. Tiberius betrachtete mich mit seinem starren, verunsichernden Blick, den er so gut einzusetzen wußte. Ich war

ganz konfus im Kopf, verlor mich in ungeschickten Dankesbekundungen und wußte nicht, wie ich mich verabschieden sollte. Tiberius gab mir schließlich ein Zeichen, daß ich mich entfernen könne, und als ich humpelnd zur Tür zurückwich, rief er mich zurück:
»Übrigens, Gaius Pontius, ich will, daß Claudia Procula und die Kinder dich begleiten. Es ist nicht mehr üblich, aber mein Wille.«
Nicht einen einzigen Augenblick hatte ich während dieser Audienz an meine Familie gedacht. Ich hatte alles ohne weiteres akzeptiert und, dumm wie ich war, vergessen, daß man es vorzog, die Gattinnen der Prokuratoren in Rom zu wissen. Habe ich unrecht, in Tiberius' Verletzung dieser Regel einen Beweis für seine Zuneigung zu uns und vielleicht für seine Klugheit zu sehen? Denn unsere Abwesenheit von Rom war bald die beste Garantie für unser Überleben.
Procula war bewundernswert. Ich überbrachte ihr den Befehl des Cäsars, ihr Haus und ihre Familie zu verlassen und mir in eine der unangenehmsten Regionen des Imperiums zu folgen, unsere Kinder und ihre eigene Gesundheit dem Klima des Orients und seinen Krankheiten auszusetzen. Jede andere Frau hätte sich Tag und Nacht beklagt und mich mit ihren gerechtfertigten Seufzern zermürbt. Doch als ich ihr diese Neuigkeit mitteilte, hin- und hergerissen zwischen dem Stolz auf diese unerwartete Beförderung und der Angst vor ihrer Reaktion, erwiderte sie nur:
»Alles, überallhin, wenn ich nur bei dir bin.«
Wir verließen Italien im September, am Ende eines letzten Sommers in Kampanien. Antonia und Probus begleiteten uns nach Misena, wo Tiberius, der meine Abreise nach Judäa beschleunigen wollte, mir einen Dreiruderer zur Verfügung gestellt hatte. Sie weinten, als ahnten sie schon, daß wir uns nicht wiedersehen sollten.

Drei Wochen später erreichten wir ohne Zwischenfälle den Hafen von Cäsarea. Obwohl es schon spät im Jahr war, hatten wir keine Stürme oder Gegenwinde gehabt, die die Dauer der Überfahrt manchmal verdreifachten.

Ich hielt Lucius Arrius Niger nicht für einen schlechten Offizier. Nein. Er war weder dumm noch inkompetent oder feige. Im übrigen hatten alle aus dem gallischen Gebiet den Ruf, daß man sie aus den Besten der Legionen ausgewählt hatte. Und nichts, weder in seinen Berichten noch in seinen Akten, wies darauf hin, daß Arrius dieses Rufes nicht würdig gewesen wäre. Wie ich gehörte er zum Ritterstand; so wie ich hatte er den Rang eines Tribuns mit schmalem Purpurstreifen – eines nicht-patrizischen Tribuns also. Woher kam es, daß er so zaghaft war? Wahrscheinlich daher, daß er schon zu lange hier weilte. Seit den bald zwei Monaten meiner Ankunft konnte ich feststellen, daß viele unserer Soldaten empfänglich für die Denkungsart des Orients waren. Andere dagegen reagierten trotzig und wurden aus Opposition römischer als in Rom. Diese zog ich vor, während Arrius mehr zur Annahme der örtlichen Sitten neigte. Er hatte unrecht.
Dieses Volk verabscheute uns. Es hatte keinen Sinn, es schonend zu behandeln, es zu hätscheln. Jegliche Anstrengung in dieser Hinsicht wurde sofort als Beweis der Schwäche interpretiert. Wozu Zeit mit endlosen Verhandlungen und süßlichen Worten verschwenden, wenn Autorität derart wirkungsvoller war? Wir wollten das Wohl Judäas, gegen seinen Willen, wenn es sein mußte.
Seit über einer Stunde versuchte ich Arrius davon zu überzeugen. Vergeblich.
Konnte es sein, daß ihm die Vorstellung von der Würde Roms so sehr verlorengegangen war? Denn was er mir vorschlug, was er mir – in Berufung auf seine Kenntnis der jüdischen Welt –

aufzwingen wollte, war ein Sakrileg. Oh! Es handelte sich keineswegs um die Götter, obwohl das in Judäa ein wichtiges Thema war! Es war mir völlig gleichgültig, daß dieses Volk weder Jupiter, Juno, Minerva oder irgendeine andere unserer Gottheiten verehrte. Ich, der nicht an sie glaubte, hätte mich darüber nicht empören können. Nein, es handelte sich keineswegs um die Götter, sondern um Rom, und da hätte ich nie nachgegeben.

Arrius zeigte eine bestürzte Miene. Wofür hielt er mich in diesem Augenblick? Für einen anmaßenden Dummkopf, der – kaum eingetroffen – glaubte, alles besser zu wissen? Für einen autoritären Ehrgeizling, der die sehr begrenzte Ruhe stören wollte, die Arrius genoß? Gerne hätte ich ihm erklären mögen, daß ich das keineswegs war, daß ich ihm vertraute, daß ich bereit war, ihn anzuhören und seine Ratschläge zu befolgen, wenn sie gut waren, doch daß er dabei war, das Unmögliche von mir zu fordern:

»Du forderst das Unmögliche von mir, Tribun.«

Arrius schüttelte den breiten, braunlockigen Kopf. Wenn er verlegen war, stotterte er ein wenig.

»Ich bitte dich inständig, Herr, versuch zu verstehen! Du kennst diese Menschen nicht. Du weißt nicht, wie sehr die geringste unserer Gesten ihnen beleidigend erscheinen kann, ohne daß wir das wollen.«

Das ist der Orient! Die Sieger sollten sich den Launen der Besiegten beugen, und das war ja wohl ungeheuerlich. In Wahrheit konnte ich mir nicht vorstellen, daß ich ein solches Drama auslösen würde, wenn ich meinen feierlichen Einzug in Jerusalem beging. War das nicht überall der Brauch, wenn ein neuer Prokurator sein Amt antrat? Daher hatte ich Arrius in Kenntnis gesetzt, alles für den fünften Tag vor den Kalenden des Dezembers zu arrangieren. Ich wollte die gesamten Legionen, im Purpurmantel und mit Helmzier, Adler und

Feldzeichen poliert wie für einen Triumphzug, in einer grandiosen Zurschaustellung unserer martialischen Pracht. Arrius unterbrach mich:

»Verzeihung, Herr, aber nicht die Adler. Verstehst du, Jerusalem ist ihre heilige Stadt ... Wie soll ich es dir erklären? Es ist nicht ihre Stadt, es ist die Stadt ihres Gottes.«

Das wußte ich, aber ich begriff nicht, was verhindern sollte, die Adler in den Straßen Jerusalems zur Schau zu stellen. Arrius spielte nervös mit dem Siegelring, der seinen Ritterstand anzeigte, ließ ihn um seinen Finger kreisen. Ich wartete auf seine Erklärung.

»Verstehst du, Herr, die Juden glauben, daß Jahwe, ihr Gott, der Schöpfer aller Dinge ist und daß sie keinen anderen verehren dürfen. Unsere Adler ... Unsere Adler sind eine Beleidigung Jahwes! Sie sind Götzen für sie, und kein Götze darf den geheiligten Stadtbereich beschmutzen. Sie lehnen selbst Statuen des Cäsars ab ...«

Ich zuckte die Achseln, als ich das hörte.

»Eine Beleidigung ihres Gottes ... Du bist naiv, Tribun! Sie verabscheuen unsere Adler nicht, weil sie Götzen sind, sondern weil sie das Symbol Roms sind. Und deshalb will ich, daß sie uns vorangetragen werden, wenn wir in Jerusalem einziehen.«

Ich war außer mir. Arrius mußte den Verstand verloren haben, um mir nahezulegen, ohne die Adler aufzumarschieren! Der Tribun sah mich erschrocken an.

»Ich bitte dich, Herr!« stammelte er. »Du bist der fünfte römische Prokurator in Judäa, und deine vier Vorgänger haben sich alle diesem Brauch gebeugt. Publius Quintilius ist ohne die Adler eingezogen! Und Marcus Ambivius und Annius Rufus und Valerius Gratus, an dessen Stelle zu trittst ... Keiner von ihnen war der Meinung, daß die Ehre Roms verletzt würde!«

Ich lachte bitter:
»Mag sein, daß Varus ohne die Adler eingezogen ist! Aber du vergißt, mich daran zu erinnern, Tribun, daß er zwischen zwei Reihen von Kreuzen durch das Goldene Tor gezogen ist! Zweitausend Männer, tausend auf jeder Seite, die er hatte kreuzigen lassen, um sich einen ruhigen Aufenthalt in ihrer Hauptstadt zu sichern! Rätst du mir vielleicht, daß ich es ihm nachmachen soll? Und was Gratus anbelangt – für seinen guten Willen hat man ihm schlecht gedankt, scheint mir: Ein Patrizier aus dem Hause Juda hat ihm von seiner Terrasse aus einen Ziegel nachgeworfen, der ihm fast den Schädel zerschmettert hätte! Und darauf ließ Gratus die ganze Familie samt Dienern exekutieren! Soll ich mich darauf einrichten, es ebenso zu machen?«
Arrius war rot geworden. Der Wärme konnte ich diesen glühenden Teint nicht zuschreiben, denn es war eisig. Ein kalter, schneidender Wind wehte von Osten her, der Schnee anzukündigen schien …
Der Ring am Finger meines Tribuns drehte sich wie rasend. Ich hatte Lust zu schreien, daß er aufhören sollte. Konnte es möglich sein, daß die Juden es beleidigender fanden, unsere bewaffneten Kohorten vorbeimarschieren zu sehen, Standartenträger und Feldzeichen in erster Reihe, wie es der Brauch war, als zu erdulden, daß zweitausend Männer gekreuzigt oder eine ganze Familie massakriert wurden? Konnten sie wirklich nicht verstehen, daß es besser war, die Autorität Roms in Form von Militärparaden zu gewährleisten als durch Folter? Plötzlich fühlte ich mich sehr müde, nicht mehr der Zeit gewachsen … Ich hätte es gerne verstanden. Aber Rom brauchte in Judäa keinen Mann, der verstehen wollte. Fast beneidete ich Varus, daß er zu einer solchen Brutalität fähig gewesen war … Publius Quintilius hatte sich niemals Fragen gestellt; ich stellte mir zu viele. Ich hörte noch Varus' rauhe Stimme, kaputt, weil

er zu viele Kommandos geschrien hatte, wenn er abends in Argentoratum vor seinen Offizieren Erinnerungen an seine Prokuratur in Judäa zum besten gab:
»Hunde, alles Hunde! Tollwütige Tiere! Am hellichten Tag küssen sie einem die Hand, um einem im Finstern besser die Kehle durchschneiden zu können. In einer einzigen Nacht haben sie sechs von meinen Legionären umgebracht, die zu den Mädchen gehen wollten. Aber um sie Mores zu lehren, habe ich um Jerusalem herum mehr Kreuze aufgepflanzt, als es in diesem ganzen Land voller Sand und Schotter an Bäumen gibt.«
War ich fähig, es ebenso zu machen?
Lucius Arrius starrte eigensinnig mit gesenktem Kopf auf den Boden, während er immer noch den Siegelring um seinen Finger drehte. Hatte er Angst vor mir? Verachtete er mich? Beide Annahmen waren mir gleich verhaßt. So fand ich mich gezwungen, ihm ebenfalls eine Erklärung zu geben:
»Wo warst du 763, Tribun?«
Unnütze Frage: Ich hatte Arrius' Akte gelesen und wußte, daß er damals wie mein Vater in Illyrien gedient hatte. Die großen Meutereien dieses Jahres. Dutzende von Offizieren, die massakriert worden waren ... Niger hatte es verstanden, ihnen mit Flexibilität und Mut entgegenzutreten, zwei komplementäre Eigenschaften bei ihm, die er nie verlor.
»Ich war in Illyrien, Herr.«
Instinktiv hatte er sich aufgerichtet; er spielte nicht mehr mit seinem Ring und musterte nicht mehr die Mängel im Fliesenboden.
»Ich, Tribun, zählte damals zwanzig Jahre und war in Germanien. Gerade vorhin hast du von Publius Quintilius gesprochen; dort habe ich ihn kennengelernt. Ich war Tribun der 18. Legion ...«
Erstaunt sah Niger mich an. Diese Blicke kannte ich, seit

meiner Rückkehr aus dem Teutoburger Wald hatten sie mich verfolgt.
»Verzeih mir, Herr, das wußte ich nicht. Ich dachte, von der 18. Legion hätte es keinen einzigen Überlebenden gegeben.«
»Nur mich und einen Angehörigen einer gallischen Hilfstruppe, der mir das Leben gerettet hat. Lucius Arrius, kannst du dir vorstellen, was man empfindet, wenn man unsere Adler in die Hände des Feindes fallen sieht?«
Wenn ich nur daran zurückdachte, überfiel mich der alte Schmerz. Der Schmerz, der mir das Herz zusammengekrampft hatte, als ich begriff, daß unsere Niederlage besiegelt war, der mich in der Sekunde heimsuchte, als ich inmitten der verlassenen Leichname das Bewußtsein erlangte. Ich sah vor mir Marcus Sabinus, so aufrecht im Unglück, und seinen hochmütigen Blick, mit dem er Arminius maß. Was würde er sagen, wenn er erfahren könnte, daß ich ohne die Adler als Prokurator in Jerusalem eingezogen war? Um Graecinus, Varus und all meiner Kameraden willen war es mir unmöglich, einer solchen Schande zuzustimmen, selbst wenn sie von Politik und Diplomatie diktiert wurde.
»Ich bin es den Manen der Toten vom Teutoburger Wald schuldig …«
»Ich verstehe, Herr.«
Ein langes Schweigen trat zwischen uns ein, bevölkert von Gespenstern und Gedanken, die weder für den einen noch den anderen von uns erfreulich waren. Der Wind pfiff um die Residenz herum und übertönte für ein paar Augenblicke die ewige Meeresbrandung.
Schließlich entspannte sich Arrius.
»Herr, ich habe eine Idee! Du willst mit den Adlern in Jerusalem einziehen, und du weißt gut, daß ich dir nicht unrecht geben kann. Auch ich bin römischer Offizier. Glaub nicht, daß es mir Freude macht, sie in der Kaserne zu lassen! Aber ich

bin seit zehn Jahren in Judäa, und ich sage dir in der vollen Überzeugung, mich nicht zu täuschen: Herr, wenn du die Heilige Stadt mit unseren Feldzeichen besudelst, gibt es einen Aufstand ... Das Problem scheint unlösbar, aber das ist es nicht. Liegt dir viel an Zeremonien und offiziellen Empfängen? Du irrst dich, wenn du glaubst, daß man dich mit Freudenschreien und Jubelgesängen empfangen wird! Und wenn man sich an die Stelle dieser Leute versetzt, kann man das verstehen ...«

Nein, mir lag nichts an denkwürdigem Prunk und Pomp. Arrius entschloß sich zu lächeln:

»Also, Herr, ich habe die Lösung gefunden! Es genügt, wenn jeder etwas dazu beiträgt.«

Armer Niger! Nach zehn Jahren in Judäa war er sicher, alles begriffen zu haben, zumindest alles, was unsere römischen Köpfe von diesem verfluchten Orient überhaupt begreifen konnten ... Er glaubte, daß es nur um Symbole ging. Unsere Adler, ihre Stadt ... Beide gleich heilig, und daher unvereinbar. Es stimmte, meine Vorgänger hatten sich darum nicht bekümmert; sie hatten die Schlacht vom Teutoburger Wald nicht erlebt, nicht diesen entsetzlichen Tag und die Erniedrigung Roms. Sie hatten keine unheilbaren Verletzungen der Seele oder schmerzhafte Narben am Körper zurückbehalten, die mich zu Beginn dieses Winters grausam leiden ließen.

Nein, ich konnte weder nachgeben und meine Adler im Stich lassen noch auf meinen Einzug in Jerusalem verzichten. Aber ich konnte ihn so diskret gestalten, daß er fast unbemerkt vonstatten ginge. Arrius beteuerte, es würde genügen, wenn jeder ein wenig guten Willen aufbrachte. Einmal in Jerusalem, sollten die Adler im Schutz der Festung Antonia bleiben; ich war bereit, das verbindlich zuzusagen. Niemand würde sie sehen; sie würden weder Jahwe noch den Patriotismus der Juden beleidigen. Mein Einzug sollte während der Dunkelheit

stattfinden, und ich sollte niemanden, weder das Volk noch die Würdenträger, mit der Nase darauf stoßen, daß meine Feldzeichen den Aufmarsch der Legionen anführten. Ich sollte die Augen davor verschließen, daß man den Prokurator beleidigte; der Sanhedrin würde so tun, als wüßte er nichts von der Anwesenheit der Feldzeichen in der Stadt. Auf beiden Seiten wären die Symbole gerettet und die Ehre gewahrt. Armer Niger, so stolz auf seine Idee! Wie hatte er glauben können, daß der Sanhedrin bei unserem Spiel mitmachen würde?

So begann also der heimtückische Krieg zwischen dem Hohen Rat Israels und mir, der während meiner ganzen Prokuratur andauern sollte. Zu Beginn folgte ich noch den Ratschlägen von Arrius und versuchte, Kompromisse zu schließen. Und schließlich kam ein Tag, an dem ich einmal zu oft einen Kompromiß akzeptierte – aus Müdigkeit, aus Schwäche, aus Abscheu ... aus Feigheit. Als ich mich wieder gefaßt hatte, war es zu spät; das nicht Wiedergutzumachende war geschehen. Niemals konnte ich dem Sanhedrin, dem ich in der Zukunft in nichts mehr nachgab, dies verzeihen. Daher erhielt ich diesen Ruf, ein »unbeugsamer Mann von mitleidsloser Härte« zu sein, wie Herodes sagte. Ich mußte versuchen zu vergessen, daß ich schwach gewesen war.

Aber natürlich ahnte ich nicht, daß die Ereignisse eine solche Wendung nehmen würden, als ich mich in der Dämmerung des fünften Tages vor den Kalenden des Dezembers 780 auf den Weg nach Jerusalem machte.

Anscheinend gibt es Reisende, die zwar keine Juden sind, aber Jerusalem begeistert entdecken. Zu ihnen gehörte ich keinesfalls. Keine Stadt hatte mir auf den ersten Blick je solches Unbehagen verursacht. Die Sonne ging unter und tauchte die Stadtmauern in ihr blutrotes Licht; die Stadt selbst, rot glühend, schien unter der gewaltigen Masse des neuen Tempels

erdrückt. Auf einen Schlag brach die Nacht herein, wie es im Orient der Fall ist, und die Finsternis, die so abrupt dem Tag folgte, jagte mir fast Angst ein, als ahnte ich, daß hinter diesen geschlossenen Mauern eine Gefahr, eine undeutliche, aber dennoch furchtbare Drohung lauerte. Nichts an diesem Ort war für Menschen gebaut.

Stolz, Zorn, Feindseligkeit, Haß, Zurückweisung. Diese Worte kommen mir in den Sinn, um Jerusalem zu beschreiben, so wie ich es zum erstenmal sah. Und dabei wußte ich noch nicht, wie sehr diese Attribute tatsächlich zu der Stadt paßten. Mauern aus Stein, Herzen aus Stein. Steine überall, selbst in den zusammengekrampften Händen jedes Passanten, ob es sich darum handelte, eine Frau, die in flagranti als Ehebrecherin ertappt worden war, oder irgendeinen armen Kerl, den man einer unwahrscheinlichen Missetat beschuldigte, zu steinigen. Alles wird zu Stein in dieser Stadt, in der man spürt, daß man, um zu überleben, allmählich selbst zu Stein wird.

Wir bewegten uns durch verlassene, finstere, schweigende Straßen, in denen die Schritte meiner Männer, die ein geheimnisvolles Echo erweckten, die einzigen menschlichen Laute waren. Nicht ein Licht durchdrang die Finsternis dieser Stadt, die ihre Geheimnisse, ihren Groll, ihren Wahn fest hinter ihren Fensterläden verschlossen hatte. Manchmal störten wir eine magere Katze bei ihrer nächtlichen Jagd, die sich dann zornig fauchend unter den Stufen einer Treppe versteckte. Am süßen Duft blühender Orangenbäume und am weichen Rascheln von Laub über unseren Köpfen errieten wir schlafende Gärten, in die wir nie eindringen würden. Jerusalem: Stein, Finsternis und Haine verbotener Genüsse …

Am Ende dieser seltsamen Parade wirkten die schmutzigen Gänge, der Geruch von verbranntem Öl aus den Küchen, der Lärm, die Hitze und der Trost der entzündeten Lampen in der Festung Antonia auf uns wie ein Ort reinster Freude. Im

Morgengrauen des nächsten Tages würde ich nach Cäsarea aufbrechen. Hätte man einen römischen Prokurator finden können, der entgegenkommender gewesen wäre als ich? Und dennoch ...

Ich war dabei, einen Brief an Tiberius zu diktieren, in dem ich meinen Amtsantritt mitteilte. Ich war noch naiv und selbstgefällig genug, um anzunehmen, daß er ihn lesen würde. Auch adressierte ich den Brief an ihn, Cäsar Augustus, ohne daß ich einen der Titel vergessen hätte, die der Herrscher zu verachten vorgab, auf die er in Wahrheit aber sehr erpicht war. Zehn Jahre lang legte ich nur dem göttlichen Tiberius Rechenschaft ab, und jene, die mich beschuldigten, eine Kreatur des Seianus gewesen zu sein, hätten große Mühe, in den Archiven des Palastes einen einzigen von meiner Hand signierten Brief zu finden, der namentlich an Aelius gerichtet gewesen wäre.

Arrius unterbrach mit seinem Eintritt mein Diktat. Wie gewöhnlich war er scharlachrot, zudem verärgert, was oft der Fall war.

»Herr, sei mir nicht böse, daß ich dich störe, aber draußen ist eine Abordnung des Sanhedrin, die dich zu sprechen wünscht.«

Ich seufzte.

»Sag ihnen, sie sollen heraufkommen.«

Arrius begann mit seinem Ring zu spielen, Zeichen seiner Nervosität.

»Das werden sie nicht wollen, Herr. Du wirst hinunterkommen müssen.«

Ich war außer Fassung. Was war das für ein neuer Einfall, den Prokurator zu stören und dann auch noch zu verlangen, daß er zu ihnen kam? Seit ich in Judäa eingetroffen war, arbeitete ich von morgens bis abends. Gratus hatte mir verworrene Verhältnisse hinterlassen, von denen er nicht viel verstanden zu haben schien und die auch mir, wie ich zu seiner Vertei-

digung sagen muß, einigermaßen unklar waren. Unzählige Gruppen stritten sich in diesem Land unter den verschiedensten Vorwänden. In Rom war die Religion ein Ferment der Einheit, bei den Juden dagegen war sie ein Faktor der Spaltung. Rituelle Verbote, Prophezeiungen, Unstimmigkeiten und Streit. Verloren in diesem Wust, dachte ich schon daran, die Hilfe eines jüdischen Philosophen oder Priesters zu suchen, der mir die Mythen und Glaubenslehren seines Volkes ein wenig erklären konnte. Ohne das konnte ich es bleiben lassen, dieses Land zu verwalten! Mir war der Gedanke gekommen, eines der Mitglieder des Sanhedrin könnte zustimmen, mir diesen Dienst zu erweisen.

Der Ring an Arrius' Finger fuhr fort mit seinem nervtötenden Kreisen.

»Herr, die Juden dürfen das Haus eines Heiden nicht betreten. Wir sind ... Nun, sie sagen ... Sie sagen, daß wir unrein sind ...«

Ich fuhr hoch; ich hatte bereits Zeit gehabt, die Bedeutung des Begriffs »unrein« in Judäa zu ermessen. Unrein waren Frauen, die vom Kindbett aufstanden. Unrein waren Aussätzige. Unrein waren Schweine. Ich hätte allein darauf kommen müssen, daß auf der endlosen Liste der rituellen Unreinheiten sofort nach den Schweinen der römische Prokurator in Cäsarea kam!

»Und sie haben keine Angst, daß meine Unreinheit sie besudelt und ansteckt, wenn ich hinunterkomme und mit ihnen spreche?« höhnte ich.

Nein, aus unklaren Gründen, die vielleicht weniger mit der Religion als mit der Befriedigung zu tun hatten, jemanden zu demütigen, war es mir erlaubt, außerhalb meines Hauses, dieses Tempels römischer Unreinheit, mit ihnen zu sprechen. Dennoch ließen die Angehörigen des Sanhedrin mich mit jeder Geste und jedem Wort spüren, daß ich für sie ein

Gegenstand unüberwindlichen Abscheus war. Sie vermieden es, mir in die Augen zu sehen, und wenn ich ihnen ihrer Meinung nach zu nahe kam, wichen sie hastig zurück, aus Angst, ich könnte sie berühren ... War ich ein stinkendes Tier oder ein verlauster Bettler? Ich, der nicht zu Heftigkeit neigte, spürte, wie Zorn in mir aufwallte.

Was wollten sie? Daß ich noch im selben Augenblick die »Götzenbilder«, die ich in der Festung Antonia aufzustellen gewagt hatte, fortbringen ließ.

Ich drehte mich auf dem Absatz um, ohne sie einer Antwort zu würdigen. Meine überschäumende Wut ließ ich an dem unglücklichen Niger aus. Warum hatte ich auf ihn gehört? Warum hatte ich zugestimmt, mich dieser erniedrigenden Komödie eines Einzugs bei Nacht zu beugen, wenn ich dann am Ende auf diese Art beleidigt wurde? Arrius versuchte nicht, sich zu rechtfertigen. Immerhin war er stets dafür gewesen, die Adler in Cäsarea zu lassen, und hatte mir nur aufgrund meines Starrsinns und meiner Beharrlichkeit als letzten Ausweg diesen Kompromiß vorgeschlagen. Wenn es einen Schuldigen gab, so war es nicht Niger, sondern ich, der sich nicht zwischen Schwäche und Macht entscheiden konnte.

Außer Atem hörte ich schließlich auf zu schreien, und Niger nützte das aus, um rasch zu sagen:

»Herr, wir müssen die Adler zurückbringen.«

»Niemals!« schrie ich erneut.

Und ich schloß mich in meinem Zimmer ein. Nur Procula wagte es, mich dort aufzusuchen. Und in dieser Nacht kümmerte ich mich nicht mehr um Judäa oder die Feldzeichen.

Gestern waren es fünfzig; heute morgen zweihundert. Heute nachmittag zählte ich tausend. Sie belagerten mich. Ein Meer von Köpfen wogte unter meinen Fenstern, und wenn sie mich unglücklicherweise in der Öffnung erblickten, brüllten sie.

Ich verstand nicht, was sie sagten, denn der Winterwind trug ihr griechisches, hebräisches, lateinisches und aramäisches Geschrei aufs offene Meer hinaus. Ich wollte sie weder sehen noch hören und vor allem nicht mit ihnen diskutieren.
Vor wenigen Augenblicken war Pontia ins Zimmer geschlüpft, hatte sich an mich gedrückt und geflüstert:
»Papa, ich habe Angst …«
»Das brauchst du nicht, mein Liebling, das brauchst du nicht.«
Meine Tochter hatte Proculas Augen und richtete sie mit demselben unerschütterlichen Vertrauen auf mich, das ich in jenen ihrer Mutter las. Ich brachte sie zurück in unsere Wohngemächer. Aulus, zu Tode verängstigt, weinte heiße Tränen; er war noch so klein. Gaius lief ganz aufgeregt auf mich zu.
»Papa, Papa, ist das Krieg? Wirst du kämpfen? Kann ich mit dir kommen?«
Ich besänftigte die vorzeitige kriegerische Begeisterung meines Sohnes.
»Das ist kein Krieg, ich werde nicht kämpfen, und ich glaube, du bist noch zu jung, um an solche Dinge zu denken.«
Ich sah, wie sich Enttäuschung auf seinen Zügen malte, und bedauerte meine Worte. Gaius war meinem Vater außerordentlich ähnlich und fühlte sich bereits nur inmitten von Soldaten wohl. Arrius, der ihn liebgewonnen hatte, versäumte es nie, ihn zur Wachablösung mitzunehmen, wozu ich keine Zeit hatte; er hatte ihm sogar versprochen, wenn er brav sei, werde er ihm zu seinem nächsten Geburtstag eine komplette Legionärsausrüstung schenken. Seither widmete sich Gaius seinen Lektionen mit erneuertem Ernst.
Große Wolken vom Meer wogten über dem Himmel und kündigten Regen an, der die Demonstrierenden vielleicht auseinandertreiben würde, so hoffte ich.
Nun goß es schon drei Tage und drei Nächte in Strömen, während die Schreie und das Heulen einer immer zahlrei-

cher werdenden Menge unablässig widerhallten. Ich hatte beschlossen, nichts zu hören, nichts zu sehen und unbewegt zu bleiben. Doch eine furchtbare Migräne preßte mir die Schläfen wie in einen Schraubstock ein. Ich bekam Lust zu schreien, alles zu zertrümmern. Ich war am Ende meiner Nerven. Ich sprach nicht mehr, ich bellte. Immer wieder kam Arrius, hochrot im Gesicht, und beschwor mich zu verhandeln. Ich ließ ihn seinen Satz beginnen, dann schnitt ich ihm immer mit demselben Schrei das Wort ab:
»Nein!«
Arrius grüßte daraufhin vorschriftsgemäß und ging. Er wußte gut, daß ich nachgeben würde, daß ich keine Wahl hatte, und es machte mich rasend, daß jedermann das wußte.
Acht Tage lang setzte ich diese ermüdende Komödie fort. Die Kinder hatten sich erstaunlich leicht mit dem Tumult abgefunden. Procula, daran gewöhnt, wenig und leicht zu schlafen, stets bereit, beim geringsten Geräusch ins benachbarte Zimmer zu eilen, litt nicht unter diesem Mangel an Ruhe. Ich dagegen konnte nicht mehr. Am fünften Abend, als meine Frau mich am Ende meiner Kräfte sah, rief sie den Garnisonsarzt und bat ihn um ein Schlafmittel auf der Basis von Mohn, mit dem er sonst die Leiden Verwundeter linderte. Die Droge ließ mich endlich schlafen, doch ich hatte so viele und beängstigende Alpträume, daß ich mich weigerte, erneut zu diesem Mittel zu greifen. Als sich Arrius am Morgen des achten Tages meldete, schickte ich ihn daher nicht fort, sondern befahl ihm in einem Ton, der sich jede Diskussion verbat:
»Nimm die Truppen, die du brauchst, und schaffe mir diesen Plebs vom Hals. Wenn die Leute Widerstand leisten, dann wirf sie ins Gefängnis und drohe ihnen mit der Kreuzigung.«
Und bevor Arrius hätte protestieren können, schrie ich noch:
»Hast du mich verstanden, Tribun? Tu, was ich dir sage, und zwar schnell!«

Ich sah genau, wie Niger die Augen gen Himmel richtete und die Achseln zuckte; ich hörte seinen Seufzer, aber er begnügte sich mit der Antwort:
»Nach deinem Befehl, Herr!«
Mit untadeligem, vorschriftsmäßigem Salut ging er von dannen.
Kaum war er fort, wurde mir klar, wie dumm mein Befehl war. Ich riskierte die Machtprobe; war ich denn sicher, daß ich als Sieger daraus hervorgehen würde? Bisher hatte ich jämmerlich versagt, schlimmer noch, ich hatte mich lächerlich gemacht. War ich denn fähig, wenn ich mich nun für Härte, Gewalt und Strenge entschied und so an die Politik von Varus, Gratus und der anderen anknüpfte, diese Vorgehensweise bis zum Ende durchzuhalten? Es war leicht zu sagen: »Drohe ihnen mit der Kreuzigung!« Aber ich ertrug es nicht, auch entsprechend zu handeln. Allein bei dem Gedanken an die zweitausend Gekreuzigten, die vor fünfunddreißig Jahren den ruhmreichen Einzug des Publius Quintilius in Jerusalem gesäumt hatten, wurde mir übel.
Mitleid war bei einem römischen Prokurator eine Schwäche. Lucius Arrius hatte sehr schnell begriffen, daß es eine meiner Schwächen war. Mit unendlichem Takt ließ er es mich nie spüren, daß er mich für unfähig hielt, bestimmte Maßnahmen zu ergreifen. In dieser Lage und in vielen anderen erwies er sich als der wertvollste Mitarbeiter. Er erriet, daß ich meine Drohungen nicht in die Tat umsetzen würde. Und so eröffneten mir sein Feingefühl und seine Intelligenz den Ausweg, der meinen Stolz und meine Prinzipien versöhnte und den ich einfach nicht fand.
Sorgfältig jede unnötige Gewalt vermeidend, ließ Niger die Umgebung meiner Residenz räumen. Da er wußte, wie unbeliebt die Pharisäer waren, ließ er ein Dutzend dieser Würdenträger verhaften und den Rest der Menge laufen. Einen

ganzen Tag lang hielt er sie in einem Kellergeschoß des Hippodroms eingeschlossen, in ihren Augen eine Hochburg römischer Abgötterei. Am Abend schließlich verkündete er ihnen mit vielen blumigen Wendungen, der erlauchte Prokurator in seiner unendlichen Milde, seiner tiefen Gnade und unvergleichlichen Großzügigkeit würde anläßlich der nahenden Feste der Saturnalien die Standartenträger und ihre Feldzeichen wieder nach Cäsarea zurückkehren lassen. Das sei zu diesem neuen Jahr, wenn die Römer nach dem Brauch der Vorfahren ihre Freunde beschenkten, das Geschenk des erlauchten Prokurators Gaius Pontius Pilatus an die Juden.

Dank Lucius Arrius hatte ich das Gesicht gewahrt.

Aber dennoch, ich hatte nachgegeben, aus tiefem Entsetzen vor den Maßnahmen, die mit der Ausübung von Macht verbunden waren. In der ewigen Gegenüberstellung von Antigone und Kreon hatte das Schicksal mir die Rolle dieses Königs übertragen, und diese Rolle behagte mir nicht. Aber ich hatte sie angenommen, im Namen des Cäsars, im Namen Roms. Meine Pflicht war es, an ihrer Stelle die schmutzige Arbeit zu erledigen.

Die Wochen, die Monate vergingen; der Frühling kam. Ich versuchte, Judäa zu regieren, und Lucius Arrius half mir dabei. Aber kann man einen Vulkan regieren, der kurz vor dem Ausbruch steht? Die Annexion Palästinas ins Römische Reich, Werk des Pompejus, war über ein halbes Jahrhundert her, und dennoch war die Pax Romana hier nur ein leeres Wort.

Rebellenbanden, Sikarier oder Zeloten genannt, versammelten sich heimlich und träumten von einem bewaffneten Aufstand. Uns ins Meer zu werfen war ihr einziges Bestreben. Ihr Anführer war ein gewisser Josuah bar Abbas, den man uns überall gleichzeitig anzeigte und den unsere Patrouillen niemals fassen konnten. Unter dem Vorwand des Patriotismus

drangen diese Räuber nachts bei den Beamten und Händlern ein, die für uns arbeiteten, raubten sie aus und terrorisierten sie. Ihre Einfälle bei den Zöllnern brachten ihnen die Sympathien der kleinen Leute ein, die sich immer gern beklagten, die Steuern würden sie niederdrücken. Die Plebs sah in bar Abbas bereits den Befreier, der das Königtum Juda neu errichten würde.

In Wahrheit war Josuah bar Abbas nur ein jämmerlicher Kerl, ein Dieb ganz sicher, ein Mörder vielleicht. Denn mehrmals kam es vor, daß Soldaten, die abends allein ausgingen, nicht wieder im Quartier erschienen. Arrius trug sie als Deserteure ein, obwohl er überzeugt war, daß man diesen Männern die Kehle durchgeschnitten und ihre Leichname vergraben hatte.

Bei jedem Vorfall hatten die Zeloten die Hände im Spiel. Wir spürten, wie die Anspannung in Judäa immer stärker wurde, und befürchteten einen allgemeinen Aufstand. Ich erteilte den Befehl, daß stets ein Schiff bereitliegen sollte, das meine Familie in Sicherheit bringen konnte, nach Alexandria, wenn die Lage sich verschlimmerte.

Fast hätte ich es bedauert, meine Frau und meine Kinder an meiner Seite zu haben, wären nicht die Briefe von Probus gewesen, die mich über den wachsenden Einfluß des Seianus auf Tiberius informierten. Mehrere Senatoren, deren einziges erwiesenes Verbrechen darin bestand, dem Günstling mißfallen zu haben, waren mit Unterschrift des Cäsars ohne Gerichtsverfahren verurteilt worden. Über die wahnwitzigen Ambitionen von Seianus machte ich mir keine Illusionen. Wer weiß, wenn wir in Rom gewesen wären, hätte er vielleicht in meinen Söhnen, in meiner Gattin oder mir eventuelle Hindernisse zwischen dem Kaiserpurpur und sich gesehen. Es war besser, wenn Aelius so lange wie möglich vergaß, daß in den Adern meiner Kinder das erlauchte Blut der Claudier floß, das

Blut des Tiberius. Und vielleicht hatte der Cäsar das gewollt, als er uns eilig aus der Stadt fortgeschickt hatte.
Die Wochen verstrichen in einer drückenden Atmosphäre. Arrius und ich sahen mit großer Besorgnis das große jüdische Passah-Fest herannahen. Galt dieses Fest nicht der Erinnerung an den Tag, als Israel aus der Knechtschaft Ägyptens entkam? Nach einer von meinen Vorgängern errichteten Tradition mußte ich mich nach Jerusalem begeben und eine Rede ans Volk halten. Ich mußte die Freilassung eines Gefangenen verkünden. Arrius gab mir eine Liste mit Namen von kaum gefährlichen Übeltätern: Betrüger oder Diebe, die man mit der Hand in einer fremden Tasche ertappt hatte. Meine Wahl fiel auf einen Jungen mit Namen Dysmas, der seinem Herrn Geld gestohlen hatte, um einem Mädchen, in das er verliebt war, ein billiges Kettchen kaufen zu können. Mir fiel wieder ein, welche Dummheiten ich Pomponias wegen begangen hatte, und ich hatte Mitleid mit Dysmas.
Trotz unserer Besorgnis geschah letztlich nichts. Ich fühlte mich erleichtert, aber nicht beruhigt. Es war in meinem Empfinden wie ein heftiger Zahnschmerz, der wieder nachläßt, ohne daß der Zahn vom Arzt gezogen wird. Man fragt sich, wie lange diese Atempause dauern wird.
Meine Befürchtungen waren begründet. Ein Gerücht lief durch die Menge, das die baldige Ankunft eines Königs aus dem Stamme Davids ankündigte, eines großen Kriegers, berufen zu großen Siegen und dazu bestimmt, dem Volk Israel seine Oberherrschaft zurückzugeben. Das Volk erwartete ihn, bereit, sich unter seinem Befehl zu sammeln und ihm zu helfen, die Römer aus Judäa zu verjagen.
Ich glaubte nicht an die Prophezeiungen der Juden, aber ich war auf der Hut. Ein kühner Mann brauchte sich diese Geschichte vom geheimen König Israels nur zunutze zu machen, und sie wäre für uns eine wirkliche Gefahr.

Es wäre weit, sehr weit von der Wahrheit entfernt zu sagen, ich hätte Herodes Antipas gleich bei unserer ersten Begegnung als unangenehm empfunden. Eine solche Formulierung könnte nicht vermitteln, welche sofortige Antipathie er mir einflößte, eine Mischung aus Abscheu, Ekel, Verachtung und auch Mißtrauen, denn dieser Mensch war listig, bösartig, schurkisch und intrigant. Kurz gesagt, gefährlich.
Das Volk nannte ihn »Fuchs« oder »Hyäne«. Tiberius, der ihn nie kennengelernt hatte, aber seinen Schmeicheleien zugänglich war – hatte Herodes seine Hauptstadt nicht Tiberias genannt? –, hatte ihm eine eher theoretische als reale Macht über die Provinz Galiläa im Norden Judäas gelassen. Antipas konnte sich nicht beklagen, den schlechtesten Teil bekommen zu haben, denn Galiläa war die grünste, blühendste und fruchtbarste Region Palästinas, das Klima war lieblich.
Warum verabscheute ich Herodes? Kann man leichter erkennen, was zwischen zwei Menschen Haß auslöst, als das, was Freundschaft oder Liebe hervorruft?
Er erschien mir als der Archetyp eines Tyrannen, eines orientalischen Satrapen, wie er in meinen Kinderbüchern beschrieben worden war, eine Art Tarquinius, der Lucretia vergewaltigte, nur auf jerusalemische Art. Brauchte es mehr, um einem Römer zu mißfallen? Natürlich war da auch noch sein Benehmen, diese Art, die saucenbeschmierten Finger an seiner Seidentunika abzuwischen. Warum stieß mich das mehr ab als die Gewohnheiten der Gäste im römischen Palast, die sich bei den kaiserlichen Gelagen die Finger in den Haaren junger Sklaven abwischten? Ich könnte es nicht sagen. Herodes war ein Vielfraß, Gierschlund und Säufer. Aber auch das mochte noch angehen. Ich habe andere gekannt, die sich ebenfalls ekelhaft vollstopften. Nein, ihn wirklich zu hassen begann ich in dem Augenblick, als ich ihn dabei überraschte, wie er Pontia ansah.

Meine Tochter hatte es sich angewöhnt, ohne Vorankündigung in meine Amtsstube und sogar in meinen Audienzsaal zu schlüpfen. Sie gab keinen Laut von sich, schmiegte sich an meine Beine und rührte sich nicht mehr. Wenn eine Sitzung sehr lange dauerte, kam es vor, daß sie bei mir einschlief. An dem Tag, als ich Herodes zum erstenmal bei mir empfing (seine Bitte um eine Audienz hatte mich erstaunt; ich hatte nicht gewußt, daß er sich als schlechter Jude wenig darum scherte, durch den Kontakt zu mir besudelt zu werden), kauerte Pontia so an meiner Seite.

Schon als Pontia noch ein ganz kleines Mädchen war, konnte man leicht erkennen, daß sie einmal sehr schön werden würde. Procula, die darunter gelitten hatte, daß sie sich häßlich glaubte, freute sich ungemein über diese strahlende Schönheit; ich sah darin keineswegs eine Garantie für Glück.

»Ich beglückwünsche dich, Prokurator, du hast ein hübsches Kind!«

Ein harmloses Kompliment, doch begleitet von einem Blick, der Pontia genau unter die Lupe nahm, sie auszog, sie besudelte. Begierde malte sich auf den Zügen von Antipas, und er scherte sich nicht darum, sie zu verbergen. Ich sagte nichts. Ich schickte Pontia nur in einem barschen, harten Tonfall, den ich sonst meinen Kindern gegenüber nicht anschlug, zu ihrer Mutter zurück. Erstaunt sah sie mich an, ohne zu begreifen, dann ging sie mit gesenktem Kopf hinaus. Ich hörte, wie sie auf dem Gang weinte.

Ja, ich haßte Herodes Antipas mit aller Macht.

Ich nahm mich zusammen, um meinen Zorn zu verbergen, und wartete, daß er mir den Zweck seines Besuches mitteilte. Wenn es für einen Römer eine mühsame Sache gibt, dann die Umschreibungen und das endlose Palaver zu erdulden, das die Orientalen bis ins Unermeßliche treiben, bevor sie auf das Thema zu sprechen kommen, das sie beschäftigt. Und dann

schaffen sie es noch, einen Teil ihrer Gedanken zu verbergen, oft das Wesentliche ... Nach zwei Stunden, vier Pokalen Wein vom Berg Karmel und etwa hundert eingelegten Datteln, die er beim Schwatzen in sich hineingestopft hatte, geruhte Herodes, den Blick seiner halb im Fett versunkenen kleinen Augen auf mich zu richten.

»Sag mir, Gaius Pontius, hast du von einem gewissen Jochanaan gehört, der behauptet, ein Prophet zu sein?«

Ja, ich hatte von ihm gehört. Am Ende des Winters hatte Arrius mir mitgeteilt, daß am Ufer des Jordan eine seltsame Gestalt aufgetaucht war. Er rief das Feuer Jahwes auf Israel und seine Vergehen herab, bezeichnete sein Volk liebenswürdig als »Schlangenbrut«, und während ich Herodes zuhörte, war ich in meinem Innersten vollkommen einer Meinung mit Jochanaan, ob er nun ein Prophet oder ein Wahnsinniger war. Arrius hatte ihn überwachen lassen und war zu dem Urteil gekommen, der Mann sei trotz seiner Verwünschungen nicht gefährlich.

»Er ist ein Rechtsgelehrter, Herr. Er hat die jüdischen Lehren und Prophezeiungen studiert. Sein Vater war Priester. Seine Eltern sind gestorben, als er noch ein Kind war; er war ihnen sehr spät geboren worden. Die Essener haben ihn aufgenommen. Du kennst diese Asketen, die Wüste, die Kasteiungen; weil sie sich nur von gebratenen Heuschrecken und Wasser ernähren, hat das manchmal diese Wirkung auf sie ... Sie glauben, der Geist ihres Gottes wohne in ihnen. Sie ziehen durch Stadt und Land und kündigen Katastrophen an. Aber sei beruhigt, Herr! Ich habe ihn zusammen mit Kindern gesehen, und mit einem Lamm, das sich ein Bein gebrochen hatte. Es gibt keinen sanfteren Menschen als diesen Jochanaan! Bellende Hunde beißen nicht!«

Da Jochanaan die öffentliche Ordnung nicht störte, hatte ich gesagt, man solle ihn in Ruhe lassen. Ich behielt die Informa-

tionen von Arrius für mich und wartete, bis Herodes endlich zur Sache kam.
»Du weißt doch, Gaius Pontius, daß die Königin, meine Frau, Herodias ... Wie soll ich sagen? Ich bin nicht ihr erster Ehegatte ...«
Das wußte ich, und es kümmerte mich kaum. Scheidungen, gefolgt von Wiederverheiratungen, gab es in Rom zwanzig pro Tag. Doch was die Sache kompliziert machte und was Herodes sich mir – falls ich es noch nicht wußte – zu sagen hütete, war die Tatsache, daß es sich um einen doppelten Inzest handelte ...
Zunächst einmal war Herodias, ihr Vorname zeigte ihre Abstammung bereits an, eine Nichte von Antipas. Vielleicht verbot das jüdische Gesetz es nicht, daß Onkel ihre Nichten heirateten? In erster Ehe war die junge Frau mit einem der Brüder von Herodes verheiratet gewesen, Philipp, Tetrarch von Ituräa. Diesen Philipp, zugleich ihr Onkel und ihr Gatte, hatte sie also verlassen, um mit Antipas zusammenzuleben. Indem dieser der Ehegatte seiner Nichte wurde, setzte er seinem Bruder Hörner auf. Und schließlich, das wußte ich von Procula – die es wiederum von Johanna, Gattin des Verwalters von Herodes, mit der sie befreundet war, gehört hatte –, hatte Herodias ein Kind aus erster Ehe. Dieses Kind, Salome, war kaum zehn Jahre alt, doch es war offensichtlich, daß es seinem Großonkel nicht mißfiel. Ich hatte diesem Dienstbotenklatsch nicht geglaubt, bevor ich Herodes bei seinem Blick auf Pontia ertappt hatte. Ein abstoßender Kerl.
Ich wartete.
»Du bist verheiratet, Gaius Pontius, du kennst die Frauen ... Neugierig, immer auf der Suche nach Zerstreuung, nach Unterhaltung. Gut! Vor ein paar Tagen hat Herodias es sich in den Kopf gesetzt, zu Jochanaan zu gehen, so wie alle es tun. Alle ihre Freundinnen waren schon dort gewesen. Ich riet ihr

davon ab. Hatte sie es nötig, einen schmutzigen Irren zu besuchen, der mit einem Gewand aus Kamelhaaren bekleidet ist?«

Eine weitere Information, die Arrius mir übermittelt hatte, kam mir in den Sinn: Jochanaan war erst dreißig Jahre alt und sehr schön. Herodes war fast sechzig und von obszöner Häßlichkeit. Seine Frau hatte Entschuldigungsgründe.

»Ich habe nachgegeben, du weißt, wie die Frauen sind! Es gefiel mir nicht sonderlich, aber Herodias ruht nicht eher, bis sie bekommt, was sie will. Ich kenne sie, weißt du, diese Hitzköpfe, die im Namen Jahwes zu sprechen glauben, und ich war argwöhnisch, was er meiner geliebten Herodias sagen würde! Du weißt nicht, Gaius Pontius, was du für ein Glück hast, kein Jude zu sein! Euch Römern wirft es niemand vor, wenn ihr euch scheiden laßt und wieder heiratet, sooft ihr Lust habt! Meine Herodias kommt also am Ufer des Jordan an und steigt aus ihrer Sänfte. Sobald Jochanaan sie erblickt, kommt er aus dem Wasser. Du weißt vielleicht, daß er dort den ganzen Tag lang herumplanscht – unter dem Vorwand, er würde die Menschen, die ihn aufsuchen, von ihren Sünden reinigen. Und nun läuft er schreiend auf sie zu: ›Sünderin! Ehebrecherin! Wenn du der kommenden Strafe entrinnen willst, verlasse den Mann, mit dem du lebst und der nicht dein Gatte ist, und kehre zu deinem wahren Ehegatten zurück!‹

Meine arme Frau ist schon ganz aufgewühlt vor seinen Verwünschungen geflohen. Seither verläßt sie nicht mehr das Bett, weint, weigert sich, mich zu sehen. Sie sagt ... Nun, sie verbietet mir ihr Zimmer, solange ich ihr nicht den Kopf Jochanaans auf einem Tablett bringe.

Gaius Pontius, wenn wir in Galiläa wären, würde ich dich nicht mit meinen Eheproblemen belästigen. Obwohl es mir keineswegs gefällt, Hand an einen Mann Gottes zu legen, würde ich Jochanaan ins Gefängnis werfen, damit er dort darüber nach-

denken kann, welchen Respekt er meiner Frau schuldig ist. Aber wir sind nicht in Galiläa, und in Judäa regierst du.«
Ich tat, als hätte ich nicht verstanden, und lenkte das Gespräch auf ein anderes Thema. Ich würde Jochanaan nicht enthaupten lassen, um einer inzestuösen und ehebrecherischen Prinzessin zu gefallen; noch weniger, um es Herodes recht zu machen. Dagegen war es für mich eine gute Gelegenheit, mich über den berühmten König zu informieren, über den man auf dem Basar so viel sprach, und in Erfahrung zu bringen, ob zwischen ihm und dem Einsiedler am Jordan eine Beziehung bestand. Verkündete Jochanaan nicht, das Himmelreich sei nahe und es käme einer nach ihm, der stärker sei? Doch Herodes lachte nur.
»Ein alter Witz, schon viertausend Jahre alt, Gaius Pontius! Das weltweite Königtum, das Jahwe Israel versprochen hat. Sieh mich an: Ich bin der König Israels, und worüber regiere ich! Wohlgemerkt, mein Vater glaubte an diese Geschichten, er, der nur an weniges glaubte. Ich erinnere mich sogar ... Es ist jetzt ungefähr dreißig Jahre her, kurz vor der Revolte, die unser von allen betrauerter Publius Quintilius so gut niederzuwerfen verstand. Drei Weise kamen aus Persien, einem Kometen folgend, den man zu dieser Zeit am Himmel sah. Ich weiß nicht, ob er in Rom sichtbar war. Sie behaupteten, dieser Stern verkünde der Welt die Geburt des Königs der Juden. Du kannst dir vorstellen, Gaius Pontius, welche Freude diese Nachricht meinem geliebten Vater bereitete! Denn er war der König Israels, der alleinige und einzige, der legitime! Die Sache wurde schnell geregelt, das kannst du mir glauben. Mein Vater, dieser weise, kluge und vorsichtige Mann, rief die Schriftgelehrten zusammen, die ihre Zeit damit verbringen, unsere heiligen Bücher zu lesen und auszulegen. Er fragte sie, wo den Worten der Propheten nach der Messias geboren werden sollte. Entschuldige, Gaius Pontius, das ist ein hebräi-

sches Wort; auf Griechisch sagen die Gelehrten der Diaspora ›Christos‹, was bedeutet …«

Ich schnitt ihm brüsk das Wort ab.

»Ich weiß! Christos bedeutet der Gesalbte, der Erwählte.«

»Ganz genau! Du beherrschst das Griechische vortrefflich, lieber Gaius Pontius! Der Gesalbte. Es ist ein alter jüdischer Brauch, den König zu salben, ihn zu heiligen. Dies eine Mal waren sich die Schriftgelehrten einig, und sie haben geantwortet. Du wirst lachen! ›In Bethlehem‹, lautete ihre Antwort. Kannst du dir das vorstellen! In Bethlehem! Dieser Weiler in den Bergen, wo es nur Schafe und Hirten gibt! Doch das Komischste war, daß mein geliebter Vater die Sache ernst nahm! Er wollte nichts dem Zufall überlassen. Er schickte Soldaten in dieses Dorf, die den Befehl hatten, allen kleinen Jungen, die jünger als zwei Jahre waren, die Kehle durchzuschneiden! Im Ort und in der Umgebung gab es ungefähr zwanzig; alle wurden umgebracht. Wenn es wirklich so sein sollte, daß der Messias sich nach viertausend Jahren endlich entschlossen hat, geboren zu werden, noch dazu an einem solchen Ort, dann hatte er keine Chance davonzukommen! Sie können gern noch auf ihn warten, auf ihren Messias! Du wirst in Bethlehem heute keinen Mann finden, der zwischen achtundzwanzig und dreißig Jahren alt ist. Also, lieber Gaius Pontius, beunruhige dich nicht zu sehr über diese Geschichten von Messias und Christos. Aber, um auf Jochanaan zurückzukommen …«

Ich haßte Herodes.

Es gelang mir, ihn hinauszukomplimentieren, ohne ihm etwas zu versprechen; ich begann die Lektionen des Orients zu erfassen. Vage hatte ich wohl etwas gemurmelt, Jochanaan überwachen zu lassen. Doch ich hatte mir im Gegenteil ein Versprechen gegeben: Ich würde einen Mann meines Vertrauens nach Galiläa schicken, der mich darüber informieren

sollte, was dort vorging. Denn der alte Fuchs würde es mir nicht verzeihen, daß ich nicht in seine Falle getappt war.

Im Laufe der folgenden Wochen suchte ich in meiner Umgebung vergebens nach einem Mann, der für diese Rolle geeignet gewesen wäre. Ein Jude wäre am besten gewesen, doch selbst von jenen, die sich kompromittiert hatten, indem sie für uns arbeiteten, wollte keiner einen solchen Posten. Arrius machte vergebens die Runde bei unseren Angestellten in der Buchhaltung und den Zöllnern und Steuereintreibern. Dann glaubte er jedoch unseren Spion in der Person eines Zöllners aus Kapernaum mit Namen Levi bar Alphäus gefunden zu haben. Er hatte bei dem Handel, den wir ihm vorschlugen, nur zu gewinnen, denn ich zahlte gut. Doch dieser Levi, der schon lange seinen Ruf verloren hatte, ausgestoßen von der Synagoge, mit dem niemand in Kapernaum mehr sprach und dessen Brüder sich ostentativ abwendeten und ausspuckten, wenn er vorbeikam, lehnte ab, ohne uns auch nur einer Erklärung zu würdigen.

Wir bedauerten, daß wir ihn nicht hatten überzeugen können, denn er war ein intelligenter, tüchtiger Bursche, der außer dem Hebräischen, Griechischen und Aramäischen auch ein ausgezeichnetes Latein sprach. Außerdem hatte er gute Kenntnisse des Persischen und Arabischen, die er während seiner Besuche bei den Kaufleuten dieser Länder erworben hatte. Hätte er gewollt, hätte ich ihn später als Sekretär und Dolmetscher in meine Dienste genommen.

Seine Weigerung erstaunte uns und entmutigte uns so sehr, daß ich für den Augenblick darauf verzichtete, Herodes und seine Tetrarchie zu überwachen, und mich nur meinen Verwaltungsaufgaben widmete. Das reichte vollauf aus, um mich zu beschäftigen. Die Aufrechterhaltung der öffentlichen Ordnung, die Finanzen, die Steuern, die Sicherheit der Karawa-

nenwege und noch viele andere Verantwortlichkeiten oblagen mir. Pläne begannen in mir Gestalt anzunehmen. Da ich öfter als mir lieb war den Weg von Cäsarea nach Jerusalem zurücklegen mußte, lernte ich das kahle Land Judäas kennen. Ein alter bäuerlicher Instinkt, den ich von meinen samnitischen und kampanischen Vorfahren geerbt hatte, flüsterte mir zu, daß dieser trockene Boden für die Landwirtschaft nicht ungeeignet war, vorausgesetzt, er wurde bewässert. Als ich meine Ingenieure konsultierte, bestätigten sie meine Intuition – es gab hier Wasser. Man mußte sich nur die Mühe machen, die Quellen zu finden, sie umzuleiten, ein Aquädukt zu bauen, und ich würde Jerusalems Durst löschen, ich würde aus diesen Schotterfeldern blühende Obstgärten machen. Ich begann zu lächeln, wenn ich mir Haine von Orangen- und Zitronenbäumen vorstellte, die dort wachsen würden, wo es jetzt nur wilde Mastixpistazien gab, wenn ich bereits auf den Plätzen Jerusalems das Plätschern von Brunnen hörte, die ebenso reich sprudelten wie jene Roms. Indem ich Wasser herleitete, würde ich auch ein gesünderes Klima in Judäa erreichen, die Epidemien verringern ... Zur Verwirklichung meiner Träume fehlte nur eines: Geld. Ich hatte nicht einmal genügend in den Kassen, um die vorbereitenden Erdarbeiten in Angriff zu nehmen. Aber ich hielt es noch für leicht, mir diese Summen zu beschaffen.

Ich kritzelte mögliche Trassen für mein zukünftiges Aquädukt, als Niger hereinkam.

»Herr, störe ich dich? Ich wollte dich bitten, eine Entlassungsurkunde zu unterschreiben.«

»Ein Veteran?«

Lucius Arrius zuckte die Achseln.

»Ja, Herr, aber keiner von den Besten, um es knapp zu sagen. Kurz vor dem Tode von Cäsar Augustus hierher versetzt. Durch Protektion ... Normalerweise kämpfen die Kerle dar-

um, nicht nach Judäa zu kommen; dieser hier hat darum gebeten. Ein schöner Schwachkopf! Es scheint, daß es zu der Zeit aber keinen Grund gab, sich über ihn zu beklagen. Und dann ist ihm die Frau, mit der er zusammengelebt hat, eine Hure – verzeih mir das Wort, Herr, aber es gibt kein anderes dafür! –, mit einem Angehörigen der unteren Dienstgrade durchgebrannt, der nach abgeleisteter Dienstzeit nach Italien zurückgekehrt ist. Du kannst dir das Drama nicht vorstellen! Er war kein Mann mehr, sondern eine Fontäne! Wenn er nicht geweint hat, trank er bis zum Umfallen. Die Tränen sind schließlich versiegt; niemand kann sein Leben lang weinen! Aber nicht der Wein ... Er ist ein Schwamm, und ein Schwamm, der immer vollgetränkt ist! Wohlgemerkt, im Dienst war es nicht zu schlimm; es hat ihn niemals daran gehindert, den Rekruten das Reiten beizubringen. Aber schade ist es für den Kleinen ...«

Ich hob den Blick; ich kannte die einzige Schwäche Nigers, der mit der Armee verheiratet war: der untröstliche Kummer, keine Kinder zu haben ...

»Weil er zudem noch ein Kind hat?«

»Ja, Herr. Er hat einen Sohn mit dieser Frau. Du kannst dir denken, daß sie sich nicht mit ihm belasten wollte, als sie sich aus dem Staub gemacht hat; diese Frauen haben weniger Gefühl im Leib als eine Hündin! Er ist jetzt elf Jahre alt. Ein hübscher kleiner Kerl, brünett und dunkelhäutig wie seine syrische Mutter, aber mit den grauen Augen seines gallischen Vaters. Das Traurigste dabei ist, daß sie sich innig lieben, die beiden, und schrecklich unglücklich sind ...«

Seit wie vielen Jahren hatte ich nicht an Flavius, meinen Zenturio aus der 18. Legion, gedacht? Und warum sah ich plötzlich sein kantiges Gesicht, seine schiefe Nase, seine seltsamen hellen Keltenaugen vor mir? Sogar sein unmöglicher Akzent klang mir in den Ohren wider, mit seiner nervtöten-

den Sprachmarotte, seinem ewigen »weißt du, Tribun«. So wie ich innerlich gewettet hatte, hatte er mir nie geschrieben. Nicht aus Gleichgültigkeit, sondern weil es wohl seine Fähigkeiten überstieg, mit Hilfe eines Kalamus drei Sätze auf Latein zu schreiben. Bald hatte ich aufgehört, an ihn zu denken. Proculas Liebe hatte dieses Wunder vollbracht; ich war nicht mehr wie viele Jahre hindurch verfolgt von meinen Erinnerungen an den Teutoburger Wald. Nur manchmal passierte es mir noch durch irgendeine Gedankenassoziation, daß ich die Schlacht vor mir sah und mich an die Niederlage, die Schmach und diesen langen, endlosen Marsch durch das feindliche Germanien erinnerte, der den Gallier und mich zurück an den Rhein führte; diesen Marsch, bei dem ich, erschöpft und voller Schmerzen, für Flavius weniger ein Gefährte als eine Last gewesen war.

Gewiß, diese Bilder von Alpträumen waren selten geworden; dennoch hob ich sorgfältig ein Geschenk von Flavius auf, von dem ich mich niemals getrennt hatte: eine kleine Statue der gallischen Göttin Epona, Beschützerin der Ritter, die der Centurio vom Stamm der Cenomanen verehrte. In diesem Augenblick stand das Figürchen der Göttin zu Pferde auf meinem Tisch, auf einem Stapel von Akten. Nachdenklich sah ich sie an, während ich von Zweifel und Hoffnung ergriffen wurde. War es möglich, daß der Veteran von Arrius und Flavius ein und derselbe waren?

Ich hoffte es, denn erstaunt wurde mir bewußt, daß der Gallier mir gefehlt hatte, daß ich bei vielen Gelegenheiten froh gewesen wäre, ihn bei mir zu haben.

Und ich fürchtete es, aufgrund des Bilds, das Arrius mir von ihm gezeichnet hatte – ein Wrack, ein Trunkenbold im letzten Stadium des Verfalls, ein Mann, der am Ende war, wie es in allen Garnisonen des Imperiums einen oder zwei gab. Doch konnte ich ihn im Stich lassen, selbst in diesem Fall?

Ich sah mich wieder, am zweiten Tag nach der Schlacht im Teutoburger Wald, verwundet, geschüttelt von Fieber, nicht imstande, mich aufrecht zu halten, nur noch fähig, immer wieder einen Satz zu wiederholen: »Laß mich sterben, Flavius! Ohne mich kannst du dich aus der Patsche ziehen ...«
Aber er hatte mich nicht sterben lassen. Acht Tage lang, Gefahren ausgesetzt, denen er allein nie begegnet wäre, aufgehalten durch mich, treu und starrköpfig hatte er sich seinen Weg durch den Wald gebahnt, bis er selbst vor Erschöpfung zusammenbrach, denn er trug mich. Wenn der Veteran, von dem Niger erzählt hatte, Flavius war, hatte ich dann das Recht, ihn seinem Unglück zu überlassen?
Nachdenklich streichelte ich die bronzene Epona. Arrius wartete unbeweglich. Nur seine Wangen, wie immer, wenn er sich verlegen fühlte, fingen an, sich zu röten. Ich stellte die Figur wieder hin und fragte:
»Hat er um seine Entlassung gebeten?«
Niger schien betreten.
»Nein, Herr ... Aber er hat seine zwanzig Jahre Dienst abgeleistet, und ...«
Ich beendete den Satz für ihn:
»Und die Gelegenheit ist einfach zu gut, um diesen Trunkenbold loszuwerden. Wolltest du das sagen, Tribun?«
Lucius Arrius antwortete nicht, aber der Siegelring an seinem Finger begann mit seinem lästigen Kreisen.
Was sollte aus Flavius werden, wenn es sich um ihn handelte? Und was würde aus dem Kind werden? Ich erinnerte mich an unsere Gespräche von früher, an seine schreckliche Angst, alt zu werden, gezwungen zu sein, seinen Abschied zu nehmen, nach Gallien zurückzukehren und das Fleckchen Land zu beackern, das ihm die Republik aufzwang ...
Wenn es sich um Flavius handelte ... Ich hatte es sorgfältig vermieden, Arrius nach dem Namen des Veteranen zu

fragen, ein unbewußter Beweis meiner Hoffnung und meiner Furcht.

»Schick ihn morgen zu mir, ich werde selbst mit ihm sprechen«, entschied ich schließlich.

Arrius zog sich zurück, erleichtert, daß ich ihm diese unangenehme Aufgabe abnahm.

In den Registern des Quästors hieß der Zenturio Dubnacos. Offensichtlich sein gallischer Name. Wer nicht das römische Bürgerrecht hatte, durfte kein lateinisches Patronym annehmen, und Dubnacos besaß noch kein Bürgerrecht. Das erhielt er erst mit seinem Abschied, als Belohnung für zwanzig Jahre guter und treuer Dienste unter unseren Adlern. Ihn Flavius zu nennen war immer Duldung gewesen, eine Bequemlichkeit. Aber er war es. In dem Augenblick, als er eintrat, hatte ich die Gewißheit. So sehr hatte er sich nicht verändert, und er war nicht das Wrack, das ich nach dem Bild, das Niger mir gegeben hatte, zu sehen befürchtet hatte. Ich war sogar sicher, daß er nüchtern war. Zweifellos die Aussicht auf diese Begegnung ... Seine Hände zitterten ein wenig, aber der Salut und die Habtachtstellung waren tadellos. Erstarrt in vorschriftsmäßiger Reglosigkeit, wartete er nun schweigend, daß ich das Wort ergriff. Nichts in seiner Haltung wies darauf hin, daß wir uns seit fast zwanzig Jahren kannten und uns so nahe gewesen waren. Doch vorhin, als er eingetreten war, hatte ich ihn bei einem kurzen Blick auf das Epona-Figürchen und der Andeutung eines Lächelns ertappt, das sofort verschwand. Ich entschloß mich zu sprechen.

»Es scheint, daß du das Alter hast, in den Ruhestand zu gehen, Zenturio.«

»Ich bin dreiundvierzig Jahre alt, Herr.«

Er sagte das in einem klagenden Ton. Ich nickte verständnisvoll.

»Das ist noch kein Greisenalter, Zenturio. Sag mir, du fühlst

dich noch nicht zu schwach, um mit dem Schwert umzugehen, nicht zu rheumatisch, um auf ein Pferd zu steigen, und auch noch nicht zu betagt, um … Ähem … Du weißt, was ich sagen will!«

Der Anflug des Lächelns von vorhin erschien erneut und wurde zu beginnender Heiterkeit:

»Ja, Herr, ich verstehe sehr gut, und, Epona sei gelobt, ich kann mich nicht zu sehr beklagen!«

Ich stand auf und ging um den Tisch herum.

»Flavius! Fast neun Monate lang bin ich schon in Cäsarea, und du hast mich nicht zu sehen verlangt!«

Die grauen Augen blickten geradewegs in die meinen.

»Wozu, Herr? Um dir zu zeigen, was aus mir geworden ist? Nichts, worauf man stolz sein könnte …«

Das Lächeln war verschwunden, und ich empfand für meinen Gallier eine Regung des Mitleids, die ich nicht unterdrücken konnte.

»Vielleicht, damit ich dir helfe.«

Doch Flavius schüttelte den Kopf.

»Warum solltest du mir helfen, Herr? Ich habe bekommen, was ich verdiene. Ich wußte gut, was ich tat in Argentoratum, als ich beschloß, Zenobia zu nehmen. Immerhin war ich nicht ganz auf den Kopf gefallen! Abgesehen von den vierrädrigen Wagen der Garnison wußte ich nichts und niemanden, den sie nicht schon drübergelassen hatte … Nur der arme Marcus Sabinus wollte nicht glauben, was in die Augen sprang: daß sie eine Hure war!«

Flavius lachte bitter.

»Und weißt du, Herr, das Schlimmste ist, daß ich sie trotzdem geliebt habe, und wenn sie noch so sehr eine Dirne war, wie ein Wahnsinniger …«

Ja, ich wußte es. Liebe läßt sich ebensowenig befehlen wie Haß. Weil ich meine Procula auch wie ein Wahnsinniger

liebte, obwohl sie nicht schön war, verstand ich den Schmerz und die Tollheit von Flavius.
»Du hast zu trinken angefangen.«
Er versuchte nicht, auszuweichen oder zu lügen. Mit derselben ruhigen Stimme, derselben Offenheit antwortete er, ohne die Augen abzuwenden:
»Wie ein Weinschlauch, Herr. So daß ich die Wege doppelt gesehen habe, wenn ich in die Festung Antonia zurückkam. So daß ich nicht einmal mehr meinen Namen wußte.«
»Und dein Sohn?«
»Antiochos, Herr. Seine Mutter war aus Antiochia, sie wollte ihn so nennen. Er erinnert sich nicht einmal mehr an sie. Er war zwanzig Monate alt, als sie fortgegangen ist ... Rebekka, eine alte Jüdin, hat sich um ihn gekümmert und ihn aufgezogen. Ich besuche ihn, wenn ich frei habe.«
Der Blick der grauen Augen senkte sich nicht, verirrte sich aber in der Ferne, hingewandt zu dem Kind. Ich ließ eine Minute verstreichen, dann fuhr ich fort:
»Flavius, hattest du niemals Lust, dein ursprüngliches Leben wiederaufzunehmen?«
Angst klang in der Stimme des Galliers mit, als er mir antwortete.
»Wie, Herr? Indem ich die Armee verlasse und in mein Dorf im Land des Stammes der Diablinter zurückkehre? Mein Sohn kann kein Wort Keltisch, Latein übrigens auch nicht. Als Kolonist in die Cyrenaika oder nach Numidien gehen, um dort Pferde zu züchten? Nein, Herr ... Weißt du, ich befürchte, daß ich für das Zivilleben nicht gemacht bin.«
Nein, an dergleichen dachte ich nicht. Die Idee war absurd, aber sie kitzelte mich seit dem Vorabend, noch bevor ich die Gewißheit hatte, daß Dubnacos und Flavius ein und derselbe waren.
»Sprichst du Griechisch, Flavius?«

»Ja, Herr, besser als Latein.«
»Und Aramäisch?«
»Fünfzehn Jahre bin ich hier, Herr ... Ich hab es schließlich gelernt. Sogar mit Hebräisch komme ich zu Rande.«
Ich zögerte fortzufahren, so absurd, ja sogar gefährlich erschien mir mein Gedanke. Ich brauchte in Kapernaum einen zuverlässigen Beobachter, keinen Trinker. Aber Flavius sah mich an, und ich brachte es nicht fertig, ihm die Hoffnung zu nehmen, die ich in ihm erweckt hatte.
»Flavius, kannst du mir versprechen, daß du dich nicht mehr betrinkst wie ein Schwein?«
»Du glaubst mir bestimmt nicht, Herr, aber ich trinke nicht mehr.«
»Seit wann? Seit gestern abend? Oder seit heute morgen?«
»Fast neun Monate, Herr. Ich könnte dir sagen, daß es wegen meines Sohnes ist, weil er groß wird und sich nicht für seinen Vater schämen soll. Aber das wäre eine Lüge. Wegen Antiochos wollte ich schon zehnmal zu trinken aufhören und habe es nie gekonnt. Nein, Herr, es ist nicht wegen meines Sohnes, sondern wegen dir. Als ich den Namen des neuen Prokurators von Judäa erfahren habe, habe ich mich so gesehen, wie du mich sehen würdest. Das war unerträglich ...«
Dieses Geständnis rührte mich mehr, als ich sagen könnte. Ich legte Flavius die Hand auf die Schulter und beschloß, das Risiko einzugehen, ihm zu vertrauen. Er sah mich an und stammelte mit erstickter Stimme:
»Ich schwöre es dir, Herr! Nicht einen Tropfen mehr! Nie soll ich in die Ewigen Gefilde der Jugend eingehen, wenn ich dich anlüge!«
Glücklicher Flavius! Weit fort von seinem Land und seinem Volk, trotz all seines Unglücks, hatte er den Glauben an die Versprechen seiner Druiden bewahrt und glaubte noch an das Königreich von Avalon. Im Grunde war er in diesem exaltier-

ten, mystischen Judäa, das seit viertausend Jahren nicht müde wurde, auf einen König zu warten, der nicht kam, der Mann, den ich brauchte.
Einen Monat später ließ sich Flavius, begleitet von dem kleinen Antiochos und der alten Rebekka, im galiläischen Kapernaum nieder, als Nachbar meines Freundes Herodes am Ufer des Sees Genezareth. Ich hatte ihn zum Zenturio des ersten Manipels ernannt, dem Rang, den er schon lange hätte erhalten müssen, mit Nachzahlung des Soldes für die letzten Jahre. Sein Auftrag war es, mir alles zu berichten, was bei dem alten Fuchs vor sich ging.
Lucius Arrius verstand nichts mehr, und ich weiß nicht, welche Scham mich davon abhielt, ihm meine Gründe zu nennen. Dabei empfand ich wachsende Zuneigung zu Niger.
Die zehn Jahre meiner Prokuratur waren keine Jahre der Untätigkeit. Ich arbeitete viel, zuviel. Ich versuchte, alles gut zu machen. Zu Beginn, weil ich es für möglich hielt zu erreichen, was meinen Vorgängern nicht gelungen war. Als ich dann schließlich die Vergeblichkeit meiner Bemühungen begriffen hatte und gegen das jüdische Volk nicht mehr die leiseste Nachsicht empfand, fuhr ich dennoch fort, Judäa mit demselben Fleiß zu verwalten, nicht mehr, um die Liebe dieser Menschen zu gewinnen, sondern aus Respekt vor dem Willen des Cäsars und aus Liebe zu Rom, das ich repräsentierte. Jeden Tag stand ich vor Sonnenaufgang auf und legte mich lange nach Sonnenuntergang schlafen. Jeden Monat unternahm ich eine Inspektionsrunde, die oft eine ganze Woche dauerte. Häufiger noch reiste ich zwischen Cäsarea und Jerusalem hin und her, obwohl mir diese Stadt immer noch so feindselig erschien. Zweimal im Jahr schließlich begab ich mich nach Damaskus und Alexandria, um mich mit den Statthaltern von Syrien und Ägypten zu unterhalten.
Porcula litt unter meiner häufigen Abwesenheit, und da tau-

send Ärgernisse mich beschäftigten, gelang es mir auch noch, die wenigen Augenblicke, die ich im Familienkreis verbrachte, zu verderben. Dennoch gestattete sich meine Frau niemals eine Bemerkung oder einen Vorwurf. Wenn sie mich noch müder und besorgter als gewöhnlich sah, fragte sie mich lediglich behutsam nach den Gründen, und oft fanden ihr Feingefühl und ihre Intelligenz die Lösung, die meiner männlichen Logik und sogar dem diplomatischen Geschick von Arrius entgangen war.

Ich erwähnte bereits, daß Procula sich mit Johanna, der Gattin des Verwalters von Herodes, angefreundet hatte, einer Frau, die älter war als sie. Sie war gut und vernünftig. Dank ihr langweilte Procula sich ein bißchen weniger; die beiden trafen sich oft. Eines Tages, als ich unvermutet zurückkam, lernte ich noch eine andere Frau namens Miriam kennen, die Johanna mitgebracht hatte. Miriam war bei den Juden ein sehr häufiger Vorname. Geboren in Jerusalem, hatte sie einen Galiläer geheiratet, Zebedäus, den reichen Besitzer eines Fischfanggrundes und zahlreicher Barken am See Genezareth. Procula, die ohne Arg war, fand sie lustig und freundlich. Mich dagegen hatte die Erfahrung mißtrauisch gemacht, und ich hatte rasch den nicht unbegründeten Verdacht, daß Miriam nur aufgrund ihres mütterlichen Ehrgeizes hier war; sie hatte zwei Söhne, Jakob und Jochanaan (ebenfalls ein sehr gebräuchlicher Vorname), um deren Zukunft sie sehr besorgt war. Vor allem um die des Jüngeren, für den sie eine deutliche Vorliebe zeigte. Stundenlang ermüdete sie uns mit den Vorzügen ihres Sohnes, rühmte vor mir seine Sprachbegabung, versicherte mir, daß er vorzüglich Griechisch spreche und sogar Verse im Stil von Pindar schreibe. Mit den Übertreibungen, zu denen vom Stolz blinde Mütter neigen, wiederholte sie stets, daß ihre beiden Knaben es weit bringen würden. Als sie mir anvertraute, daß Jakob sechzehn Jahre und Jochanaan, den sie

lieber auf Griechisch Johannes nannte, fünfzehn Jahre alt war, machte ich ihrem Lobgesang ein Ende und riet ihr zu warten, bis sie Bartwuchs am Kinn hatten, bevor sie sie hinaus in die Welt drängte. Dennoch beruhigte es mich, daß Miriam, eine fromme Jüdin, an die Zukunft Roms in Judäa glaubte; ich schätzte sie als klug und ehrgeizig genug ein, um sich bei der Wahl des richtigen Lagers nicht zu täuschen …

Ich höre noch, wie sie eigensinnig wiederholte:

»Ehrenplätze, Herr! Ehrenplätze, einer zu deiner Linken, der andere zu deiner Rechten, das verdienen meine Söhne!«

Ich hütete mich, ihr irgendeinen Platz vorzuschlagen, sei es rechts oder links.

Procula zerstreute sich auf diese Weise und bewahrte mir heiter ihre Liebe, sicher der meinen, trotz der knapp bemessenen Zeit, die wir zusammen verbrachten. Vernachlässigen mußte ich jedoch meine Kinder.

Nach dem Besuch von Herodes hatte ich Pontia, obwohl es mich sehr bekümmerte, diese Entscheidung treffen zu müssen, verboten, künftig in mein Arbeitszimmer oder meinen Audienzsaal zu kommen. Sie gehorchte mir. Und so entdeckte ich lange danach, daß meine Tochter groß geworden war, ohne daß ich sie hatte groß werden sehen. Insgeheim in meinem Herzen war Pontia immer mein Liebling gewesen. Wenn ich sie, meine Älteste, vernachlässigte, wieviel Zeit hatte ich dann für ihre Brüder? Aulus war erst vier, seine Welt beschränkte sich noch auf die Rockschöße seiner Mutter. Ich war für ihn eine fremde Person, ein wenig furchterregend, deren Abwesenheit ihm gleichgültig war. Doch Gaius war sieben, und wenn ich mich an die abgöttische Liebe erinnerte, die ich im selben Alter für meinen Vater empfunden hatte, hatte ich das Gefühl, meinem Sohn etwas Wesentliches vorzuenthalten. Ich hätte der erste sein müssen, der ihn in den Sattel setzte; mir hätte es vorbehalten sein sollen, ihn die

ersten Grundlagen der Fechtkunst zu lehren. Wann hätte ich dazu die Muße finden sollen? Wäre Flavius in Cäsarea gewesen, hätte ich das ihm überlassen; in seiner Abwesenheit verließ ich mich auf den guten Willen Nigers.

Lucius Arrius wurde bald fünfunddreißig, und da er sein Leben der Armee geweiht hatte, hatte er auf die Ehe verzichtet. Über sein Zölibat tröstete er sich zwar bestimmt mit bezahlten Abenteuern hinweg, doch wie ich schon sagte, bedauerte er es, daß ihm die Freuden der Vaterschaft versagt waren. Diese ungenutzte Zärtlichkeit richtete er auf Gaius. Er machte es sich zur Aufgabe, ihn zu einem Ritter zu erziehen, und suchte ihm als erstes Reittier ein Araber-Stutfohlen aus, das er selbst zureiten wollte. Niger hatte die Gabe, die schwierigsten Pferde abzurichten, und Uriel, einer für ihr ungestümes Temperament bekannten Rasse zugehörig, wurde dank ihm so gefügig, daß ich sie später von Pontia reiten ließ.

Wenn ich Lucius Arrius außerhalb seiner Dienstzeiten brauchte, konnte ich sicher sein, ihn bei Gaius zu finden. Ich dachte nicht daran, mich durch die Zuneigung, die sich zwischen meinem Sohn und meinem Adjutanten entspann, gekränkt zu fühlen. Ich hatte nicht die Zeit dazu. Ich sah nichts, nicht einmal, daß ich in Gaius' Herzen nur noch den zweiten Platz einnahm.

Während meine Ämter solche Entfremdungen zwischen meiner Familie und mir bewirkten, brachten dagegen die Aufgaben, die ich Flavius übertragen hatte, ihn seinem Antiochos näher. Hätte ich eifersüchtig auf das vermessenste Vaterglück sein können, dann im Vergleich meines Schicksals mit dem meines gallischen Zenturios. Pünktlich alle vier Monate kam Flavius aus Kapernaum, um mir in eigener Person seinen Bericht zu erstatten. Antiochos begleitete ihn oft. An diesen Tagen gab ich Niger frei; er ritt dann mit den beiden Knaben aus oder nahm sie mit zum Baden ans Meer.

6

In den ersten Monaten hatte Flavius mir über Herodes und die Ereignisse in Galiläa nichts Besonderes zu berichten. Die Leute in Kapernaum hatten ihn leichter akzeptiert, als zu erwarten gewesen war. Natürlich hatte auch das Geld, mit dem ich nicht geizte, viel geholfen. Ich hatte befürchtet, die Tatsache, daß er ein Heide war, würde eine unüberwindliche Grenze zwischen meinem Gallier und den Galiläern errichten, so zahlreich, überspannt und zwingend waren mir die religiösen Verbote der Juden erschienen; doch Flavius fühlte sich dadurch nicht gehemmt. Seine Nachbarn entschuldigten gern seine Ungeschicklichkeit und persönlichen Grillen, die sie für die Unwissenheit eines gutgläubigen Fremden hielten, eines »Gottesfürchtigen«, wie die Juden sagten. Denn geschickt hatte Flavius begonnen, das Wohlwollen der Gläubigen zu gewinnen, indem er dem Rabbi von Kapernaum für die dringend notwendigen Restaurationsarbeiten an der Synagoge große Summen übergab.

»Weißt du, Herr, sie haben mich schändlich bestohlen! Oder eigentlich, da es dein Geld ist, haben sie dich schändlich bestohlen! Sie haben mir das Dreifache des Nötigen abgenommen.«

Flavius hatte sich übers Ohr hauen lassen und dabei so getan, als sähe er nichts; nur zu natürlich, daß solch ein seliger Einfaltspinsel die allgemeine Sympathie errang. Wiederholt griff er ohne Murren in seine Börse. Dank dieser großzügigen Beiträge entging er der Ächtung, deren Opfer jeder andere

Offizier Roms unweigerlich geworden wäre. Während der Gallier auf meine Kosten freigiebig war, unterhielt er auch zahlreiche Beziehungen, die ein frommer Jude hätte mißbilligen müssen, die ihm vom Rabbi aber nicht vorgehalten wurden.

Nach zehn Jahren weinerlicher Treue zu der undankbaren Zenobia verfiel Flavius, der dank des Beisammenseins mit seinem Sohn und seiner neuen Nüchternheit wieder mit dem Leben versöhnt war, auf den Gedanken, sich zu verlieben. Wie die meisten Männer wurde er stets vom gleichen Typ Frau angezogen, und anfangs war ich besorgt, ihn für eine Frau schwärmen zu sehen, die meines Erachtens zu sehr seiner fürchterlichen Syrerin ähnelte. Doch diese Miriam war eine seltsame Frau, wie ich zwei Jahre später feststellte, als wir uns durch Zufall begegneten ... Sie war groß und schlank und recht schön, vorausgesetzt, man liebte Orientalinnen. Vor allem hatte sie das prachtvollste Haar, das ich je gesehen hatte, ein königlicher Mantel mit rötlichen Glanzlichtern, der ihr, wenn sie es offen trug, wohl bis zu den Füßen reichte. Ihre dreißig Jahre waren ihr deutlich anzusehen, wie bei manchen Frauen, die ihre Jugend ohne Schonung oder Vorsicht verbrauchten. Aber vielleicht waren es auch Müdigkeit und Angst, die an dem Morgen, als ich ihr begegnete, ihr Gesicht so hart wirken ließen.

Wäre sie Römerin statt Jüdin gewesen, hätte niemand Miriam für ihre Lebensweise getadelt. Ihre Eltern hatten sie sehr jung an einen alten und sehr reichen Mann verheiratet, der ihr, als er starb, Ländereien und ein schönes Haus im Dorf Magdala hinterlassen hatte. Als kinderlose Witwe, berauscht von ihrer plötzlichen Freiheit, verschwendete sie ihr Vermögen, indem sie sich Schmuck und teures Parfüm kaufte. Als sie das Geld des Verstorbenen so verbraucht hatte, aber nicht mehr auf ihre frivolen Launen verzichten konnte, nahm Miriam sich

Liebhaber und ließ sie bezahlen. Hatte Pomponia anders gehandelt? Aber in Rom blieb Pomponia bei diesem Spiel dennoch eine respektierte und vollkommen ehrenwerte Patrizierin; der vortreffliche Quintus Vinicius Rufus, den sie drei Wochen nach meiner eigenen Hochzeit in zweiter Ehe heiratete und der die Vergangenheit seiner Frau sehr wohl kannte, kam deswegen nicht auf den Gedanken, sie mit einer Prostituierten zu verwechseln. Aber von Rom nach Magdala war es weit, und im tiefsten Galiläa behandelten die Nachbarn Miriam mit einer Verachtung, die man in Rom nicht der letzten Hure im heruntergekommensten Bordell des Stadtviertels Subura entgegengebracht hätte.
Flavius wußte, daß es seinem Ruf schadete, wenn er Miriam besuchte, doch das scherte ihn nicht. Vielleicht gesellte sich bei ihm zur Liebe sogar Mitleid, denn ich hörte häufig, wie er sich voll Mitgefühl über das Unglück und die Enttäuschungen seiner Magdalenerin äußerte.
Mein Zenturio hatte noch eine andere, kaum glanzvollere Verbindung geknüpft, zum Leiter des Zollamts in Kapernaum, Levi bar Alphäus, diesem Polyglotten, den Arrius vergebens zum Spion zu machen versucht hatte. Mit ihm verbrachte er viele Abende.
»Weißt du, Herr«, sagte Flavius zu mir, »dieser Levi ist ein seltsamer Kerl ... Er ist Zöllner und wird als solcher von seinen Glaubensbrüdern wie ein Hund behandelt, so daß sie ihm sogar verboten haben, die Synagoge zu betreten; aber er ist bewandert in ihren Heiligen Büchern, ein wahrer Gelehrter! Er sagt sogar, wenn ihr Messias kommt, wird er der erste sein, der ihm folgt.«
Unverständliche Juden! Sollte der Christos Israels eines Tages kommen, wäre in seinem Königreich kein Platz für die Heiden und noch weniger für jene, die mit ihnen kollaboriert hatten. Zöllner wie Levi bar Alphäus wären die ersten, die umgebracht

würden, und dennoch setzte er eher auf den Christos, auf die Wiederherstellung der Unabhängigkeit seines Volkes, als auf Rom ...

Ja, monatelang waren die Berichte von Flavius von beklagenswerter Banalität. Die galiläische Chronik beschränkte sich auf Nichtigkeiten: die ewigen Streitigkeiten zwischen Levi und dem Rabbiner von Kapernaum, die ungeschickten Intrigen der Gattin des Schiffseigners Zebedäus, dieser anderen Miriam, die ich bei Procula kennengelernt hatte, und die Familienszenen eines Fischers am See, eines gewissen Simon bar Jonas, der zwischen seiner Frau und seiner Schwiegermutter aufgerieben wurde. Nichts von dem verlieh mir Gewalt über Herodes.

Ich hatte Antipas nur bei seltenen offiziellen Feierlichkeiten wiedergesehen, wo er mir ostentativ die kalte Schulter zeigte. Ich hätte mich nicht darum geschert, wenn die Nachrichten aus Rom nicht so beunruhigend gewesen wären.

Zermürbt von der Atmosphäre von Haß und Argwohn, die im Palast herrschte, hatte Tiberius in einem seiner Anfälle von Misanthropie, wie schon früher, als er ins Exil nach Rhodos ging, die Stadt verlassen und sich in seinen Palast auf der Insel Capri, vor der Küste von Sorrent, zurückgezogen. Die faktische Macht hatte er Seianus überlassen. Sofort begann der Terror gegen jene, die sich die Feindschaft des Seianus zugezogen hatten. Es gab immer mehr Denunzianten, und immer häufiger berief man sich auf das Gesetz wegen Hochverrats. Alles war zur Gefahr für den Staat und den Cäsar geworden. Um ein solches Verbrechen zu bestrafen, gab es nur einen Urteilsspruch: die Todesstrafe.

Wie lange würde die Entfernung, die mich, meine Frau und meine Kinder von Rom trennte, uns vor dem Mißtrauen des Aelius schützen? Wenn ich daran dachte, krampfte mir eine schreckliche Angst das Herz zusammen; denn wenn mir auch

mein eigenes Ende gleichgültig war, so versetzte mich ein solches Los für meine Familie in Schrecken.
Die offenkundige Freundschaft, die dem Hörensagen nach Antipas mit Tiberius verband, war nicht dazu angetan, mich zu beruhigen.
Am Ufer des Jordans setzte Jochanaan seine Reinigungszeremonien fort; die Leute kamen in Scharen zu ihm. In der Begleitung von Offizieren, die bereits Anhänger des Mithraskults und an heiligen Mysterien interessiert waren, machte sich Niger aus Neugier noch einmal zu jenem auf, den das Volk den Propheten oder, weil er im Wasser des Flusses von Sünden reinigte, den Täufer nannte. Begeistert von seinen Reden, fragten Lucius Arrius und die anderen Jochanaan, was sie tun müßten, um Teil an diesem Königreich zu haben, dessen baldiges Kommen er ankündigte. Er antwortete:
»Mißhandelt niemanden, preßt aus niemandem Geld heraus und begnügt euch mit eurem Sold.«
Das waren ungefähr die Verhaltensmaßregeln, die ich selbst meinen Truppen gab, da ich es nicht gerne sah, daß meine Kohorten sich wie in einem eroberten Land benahmen.
Herodes dagegen fürchtete den Zorn Jochanaans. Obwohl er mehrmals versucht hatte, ihn zur Nachsicht zu bewegen, und verlangt hatte, er solle seine Heirat mit Herodias nicht mehr öffentlich tadeln, konnte er den Täufer weder mit Versprechungen noch mit Drohungen erweichen. Ich weiß nicht, was Jochanaan ihm schließlich ausrichten ließ, doch seine Antwort, die den Zeugen der Szene rätselhaft schien, versetzte Antipas in heftigsten Schrecken. Der Tetrarach glaubte nicht mehr an die Religion seiner Vorväter, aber er war abergläubisch. Nachdem ich mir die Szene hatte erzählen lassen, dachte ich, Jochanaan sei von nun an vor dem Haß des Herodes geschützt.

Manche Kelten, sagt man, erhalten von Ogmios, ihrem Gott der Beredsamkeit, große rednerische Gaben. Bis zu jenem Tag hätte ich geschworen, Ogmios hätte bei der Geburt von Flavius kaum den Ehrenplatz innegehabt. War es aufgrund seiner Sprachmarotte, dieses enervierenden und vertrauten »weißt du«, das seine Gespräche durchzog? War es seine Hemmung, sich in einer fremden Sprache auszudrücken? Jedenfalls hielt ich Flavius nicht für imstande, ein Publikum zu fesseln. An jenem Abend stellte ich fest, daß ich mich getäuscht hatte.
Proculas Blick verlor sich in der Ferne; ein seltsames Lächeln lag auf ihren Lippen, das ihrem Gesicht ein inneres Leuchten verlieh, das ich sonst nur in unserer intimsten Vertrautheit kannte. Pontia, die eigentlich schon im Bett hätte sein müssen, zeigte den faszinierten Gesichtsausdruck wie früher, wenn ich Zeit hatte, ihr die alten Geschichten von Vampiren zu erzählen.
Flavius war derart mitgerissen von seinem Bericht, daß ich mich schließlich fragte, ob er nicht anfing, an diese albernen Geschichten zu glauben, die direkt der Phantasie des Volks von Galiläa entsprangen, eines Volkes, das stets bereit war, Tatsachen zu verdrehen und die gewöhnlichsten Handlungen zu etwas ganz anderem zu machen. Heute nachmittag, als er mir seinen Bericht erstattete und wir allein waren, hatten die Worte nicht diese Magie gehabt. Dabei hatte Flavius bei seinem Bericht nichts verändert, nichts hinzugefügt, nichts weggelassen. Der Unterschied lag in seinem Tonfall, in dem Hingerissensein, das in seiner Stimme durchschimmerte. Und seine Geschichte war tatsächlich wunderbar! Gerade deshalb weigerte ich mich, sie zu glauben. Gerade deshalb hatte Flavius, als er mir seinen Rapport erstattete, darüber gelächelt. Doch jetzt war der römische Zenturio verschwunden, hatte dem Gallier Dubnacos Platz gemacht. Er hatte die raunende Satzmelodie seines Volkes wiedergefunden, diese besondere

Phrasierung, die er wohl einer Lehre der Druiden oder der Erinnerung an einen Gesang verdankte, den ein Barde aus dem Stamm der Cenomanen intoniert hatte. Dubnacos glaubte an die immergrünen Wiesen Avalons ... Warum sollte er nicht auch an das sagenhafte Reich von Christos glauben? Ich wagte trotzdem zu hoffen, daß es im Licht des neuen Tages der römische Zenturio und nicht der verträumte Kelte sein würde, der nach Kapernaum zurückkehrte. Unterdessen ließ ich meine Familie von seinen irrealen Hoffnungen verzaubern. Ich ließ sie alle träumen, und auch ich hörte zu.

Vor drei Monaten war ein Mann in Galiläa aufgetaucht. Zuvor war er Zimmermann im Dorf Nazareth gewesen, wo er zusammen mit seiner Mutter, einer Witwe, lebte. Nach dem Beispiel Jochanaans, dessen Cousin er übrigens sein sollte, sprach dieser Jesus bar Joseph zu den Menschen; sprach vom Tag Jahwes. Daran war nichts besonders Originelles; in Judäa, in Galiläa wimmelte es von ähnlichen Predigern. Seltsam, daß gerade aus Nazareth ein Rabbi kommen sollte ... Ich weiß nicht, aus welchen alten landschaftlichen Rivalitäten, doch dieser Marktflecken hat einen schlechten Ruf. Es gibt dort einen Spruch: »Was könnte aus Nazareth Gutes kommen?«, den die Judäer übrigens ohne Zögern auf die Galiläer insgesamt anwenden.

Jesus bar Joseph hatte sich mit einer kleinen Gruppe von Männern umgeben; von manchen unter ihnen hieß es, sie taugten nicht viel oder hätten gute Gründe, sich von zu Hause fernzuhalten. Flavius erzählte mir unter schallendem Gelächter, daß Simon bar Jonas, nachdem er das Mißvergnügen überwunden hatte, auf seine kleinen Gewohnheiten zu verzichten, der erste gewesen war, der dem neuen Rabbi nachlief, nur zu erfreut, ein paar Tage seiner Frau und seiner Schwiegermutter zu entwischen. Doch bei ihm befand sich auch Levi bar Alphäus, der, nachdem der Meister sich bei ihm zum

Abendessen eingeladen hatte, beschloß, ihm zu folgen und das Zollamt zu schließen. Natürlich hatten die Pharisäer von Kapernaum, die Levi aus der Synagoge vertrieben hatten, sich darüber empört – allen voran der Rabbiner –, daß ein frommer Jude es akzeptierte, mit einem Zöllner zu essen; doch Jesus bar Joseph hatte gelächelt und ihnen geantwortet:

»Die Gesunden bedürfen des Arztes nicht, sondern die Kranken.«

Flavius' Stimme senkte sich um einen Ton, als wäre das, was er zu sagen hatte, ein verblüffendes Geheimnis:

»Der Rabbiner, Jaïrus, ist nicht mehr allzu jung. Nach ich weiß nicht wie vielen Söhnen bekam er als letztes Kind schließlich eine einzige Tochter, Deborah. Sie ist zwölf Jahre alt. Er, der seinen Söhnen niemals etwas durchgehen ließ, liegt dem kleinen Mädchen zu Füßen.

Und in jener Nacht, als man bei Levi sang und feierte, schrak Deborah aus dem Schlaf hoch, sie röchelte, sie drohte zu ersticken ...«

Flavius unterbrach sich, weniger um Atem zu holen, als um die dramatische Wirkung hinauszuzögern. Wie sollten wir nicht die Symptome erkennen, die alle Eltern fürchteten: Diphtherie?

Als Flavius uns so Zeit gelassen hatte, über die Schwere der Krankheit nachzudenken, nahm er seine Erzählung wieder auf: Deborah, die am Ersticken war, die Mutter, die schrie und sich das Gesicht zerkratzte, die großen Brüder, bestürzt und stumm, und Jaïrus, der vor dem Bett seiner Tochter zusammengebrochen war und jämmerlich weinte ...

»Zu dieser Zeit schlief bei Levi alles. Der Hahn hatte schon vor einer Weile gekräht, ohne jemanden zu wecken. Da hörte man plötzlich einen entsetzlichen Lärm. Ich lief hinaus, um zu sehen, wer da auf der Straße randalierte, und wen sah ich, hundert Schritte von mir entfernt? Den armen Jaïrus, aufge-

löst vor Schmerz, der wie ein Stier auf Levis Tür einschlug. Ich traute meinen Augen nicht! Rabbi Jaïrus, der gegen die Tür des Zöllners Levi hämmerte! Ein großer Rothaariger, den ich dort noch nie gesehen hatte, öffnete schließlich und erklärte, nicht gerade freundlich: ›Der Meister schläft, komm später wieder.‹ Doch der Rabbiner schob ihn zur Seite, murmelte ich weiß nicht was und schaffte es schließlich, sich in den Hof zu drängen. Ich tat es ihm nach, neugierig, was mein Freund Levi sagen würde, wenn er entdeckte, daß der Mann, der ihn aus der Synagoge gejagt hatte, in sein Haus eingedrungen war. Ihr könnt euch vorstellen, daß nach dem ganzen Radau niemand mehr schlief. Nun kam Levi, nicht sehr munter, weil die Nacht kurz gewesen war. Da Levi keinen sanften Charakter hat, sagte ich mir, daß Jaïrus schneller draußen sein würde, als er hereingekommen war ... Aber keineswegs! Ich entdeckte, daß Levi einen ganz komischen Gesichtsausdruck hatte ... tatsächlich einen glücklichen Gesichtsausdruck ... Und ich versichere euch, bei dem Leben, das man ihm in diesem Land bereitet, hatte er absolut keinen Grund, glücklich auszusehen! Er, der nicht mehr mit Jaïrus sprach, außer um seine Steuern einzutreiben, legte ihm den Arm um die Schultern und sagte – aber freundlich, nicht wie der Rothaarige an der Tür: ›Du willst mit dem Meister sprechen? Komm mit mir!‹
Der Rabbi aus Nazareth stand auf der Schwelle des Hauses. Jaïrus fiel auf die Knie und klagte: ›Meister, ich flehe dich an, komm zu mir! Ich habe nur eine Tochter, und sie liegt im Sterben! Aber wenn du ihr die Hand auflegen willst, weiß ich, daß sie leben wird!‹
In meinem alten Dorf in Gallien habe ich gesehen, wie der Druide durch Handauflegen geheilt hat. Manchmal ist es gelungen, aber nicht bei Diphtherie! Ich glaubte kaum, daß Jesus bar Joseph es besser machen würde ...
Dann trat er aus Levis Haus; ich hatte ihn noch nie so nahe

gesehen. Ein junger Mann, kaum über dreißig. Und trotzdem, ich weiß nicht, wie ich es erklären soll ... Hätte mir jemand gesagt, er habe den keltischen Heerführer Brennus gekannt, so hätte ich es fast geglaubt. Ja, wirklich, er hatte etwas ganz Merkwürdiges und vermittelte den Eindruck, man wäre ihm schon begegnet, man würde ihn schon seit jeher kennen ... Ich fange sogar an mich zu fragen, ob ich ihm im Grunde nicht wirklich schon begegnet bin. Weil auch er, stellt euch vor, mich angesehen hat ...«

Flavius' Stimme brach plötzlich.

»Das letzte Mal, als jemand mich so angesehen hat, war es meine arme Mutter, an dem Tag, als ich mich zum Militär verpflichtet habe. Ich habe mich gefühlt, als hätte man mich auf den Kopf gestellt! Ich hatte Lust, ihn zu fragen, ob wir uns zufällig schon einmal begegnet wären, bei einer Gelegenheit, die ich vielleicht vergessen hatte. Wohlgemerkt, ich glaube nicht, daß man ihn so leicht vergißt ... Jedenfalls hatte ich nicht die Zeit dazu. Der Rothaarige vom Eingang kam herbei, direkt auf Jaïrus zu, und warf ihm an den Kopf, ohne den Schlag irgendwie zu mildern: ›Jemand aus deinem Haus ist gekommen, um dich zu benachrichtigen; deine Tochter ist tot. Geh jetzt! Es ist nicht mehr der Mühe wert, den Meister zu stören!‹

Jaïrus wurde bleich wie ein Leichentuch. So bleich, daß Levi auf ihn zustürzte, aus Angst, dem anderen könnte es aus Kummer und plötzlicher Gemütsbewegung schlecht werden. Doch Jesus bar Joseph stützte ihn bereits und sagte: ›Fürchte dich nicht; glaube nur, so wird sie gesund leben.‹

Ich dachte, er wollte sagen, daß sie in der anderen Welt leben wird, aber das war es nicht. Ruhig ging er auf das Haus des Rabbiners zu; alles folgte ihm. Man kam an. Die Leute weinten, schrien, heulten und zerrissen sich zum Zeichen der Trauer die Kleider. Beim Anblick dieser Schluchzenden fin-

gen alle, die Deborah gekannt hatten, ebenfalls zu weinen an. Lustig war das wirklich nicht! Aber Jesus bar Joseph schob sie beiseite und sagte: ›Weint nicht! Sie ist nicht gestorben, sondern sie schläft.‹
In diesem Moment kam der Arzt Mosche heraus und hörte ihn. Er stellte sich vor ihn hin und sagte: ›Bei allem Respekt, den ich dir schulde, Rabbi, so etwas darfst du nicht sagen. Denn die Kleine ist tot, so untröstlich ich darüber bin, absolut tot, leider!‹
Das schien den Meister nicht zu beunruhigen. Er bedeutete allen Leuten außer den Eltern der Kleinen, aus dem Zimmer zu gehen, und bleiben durften noch – das hat mich wirklich erstaunt – dieser Einfaltspinsel Simon bar Jonas und Jakobus und Johannes, die Söhne des Zebedäus, die von ihrer Mutter so hochgelobt werden, daß man aus der Haut fahren könnte. Außer ihnen kann niemand wissen, was sich drinnen abgespielt hat, aber sicher ist eins: Als Jesus wieder herauskam, hielt er Deborah an der Hand, und sie war genauso lebendig und gesund wie diese Kleine, Esus möge sie schützen!« endete Flavius und zeigte auf Pontia.
Was ist wahr an der Geschichte des Galliers? Was findet er Wunderbares an all dem? Das Kind war krank, die Eltern waren verständlicherweise in panischer Angst. Der Arzt hatte eine Ohnmacht für den Tod gehalten. Es wäre zu schön, wenn tote Kinder auf Forderung ihrer Eltern hin wieder ins Leben zurückkehrten …
Seither waren Flavius' Berichte voll vom Leben und Treiben des Mannes aus Nazareth. Jesus bar Joseph zog durch Galiläa, aber auch durch Samaria und Judäa, wobei er in seinem Gefolge beträchtliche Menschenmengen um sich sammelte, weit zahlreicher als Jochanaan. Denn vorbei war es mit der Begeisterung des Volks für den Propheten am Jordan, und er, der vielleicht seiner Einsamkeit bei den Essenern nachtrauer-

te, war der erste, der seine Anhänger zu dem Galiläer schickte ... Sogar die Frauen, die ganz verrückt nach den wilden Gesten Jochanaans gewesen waren, zogen ihm nun die sanftere Lehre des Jesus bar Joseph vor. Jedesmal, wenn er in der Öffentlichkeit sprach, und das war häufig, ging Proculas Freundin Johanna hin, um ihn zu hören. Es wäre mir gar nicht recht gewesen, wenn sie meine Frau zu diesen Versammlungen mitgezogen hätte.

Doch ich irrte. Procula stammte aus dem Geschlecht der Claudier. Auch wenn sie niemals darauf anspielte, waren ihr doch ihre patrizische Geburt, die Ehre der Claudier und ihre Verwandtschaft mit dem Cäsar bewußt. Sie kannte die heftigen Diskussionen der letzten Jahre im Senat, die beinahe zu der Entscheidung geführt hätten, den Statthaltern und Prokuratoren zu verbieten, ihre Frauen mitzunehmen. Sie wurden beschuldigt, sich in die Politik einzumischen, ihre Gatten bei ihrer Regierungsführung zu beeinflussen oder sich von schmeichlerischen, ehrgeizigen Klüngeln gängeln zu lassen. Procula konnte man keinen dieser Vorwürfe machen. Selbst wenn sie die Lust verspürte, den Galiläer predigen zu hören, würde sie ihr nicht nachgeben. Dennoch wußte ich, daß es sie reizte. Zwei- oder dreimal fand ich sie, als sie die Maximen des Rabbi, die Johanna ihr wiederholte, in ein Album schrieb. Belustigt bat ich darum, sie lesen zu dürfen:

»Und wer dich auf die eine Backe schlägt, dem biete die andere auch dar; und wer dir den Mantel nimmt, dem verweigere auch den Rock nicht.« »Selig sind die Sanftmütigen, denn sie werden das Erdreich besitzen.«

Bei Mars, in welcher Welt glaubte der Galiläer zu leben, wenn er sich vorstellte, es sei möglich, seine Lehre in die Praxis umzusetzen?

Die Frauen folgten ihm; Flavius hatte damit eine erstaunliche Erfahrung gemacht. Seine Miriam, die aus der mondänen

Neugier einer oberflächlichen Frau heraus eine Rede des Galiläers angehört hatte, kam vollkommen erschüttert zurück. Sie schloß sich zu Hause ein; empfing niemanden mehr. Dann verkaufte sie alles, was sie noch an Besitz hatte, und gesellte sich zu der Gruppe weiblicher Jünger, die Jesus bar Joseph folgten und zu denen auch Johanna mehr oder weniger gehörte.
Wie lange würde diese Begeisterung anhalten? Ein paar Wochen? Höchstens ein paar Monate. Ich würde nicht einschreiten. Was dieser Mann sagte, gefährdete Rom in keiner Weise. Was sollten Rom und der Cäsar von einem Meister zu fürchten haben, der seine Jünger lehrte, die andere Backe hinzuhalten, wenn man sie schlug?

Kurze Zeit später kam Flavius mit einer Nachricht, die er für dringend hielt. Sie gab mir einen kleinen Einblick, wie nachtragend und rachsüchtig mein Freund Antipas sein konnte.
Als Jochanaan vom Jordanufer aufbrach, beging er die Unvorsichtigkeit, durch Galiläa zu ziehen. Wozu eine solche Narrheit, nachdem er den Zorn des Herodes und – noch schlimmer – der Herodias auf sich gezogen hatte? Die Soldaten des Tetrarchen ergriffen ihn; im Augenblick befand er sich im Kerker.
Was würde in Antipas' Sinn den Sieg davontragen? Seine abergläubische Furcht vor Jahwes Zorn? Oder seine Begehrlichkeit? Daß er Herodias' Beschwerden nachgegeben und den Täufer hatte festnehmen lassen, war bereits eine Antwort. Das ganze Land zerriß sich das Maul über die Affäre. Die Juden, um zu beklagen, daß Herodes es vielleicht wagen würde, einen Propheten umzubringen, die Römer, um über den Ärger zu lachen, den seine Lüsternheit und Eitelkeit Antipas eingebracht hatten.
Jedes Jahr an seinem Geburtstag versammelte Antipas in sei-

ner Villa in Tiberias seine Freunde und Klienten. Diesmal hatte Herodias ein Geschenk vorbereitet, das höchst geeignet war, ihren alten Gatten zu entzücken. Sie ließ ihre Tochter Salome auftreten, nur mit Schleiern bekleidet, die aufreizender waren als die Nacktheit orientalischer Tänzerinnen. Salome tanzte also für ihren Großonkel und seine Gäste. Als das Kind geendet hatte, ließ Herodes sie zu sich kommen und sagte:

»Dein Tanz hat mich entzückt. Um dir dafür zu danken, kannst du alles von mir verlangen, und ich werde es dir geben, und wäre es die Hälfte meines Königreichs oder meiner Schätze!«

Mir kam der Gedanke, daß Antipas im Austausch für seine Geschenke auf konkretere Befriedigungen hoffte als jene, die der durchsichtige Schleier ihn hatte ahnen lassen ... Als Beweis dafür, daß die Komödie zwischen Mutter und Tochter bestens verabredet war, schmetterte Salome mit ihrer hübschen frischen Stimme durch den Saal:

»Mein Onkel, befiehl, daß man mir auf diesem großen Silbertablett das Haupt Jochanaans hierherbringt, den man auch den Täufer nennt!«

Und dieses kleine Ungeheuer war nur ein paar Monate älter als Pontia! Man erzählte mir, daß Herodes sich von hochrot in aschfahl verfärbte. Er machte zwei- oder dreimal den Mund auf und sagte schließlich:

»Kleine, Kleine! Du hättest doch bestimmt lieber eine schöne Halskette? Oder ein Kleid? Ein sehr schönes neues Kleid?«

»Nein, mein Onkel! Ich will das Haupt Jochanaans!«

Einige Gäste begannen zu lachen. Herodes hatte leichtfertig Versprechungen gemacht, und ich nahm an, eitel wie er war, erschien ihm dieses Lachen unerträglich und hinderte ihn daran, sein Wort zurückzunehmen. Eine Stunde später trat der Henker in den Festsaal und stellte das abgetrennte Haupt

des Täufers vor Prinzessin Salome. Dieses allzu schöne Haupt, dessen Unglück es gewesen war, Herodias zuerst zu gefallen und dann zu mißfallen.
Das war der Orient. Das war Judäa.

Es war entsetzlich heiß. Der Wind, der alles austrocknete, kam aus der Wüste. Er brachte roten Sand mit sich, der auf den Fliesen des Hofes rote Flecken zurückließ, wie von Blut. Die dicken Steinmauern der Residenz schützten uns ein wenig vor der Gluthitze und hielten die Räume relativ kühl. Doch wenn man hinausmußte, und ich war dazu gezwungen, blies einem der Sand stechend ins Gesicht und verstärkte noch das Beißen des trockenen Windes auf der Haut. Man bekam Sand in die Augen, in die Nasenlöcher, in den Mund. Die Juden hatten vorn an der Kleidung eine Art Schurz, den sie sich über den Kopf warfen; im Winter bewahrte er sie vor Kälte, im Sommer vor Wind und Sand. Wir Römer konnten es ihnen nicht gleichtun. Hatte man ein paar Minuten draußen verbracht, starb man fast vor Durst. Mir taten die Wachposten leid, und ich ließ sie alle zwei Stunden ablösen. Auch die Pferde litten unter der extremen Hitze, und ich hatte verboten, daß man sie ohne absolute Notwendigkeit nach Sonnenaufgang ins Freie brachte.
Heute abend würde sich der Wind nicht legen. Der Horizont war blutrot, anscheinend ein Zeichen dafür, daß der Sturm sich noch steigern würde. Die alte Rebekka, die Dienerin, die Antiochos aufgezogen hatte, behauptete, der Wind könne so ohne Unterbrechung fünfzig Tage lang wehen. Bei Äolus, was für ein Land!
Seit einer Woche war Flavius nun von Tag zu Tag erneut gezwungen, seine Rückkehr nach Galiläa zu verschieben. Antiochos freute sich darüber, denn das gab ihm Gelegenheit, mit Niger zusammenzusein, der ganz entschieden mit Kin-

dern umgehen konnte. Ich hörte sie im Pferdestall lachen. Flavius seufzte.

»Weißt du, Herr, um diese Jahreszeit sehne ich mich am meisten nach dem Land der Diablinten zurück ... Der Wind weht dort von Westen her und bringt einen sanften Regen, der nie kalt ist ...«

Und er erging sich in langen, melancholischen Erinnerungen, die vom grauen Himmel handelten, von Wolken, von riesigen Eichen- und Kastanienwäldern und von einem Fluß, der so dunkles Wasser führte, daß die Cenomanen ihn Meduana nannten, den Schwarzen ...

Flavius' Heimweh war ansteckend. Ich ertappte mich dabei, wie ich von den Dächern Roms in der untergehenden Sonne träumte, von den Brunnen der Stadt und den Ufern des Tiber ... Zwei Jahre war ich nun in Judäa, und nichts ließ vermuten, daß Tiberius vorhatte, mich nach Italien zurückzurufen. Zweifellos war es besser so. Denn jeder Brief von Probus informierte mich von neuen Denunziationen, neuen Prozessen und neuen Exekutionen, die sich zum größten Vorteil von Aelius auswirkten. Seianus sah zu, daß seine Opfer, bevor sie sich »freiwillig« den Tod gaben, ein Testament zu seinen Gunsten machten. Großzügig willigte er dann ein, daß der Witwe und den Waisen dessen, den er ausgeschaltet hatte, ein Drittel oder ein Viertel des konfiszierten Erbes zurückerstattet wurde. Wohin kam es mit der Stadt, mit dem Imperium, wenn das Gesetz gegen Hochverrat, einst entworfen, um ihre Größe zu schützen, so mißbraucht wurde, daß es nur noch dazu diente, den ruchlosesten aller Abenteurer zu bereichern? War Rom so tief gesunken, daß kein einziger Mann sich erhob, um Seianus niederzuschlagen? Oder waren sie alle, wie ich, gelähmt von Schrecken? Denn ich zitterte jedesmal, wenn ein offizielles Schiff in Cäsarea anlegte.

Die Nacht war nicht weniger stickig als der Tag. Doch sie war

erfüllt vom Duft nach Minze, Salbei und Verbenen, die Procula auf der Terrasse gepflanzt hatte und die in der Dämmerung ihr Aroma verströmten.
Ich war schließlich eingeschlafen, nackt, die Laken zurückgeworfen, obwohl man sie vor dem Zubettgehen mit Wasser getränkt hatte, doch sie waren zu schnell getrocknet. Ich träumte von Rom: Es brannte. Ich schlug im Schlaf um mich, unfähig, den Brand, diese Geißel der schönen Jahreszeit, daran zu hindern, mein Haus auf dem Aventin zu bedrohen. Ein schlechtes Vorzeichen …
Procula weckte mich aus diesem Alptraum. Im Mondschein sah ich ihr angstverzerrtes Gesicht.
»Gaius ist krank.«
Durch das Fenster sah ich den tief dunkelblauen Himmel, an dem Myriaden von Sternen standen. War es Hitze oder Panik? Mir rann der Schweiß hinab.
Gaius hatte hohes Fieber und klagte über Rückenschmerzen. Agathos, der Garnisonsarzt, den wir riefen, schien unschlüssig, aber nicht sonderlich beunruhigt:
»Man muß abwarten, Herr; das kann so vieles sein. Eine Menge von Krankheiten verursachen Fieber und Muskelschmerzen, die meisten sind nicht bedrohlich.«
Doch er ordnete an, daß Pontia und Aulus von ihrem Bruder ferngehalten werden sollten. Zwei Tage später hatten Agathos' Kräutertees gegen das Fieber geholfen, aber nicht gegen die Gliederschmerzen. Procula wich nicht von Gaius' Bett. Ich konnte es ihr nicht gleichtun, da ich mit Arbeit überhäuft war. Ich schickte jedoch stündlich Niger, daß er sich nach meinem Sohn erkundigte; ich beruhigte mich und ihn, denn seine Angst war groß.
Am fünften Abend, als ich etwas freier über meine Zeit verfügen konnte, verlangte ich, daß Procula sich ausruhen sollte, und nahm ihren Platz ein. Gaius schien es besserzugehen. Der

Wind hatte sich gelegt, aber die Hitze war unerträglich. Ich hatte Durst und goß mir ein Glas sehr kaltes Wasser ein, gekühlt mit Schnee vom Berg Libanon. Ich fragte meinen Sohn, ob er trinken wolle, doch trotz der Gluthitze lehnte er ab.

»Danke, Papa, ich möchte nicht; das Schlucken tut mir zu sehr weh.«

Seine Stimme schien mir erstickt. Plötzlich zu Tode erschrocken, sah ich ihn an. Er bat mich:

»Papa, kannst du mir helfen, mich aufzusetzen? Ich kann mich nicht bewegen.«

Nun registrierte mein Gehirn, was es nicht hatte sehen wollen, die Ursache für diese ruhige Bewegungslosigkeit, die Procula und ich für die Entspannung gehalten hatten, die einer Zeit des Leidens folgte. Mein Sohn hatte den Gebrauch seiner Glieder verloren.

Ich weiß nicht, wie es mir gelang, den Aufschrei von Schrecken und Verzweiflung, den ich in mir laut werden fühlte, zu unterdrücken. Doch mit einer Stimme, deren Zittern ich zu beherrschen wußte, befahl ich dem hereinkommenden Arrius ruhig, den Arzt zu holen.

Agathos untersuchte meinen Sohn, dann zog er mich aus dem Zimmer. Er klang düster.

»Herr, ich könnte dir natürlich Märchen erzählen, so wie man es bei Frauen und Kindern macht. Doch wozu sollte das gut sein? Du bist ein Mann, du bist Soldat. Also kann ich dir ebensogut gleich die Wahrheit sagen, ohne dich in Illusionen zu wiegen. Die Natur würde mich auf jeden Fall widerlegen. Ich kenne diese Krankheit. Bei Hitze verbreitet sie sich besonders schnell, und häufig schlägt sie im Sommer zu. Sie sucht Kinder und sehr junge Leute heim. Letzten Monat habe ich in der Kaserne drei Fälle diagnostiziert. Deshalb habe ich schon daran gedacht, als ich deinen Sohn neulich abends

untersuchte. Aber wie ich dir gesagt habe, in ihren Anfängen ähnelt sie anderen Krankheiten, die harmlos sind, und ich wollte dich nicht unnötig beunruhigen.«

Jedes Wort von Agathos ließ mein Herz grausamer bluten, als die Spitze seines Skalpells es vermocht hätte; er bemerkte es.

»Verzeih mir, Herr, die Wahrheit ist brutal. Manchmal betrifft die Lähmung nur die Gliedmaßen, und jene, die an dieser Form der Krankheit leiden, überleben. Aber glaube mir, Herr, nur um ein unwürdiges Leben zu führen, so behindert bleiben sie. Sie schleppen sich dahin, wie weder du noch ich uns dahinschleppen wollten ... In anderen Fällen greift die Lähmung nicht die Arme und Beine an, sondern die Hals- und Brustmuskulatur. Wenn das Herz nicht schnell aussetzt, stirbt der Kranke einen langsamen Erstickungstod.«

Mitgerissen von seiner klinischen Beschreibung, als hätte er sich vor einem Saal von Studenten befunden, blickte Agathos mich nicht länger an.

»Siehst du, Herr, wenn du einen Vergleich willst, die Agonie ist in diesem Fall sehr ähnlich wie bei den zum Kreuz Verurteilten ... Ersticken, Asphyxie ...«

Im Augenblick hatte ich selbst das Gefühl zu ersticken. Ich rang nach Atem, als gäbe es auf der Welt nicht genügend Luft, um meine Lungen zu füllen. Wie konnte dieser Mann mir mit einer so friedlichen, gleichgültigen Stimme beschreiben, wie der Todeskampf meines Sohnes verlaufen würde? Mir sagen, daß er ebensosehr leiden würde wie ein Gekreuzigter? Schließlich entschloß sich Agathos, einen Blick auf mich zu werfen, und überrascht stammelte er:

»Du bist sehr blaß, Herr! Ich werde dir einen Trank bringen, der dir guttun wird.«

Als hätte ein Heilmittel gegen das existiert, was ich fühlte ... Was ich fühlte, habe ich niedergeschrieben. Doch das absolute Grauen in diesen Tagen kam daher, daß ich nichts fühlte. Nichts mehr. Die Verwaltung der Geschäfte beschäftigte noch meinen Geist, aber was mein Herz anlangte, so schien es mir, als hätte ich keines mehr. Eine schwindelerregende Leere hatte sich in meine Brust eingegraben. Ich war grausam klarsichtig. Ich wußte, daß mein Sohn im Sterben lag und daß es nicht in meiner Macht stand, etwas dagegen zu tun. Ich war mit der Allmacht Roms ausgestattet; ich regierte als Herr über dieses Land, aber ich konnte den Tod nicht daran hindern, sich über mein Kind zu beugen und es mitzunehmen. Diese Klarsichtigkeit tauchte mich in die absolute Verzweiflung, aber ich war ruhig, kalt und grauenerregend ruhig. Die Allmacht Roms war also nichts ... Nichts, nichts, nichts. Welch ein Hohn! Ich war nichts; morgen würde Gaius nicht mehr sein; und ich konnte nichts dagegen tun.
Die Philosophen lehren, diese doppelte Gewißheit des Nichts und unserer Ohnmacht sei der Beginn der Weisheit und des inneren Friedens. Sich dessen bewußt zu werden sei der Auftakt zu wohltuendem und ruhigem Gleichmut. Wie sagte mein Philosophielehrer: »Ich war nicht. Ich war. Ich bin nicht mehr. Ich kümmere mich nicht darum.« Es würde ein Tag kommen, an dem Gaius Pontius Pilatus, Prokurator von Judäa, ebenso wie sein Vater, seine Mutter und all seine Vorfahren, nicht mehr sein und nicht mehr leiden würde. Zumindest hatte ich das Recht, es zu hoffen, wenn die Worte der Philosophen stimmten. Gaius Pontius Pilatus würde nicht mehr sein, und wie es die Stoa predigte, würde ihn das völlig gleichgültig lassen. Doch im Augenblick lebte ich, und ich litt. Ich litt so, daß ich über das Leiden hinaus war, daß ich mich kalt und hart fühlte wie ein Grabstein.
Ich hatte den Eindruck, lebendig und tot gleichzeitig zu sein;

tot für alles, was auf dieser Erde angenehm war, lebendig für alles, was weh tat. Es wäre mir lieber gewesen, ich wüßte nichts von den Stoikern, sondern wäre in meinem Glauben ebenso barbarisch wie mein armer Flavius und könnte mich in einen Traum flüchten, wo jüdische Schwärmer tote Kinder wieder zum Leben erweckten und wo die grünen Wiesen eines Königreichs ewiger Glückseligkeit die Seelen der Toten erwarteten.

Zu den entsetzlichen Qualen des Kreuzes, mit denen Agathos die Leiden meines Sohnes verglichen hatte, hätte ich mich selbst ohne Zögern verurteilt, wenn mein Todeskampf mein Kind hätte rette können. Aber niemand konnte mir erlauben, diesen Austausch vorzunehmen oder diesem Opfer zuzustimmen. Ich betrachtete den klaren Himmel Judäas. Noch nie hatte ich seine Leere so empfunden. Die Götter waren in diesem Land ebensowenig anwesend wie in meinem zu Eis erstarrten Herzen. Ich hätte mir gewünscht, daß sie existierten und bereit wären, mich zu erhören, während ich unzusammenhängende Bitten stammelte, die um so jämmerlicher waren, als sie nicht wußten, an wen sie sich richten sollten. War ich also so schwach? War ich so feige?

Am Abend des dritten Tages kam der Arzt Agathos in mein Arbeitszimmer.

»Das Ende ist da, Herr.«

Ich weiß nicht, woher ich den Mut nahm, hinauf ins Obergeschoß zu gehen.

Procula stand an Gaius' Bett. Aufrecht und bleich. Ich erinnerte mich daran, wie sehr sie vor acht Jahren gelitten hatte, als sie ihn zur Welt brachte, und ich wußte, wie sehr sie litt, als sie ihn bei seinem Sterben begleitete. Ich hätte sie gerne berührt, sie in den Arm genommen und an mich gedrückt, aber ich war nicht imstande dazu. Ich beugte mich über meinen Sohn und nahm seine Hand in die meine. Seit unserer

Abreise aus Rom hatte ich ihm so wenig Zeit gewidmet, ihm so wenig Liebe gegeben ... Und nun war es zu spät.
»Möchtest du etwas? Was brauchst du?« fragte ich.
Gaius öffnete die Augen und murmelte:
»Ich würde gerne ... Ich würde gerne Niger sehen.«
Ich ließ Lucius Arrius holen. Er kam herein, als wolle er sich entschuldigen, in einem solchen Augenblick bei mir einzudringen. Gaius' Blick heftete sich an den seinen, erfüllt von solcher Bangigkeit, solcher Not ... Niger fand den Mut, den Blick nicht zu senken.
»Lucius Arrius, ich habe Angst! Ich habe solche Angst!«
Ich hörte Procula schluchzen. Die Schreie, die ich so lange zurückgehalten hatte, stiegen mir in der Kehle auf; ich biß mir auf die Lippen, um nicht aufzuheulen wie ein verwundetes Tier.
Niger war auf der anderen Seite des Bettes niedergekniet, mir gegenüber. Sanft hob er Gaius hoch und nahm ihn in die Arme. Mt einem sorglosen Lächeln, das ihm eine Folterqual sein mußte, sagte er:
»Wenn du wegen so einer Kleinigkeit Angst hast, Gaius Pontius, was wirst du dann tun, wenn du mich in ein paar Jahren in den Krieg begleitest?«
Ein Leuchten der Freude stieg in die verängstigten Augen meines Sohnes, er murmelte:
»Wenn ich mit dir gehen soll, heißt das, daß ich gesund werde? Bist du sicher? Versprichst du es mir?«
»Ich schwöre es dir, Gaius, beim Heiligsten, das es für mich gibt: beim Schicksal Roms.«
Gaius' Gesichtszüge entspannten sich. Er schloß die Augen, seufzte zweimal, und ächzte:
»Lucius! Lucius!«
Und nach Niger rufend, der ihn in den Armen hielt, starb mein Sohn.

Ein wahnsinniges Geheul erfüllte das Zimmer, und ich fragte mich, wer so schreien konnte. Erst als ich spürte, wie Proculas Hand über mein Gesicht strich, begriff ich: Ich war es, der Prokurator von Judäa, die Verkörperung römischer Größe, der angesichts des Todes schrie. Lucius Arrius und meine Frau betrachteten mich voller Mitleid. Allen beiden liefen die Tränen herunter, die sie nicht mehr zurückhielten. Ich konnte nicht weinen.
Procula trug unsere Trauer und unser Unglück mit einem Mut, den ich nicht aufbringen konnte. So groß und schrecklich ihr Schmerz war, brachte sie es noch fertig, mich zu stützen. Ich wurde so von Selbstvorwürfen zerfressen, daß ich Angst hatte, darüber den Verstand zu verlieren. Ganz in Anspruch genommen von meiner Arbeit, hatte ich nie ermessen, wie sehr ich Gaius geliebt und wie schlecht ich es verstanden hatte, es ihm zu zeigen. Zwanzigmal am Tag schrak ich hoch, im Herzen erregt von einer absurden Hoffnung, weil ich die Stimme meines Sohnes im Zimmer nebenan zu hören geglaubt hatte; lange Minuten saß ich da, die Augen starr auf die Tür gerichtet, und wartete darauf, daß sie aufging und Gaius auf mich zulief. In anderen Momenten verfolgte mich die Geschichte, die Flavius uns erzählt hatte. Ich dachte an die Tochter von Jaïrus und fragte mich, welcher wahnwitzige Stolz, welcher Respekt vor meinen Ämtern und der Würde Roms es mir verboten hatten, nach dem Galiläer zu schicken. Ich sagte es bereits, ich war dabei, meinen gesunden Menschenverstand zu verlieren. Ich war jenseits des Leidens, ein Jenseits, das schlimmer war als das Leiden selbst. Vor dem Scheiterhaufen meines Sohnes drückte mir der Wunsch, mich in das Flammenbecken zu werfen, mich in den Flammen zu vernichten, fast den Atem ab. Die Glut des Feuers konnte nicht schmerzhafter sein als diese nichts wiedergutmachende Trauer.

Ein Satz, den ich in Proculas Album gelesen hatte, kam mir ins Gedächtnis: »Selig sind, die da weinen, denn sie sollen getröstet werden.« Aber welchen Trost hätte es für mich geben können? Ich hatte keine einzige Träne.

Niger dagegen weinte ohne Scham oder Schmach. Als ich ihn so überraschte, entschuldigte er sich mit jämmerlicher Stimme.

»Verzeih mir, Herr!«

Wofür entschuldigte er sich denn? Daß er über den Tod meines Sohnes erschütterter schien als ich? Daß er mein Kind mehr geliebt hatte und von ihm mehr geliebt worden war? Aber war nicht ich der einzig Schuldige an alldem? Ganze Stunden lang schrieb ich die Vergangenheit neu. Ich fand die Zeit, mich mit Gaius zu beschäftigen. Ich war es, der ihn stolz auf den Rücken seiner Stute setzte, ich war es, der ihm diese Legionärsausrüstung schenkte, die er sich so sehr wünschte ... Aber niemand kann mit dem Wort ›wenn‹ die Welt neu gestalten. Was ich versäumt hatte, war für immer versäumt; was ich verloren hatte, war für die Ewigkeit verloren.

Der Prokurator von Judäa war ein unendlich beklagenswerter Mann. Unter meiner Prunktoga, unter dem purpurnen Feldherrenmantel, dem Paludamentum der Imperatoren, den ich bei Militärparaden anlegte, war ich nackter und elender als ein Sklave in den Salzbergwerken, denn manche von ihnen hegten noch Hoffnung, während ich keine mehr hatte.

Das Leben war ein erbärmlicher Scherz; die Liebe eine furchtbare Falle, die mit der unerträglichen Folter von Verlust und Trauer endete. Das ganze Universum schrie mir zu, daß es nichts gab, nichts, nichts, weder vorher noch nachher. Nichts als diese kurze Zwischenzeit, in der zufällig zusammengefügte Atome fühlten, begriffen und litten. »Unglückliche Menschheit, deren Los so maßlos ist!« hatte Sophokles ausgerufen. Welcher grausame Zufall oder welche Götter, die sogar noch

unbarmherziger waren, hatten sich so bei diesem Spiel amüsiert, dessen bemitleidenswertes und schuldiges Opfer der Mensch war?

Wie sehr hätte ich gewünscht, an die Versprechungen des Galiläers oder an das Reich der Jugend, das Flavius ersehnte, zu glauben ...

War der Glaube von Flavius so beneidenswert? Eines Morgens, am sechsten Tag nach Gaius' Tod, kam der Arzt Agathos zu mir.

»Herr, der Sohn des Galliers ist krank.«

Diesmal hatte er sofort und ohne Zögern die Krankheit diagnostiziert, die Gaius hingerafft hatte. Ich wartete darauf, daß er fortfuhr.

»Ich habe ihm die Wahrheit gesagt, Herr.«

Ich konnte es mir nur zu gut vorstellen ... Bei einem niederen Offizier, noch dazu einem Ausländer, hatte Agathos sich wohl schamlos alle Umschreibungen erspart und den Urteilsspruch mit noch weniger Schonung verkündet als mir gegenüber.

Ich hatte mich nicht getäuscht. Flavius weinte so voller Qual und Angst, daß wir ihn lieber von Antiochos' Bett fernhielten, da er das Kind am Ende in Panik versetzte. Es bekümmerte sich bereits mehr über den Schmerz, den es seinem Vater bereitete, als über seine eigenen Qualen. Procula und Niger wechselten sich ab, um bei ihm zu wachen. Ich fand verschiedene Vorwände, um den Zenturio in meinem Arbeitszimmer zurückzuhalten.

Wozu sollte man das ewige Avalon erhoffen, wenn die, die daran glaubten, dadurch nicht getröstet wurden? War die kalte, hoffnungslose Klarsichtigkeit der Stoa eines Mannes und Soldaten also nicht würdiger?

Ich brauchte so verzweifelt Antwort auf meine Fragen, daß ich sie dem Gallier stellte. Doch ich fürchtete, ihm Kummer zu

bereiten oder, schlimmer noch, ihn denken zu lassen, daß ich an seinem Mut zweifelte.
»Nein, Herr«, antwortete er. »Weißt du, es ist nicht so, daß ich daran zweifle, meinen Sohn in der anderen Welt wiederzusehen. Aber ich liebe ihn so sehr, daß ich mir nicht vorstellen kann, ohne ihn zu leben, während ich darauf warte, ihm nachzufolgen!«
Am nächsten Morgen hatte sich Antiochos' Zustand verschlimmert. Agathos runzelte die Brauen.
»Er kann noch zwei Tage durchhalten, oder auch nur eine Stunde. Wenn das Herz standhält ...«
Ich legte Flavius die Hand auf die Schulter, eine brüderliche Geste sollte es sein; ich suchte nach Worten der Beruhigung und fand keine. Es gab keine. Die alte Rebekka kam ins Zimmer und seufzte in schlechtem Griechisch, für jedermann und niemanden bestimmt:
»Der Herr gibt, und der Herr nimmt. Gesegnet sei die Hand des Herrn!«
Welchen Wahn hatten diese Juden, wenn sie wirklich glaubten, ihr Jahwe sei verantwortlich für alles Unglück der Welt, und ihn noch dafür segneten, daß er den Menschen solche Leiden auferlegte?
Mit einer Stimme, in der vor Kummer die keltische Färbung besonders hervortrat, grollte Flavius:
»Du Alte, wie kannst du glauben, daß es möglich ist, den Göttern zu danken, wenn sie auf eine solche Art zuschlagen? Was verstehst du davon, was ich empfinde oder was der Prokurator und seine Frau fühlen?«
Die Jüdin schüttelte den Kopf.
»Ich war nicht immer alt, Gallier. Vor zweiunddreißig Jahren war ich eine junge Frau. Jahwe hatte mir einen guten Mann und zwei schöne Kinder gegeben. Es waren Zwillinge, Samuel und David. Und dann, eines Tages, als mein Mann auf den

Bergen unser Vieh hütete, wurde er von einer Hornviper an der Ferse gebissen und starb. Sechs Monate später kamen die Soldaten von Herodes – daß die Hölle Gehenna ihn verschlinge! – in mein Dorf. Sie verlangten, daß man ihnen alle Knaben bis zu zwei Jahren bringen sollte. Und als wir sie auf Befehl ihres Anführers brachten, haben sie unseren Söhnen in unseren Armen die Kehle durchgeschnitten ... Siehst du, Gallier, der Herr hatte mich in reichem Maß bedacht; der Herr hat mir alles wieder genommen ... Gesegnet sei er!«

»Dann hast du doch keinen Grund, ihm zu danken, meine arme Rebekka ...«, murmelte Flavius.

Ein seltsames Lächeln glitt über die Lippen der Frau.

»Gallier, für einen Heiden bist du weder unwissend noch dumm. Also hör mir zu, und ich sage dir etwas, was ich zweiunddreißig Jahre lang niemandem gesagt habe.

Eine unserer Prophezeiungen spricht von meinem Dorf in folgenden Worten: ›Und du, Bethlehem Efrata, die du klein bist unter den Städten in Juda, aus dir soll mir der kommen, der in Israel Herr sei, dessen Ausgang von Anfang und von Ewigkeit her gewesen ist.‹ Deshalb sagen sich alle Frauen in Bethlehem, wenn sie einen Sohn gebären, daß er vielleicht der Messias ist, der unseren Vätern versprochen wurde. Herodes – daß die Gehenna ihn verschlinge! – kannte diese Prophezeiung, und er kannte den Stolz der Mütter von Bethlehem ... Aber er wußte nicht, was ich weiß.

In jenem Winter befahl euer Kaiser in Rom, daß alle Untertanen, über die er herrschte, gezählt würden. Und er befahl, daß jeder sich in der Stadt zählen ließe, aus der seine Familie stammte. Hunderte von Familien stammen von unserem König David ab, hatten aber seither Judäa verlassen, und nun kamen sie alle nach Bethlehem. Bald gab es kein einziges freies Zimmer mehr, nicht in den Herbergen, nicht in der Karawanserei, nicht bei sonst jemandem, der ein Zimmer zur

Verfügung hatte. Wer auf dem Hof auch nur den erbärmlichsten Unterschlupf besaß, konnte ihn für teures Geld vermieten. Die, die zuletzt kamen oder die kein Geld hatten, waren gezwungen, in den Bergen zu schlafen.

Um meine Söhne großzuziehen, war ich zu jener Zeit Dienerin bei Ruben, dem Wirt der Herberge zum Stern. Eines Abends Ende Dezember klopfte ein junges Paar an die Tür. Der Mann flehte darum, daß man sie beherbergte. Er sagte, sie kämen von weit her, aus Galiläa, und seine Frau sei todmüde. Das war nicht zu übersehen! Die arme Kleine! Sie war hochschwanger.

Es war ein schönes Paar ... Du kannst dir nicht vorstellen, wie hübsch sie war, Gallier! Hübsch ... Und so jung. Der Ehemann blieb beharrlich. Er sagte immer wieder, daß er Geld habe, daß er der Zimmerer seines Dorfes sei, daß er seinen Lebensunterhalt verdiene, daß er zahlen könne und nicht um Mildtätigkeit bitte.

Ruben wurde schließlich ärgerlich. Er sagte, sein Geld interessiere ihn nicht, er habe wirklich kein Zimmer mehr, das er ihm vermieten könne, und in Anbetracht des Zustands seiner Frau würde er ihnen auch keine Matratze auf dem Hof geben, womöglich würde sie mitten in der Nacht und vor aller Welt gebären. Und wenn man sie ansah, konnte man wirklich vermuten, daß es in dieser Nacht soweit sein würde.

Schließlich nahm der junge Mann den Zügel ihres Esels, und sie gingen fort. Ich sah genau, daß er sich Sorgen um seine Frau machte. Ich weiß nicht, was mir durch den Kopf ging, aber ich lief ihnen nach und sagte ihnen, sie sollten in meinen Schafstall auf dem Hügel gehen, da sie dort immer noch besser untergebracht seien als im Freien.

Am nächsten Morgen ging ich hin, um nach ihnen zu sehen. Ein Sohn war ihnen in der Nacht geboren worden. Ich habe ihn gesehen, seine Mutter hat ihn mir anvertraut, ich habe ihn

in meinen Armen gehalten. Einen Monat später sind sie aufgebrochen, so wie sie gekommen sind. Als die Soldaten von Herodes nach Bethlehem kamen, waren der Galiläer, seine Frau und sein Sohn kaum zwei Stunden fort.
Siehst du, Gallier, Herodes – daß die Gehenna ihn verschlinge! – konnte meine Söhne ermorden, doch er konnte nicht verhindern, daß ich das Heil meines Volkes sah. Denn dieses Kind, das in meinem Schafstall geboren ist und das ich in meinen Armen gehalten habe, ist der Messias der Völker, ich weiß es, der Retter Israels.«
Während Rebekka so sprach, war die Nacht hereingebrochen, ein barmherziger Friede erfüllte das Zimmer. Antiochos stöhnte nicht mehr, er schlief. Proculas Blick war verloren in einem unsichtbaren Bild, in dem sie etwas Tröstliches zu finden schien.
Mich hatte der Bericht der Alten an mein Gespräch mit Antipas erinnert. Ich dachte über die unvorhergesehenen Umstände nach, die einem beim Regieren begegneten. Herodes, dieser »vorsichtige und kluge Mann«, hatte auf eine vage Prophezeiung hin jede Vorsichtsmaßnahme getroffen und alle kleinen Knaben in Bethlehem umbringen lassen. Alles hatte er vorhergesehen, nur nicht die Geburt eines Kindes in diesem Dorf, das von anderswo stammte und gleich wieder nach anderswo mitgenommen wurde. War es möglich, daß die Geschichte von Christos kein Märchen war? Daß der König Israels unter der Herrschaft des Cäsars Augustus in Judäa zur Welt gekommen war? Mittlerweile müßte er dann ein Mann sein ... Wer war er? Wo war er? Was hatte er vor? Mußte der Prokurator von Judäa darüber besorgt sein?
Ich schrak hoch, als ich die Stimme von Flavius hörte, bebend vor Aufregung und Hoffnung:
»Rebekka, bist du sicher? Der Mann, die Frau, das Kind? Sie waren aus Galiläa?«

»Ich bin so sicher, daß sie Galiläer waren, wie ich sicher bin, daß du Gallier bist! Sie hatten einen Akzent aus dem Norden.«
An welche absurde Idee Flavius sich plötzlich klammerte, erfuhr ich erst später, jetzt sahen wir nur, daß er wie ein Wahnsinniger aus dem Zimmer stürzte. Wir hörten, wie er die Treppe hinunterrannte und einem Stallburschen zurief:
»Schnell! Ein Pferd! Das beste!«
Beim Herkules, wollte er wirklich mitten in der Nacht ganz allein über die Straßen reiten, wenn all die Banden von Sikariern unterwegs waren? Ich lehnte mich aus dem Fenster und rief ihm nach. Er hörte nicht. Er stieß seinem Pferd bereits die Absätze in die Flanken und verschwand in Richtung Galiläa.

Agathos sah mich vorwurfsvoll an.
»Herr, du hättest den Gallier nicht wegreiten lassen sollen. Das Kind liegt im Sterben, und es verlangt nach seinem Vater.«
Ja, Flavius war glücklicher als ich. Nach ihm ruft sein Sohn in seinem Todeskampf, nicht nach einem Fremden. Antiochos verstand nicht, warum sein Vater nicht da war. Niger erfand eine Geschichte von einem vertraulichen und sehr dringlichen Auftrag, mit dem ich den Zenturio betraut hätte. Der Blick des Knaben erdolchte mich. Für wen mußte er mich halten, da ich imstande war, seinen Vater in einem solchen Augenblick fortzuschicken? Aber egal! Diese Lüge war besser als die Wahrheit, denn Flavius hatte die Flucht ergriffen. Er wollte nicht dasein; er hatte nicht den Mut, beim Tod seines Sohnes dabeizusein. Verflucht sei Agathos und das Vergnügen, das er dabei fand, seine schrecklichen Einzelheiten mitzuteilen! Wie sollte man es Flavius vorwerfen, daß er nicht die Kraft hatte zuzusehen, wie sein Kind sich mit Foltern quälte, die denen eines Gekreuzigten vergleichbar waren?

Es waren wahrhaftig entsetzliche Qualen. Ein Todeskampf, noch weit schlimmer als bei Gaius. Antiochos, älter und kräftiger, seinem robusten Vater ähnlich, hatte nicht einmal das Glück meines Sohnes, dessen Herz den Kampf abrupt aufgab. Seine verengten Lungen kämpften um Luft, ohne die Kraft, sie noch ein- oder ausatmen zu können. Das Kind keuchte, war am Ersticken. Manchmal schrie es ein Wort, ein einziges, immer dasselbe:

»Papa!«

Procula beugte sich dann über ihn, strich ihm über die Stirn und murmelte:

»Er kommt bald, mein Lieber. Ich verspreche dir, daß er bald dasein wird.«

Und sie sah mich an, als hätte es in meiner Macht gelegen, den Gallier zu seinem sterbenden Kind zurückzubringen. Hatte sie denn noch nicht begriffen, daß ich keinerlei Macht besaß, außer der, die Straßen aufschottern zu lassen oder das Banditenunwesen zu unterbinden? Ich konnte gar nichts tun.

Verstohlen wechselten Lucius Arrius und ich entsetzte Blicke. Dabei hatten wir doch beide schon einige Menschen sterben sehen …

Dem Stand der Sonne am Horizont nach schätzte ich, daß wir uns der siebten Stunde näherten. Wie lange würde es noch dauern? Antiochos wimmerte ohne Ende. Dann eine herzzerreißende Klage:

»Papa, Papa! Warum hast du mich verlassen?«

Ja, warum nur?

Die Schreie des Kindes wurden immer jämmerlicher, ich wollte mir die Ohren zustopfen. Feige wandte ich mich ab.

Plötzlich folgte Schweigen auf die Klagen. Zerrissen zwischen einer schrecklichen Erleichterung und der Trauer, meinem

armen Flavius diesen Tod verkünden zu müssen, wagte ich es endlich, auf das Bett zu blicken, und was ich sah, ließ mich vor Erschütterung wie angewurzelt stehenbleiben.
Antiochos war nicht tot. Sein vom Leiden entstelltes Gesicht hatte einen heiteren Ausdruck zurückgewonnen. Seine beklommene Brust war wieder fähig zu atmen, und das Kind schöpfte Luft in tiefen Zügen. Mit freudiger und kräftiger Stimme rief er:
»Ich bin geheilt! Ich will aufstehen. Ich habe Hunger. Ich habe fürchterlichen Hunger!«
Agathos betrachtete seinen Kranken mit einer Miene der Verblüffung, gemischt mit Zorn. Wie alle Ärzte konnte er es nicht leiden, daß seine Patienten nicht ihren Diagnosen entsprachen. Antiochos hatte sich ohne Hilfe auf dem Bett aufgesetzt und betrachtete begehrlich einen Korb mit Feigen und Weintrauben, der auf dem Tisch stand.
Procula und Niger schienen zu Statuen verwandelt, und ich wirkte wohl ebenso wie vom Blitz getroffen. Lucius Arrius faßte sich als erster, nahm eine große blutrote Traube aus dem Korb und gab sie dem Kind. Antiochos verschlang sie. Es war nicht zu glauben!

Es tagte kaum, als die galoppierenden Hufe eines Pferdes auf den Steinplatten des Hofes widerhallten. Durch das Fenster sah ich Flavius aus dem Sattel springen und zur Treppe laufen, die Wachposten beiseite stoßend. Ohne sich ankündigen zu lassen – aber ich brachte es nicht fertig, es ihm vorzuwerfen –, stürzte er zu mir herein.
»Mein Sohn, Herr! Wie geht es meinem Sohn?«
Das Gesicht des Galliers war verschmiert von Schweiß, Staub und Tränen. Ich lächelte, überglücklich, ihm eine gute Nachricht verkünden zu können:
»Es geht ihm gut, Flavius! Sehr gut. Der Arzt sagt, er hat es

überstanden. Das Gesicht von diesem alten Idioten Agathos hättest du sehen sollen! Er begreift es absolut nicht!«

Flavius schloß die Augen. Keuchend holte er Atem, als würde auch ihm ein Mühlstein die Brust eindrücken.

»Mein alter Flavius, dieser Grieche ist nur ein eingebildeter Esel! All seinem Gerede zum Trotz hat sich dein Antiochos gestern plötzlich besser gefühlt, und er ist wieder vollkommen gesund.«

Wozu sollte ich meinem Zenturio von den schrecklichen Augenblicken erzählen, die sich vor dem Geschehen abgespielt hatten, das der Arzt, dieser unfähige Schulmeister, hochtrabend die »heilsame Krise« zu nennen gewagt hatte?

Flavius rang nach Luft, er war die Treppe zu schnell hinaufgerannt. Doch mit abgehackter Stimme fragte er sofort:

»Wie spät war es, Herr? Wenn du wüßtest, wie wichtig das für mich ist!«

»Es war etwa um die siebte Stunde.«

Flavius lächelte verzückt.

»Danke, oh, danke, Herr!« rief er.

Doch das war nicht an mich gerichtet. Vor Erleichterung schluchzend, sprach er zu einem unsichtbaren Gesprächspartner ... Ich sah, wie sein grobes Gesicht durch seine Tränen hindurch strahlte, wie ein Regenbogen noch während des Gewitters.

Als Flavius mir erzählte, was ihm geschehen war, fühlte ich mich lange und wider Willen verblüfft und nachdenklich.

In der Nacht, in der glühheißen Nacht Judäas, die in den frühen Dämmerstunden plötzlich eiskalt wurde, bevor erneut der Backofen des Tages brannte, war Flavius davongaloppiert, über den Hals seines Pferdes gebeugt, eines Araberhengstes, des besten Tiers in meinen Ställen, das wir für dringende Botschaften nach Damaskus reservierten. Er wollte nichts sehen von den verdächtigen Schatten, die sich in der Finster-

nis bewegten. Was verbargen sie? Eine alte, halb zerfallene Mauer, auf der ein Feigenbaum mit krummen Ästen wuchs? Oder war es die drohende Silhouette einer Gruppe von Zeloten, bewaffnet mit ihren kurzen, spitzen Dolchen, die so gut geeignet waren, eine römische Kehle durchzuschneiden?
Er wollte auch nichts hören, weder das rauhe Kläffen der Schakale im Umkreis der Dörfer, die nach ihren kargen Bissen suchten, noch das flüchtige Gleiten der Schlange zwischen den Steinen des Weges, die, durch Pferd und Reiter bei ihrem Seitenwechsel gestört, den häßlichen Kopf nach oben reckte und vor Wut und Angst zischte.
Alle Vorsicht des Galliers, die Vorsicht des Soldaten, die er bei so vielen Jahren auf Feldzügen erworben hatte, war dahin. Der Zenturio war blind für alles außer dem verzerrten Gesicht seines Sohnes, taub für alles außer dem beständigen Ächzen von Antiochos, der immer nur »Papa! Papa!« rief, von seinem Vater eine unmögliche Hilfe erwartete. Flavius war nur noch von zwei Gefühlen besessen: Liebe und Verzweiflung. Sie hielten ihn aufrecht und führten ihn auf seinem Weg, boten ihm die letzte Zuflucht, die ihm zu bleiben schien. Ein Wort in Rebekkas Erzählung hatte Dubnacos – denn es war der Kelte Dubnacos, der in der römischen Uniform des Zenturios der Triarier plötzlich wieder zutage getreten war – in den Ohren geklungen wie die Signalhörner vor der Attacke: der Galiläer. Er sah wieder das ernste, ruhige Gesicht von Jesus bar Joseph und seinen Blick, der auf ihm ruhte. Und Rabbi Jaïrus, ebenso verzweifelt, wie Flavius es in dieser Nacht war, und Deborah, die tot gewesen war und lebend aus dem Haus kam. Mit aller Kraft wollte Flavius glauben, daß Jesus bar Joseph für Antiochos dasselbe tun konnte wie für die Tochter des Jaïrus. Er wollte glauben, daß Rebekka recht hatte und daß der Meister, der Freund Levis, Miriams, Simons und der Söhne des Zebedäus, nicht der Zimmerer aus Nazareth war,

sondern der oft erwähnte Christos der Nationen. Und wer wußte, ob er nicht auch das Kind war, das die Druiden einst angekündigt und das die Gallier im Wald des Volksstamms der Carnuti verehrt hatten, im nunmehr verlassenen Hain der Jungfrau, die Mutter sein würde.

Und hier unterschieden sich meine Überlegungen von denen des Galliers. Auch ich hatte Rebekka angehört. Ich hatte darüber nachgedacht, wie der unwahrscheinlichste aller Zufälle die Vorsichtsmaßnahmen der schlauesten Regierung zunichte machen konnte. Eine Sekunde lang hatte ich sogar das Bild des Galliers vor mir gesehen. Aber so wenig ich mich auch mit der jüdischen Religion auskannte, fühlte ich doch, daß Jesus bar Joseph nicht ihr Messias sein konnte. Eigentlich hätte Flavius das besser wissen müssen als ich. Alle seine Berichte und auch die des Arrius betonten den nationalen, kriegerischen, gefährlichen Charakter dessen, den die Stämme Judas erwarteten. Er würde der Mann der heiligen Gewalt sein, ein intelligenterer und gefährlicherer Josuah bar Abbas. Weil ich Rom verkörperte und seine Macht kannte, war ich überzeugt, der König Israels könne nicht imstande sein, die Wölfin aus Jerusalem zu verjagen; aber ich wußte, daß die Konfrontation furchtbar sein würde.

Der alte Herodes, der es gewagt hatte, Unschuldige zu opfern, um sich vor einer Wiedererrichtung der legitimen Dynastie zu schützen, hatte das auch begriffen, denn der Christos würde ein Abkömmling des Hauses David sein, womit die Herodier sich nicht brüsten konnten.

Dagegen verbot mir alles, was ich über den Mann aus Nazareth erfahren hatte, ihn mir in dieser Rolle als kriegerischer Prinz, als Eroberer vorzustellen. »Selig sind die Sanftmütigen!« Weder Herodes noch Rom hatten etwas von einem zu fürchten, der eine solche Lehre verbreitete.

Der Galiläer konnte nicht der Messias der Juden sein. Ich

beglückwünschte mich dazu, denn das verschob die ärgerliche Ankunft dieser Gestalt in die ferne Zukunft. Und ich bedauerte es, denn ich hätte mich gerne mit einem friedlichen Messias arrangiert …

Aber Flavius hatte das alles beiseite geschoben.

»Weißt du, Herr, eine Eingebung, das kann man nicht erklären! Das ist etwas genauso Seltsames wie mein Glücksfall im Teutoburger Wald, erinnerst du dich, als ich inmitten dieses komischen Lichts durch die Reihen der Germanen gegangen bin und mich niemand gesehen hat.«

Er hatte ganz deutlich eine Stimme zu hören geglaubt, die ihm ins Ohr sagte, daß der Galiläer der Christos und das Kind sei; das Kind, das die Druiden als Verkörperung des höchsten Gottes, des Herrn über Leben und Tod, verkündet hatten.

Ich unterließ es, über Flavius' Überlegungen zu diskutieren. Um sie zu verstehen, mußte man Kelte oder Jude sein …

Der Zenturio hatte für die Strecke von Cäsarea nach Kapernaum nur zehn Stunden gebraucht, eine Glanzleistung, wenn man an die entsetzliche Hitze bei Tag und die Gefahren bei Nacht dachte.

Ich hatte ihn gefragt, warum er direkt nach Kapernaum geritten war, obwohl Jesus bar Joseph sich nirgends lange aufhielt und häufig außerhalb Galiläas, in Judäa, Samaria oder Phönizien lehrte. Flavius beharrte weiter darauf, von Intuition, von »innerer Stimme« zu sprechen. Ich wußte nicht, woher es kam, aber das Schicksal hatte gewollt, daß diese zufällige Wahl die richtige war. Der Galiläer war nicht in der Stadt; gemäß seiner Gewohnheit ging er über die Berge, doch er sollte am selben Abend noch zurückkehren.

Und in dem Augenblick, als Flavius sich in seiner Gegenwart befand, wurde er von einer Schüchternheit ergriffen, die nicht in seiner Natur lag. Den Sohn Josephs anzusprechen war ihm ebenso unvorstellbar erschienen, wie um eine Audienz

bei Cäsar Tiberius in seinem Palast in Capri zu bitten ... »Das Kind«, »die Inkarnation des lieben Gottes« ... Wäre der Große Druide selbst, vom Heiligen Rat der Gallier und der Bretagne gewählt, rein und geheiligt genug gewesen, um es zu wagen, sich ihm zu nähern? Alter keltischer Aberglauben ergriff von Dubnacos Besitz. Würde er in seiner schrecklichen Unwürdigkeit nicht ein unaussprechliches Sakrileg begehen und Blitz, Donner und den ganzen Zorn des Himmels entfesseln? Würde er, wenn er den Rabbi ansprach, nicht vor allem die Juden empören, die die Heiden so sehr verachteten, daß sie ausspuckten, wenn sie an ihnen vorbeikamen?

Um sich Mut zu machen, rief sich Flavius alle Gelegenheiten ins Gedächtnis, bei denen Jesus bar Joseph die intoleranten Bräuche seines Volkes mißachtet hatte: Hatte er unter seinen Jüngern nicht den Zöllner Levi aufgenommen und Miriam empfangen, an dem Abend, als sie sich ihm zitternd und schluchzend zu Füßen geworfen und ihm gestanden hatte, was für ein Leben sie führte? Aber weder Miriam noch Levi waren Heiden.

Dann hatte Flavius an Rabbi Jaïrus und all das Geld – mein Geld – gedacht. Ein wenig mit seiner Dankbarkeit rechnend, war er zu dem Rabbiner gegangen, um ihm von seinem Unglück zu erzählen, und hatte ihn gebeten, bei dem Meister ein gutes Wort für ihn und Antiochos einzulegen. Jaïrus hatte zugesagt.

Am Ortsausgang von Kapernaum, versteckt hinter einem Baum, hörte der Zenturio, wie Jaïrus sich ohne große Überzeugung für ihn einsetzte:

»Er ist es würdig, daß du ihm seine Bitte erfüllst, Meister. Gewiß, er ist ein Heide, aber er liebt unser Volk. Er ist sogar der, der uns Geld für die Arbeiten an der Synagoge gegeben hat.«

Jesus bar Joseph nickte, doch anstatt Jaïrus anzusehen, streifte

sein Blick die Umgebung, als suche er jemanden. Hinter seiner Platane hatte Flavius den Eindruck, er und niemand anders sei es, den der Meister suchte, und daß er ihn sogar gesehen hatte, obwohl das fast unmöglich war. Und plötzlich hatte ihn maßlose Scham überfallen. Die kleine liebenswürdige und neutrale Rede von Jaïrus klang ihm peinlich in den Ohren, und er wußte, warum: Nichts, was der Rabbiner gesagt hatte, entsprach der Wahrheit. Nein, Flavius liebte das jüdische Volk nicht; in Wirklichkeit war es ihm vollkommen gleichgültig. Das Geld, mit dem er sich so großzügig gezeigt hatte, gehörte nicht ihm. Seit seiner Ansiedlung in Kapernaum waren all seine Gesten berechnet, abgewogen und auf ein einziges Ziel gerichtet gewesen: Information. Diese Lüge hatte alles beschmutzt, alles verdorben, sogar seine Freundschaft zu Levi, seine Liebe zu Miriam; nichts war umsonst und ehrlich gewesen. Ein Lügner, ein Heuchler, das war er, und er hatte kein Recht, die Hilfe von irgend jemandem zu erbitten. So bitter diese Feststellung war, wurde sie noch durch eine absurde Sicherheit verschlimmert: Flavius war sicher, daß der Galiläer von Anfang an alles gewußt hatte, daß er sich keine Sekunde lang hatte täuschen lassen. Daß er in dieser Minute wußte, warum sich der Zenturio für unwürdig hielt, vor ihm zu erscheinen; nicht aus dem angeblichen Grund, den Jaïrus vorgebracht hatte, nicht weil Flavius ein Heide war, ein Unreiner, sondern weil er ein Lügner war.
Und dennoch, als sie sich das erste Mal begegnet waren, hatte er einen solchen Blick auf ihn geworden ... Der ihn an jenen im Nebel der Zeit verhüllten Blick Eponinas, seiner geliebten Mutter erinnerte, die schon so lange tot war, ohne daß ihr Sohn zurückgekehrt wäre, um sie noch einmal zu sehen. Und jetzt wußte Flavius, warum er diese Ähnlichkeit entdeckt hatte. In den Augen des Galiläers lagen Nachsicht und Trauer, Liebe und die Enttäuschung, die ihm aus dem mütterlichen Blick

vertraut war, wenn er als kleiner Junge eine Dummheit gemacht hatte.
Mit dem Schrei eines verzweifelten Kindes kam Flavius nun aus seinem Versteck und warf sich Jesus bar Joseph zu Füßen. Er wußte nicht mehr, was er sagte, es war ein Strom von Worten und Tränen, der ihm eine unglaubliche Erleichterung brachte:
»Herr, mein Sohn liegt krank, gelähmt. Er leidet. Er leidet so sehr! Ich weiß, daß ich nicht das Recht habe, mich dir zu nähern, weil ich es nicht verdiene. Ich bin nicht würdig, daß du unter mein Dach trittst. Aber ... Weißt du, Herr, ich bin nur ein niederer Offizier, aber wenn ich meinen Soldaten etwas befehle, so tun sie es. Und wenn ich ihnen sage, sie sollen irgendwohin gehen, so gehen sie. Es ist wahr, ich bin nicht würdig, daß du unter mein Dach trittst. Aber sag nur ein Wort, ein einziges! Und ich bin sicher, daß mein Sohn geheilt werden wird!«
Jesus bar Joseph sah Flavius an.
»Weißt du, Herr, als wüßte er alles von mir, seit der Stunde meiner Geburt bis zur Stunde meines Todes. Und während dieser Zeitspanne sah ich alles, was ich erlebt hatte, und alles, was ich getan hatte; Dinge, an die ich mich nicht einmal mehr erinnerte. Es gab Gutes und anderes, was ich lieber niemals getan hätte. Ganz leise habe ich wiederholt: ›Nein, Herr, ich bin nicht würdig.‹ Und plötzlich habe ich begriffen, daß alles, was es in meiner Vergangenheit an Schmutzigem und wenig Vorzeigenswertem gegeben hat, ausgelöscht war, daß es nicht mehr existierte und daß nie mehr die Rede davon sein würde. Er hat mir die Hand auf den Kopf gelegt.«
Der Galiläer hatte sich den Juden zugewandt, die um ihn waren und die Szene verblüfft und empört verfolgten: Der Heide hatte es gewagt, den Rabbi zu berühren! Und er hatte ihnen erklärt:

»Wahrlich, ich sage euch: Solchen Glauben habe ich in Israel bei keinem gefunden! Aber ich sage euch: Viele werden kommen von Osten und von Westen und mit Abraham und Isaak und Jakob im Himmelreich zu Tisch zu sitzen; aber die Kinder des Reichs werden hinausgestoßen in die Finsternis; da wird sein Heulen und Zähneklappern!«

Verblüfft hatte Flavius den Kopf gehoben, und was er auf den wutverzerrten Gesichtern der Leute aus Kapernaum gelesen hatte, hatte ihm angst gemacht, nicht für sich, sondern für den Galiläer.

»Man hätte meinen können, daß sie ihn hassen. Aber wie könnten sie ihn hassen? Ich hätte ihm die Füße küssen mögen! Ich verstand, warum Miriam ihm gefolgt war und wie sie seinetwegen genügend Mut gefunden hatte, zu Simon dem Pharisäer zu gehen, diesem alten Heuchler, der sie so gut kannte, weil er mehrmals zu ihr gekommen war ...

Ich war so außer mir und so glücklich, daß ich vergessen hatte, warum ich zu ihm gekommen war. Stell dir das vor, Herr! Ich hatte vergessen, daß Antiochos krank war! Glücklicherweise erinnerte sich der Galiläer daran. Er hat mich aufgehoben und gesagt: ›Geh hin, dir geschehe, wie du geglaubt hast.‹ Das war gestern, um die siebte Stunde.«

Je stärker ich mit den Sitten und Geheimnissen des Orients konfrontiert wurde, desto weniger verstand ich sie in Wahrheit. Nichts war dort nach dem Maß des Menschen – diese Intuition, um wie Flavius zu sprechen, hatte ich gehabt, als ich das erste Mal vor den Toren Jerusalems stand. Oder vielleicht sollte ich sagen, daß nichts dort nach dem Maß des römischen Menschen war, des Sohnes der Wölfin, des Staatsbürgers? Denn andere, mein Gallier war der Beweis dafür, wurden nicht von dieser Verwirrung heimgesucht, die in diesem seltsamen und feindlichen Judäa mein Erbteil war.

Als guter Römer hatte ich die Vorstellung selbst der Gött-

lichkeit von mir geschoben. Was wußten wir von den Göttern? Was konnten wir von ihnen wissen? Manche Philosophen versicherten, daß sie nicht existierten, und ich war immer versucht, ihnen zu glauben. Andere dachten, sie existierten, doch daß die Menschen und ihre Geschicke, ihre armseligen Hoffnungen und jämmerlichen Schmerzen sie nicht kümmerten, daß unser Unglück nicht die Macht hatte, ihre ewige und vollkommene Heiterkeit zu stören. Mir war es noch lieber zu glauben, daß es keine Götter gab, als sie mir so grausam und wahnsinnig vorzustellen, daß sie vernünftige Wesen mit der Fähigkeit, zu fühlen und zu leiden, erschufen und sie dann, ohne sich weiter um sie zu kümmern, ihren Qualen überließen ...

Israel erhoffte sich einen kriegerischen Messias, einen Befreier, einen Nationalhelden. Den Erwählten Jahwes ... Warum sollte er mich interessieren, dieser Jahwe, der in seinem stolzen Tempel thronte?

Und was die Geschichte anbelangte, die Flavius erzählte, diese gallische Legende von einem Kind, das von einer jungfräulichen Mutter geboren wurde – wer könnte daran glauben außer Barbaren?

Nichts von alldem betraf einen römischen Ritter und Prokurator von Judäa.

Dennoch, warum sollte ich es leugnen? In den schrecklichen Wochen, die auf den Tod meines Sohnes folgten, verliehen mir die seltsamen Worte des Galiläers zu Flavius so etwas wie Linderung. Die Heilung von Antiochos stürzte meinen Geist in eine Verwirrung, die ich mir nicht erklären konnte. Die Vernunft schrie mir zu, daß Jesus bar Joseph nur ein gewöhnlicher Sterblicher war, der Zimmermann eines Marktfleckens in Judäa; aber im Grunde meiner Seele hoffte ich verzweifelt, daß es anders sein möge.

Ich stellte mir zu viele Fragen, und ich hatte unrecht. Warum

wurde das, was in Rom so einfach war, in den Wäldern Germaniens oder unter der harten Sonne Judäas so kompliziert? Wir hatten eine so harmonische, einfache Ordnung errichtet! Da wir die Götter nicht kannten, vergöttlichten wir das, was wir kannten und liebten: Rom und seine Herrscher. Es war gut und richtig, ihnen zu dienen; es war normal, für sie zu sterben. Bisher hatte mir diese Religion vollauf genügt, so wie sie jedem Römer genügen mußte. Waren Marcus Sabinus und so viele andere nicht der Beweis dafür, daß Rom uns ein genügender Grund war, zu leben und zu sterben? Hatten sich mein Vater und meine Vorfahren nicht damit zufriedengegeben? Warum war dann ich als erster meines Stammes Opfer dieser unverständlichen Ängste? Warum fing ich an, von den Göttern etwas zu erwarten, das sie nicht geben konnten? Frieden, Hoffnung ... All diese unmöglichen Güter, die verlassene Matronen und schwache Gemüter bei Mithra, Cybele, Isis, der Großen Mutter und all diesen orientalischen Gottheiten suchten, die seit ein oder zwei Generationen die Stadt überschwemmten ... Welche Neigung zur Verrücktheit war über Rom gekommen, die unsere althergebrachten Glaubensinhalte fortriß und uns der Unsicherheit oder – wie mich – einer eisigen Verzweiflung angesichts des Nichts überließ?
Ich hätte so gerne die Wahrheit gekannt.
Ich war müde, erschöpft, gebeugt unter einer Last, die meine Kräfte überstieg, wie ich ermessen konnte, während ich sie trug; und niemand konnte sie mir erleichtern. Das war das Los der Menschheit, und es erfüllte mich mit Schrecken und Trauer.
Und ich hatte nicht die Freiheit, meinen Schmerz irgend jemandem anzuvertrauen. Als Gatte, Vater, Prokurator von Judäa und Kommandant von Legionen hatte ich kein Recht auf Zweifel oder Schwäche. Niemand würde mir diese Bürde abnehmen, es sei denn der barmherzige Tod, wenn er gemäß

der Lehre Epikurs in seinem Garten nur zu einem traumlosen Schlaf und einer endlosen Nacht führte.
Doch auf seine brutale Art konnte auch das Leben barmherzig sein. Es überhäufte mich bald mit soviel Verdruß, daß ich diese eines Römers unwürdigen metaphysischen Ängste beiseite schob.

7

Es war das dritte Jahr, das ich in Judäa verbrachte, und ich hatte bereits zweimal miterlebt, wie das Passahfest gefeiert wurde. Bei jeder religiösen Feier ließ ich die Überwachung Jerusalems verstärken und vervielfachte die Patrouillen in der Umgebung der heiligen Stätten der Juden. Ich wußte zwar gut, daß die Präsenz unserer Soldaten den Zorn des Volkes entfachte, aber ich wollte auf keinen Fall, daß der Tag, an dem man des Auszugs aus Ägypten gedachte, zum Vorwand für Unruhen wurde. Wie hätte ich es übrigens auch vermeiden können, diese Maßnahmen zu ergreifen? In jedem Frühjahr verdreifachte oder vervierfachte sich die Bevölkerung Jerusalems und Judäas, so zahlreich waren die Pilger.

Trotz meiner Befürchtungen war das Passahfest bisher immer problemlos zu Ende gegangen, abgesehen von den Zwischenfällen, die einfach mit der Anwesenheit von Menschenmassen zusammenhingen: Kinder, die ihren Eltern verlorengegangen waren; Leute, denen schlecht wurde, weil sie zu lange in der prallen Sonne gestanden hatten; Taschendiebstähle; Streitigkeiten zwischen den Händlern, die mitten auf dem Hof des Tempels Opfertiere verkauften, und Kunden, die sich über die astronomischen Preise empörten, die diese Schurken aufgrund ihres Monopols zu verlangen wagten.

In diesem Jahr ließ ich, unvorsichtigerweise vertrauensselig, in meiner Wachsamkeit nach und lockerte meine Vorschriften. War Jerusalem nicht vergleichbar mit dem Vesuv, der Neapel, Herculaneum und Pompeji stets zu vernichten droh-

te, diese Städte aber dennoch nie zerstörte? Ebenso wie die kampanischen Bauern hatte ich mich daran gewöhnt, im Schatten des Vulkans zu leben, und ich schenkte den Fumarolen, die aus dem Krater aufstiegen, nicht mehr genügend Beachtung.

Früher hätte Niger mich gewarnt, aber seit dem Tod meines Sohnes hatte Lucius Arrius sich sehr verändert. Gewiß erledigte er seine Aufgaben nach wie vor mit dem Ernst und der Redlichkeit, die ich so sehr schätzte, doch irgend etwas war in ihm zerbrochen, als Gaius in seinen Armen gestorben war. Ich fürchtete, daß es die Freude am Leben war. Jedesmal, wenn wir uns trennten, fragte ich mich, ob ich meinen Tribun wiedersehen würde, und ich befürchtete, man könnte mir mitteilen, er habe sich schließlich in sein Schwert gestürzt.

Ich glaubte also nicht mehr an die Gefahr eines Aufruhrs in Jerusalem, und Niger, abgekapselt in seinem Schmerz, sah nicht, was um uns herum vorging. Diese doppelte Blindheit führte uns in die Tragödie.

Flavius kam in mein Arbeitszimmer gerannt. Es wurde zur Gewohnheit bei ihm, daß er vergaß, sich ankündigen zu lassen, und obwohl das Protokoll der Festung Antonia nicht mit dem im Kaiserpalast zu vergleichen war, ergriff mich die Lust, meinen Gallier an Ordnung und Schicklichkeit zu gemahnen. Ich ließ es. Meinem Zenturio aus dem Teutoburger Wald gegenüber den erlauchten Prokurator zu spielen wäre schäbig und lächerlich zugleich gewesen. Manche gemeinsamen Erinnerungen erlaubten es zuzeiten, daß man gute Manieren und soziale Unterschiede vergaß, und rechtfertigten es sogar, daß ich manchen Launen nachgab – etwa der, die den Gallier nach der Heilung von Antiochos aus Galiläa zurück nach Jerusalem gebracht hatte. Flavius erklärte, daß er seine Rolle als Spion nicht länger ertragen könne. Bei einem anderen

hätte ich solche Stimmungen nicht geduldet, denn plötzlich hatte ich niemanden mehr, um Herodes zu überwachen. Nun ja ...

Um des Prinzips willen ließ ich dreißig Sekunden verstreichen, bevor ich den Blick von dem Bericht hob, den ich gerade las, ein Bericht meiner Ingenieure, der alle Segnungen aufzeigte, die der Bau des Aquädukts, den ich so gerne unternehmen wollte, mit sich bringen würde. Leider fehlte mir dazu immer noch das Geld.

Endlich geruhte ich aufzublicken. Der Zenturio hatte meine kleine Komödie begriffen und spielte ohne Groll mit:

»Dem erlauchten Herrn Prokurator zu Diensten!« stieß er mit absolut vorschriftsmäßiger Miene hervor. »Der Tribun Lucius Arrius Niger schickt mich, um den erlauchten Herrn Prokurator zu benachrichtigen, daß auf dem Platz vor dem Tempel ein Tumult auszubrechen droht.«

Ich wandte den Kopf zu dem hohen Fenster, aus dem ich über die Stadt blicken konnte. Zur größten Wut der Juden lag die Festung Antonia gleich neben dem Tempel; wie kam es, daß ich nichts gehört hatte? Freilich herrschte hier ständig Tohuwabohu – der Lärm der Tiere, vom Brüllen der Kamele bis zum Gurren der Tauben, das Geplärr von Menschen in allen Sprachen des Imperiums und das Trompeten der Schofarhörner vermischten sich hier zu einem einzigen fortwährenden Hintergrundlärm. Ich wäre nicht imstande zu arbeiten, wenn ich davon nicht abschalten könnte. Doch als ich jetzt hinhörte, nahm ich tatsächlich ungewöhnliches Geschrei und den schrillen Klang von Signalhörnern wahr.

Ich hätte es Niger überlassen können, damit fertig zu werden. Die Meutereien in Illyrien hatten zumindest den Vorteil gehabt, Lucius Arrius die Kunst zu lehren, einen Aufstand niederzuwerfen, sei er zivil oder militärisch. Ganz sicher hatte er auf diesem Gebiet mehr Erfahrung als ich. Aber ich war schon

seit so vielen Jahren in Amtsstuben eingesperrt, Gefangener meiner Akten und des ganzen Schreibkrams! So viele Jahre, in denen ich die Uniform nur zur Schau getragen hatte, ohne mein militärisches Kommando wirklich auszuüben! So viele Jahre, daß ich vergessen hatte, wie ein Schwert in der Hand lag; so viele Jahre, in denen ich Befehle nur auf dem Manövergelände erteilt hatte ... Der junge Tribun von Argentoratum war unter der majestätischen Toga des Prokurators noch nicht ganz gestorben. Und voll Entzücken schnupperte er die Atmosphäre des Kampfes.

Ich fragte Flavius nicht einmal nach den Ursachen dieses Aufstands, wenn sie ihm überhaupt bekannt waren. Hastig hakte ich die Fibel auf, die meine Toga hielt. Dabei hatte es mich solche Mühe gekostet, sie am Morgen zu drapieren; meine alte Wunde aus dem Teutoburger Wald hatte sich wieder gemeldet, und meine Schulter war steif. Ich hatte schließlich Procula gerufen, damit sie mir half, die Falten des Gewandes korrekt zu ordnen. Jetzt lag meine Toga auf dem Boden, im Staub, der aus der Wüste kam und den der Wind überallhin blies. Meine Frau würde nicht sehr erfreut sein ... Ich fand mich frei, erlöst von dem imposanten Gewand, Symbol meiner Würde, das aber ungemein schwer war, heiß und dazu bestimmt, jegliche Bewegung zu behindern, um angeblich auf diese Weise zusätzliche Vornehmheit zu verleihen. Offizielle Ämter verpflichteten; es war eine Ewigkeit her, seit ich die Gelegenheit gehabt hatte, mich wie jetzt einfach in einer kurzen Tunika zu bewegen. Und ich fühlte mich wunderbar jung und leicht.

In der Halle der Wachposten packte ich meinen Helm, während Flavius mir mit den raschen und präzisen Gesten dessen, der es so oft getan hatte, daß er es mit geschlossenen Augen beherrschte, den Harnisch zuschnallte. Ich hatte nicht die Geduld, um meine Sandalen abzulegen, die zu Pferde etwas

unbequem waren, und sie durch Stiefel zu ersetzen. Auch nicht die Geduld, einen Sklaven zu schicken, um mir in meinem Zimmer meinen Feldherrenmantel, mein *paludamentum* zu holen. Irgendein Offiziersmantel würde es schließlich auch tun. Ich warf mir einen roten Tribunenumhang um die Schulter, der Niger gehörte – er hatte nicht die Zeit gehabt, ihn sich umzulegen. Dann rannte ich die Treppe zu den Ställen hinunter. Plötzlich hörte ich Flavius hinter mir schreien:
»Herr, du hast dein Schwert vergessen!«
Beim Herkules, ich sollte mich wirklich wieder an die Gepflogenheiten des Lagerlebens gewöhnen!

Lucius Arrius saß neben mir auf der Terrasse. Es war ein wundervoller Abend, so schön, daß man glauben konnte, in Rom zu sein, wenn unsere Gemüter dazu geneigt gewesen wären, solche Annehmlichkeiten zu genießen. Sie waren es nicht.
Ich hatte einen mit Minze gewürzten Wein servieren lassen, den ich sehr schätzte und den Niger auch nicht gerade verabscheute. Doch weder er noch ich hatten unsere gefüllten Kelche angerührt. Drückendes Schweigen lastete auf der sonst so lärmenden Stadt. So drückend, daß ich zögerte, es zu brechen.
Arrius hatte seinen Kelch genommen und betrachtete den Wein so eingehend, als erwarte er, in seinen Tiefen die Antwort auf unsere Fragen zu finden. Doch er entdeckte darin nur die schillernden Reflexe der Wandleuchter, um die die ersten Nachtfalter gaukelten. Beim geringsten Windhauch wurden die Flügel der unglückseligen Insekten versengt, und kreiselnd erstarben sie in den Flammen. Ich beobachtete sie und fand in ihrem Totentanz Ähnlichkeit mit dem Schicksal der Menschen …

Plötzlich, nicht weit von der Festung Antonia, zerriß die schrille, lange Klage einer Frau die Nacht. Eine Witwe oder eine Mutter weinte über dem Leichnam eines dieser Geistesgestörten.
»Warum?« murmelte ich.
Niger leerte seinen Kelch mit einem Zug, viel zu schnell. Er wollte sich betrinken. Ich hätte es ihm nachtun wollen, wenn es mit der Würde meiner Ämter vereinbar gewesen wäre, mich vollaufen zu lassen, bis ich in einer grenzenlosen und wohltuenden Gleichgültigkeit versank. Lucius Arrius antwortete mir nicht; nachdem er getrunken hatte, fing er an, mit seinem Ring herumzuspielen. Was hätte er mir auch antworten können? Wir hatten beide das Alter der Fragen ohne Antworten hinter uns.
In der Ferne schrie die Frau, wieder und wieder. Ihr Schrei wurde immer schriller, brach, wurde tiefer und stieg sofort wieder zu dem schrillen Kreischen an. Niger fuhr sich mit der Hand über die Stirn und murmelte etwas auf Hebräisch.
»Was sagst du?«
»Nichts, Herr. Es ist ein Zitat aus ihren heiligen Schriften, das mir durch den Kopf gegangen ist: ›Man hört Klagegeschrei und bitteres Weinen in Rama: Rahel weint über ihre Kinder und will sich nicht trösten lassen über ihre Kinder; denn es ist aus mit ihnen.‹«
Wir versanken wieder in unseren Gedanken. Die Jüdin hörte nicht auf zu klagen; nach und nach stachelte ihr Weinen andere Klageweiber an, die ihre Stimmen zu einem unerträglichen Trauerkonzert vereinten. Oder vielleicht klagte die Unbekannte immer noch allein, und nur meine Phantasie spielte mir Streiche ... Ja, es wäre nützlich, wenn ich mich wieder an das Lagerleben gewöhnte, und sei es nur, damit mich der Anblick von Blut nicht mehr so erschütterte.
Doch selbst Flavius, der doch abgehärteter war als ich, war

aschfahl gewesen, als wir in die Festung Antonia zurückkehrten.

»Und noch dazu waren es Galiläer«, hatte ich ihn murmeln hören.

Arrius drehte immer noch nachdenklich den Ring des Ritterstandes um seinen Finger.

»Herr, ich habe ein wenig Erfahrung in diesen Dingen, glaub mir, das war gut vorbereitet ... Wenn niemand dahintersteckt, läuft das nicht so ab wie heute.«

Er hatte recht, aber würden wir jemals wissen, was wirklich geschehen war? Die Legionäre, die auf dem Vorplatz des Tempels postiert gewesen waren, zumindest jene, die diesen Ausbruch von Raserei und Haß überlebt hatten, hatten nichts gesehen, nichts begriffen. Alles, so schien es, war ausgegangen von einer Pilgergruppe aus Galiläa, die noch die Lämmer und Zicklein mit sich herumschleppte, die sie für das rituelle Opfer mitgebracht hatte. Leute, die vollkommen friedlich aussahen und dann ganz unvermutet verrückt wurden, mit gellenden Stimmen Jahwe anriefen, feindliche Schreie gegen Rom ausstießen, mit lautstarkem Gebrüll den Tag der Befreiung Israels forderten und ihren berühmten Messias riefen. Weitere Männer, diese bis zu den Zähnen bewaffnet, waren dann aufgetaucht und hatten sich auf unsere Soldaten gestürzt. Blut spritzte, die Menge wurde von Hysterie ergriffen ... Unsere Männer in Stücke gerissen ... Unter Gedränge und Geschubse setzte diese menschliche Flut zum Ansturm auf die Festung Antonia an.

Zu Pferde preschten wir in die Menge und schlugen mit aller Macht um uns. Der Versuch, sich einen Weg durch einen Pöbel in Aufruhr zu bahnen, braucht mehr Mut, als im Galopp gegen eine feindliche Armee anzureiten. Neben mir stürzte ein Dekurio aus dem Sattel. Die Überreste der zum Kampf mit wilden Tieren in der Arena Verurteilten waren schöner anzu-

sehen als die Leichen unserer Legionäre, als wir sie bergen konnten.
Das Grauen. Und dann dieser Augenblick, in dem die Vernunft aussetzt und der Raserei, dem Wunsch zu töten Platz macht; wenn man nicht mehr aus Pflicht tötet, sondern aus einem animalischen Bedürfnis zu töten; wenn jeder Hieb, den man austeilt, ein wilder Genuß ist ... Selbst in den schlimmsten Augenblicken der Feldzüge in Germanien hatte ich keine solche Grausamkeit gekannt. Ich wußte nicht mehr, warum ich zuschlug, noch wen ich tötete. Ich war kein Mensch mehr.
Es dauerte eine Zeit, bis wir den Aufstand niedergeschlagen hatten, zuviel Zeit. Niger hatte recht: Irgend jemand steckte hinter diesem Versuch, der auf unsere Reaktionen, unsere Irrtümer, unsere Stärken und Schwächen lauerte. Arrius nannte einen Namen:
»Josuah bar Abbas.«
Natürlich! Wer außer dem Zeloten konnte der Anstifter des Ganzen sein? Ich sagte mir, daß dieser Wahnsinn ihm ähnlich sah: dumm, brutal, blind, überstürzt. Heute nachmittag hatte ich nach dem Gesicht des Sikariers gesucht; es hätte jeder von ihnen sein können. Trotz all unserer Bemühungen und Nachforschungen hatte in den fünf Jahren, seit denen dieser Bandit wütete, kein Römer sein Gesicht gesehen; keiner hatte lange genug gelebt, um eine Beschreibung von bar Abbas zu geben ...
Wo war er in diesem Augenblick? Bei einem Angehörigen des Sanhedrin? Es war möglich ... Außer Joseph von Arimathäa und dem alten Nikodemus, die mich manchmal heimlich, ohne daß jemand aus ihrem Volk es sah, in Cäsarea besucht hatten, haßten die Sanhedriten uns genügend, um dem Sikarier Schutz zu bieten. Josuah konnte in irgendeinem Haus dieser Stadt verborgen sein, das seine Geheimnisse, seinen Stolz und seinen Haß verschloß. Dieser ansteckende Haß, der

mich heute nachmittag in einen Henker verwandelt hatte … Ich hatte Kinder, die hingefallen waren, unter den Hufen meines Pferdes zertrampelt; ich hatte Körper durchbohrt, ohne sie zu sehen, ohne zu wissen, ob sie einem Mann oder einer Frau, jungen Leuten oder Greisen, Unschuldigen oder Schuldigen gehörten.
Rom hatte diese Gewalt nicht entfesseln wollen. Ich hatte diese Greueltaten nicht gewollt. Allein Josuah bar Abbas war schuld an diesem Blutvergießen, diesen Toten, diesen Tränen. Doch an diesem Abend ehrte man ihn in ganz Jerusalem wie einen Helden, während der Name Gaius Pontius zum Synonym für einen Mörder geworden war. Und ich war ein Mörder … Als ich vom Pferd stieg, waren meine Hände rot von Blut. Ich wollte nicht, daß Procula und meine Kinder mich so sahen. Ich hätte sie in Cäsarea lassen sollen. Und wenn man bedenkt, daß ich glücklich gewesen war, den Geruch des Schlachtfelds zu schnuppern!

Hundertfünfzig Tote: das war die Bilanz des Aufstands vor dem Passahfest; dabei zählten wir die dreiunddreißig römischen Soldaten noch gar nicht, die bei diesem ruhmlosen Kampfgetümmel gefallen waren. Was wogen diese hundertfünfzig Opfer, unter denen die Unschuldigen sicher zahlreicher waren als die Rebellen, im Vergleich zu den Metzeleien, die Varus einst befohlen hatte? Ich wußte es nicht …
Aber ich wußte, daß mein Name von nun an von diesem Volk mehr verabscheut werden würde als der von Publius Quintilius, selbst als er in Judäa seinen Wald aus Kreuzen aufgepflanzt hatte. Ich hätte es mir nicht zu Herzen gehen lassen sollen. Wenn Varus von seinen Erinnerungen als Prokurator erzählte, waren die Hinrichtungen, die er angeordnet hatte, die Qualen und Foltern für ihn nichts. Rom war mit Blut errichtet worden, das wußte ich schließlich. Warum fing ich an, mich

darüber zu entsetzen, daß unser Imperium sich mit Gewalt durchsetzen mußte? Rechtfertigten die Pax romana und die Wohltaten der Zivilisation nicht alles? *»Du, Römer, bist geboren, um die Völker zu unterwerfen und der Welt deine Gesetze zu diktieren.«* Warum begann ich, an der Mission Roms zu zweifeln? Warum? Warum, warum? Würde ich jemals die Antwort finden? Würde ich eines Tages diese Wahrheit finden, die mir immer wieder entgleitet?

Einige Zeit später stürzte eine Katastrophe Jerusalem in Trauer, und ich sah eine Gelegenheit zur Wiedergutmachung, eine Hoffnung, mich mit dem Volk zu versöhnen. Selbstverständlich hatte ich immer noch nichts vom Orient begriffen.

Die Herodier verachteten die Juden und ihre Bräuche, doch sie fanden maßloses Gefallen an Architektur und an neuen Bauten. Der neue Tempel verdankte seine unglaubliche Pracht dem Vater des Antipas, und in diesem Land wurde unaufhörlich Stein auf Stein gemauert. Die Anwesenheit der Römer hatte dieser Bauwut kein Ende gesetzt, und das war auch einer der Gründe, die mich bei meinem Plan, ein Aquädukt zu bauen, ermutigten. Konnte Judäa mit seiner Leidenschaft für alle Bautätigkeit sich dagegen sperren, daß man es mit einem dieser grandiosen Kunstwerke bedachte, die nur wir Römer zu errichten imstande waren? Die zahllosen Baustellen, die an allen Plätzen und in allen Straßen Jerusalems emporwuchsen, schienen meine Frage zu beantworten.

In diesem Frühjahr war es vorzeitig heiß geworden, und es hatte extrem heftige Gewitter gegeben. Kleine Bäche schwollen an und traten über die Ufer, während der Regen wie ein reißender Wildbach die abfallenden Straßen der Altstadt hinabstürzte. Baufällige Häuser in den übervölkerten Vierteln der Armen, die vom Wasser unterspült wurden, stürzten zusammen, jedoch ohne Opfer zu fordern, da die Bewohner Zeit gehabt hatten, sich in Sicherheit zu bringen. Dann kam

wieder die Sonne heraus, trocknete den Boden und begann die Spuren der Überschwemmungen zu beseitigen. Arbeiter machten sich daran, die schlimmsten Schäden zu beheben. Der alte Turm von Siloah, der neben dem gleichnamigen Teich stand, dessen Wasser den seltsamen Ruf hatte, daß es manchmal zu kochen begann, war das Monument in Jerusalem, das am meisten unter den Unbilden der Witterung gelitten hatte; er hatte nun handgroße Risse, und zwanzig Mann arbeiteten daran, sie abzudichten. Siloah war ein belebter Ort. Dort versammelten sich die Pferdehändler, um ihre Tiere den Käufern anzubieten, die Reisenden, die in die Stadt kamen oder sie verließen, und vor allem ein abscheulicher und abstoßender Haufen von Lahmen, Blinden und Aussätzigen: alle verlausten Bettler von Jerusalem, alle Kranken und Humpelnden Judäas und Transjordaniens. Denn die Juden glaubten, daß derjenige, dem es gelang, als erster in das Wasser zu tauchen, wenn es zu kochen begann, unweigerlich geheilt werden würde.
Der Turm war stärker beschädigt, als man auf den ersten Blick vermutete; das abfließende Wasser war wohl in den Sockel gedrungen und hatte schließlich seine alten Fugen herausgelöst. Jedenfalls stürzte der Turm von Siloah mit einem Schlag zusammen und begrub unter seinem Schutt die Maurer, die ihn befestigen sollten, und die Passanten, die das Pech hatten, sich im falschen Augenblick in seiner Nähe zu befinden.
Sobald Flavius mich von diesem Unglück unterrichtete, schickte ich Sappeure, die den Schutt wegräumen und versuchen sollten, eventuelle Überlebende zu bergen. Dann begab ich mich selbst an den Ort dieser Tragödie.
Das plötzliche Fehlen des Turms schuf im Stadtbild eine scheußliche und störende Lücke. Er war kurz nach Sonnenaufgang zusammengebrochen, und es ging nun auf die sechste Stunde zu. Es begann sehr heiß zu werden; die Maisonne

verlieh dem weißen Stein der Stadtmauer ein unerträgliches, grausames Leuchten. Und während die Hitze zunahm, stieg aus den Trümmern der beißende, süßliche Geruch nach Blut und verwundetem Fleisch empor; Fliegen und Bremsen tanzten in immer dichteren Wolken darüber.

Die Würde des römischen Prokurators verbot es mir, ein Stück meiner Toga über mein Gesicht zu ziehen, um mich vor den Ausdünstungen dieser Leichengrube zu schützen, und ich beneidete meine Legionäre, die sich ihr Halstuch umbanden, bevor sie zu schaufeln und zu räumen begannen. Jede ihrer präzisen Bewegungen ließ in der Umgebung Wolken von Staub aufsteigen, der in die Lungen drang und einen zum Husten reizte. Doch weder Insekten noch Staub und Gestank vertrieben die Gaffer. Es waren die üblichen Subjekte, die sich auf dem Schauplatz von Katastrophen drängelten – Neugierige, die sich an dem Grauen und am Unglück anderer weiden wollten; nach starken Emotionen Gierende, der nicht das Ventil des Zirkus oder der Arena hatten, an dem die römische Plebs so hing; und angstvolle Familien, die nach einem Angehörigen suchten. Diese erkannte man sofort, denn sie schwiegen, gezeichnet von Angst, die Kehlen zugeschnürt.

Bei den ersten Sucharbeiten hatte man nur Leichen gefunden; doch der Offizier, der die Räumarbeiten der Sappeure befehligte, versicherte mir, daß man häufig Lebende fand, die unter mehreren Trümmerschichten begraben waren. Daher ermunterte ich sie, die Arbeit fortzusetzen.

Die Sonne stand mittlerweile hoch am Himmel. Ich befahl, daß man den Soldaten reichlich zu trinken bringen und sie so oft wie möglich ablösen solle. Mir war selbst sehr heiß, und ich hatte großen Hunger und Durst. Der Gestank ringsherum, der Staub und die Fliegen waren mir lästig. Dennoch widerstrebte es mir, in die Festung Antonia zurückzukehren und meine Männer allein auf dieser makabren Baustelle arbeiten zu

lassen. Ich verkürzte mir die Zeit, indem ich mich umsah. Ein streunender Hund, ein sandfarbenes Tier, mager und räudig, umkreiste die Ruinen, angezogen von einer großen Blutlache, die auf dem Stein langsam schwarz wurde. Flavius bückte sich, hob einen Stein auf und warf ihn nach dem Tier, das kurz aufjaulte, sich aber nur ein paar Schritte entfernte, mit eingezogenem Schwanz und gebleckten Zähnen.
Ich wartete und spürte, wie mich schleichende Traurigkeit überkam. Woran hing denn das Leben des Menschen? Gerade vorhin hatte ich gehört, wie ein dicker Grieche, ein Ölhändler, der seinen Stand am Fuß des Turms hatte, erklärte, er verdanke seine Rettung einem dringenden Bedürfnis, das ihn gezwungen hatte, auf die andere Straßenseite zu gehen und sich hinter das Gebüsch zurückzuziehen. Wie betäubt starrte er auf den Fleck, wo sein Stand gewesen war, von dem außer ein paar verstreuten Amphorenscherben und einem Fettfleck auf dem Boden nichts geblieben war. Groteskes, lachhaftes und unverständliches Spiel des Schicksals ...
Ich zuckte die Schultern und gab Niger ein Zeichen, daß wir gehen konnten. Ich war hier nutzlos.
Flavius bahnte uns den Weg. In meine Gedanken versunken, hatte ich nicht bemerkt, daß die Menschenmenge so dicht war. Als ich es gewahr wurde, verspürte ich eine leichte Angst bei dem Gedanken, mich so kurze Zeit nach der Niederwerfung des Aufruhrs am Passahfest unter dieses feindselige Volk zu mischen. Doch meine Sänfte war auf der anderen Seite ...
Ich hoffte, daß niemand das kurze Zögern in meiner Miene wahrgenommen hatte, und folgte dem Gallier, dessen breite Schultern einen Weg durch die Reihen der Neugierigen bahnten. Dabei bemerkte ich nicht, daß der Zenturio und ich uns zu schnell vorwärts bewegten, so daß wir von Niger und der übrigen Eskorte getrennt wurden.
»Erlauchter Herr Prokurator, habt Erbarmen!«

Warum blieb ich stehen, alle Sicherheitsregeln vergessend, ich, der ich glaubte, nur ein einziges Verlangen zu haben: möglichst rasch aus dieser Menschenmenge herauszukommen und den Schutz meiner Sänfte zu erreichen? Ich weiß es nicht. Irgend etwas in dieser Stimme, die mich anrief, hielt mich zurück ... Eine angenehme Stimme, ein wenig dumpf und überhaupt nicht unterwürfig, wie es die Stimmen von Bittstellern gewöhnlich sind. Ich wandte den Kopf zu dem Mann um, der gesprochen hatte; ein junger Mann Anfang dreißig, recht schön anzusehen, eher vornehm. Groß, stark, mit Muskeln, die einen Gladiator glücklich machen würden. Das Gesicht war eingerahmt von einem sehr dunklen, schwarzen Bart, der ihn jedoch nicht häßlich machte. Doch in seinen für einen Juden erstaunlich hellen Augen las ich, kalt und entschlossen, den Vorsatz, mich zu töten.
Ich war allein. Ich ermaß, welche Dummheit es gewesen war, so stehenzubleiben. Flavius, der glaubte, daß ich ihm folgte, war mittlerweile weit vor mir, während Niger irgendwo hinten war, zu weit entfernt, um mir zu helfen.
Ich war ebenso allein und hilflos vor dem Tod wie jener Netzkämpfer im Amphitheater von Marcellus vor zwanzig Jahren. Sogar noch hilfloser und einsamer, denn dieser Gladiator hatte phantastisch gekämpft und daher das Recht, auf Gnade zu hoffen. Ich würde diese Chance nicht haben. Offenbar in Komplizenschaft mit dem Angreifer begann sich die Menschenmenge um uns zu schließen, entschlossen, den Daumen zu senken.
Im Teutoburger Wald, während meiner gesamten Feldzüge in Germanien oder auf dem Vorplatz des Tempels hatte ich Angst gehabt. Ich beherrschte meine Furcht, das war alles. Doch in diesem Augenblick, als kein weiterer mehr für mich folgen würde, verspürte ich keinerlei Schrecken, nur unendliche Ruhe, wie ich sie zu empfinden für unmöglich gehalten

hatte. Selbst der Gedanke an Procula und unsere Kinder, die ich umgeben von Gefahren zurücklassen würde, selbst die Gewißheit, welch furchtbaren Kummer ich ihnen verursachen würde, konnten diese erstaunliche Gefaßtheit nicht zerstören. Meine Augen blieben auf die des Juden gerichtet, der darin nicht lesen konnte, was er gerne gelesen hätte: Schrecken, Panik, Flehen. Im Sterben würde ich die Antwort auf zumindest eine der Fragen erhalten, die mich mein Leben lang verfolgt hatten: Ebenso wie der verwundete Netzkämpfer, den ich in meiner Jugend so bewundert hatte, war ich mit der Spitze einer Waffe auf der Brust imstande, den Blick nicht zu senken, nicht zu flehen und meine Würde als Mann unbeschädigt zu bewahren. Und das war ein Glück für die Ehre Roms.
Abrupt riß der Schmerz mich aus meiner klarsichtigen Gleichgültigkeit. Der Sikarier hatte zugestoßen, doch getäuscht durch die weiten Falten meiner Toga hatte er zu hoch angesetzt. Die kurze Klinge seines Dolches wurde abgelenkt und streifte nur über eine Rippe. Doch der Schmerz und das sengende Gefühl von fließendem Blut nahmen mir alle Schicksalsergebenheit; ich hatte keinerlei Lust zu sterben.
Absurderweise stürmten historische Reminiszenzen auf mich ein; ich dachte an die Ermordung Cäsars ... Woran hatte es dem Diktator gemangelt, daß er den Messern der Verschwörer nicht entging und als letztes Opfer des Verlierers von Pharsalos zu Füßen der Statue von Pompeius zusammenbrach? An Zeit! Die Zeit, die es Marcus Antonius, der von einem Komplizen auf den Treppen der Kurie aufgehalten wurde, ermöglicht hätte, dem göttlichen Julius zu Hilfe zu eilen! Ich mußte Zeit gewinnen!
Mit wütendem Gebrüll verteidigte ich mich. Dennoch konnte ich dem zweiten Hieb, der mich am linken Arm traf, nicht ausweichen. Doch ich spürte ihn kaum; ich mußte Zeit gewinnen, die Zeit, in der Flavius umkehren konnte, die Zeit, in der

Niger und meine Eskorte endlich herankommen konnten. Ich wollte nicht hier auf diese dumme Art sterben. Es wäre ein zu großer Kummer für Procula! Der Zelot schlug zum dritten Mal zu und riß meine alte Wunde aus dem Teutoburger Wald wieder auf. Ich blutete und spürte Erschöpfung. Beim Herkules, würde die Hilfe zu spät kommen?
Ein brutaler Hieb, den ich nicht hatte kommen sehen, brachte mich aus dem Gleichgewicht. Ich dachte, der Mörder habe sein Ziel erreicht, und wunderte mich, warum ich keinen größeren Schmerz spürte ... Ich brauchte einige Sekunden, bis ich begriff, welches Gewicht mir auf der Brust lastete: Niger, der seinen Körper als Schutzschild einsetzte, hatte sich zwischen mich und den Dolch des Mörders geworfen.
Ich hörte hastige Schritte, Schreie, Gedrängel. Meine Legionäre und Flavius kamen. Die Menge, Komplize des Mörders, zerstreute sich. Ich beugte mich über Lucius Arrius. Der letzte Hieb des Zeloten, der mich hätte töten sollen, hatte ihn mitten in der Brust getroffen.
Man trug uns beide in die Festung Antonia, wo man uns verband. Ich hatte nur leichte Verletzungen, aber Niger lag im Sterben. In der Abenddämmerung erlaubte mir der Arzt Agathos endlich mit einem gereizten Seufzen, ans Bett meines Tribuns zu gehen. Nicht ohne mir zuvor vorgeworfen zu haben, wie unbesonnen es sei, aufstehen zu wollen, nachdem ich soviel Blut verloren hatte:
»Beklage dich nicht, Herr, wenn dein Fieber danach steigt!«
Es stimmte, daß der Blutverlust und die Arznei, die Agathos mich zu trinken gezwungen hatte, mir den Eindruck machten, als sei mein Kopf ein wenig benebelt; jedoch nicht genug, um mich daran zu hindern, zu Niger zu gehen. Bei allen Göttern, warum war er so herbeigestürzt, um mich zu schützen, obwohl er keinen Harnisch trug? Ganz egoistisch verlangte es mich danach, die Gründe für seine Handlung zu verstehen.

Wie bleich Niger war, er, der so leicht errötete ... Ich setzte mich an sein Bett, nahm seine Hand. Der Siegelring des Ritters funkelte in den letzten Strahlen der untergehenden Sonne. Ich erinnerte mich, wie sehr mir die mechanische Geste des Tribuns, wenn er seinen Ring drehte, um seine Verlegenheit zu verbergen, auf die Nerven gegangen war ... Als ich mich auch an die unzähligen Male erinnerte, in denen ich ihn angefahren hatte, um meine Launen abzureagieren, spürte ich, wie mir die Tränen in die Augen stiegen. Ich hatte es gewiß nicht verdient, daß mein Adjutant mir um den Preis des seinen das Leben retten wollte. Was glaubte Niger mir so sehr schuldig zu sein? Die Liebe, die Gaius zu ihm empfunden hatte und die er mir geraubt zu haben glaubte? Ich sah ihn wieder, wie er sich über mein Kind beugte und mit dem heiligsten aller Schwüre einen Meineid leistete, um es zu trösten: »Ich schwöre es dir beim Schicksal Roms ...«
Ich hielt das Schluchzen, das in mir aufstieg, nicht zurück. Lucius Arrius schlug die Augen auf, und ein Lächeln glitt über seine fahlen Lippen.
»Weine nicht, Herr ... Glaub mir, das ist es nicht wert ... Weißt du, gerade als dieser alte Hohlkopf Agathos gegangen ist, habe ich mir gesagt, daß mein Tod ... Sag nichts, Herr, ich weiß, daß ich sterben werde ... daß mein Tod wenigstens niemandem Kummer bereiten wird. Also, sei so gut, nimm mir nicht diesen Trost. Ich, Herr, ich habe weder Frau noch Kinder, das ist besser ... Was hätte ich Claudia Procula gesagt, wenn du getötet worden wärest? Kannst du dir das vorstellen, Herr, hm?«
Ich weiß nicht, was Lucius gesagt hätte. Gepeinigt von Trauer, war mir gerade klargeworden, daß dieser Mann mein Freund gewesen und daß ich an dieser Freundschaft vorbeigegangen war. Nein, ich wußte nicht, was er meiner Frau gesagt hätte. Ich stellte mir vor, wie er vor ihr stand, ganz rot vor Verwir-

rung, beharrlich auf seine Füße starrend und besessener denn je seinen Ring drehend … Ich schluchzte lauter. Nigers Finger krampften sich ein wenig um meine; er hatte Schmerzen. Er warf mir einen Blick zu, zwang sich zu einem Lächeln und flüsterte:

»Mach dir keine Sorgen, Herr. Es tut nicht so weh, wie es scheint; Agathos hat mir etwas gegeben, um den Schmerz zu lindern … Nur das Atmen fällt ein wenig schwer …«

Mühsam holte er Luft.

»Etwas bedaure ich ein bißchen; ich wäre gerne … noch einmal nach Rom zurückgekehrt, nur einmal …«

Er lächelte traurig.

»Aber das ist nicht wichtig, Herr, nicht wahr! Wenn du hinfährst, wirst du die Stadt für mich grüßen.«

Die Abenddämmerung färbte den Himmel blau. Lucius war verstummt; er hatte die Augen geschlossen, und ich dachte, er sei eingeschlafen, doch plötzlich hob er die Lider:

»Herr, ich wollte dir sagen: Es ist leicht … sein Leben für die zu geben, die man liebt …«

Eine neue Heiterkeit glitt über das angespannte Gesicht des Sterbenden:

»Der … Galiläer sagt das, Herr. Er hat … recht … Der Galiläer …«

Das waren die letzten Worte des Tribuns der Legionen Lucius Arrius Niger.

Ich hatte die Runden und Patrouillen verzehnfacht, aber wir fanden den Mann, der mich angegriffen und Niger getötet hatte, nicht. Ich war überzeugt, daß es sich um Josuah bar Abbas handelte, und schwor mir, daß ich ihn früher oder später in meine Gewalt bekommen und dafür bezahlen lassen würde. Ich würde ihn ans Kreuz nageln lassen, und ein einziges Mal würde ich daran Vergnügen finden. Stark wie er war, würde es lange dauern. Um so besser!

Doch der Sommer verstrich, dann der Herbst. Josuah bar Abbas war immer noch auf freiem Fuß.

An diesem Morgen in Vienna schneit es, so wie es in Cäsarea am Vorabend der Iden des Januar geschneit hat. Unentwegt fallen die Flocken auf die Fensterbrüstung. Der Himmel hängt so tief, daß man die Ausläufer der Alpen nicht mehr erkennen kann.

Es ist sehr kalt, und meine Finger um den Kalamus werden taub. Aus Sparsamkeit lasse ich Kohlenbecken nur in den Zimmern aufstellen, in denen Procula sich aufhält. Ich bin nicht Verres; meine zehn Jahre Prokuratur haben mich nicht reich gemacht; ganz im Gegenteil. Und das wenige, das mir von einem mittelmäßigen Vermögen geblieben war, hat Gaius Cäsar sich angeeignet, bevor er mich ins Exil nach Gallien schickte. Was er den einem bestimmten Aufenthaltsort Zugewiesenen in seiner Freigebigkeit bewilligt, ermöglicht es mir nicht, dieses Haus ordentlich zu heizen.

Fährmänner, die sich auf dem Forum unterhielten, sagten gestern, die Rhône sei von Lugdunum bis zu ihrer Mündung zugefroren. Die Provincia liegt unter einer Schneedecke, etwas höchst Außergewöhnliches. Hunderte von Oliven- und Mandelbäumen sind abgestorben. Wenn man sich vorstellt, wie viele Jahre der Pflege und Arbeit nötig sind, bis ein Olivenhain Früchte trägt ... Ich frage mich, wer im Augenblick die Oliven auf meinem Besitz in Kampanien erntet und zu wessen Nutzen das Öl verkauft werden wird? Sicher zu Gunsten des blutschänderischen Irren im Palast. Als hätte er die zusätzlichen Sesterzen nötig!

Ohne großen Erfolg behauche ich meine Finger, um sie zu wärmen. Dieses Wetter hat nur einen Vorteil: Es verhindert das Reisen. Solange es gefriert, brauche ich nicht zu befürchten, daß unvermutet ein Befehl kommt, unterzeichnet von der

erlauchten Hand Gaius Cäsars, der mich bittet, ihm den Dienst zu erweisen, ihm meine Person vom Halse zu schaffen. Nützen wir diesen Aufschub.

Am Vorabend der Iden des Januar, als das vierte Jahr meiner Prokuratur begann, schneite es also in Cäsarea. Durch das Fenster sah ich erstaunt ein Schiff in den Hafen einfahren. An seinen Masten und am Profil seines Bugs konnte man leicht eine unserer Kampfeinheiten erkennen. Doch die Wasserstraßen waren seit November geschlossen ...

Der Kommandant bat, mich sprechen zu dürfen; er hieß Gnaeus Laelius Asiaticus. Der Name war mir nicht unbekannt, doch ich konnte mich nicht erinnern, wo ich ihn gehört hatte.

Ich erwartete einen jüngeren Mann zu sehen, doch vielleicht verdankte er seine Falten – denn das Haar war an den Schläfen kaum ergraut – vor allem der Sonne und der Seeluft. Das Schiff, die *Roma Victrix,* Heimathafen Misena, hatte Italien an den Kalenden des November verlassen. Er hatte über zwei Monate auf hoher See verbracht.

»Ich stelle mir vor, daß die Überfahrt nicht leicht war, Gnaeus Laelius! Hast du wichtige Nachrichten zu übermitteln?«

»Die übliche Post, Prokurator; entschuldige bitte ihre Verspätung. In der Nähe von Kreta hatten wir stürmisches Wetter. Ich war gezwungen, die Segel einzuholen und treiben zu lassen ... Acht Tage lagen wir vor dem Wind! Als es sich wieder beruhigt hatte, waren wir fast in Karthago. Die schlimmste Überfahrt meines Lebens! Ich habe einen Monat Zeit verloren.«

Rasch blätterte ich die Umschläge durch, die Laelius auf meinen Schreibtisch gelegt hatte: Verwaltungsrundschreiben, Protokolle der letzten Senatsberatungen, die Ernennung des Nachfolgers von Niger, auf die ich gewartet hatte ... Nichts, was es wert war, daß die *Roma Victrix* beinahe untergegangen

wäre, um es mir zu bringen. Doch die Disziplin der Flotte erforderte es, daß das letzte Schiff mit der offiziellen Post an den Kalenden des November losfuhr und daß ein anderes die Seewege wieder eröffnete, indem es pünktlich Anfang Februar von Misena aufbrach.

Ich starrte Laelius an. Hatte er mir noch etwas zu sagen? Oder gehörte er wie ich zu jenen Schüchternen, die nicht wußten, wie sie sich verabschieden sollten?

Er sah sich unruhig um, als wollte er sich vergewissern, daß wir wirklich allein waren; schließlich zog er mit einem letzten Zögern einen weiteren Brief unter seiner Tunika hervor, mit einem einfachen Siegel verschlossen, das mir vertraut war: Das Siegel von Probus, Proculas Onkel. Aber weshalb ein solcher Aufwand an Vorsicht, um mir persönliche Post zu überreichen, die in allem jener glich, die ich auch sonst gewöhnlich bekam? Ohne mich diese Frage stellen zu lassen, erhob sich Laelius sehr eilig und stammelte hastig ein paar vage Höflichkeitsfloskeln, dann zog er sich zur Tür meines Arbeitszimmers zurück. Wenn man ihn beobachtete, hätte man meinen können, er fliehe.

Kurz darauf befahl ich, man solle ihn zurückrufen, ihn noch einmal zu mir bringen. Vergebens! Er hatte bereits ein Gespann gemietet und galoppierte auf der Straße Alexandria zu ... Und angesichts der schrecklichen Angst dieses Mannes, der mutig genug war, um ohne Zagen den schlimmsten Stürmen zu trotzen, begriff ich, was während meiner Abwesenheit aus Rom geworden war. Ich erkannte, daß nichts, nicht einmal die heiligste Freundschaft, der Angst Widerstand leisten konnte. Und während ich nach einer Möglichkeit suchte, es Procula sanft beizubringen, begann auch ich von panischer Angst erfaßt zu werden. Kühnheit ist ansteckend, aber leider unendlich viel weniger als die Feigheit.

Ich habe den Brief von Probus aufgehoben:

»Von Gnaeus Valerius Probus an den Prokurator von Judäa, Gaius Pontius Pilatus, seinen geliebten Neffen, salve!
Ich vertraue diesen Brief nicht der kaiserlichen Post an, sondern Gnaeus Laelius Asiaticus, dem Sohn des besten meiner Freunde, um den ich am meisten trauere. Ich habe Dir oft von Quintus Laelius und der Zuneigung, die uns vereinte, erzählt. Ich wage es zu glauben, daß die Erinnerung an diese mehr als brüderliche Freundschaft garantiert, daß dieser Brief Dir überbracht wird.
Ich denke, Du wirst erfahren haben, daß sich in der Stadt eine Gruppe gebildet hat, die Aelius, dessen Glück höher gestiegen ist, als ein Römer es dulden könnte, beseitigen wollte, bevor Seianus seine gottlose Kühnheit auf die Spitze trieb und offen die Nachfolge von Tiberius Cäsar beanspruchte.
Marcus Annius Rusticus, mein Schwiegersohn und Gatte unserer geliebten Valeria, vor kurzem von seinem Kommando in Germanien zurückgekehrt, hat mir bewiesen, daß ich mich nicht getäuscht hatte, als ich ihn meiner Tochter für würdig hielt, und sich den Verschwörern angeschlossen. Ein Sklave hat alles angezeigt.
Es ist Dir nicht unbekannt, wie Aelius sich bereichert …
Zu der Stunde, in der ich Dir schreibe, hat sich Marcus Annius wie alle seine Freunde das Leben genommen, bevor dieser Tyrann sie dazu zwingen konnte. Valeria hat ihn geliebt; sie wollte ihn nicht überleben. Sie war unser letztes Kind. Dieses Ende ist mehr, als meine liebe Antonia ertragen kann. Und ich gestehe Dir, auch mir selbst wird das Leben außerordentlich schwer. Es ist für einen alten Diener des göttlichen Augustus schmerzlich, Rom in den Händen eines Seianus zu sehen. Du wirst verstehen, warum ich es eilig habe zu erfahren, ob Platon recht hat, wenn er dem Menschen eine unsterbliche Seele zuspricht …
Vielleicht sollte die Freude darauf, Euch alle, Dich, Procula,

die kleine Pontia und den kleinen Aulus wiederzusehen, uns zurückhalten. Aber weißt Du, ich hoffe, daß Ihr noch viele Jahre in Judäa bleibt, und wir haben nicht die Geduld, auf Euch zu warten.
Die Götter werden des Aelius schließlich überdrüssig werden, und Du wirst nach Rom zurückkommen. Doch in der Zwischenzeit ist es am besten, wenn Seianus so lange wie möglich vergißt, daß unsere liebe Claudia Procula dem ruhmreichen Blut der Claudier entstammt und zugleich mit einigen von jenen verwandt ist, die seinen Tod gewünscht haben.
Antonia und ich vertrauen Dir Procula an, Gaius, so wie wir sie Dir bereits vor zehn Jahren anvertraut haben, als es Tiberius Cäsar gefiel, sie zu Deiner Frau zu machen. Wache über sie, beschütze sie; sie soll Dir lieb und teuer sein!
Und vor allem möge nichts, absolut nichts, die Aufmerksamkeit des Aelius auf Dich ziehen, solange er die Staatsgeschäfte lenkt. Es geht um Euer aller Leben. Das ist der letzte Rat, den Dir Dein alter Onkel geben kann.
Bleib gesund!«
Ich las diesen Brief dreimal, ohne daß es mir gelang zu begreifen, daß Antonia und Probus nicht mehr waren. Ich versuchte, die Gesichter von Rusticus und Valeria wieder vor mir zu sehen. Ich war ihnen nur einmal begegnet, am Tag meiner Hochzeit, am Vorabend ihrer Abreise nach Colonia Agrippina. Ich erinnerte mich an ein Paar, das sich dem reifen Alter näherte, bekümmert über eine Unfruchtbarkeit, gegen die nichts half. Valeria war mir unscheinbar und leidenschaftslos erschienen; Marcus hatte auf mich gewirkt wie einer jener Offiziere, die zwar mutig, doch ohne besonderes Feuer waren, dabei aber die zuverlässigste Stütze der Legionen. Ich war nicht imstande, sie mir in eine Verschwörung verwickelt vorzustellen, noch weniger als tragisches Liebespaar. Wie man sich täuschen konnte …

Probus' letzter Brief hatte zwei Folgen: Ich bemühte mich so zärtlich, Procula über ihre Trauer hinwegzutrösten, daß sie bald schwanger war; und ich bemühte mich, die Aufgaben meiner Prokuratur sowohl kompetent als auch unauffällig zu erfüllen.

Ich hörte Titus Caecilius Lucanus aufmerksam zu. Nachdem ich meine Überraschung überwunden hatte, daß der Nachfolger Nigers, der sich letzten Monat in Cäsarea eingefunden hatte, noch so jung war, mußte ich anerkennen, daß mein neuer Tribun über große Qualitäten verfügte. Lucanus war fünfundzwanzig Jahre alt und besaß den Enthusiasmus der Jugend, diesen Enthusiasmus, den die Schlacht im Teutoburger Wald mich zu schnell hatte verlieren lassen. Seine Militärakte verzeichnete sechs Jahre Feldzüge und eine glänzende Teilnahme an der Niederwerfung des Aufstandes in Friesland.

Lucanus war ein Patrizier bis in die Fingerspitzen; er gehörte einem jüngeren Zweig der Caecilier an und hatte nicht die Absicht, das in Vergessenheit geraten zu lassen.

Er war intelligent, zumindest nach der Schnelligkeit zu urteilen, mit der er die Probleme in Judäa eingeschätzt hatte; und der Orient hatte noch keine Zeit gehabt, ihn zu verbiegen.

Trotz seiner vollkommenen Höflichkeit und des deutlich sichtbaren Respekts, den er mir bekundete, erriet ich, was Lucanus verschwieg: sein Erstaunen, vermengt mit ein wenig Verachtung, als er entdeckte, daß der Prokurator und sein verstorbener Tribun bisher unfähig gewesen waren, Ordnung in der Region zu schaffen. Ich war sicher, daß Titus Caecilius kein Mann war, der sich überflüssige Fragen stellte. Genau einen solchen Adjutanten brauchte ich. Gestern, in einem Anflug von Vertraulichkeit, erwähnte er seine Feldzüge in Friesland und erzählte ohne den leisesten Schatten einer

Gefühlsregung von den Dörfern, die er angezündet, und den Einwohnern, die er über die Klinge hatte springen lassen. Obwohl er noch so jung war, hatte er schon viele Menschen getötet, und das hinderte ihn nicht am Schlafen. Ich konnte erraten, wie verblüfft er wäre, wenn er wüßte, wie sehr die Erinnerungen an das Massaker auf dem Tempelplatz auf mir lasteten.

Er hatte eine Karte der Region vor uns ausgebreitet, mit der er bemerkenswert vertraut schien. Es stimmte allerdings, daß er seit fast zwei Monaten vor dem Morgengrauen auf den Beinen war und den ganzen Tag lang mit ein oder zwei Kohorten über die Straßen streifte. Unter der nachsichtigeren Aufsicht Nigers waren die Legionäre eines solchen Regimes etwas entwöhnt worden; Flavius sagte mir, daß sie murrten, aber zwischen den Zähnen, denn der Tribun war streng. Für faule Soldaten und Zuspätkommer hatte er die Geißelung wiedereingeführt. Damit hatte Lucanus das schöne Ergebnis erzielt, daß er einmütig verabscheut wurde, man ihm aber mit äußerster Schnelligkeit gehorchte. Ich bemerkte jedoch, daß die Männer, tyrannisiert, erschöpft und für Kleinigkeiten bestraft, nervös und gereizt geworden waren, und vor allem, daß sie sich bei Gelegenheit gerne für ihre Plagen rächten, indem sie sich an Schwächeren schadlos hielten. Der Teufelskreis von Angst und Brutalität ...

Ich wagte es nicht einzuschreiten. Als Prokurator, der über die Interessen Roms wachte, mußte ich zugeben, daß Titus Caecilius handelte, wie er mußte, und sich in allen Punkten der alten Tugenden unseres Volkes würdig zeigte. Ich war sicher, daß mein Vater ihn sehr geschätzt hätte. Und dennoch war mir dieser junge Mann als Privatmensch zutiefst unsympathisch. Da mir bewußt war, wie absonderlich ich reagierte, was sicherlich von meiner Charakterschwäche zeugte, zog ich es vor zu schweigen und die Augen vor allem zu verschließen,

was mir ohne einen Grund, den man eingestehen konnte, mißfiel. Der Orient hatte mich gezwungen, einer Schwäche ins Gesicht zu sehen, die ich einfach nicht überwinden konnte: Zaghaftigkeit. Meines eigenen Wertes unsicher, zweifelte ich immer öfter an meinen Entscheidungen, und da ich nicht mehr richtig und falsch, gerecht und ungerecht, gut und schlecht unterscheiden konnte, kam ich immer mehr dazu, mich auf den Willen anderer zu verlassen. Diesen Vorwurf hätte Lucanus niemand machen können …

»Es ist ganz einfach, Herr.«

In Titus Caecilius' Augen war alles einfach. Er war das vollendete Produkt unserer römischen Manie, alles zu vereinfachen, in der Hoffnung, die Schwierigkeiten des Lebens schließlich unseren Überlegungen zu unterwerfen. Wie lange würde seine Naivität dem stets präsenten Wahn widerstehen, der bei den Juden herrschte? Es sei denn, manche von uns wären immun gegen die Miasmen des Orients.

Selbst wenn es mich verärgerte, war es mir doch unmöglich zu leugnen, wie zweckmäßig und einfach der Plan war, den Lucanus gerade vorstellte. Vielleicht war das die unausweichliche Falle, in die Josuah bar Abbas und seine Bande blindlings tappen würden. Und ich war wütend über mich, daß ich, der seit Monaten davon träumte, den Zeloten zu packen, nicht auf diese Idee gekommen war.

Allerdings mußte ich das Risiko – berechenbar, aber mit Sicherheit gegeben – akzeptieren, das zu der Rolle gehörte, die der junge Tribun für mich ausersehen hatte. Die Miene, mit der er mich anblickte, ließ mich argwöhnen, daß meine Entscheidung seine endgültige Meinung über mich festlegen würde. Was bildete sich dieser Jüngling ein? Daß ich Angst hatte?

Er hatte recht, es stimmte: Ich hatte Angst. In der Vergangenheit war es mir oft so gegangen, ohne daß es mich je daran

gehindert hätte, meine Pflicht zu erfüllen. Ich konnte niemand anderen meine Rechnung mit bar Abbas begleichen lassen; mir kam die Rache zu. Wenn ich innerlich ein wenig zögerte, so genügte es, mir die lange rötliche Narbe auf meinem linken Unterarm, die der Dolch hinterlassen hatte, zu betrachten. Lucius hatte nicht gezögert ...
Ich akzeptierte alle Vorschläge des Tribuns. Eine kleine Grimasse des Bedauerns konnte er nicht ganz unterdrücken, als er mich anhörte. Ein Prokurator, der sich mehr um die Unverletztheit seiner Person sorgte, wäre seinem Ruhm dienlicher gewesen.

Ich hatte es kategorisch abgelehnt, mich in einer Sänfte tragen zu lassen; dumme Eitelkeit eines älter werdenden Mannes, der es einem zu jungen Offizier zeigen wollte. Ich begann bereits, diese Entscheidung zu bedauern ... Ende März waren die Nächte in den Bergen Judäas eisig. Die beißende Kälte kroch unter meinen Mantel und belebte erneut den Schmerz meiner alten Wunde aus dem Teutoburger Wald, einen Schmerz, den ich häufiger und schärfer spürte, seit Josuah bar Abbas die alte Narbe wieder aufgerissen hatte. Bei jedem Fehltritt des Pferdes, und das unglückliche Tier strauchelte auf dem ungleichmäßigen Boden ohne Unterlaß, durchbohrte ein stechender Schmerz meine Schulter, bevor er über all meine Knochen ausstrahlte. Ich heftete meine Gedanken auf die Vorstellung, den gekreuzigten Zeloten zu sehen, auf die unsäglichen Qualen, die er aushalten müßte, wenn die Nägel die kleinen, unvermuteten Nerven durchbohrten, die, einmal verletzt, eine Agonie der Pein auslösten. Und ich biß die Zähne zusammen. Ich spürte in meinem Rücken den Blick von Flavius. Trotz der instinktiven Feindschaft, die sofort zwischen meinem Gallier und dem neuen Tribun entstanden war, hatte der Zenturio das Recht gefordert, mich zu beglei-

ten, und dieser neue Beweis der Ergebenheit hatte mich mehr gerührt, als ich sagen konnte.
Der Vollmond, eine funkelnde Silberscheibe am dunkelblauen Himmel, warf sein bleiches Licht über das Land. Man konnte uns deutlich sehen, und so sollte es auch sein. Man mußte uns von weither sehen können. Wir hatten sehr darauf geachtet, daß ganz Cäsarea über den Zweck unserer Expedition auf dem laufenden war: unschätzbar wertvolle Edelsteine entgegenzunehmen, die eine Karawane aus Palmyra gebracht hatte.
Obwohl der Statthalter von Syrien mir stets Mißtrauen bekundet hatte, überzeugt, ich sei der geheime Informant des Palastes – er täuschte sich übrigens; diese Rolle hatte ich nur kurze Zeit gespielt, denn der wachsende Einfluß von Seianus und der halbe Rückzug von Tiberius hatten mich davon Abstand nehmen lassen –, hatte er mir seine Hilfe zugesichert. Er hatte eine Karawane mit gewöhnlichen Waren durch die Wüste geschickt, die er jedoch eskortieren ließ, als transportierte sie unbezahlbare Schätze. An der Grenze zu Judäa sollte eine andere Eskorte, nämlich meine, weitaus schwächer und weniger beeindruckend, sie ablösen. Ein Täuschungsmanöver ... Während ich Cäsarea ostentativ mit zu wenigen Männern verließ, sollte Lucanus in den Bergen bereits die Elite unserer Truppen postieren. Und das wußte bar Abbas nicht.
Der Zelot mochte als Nationalheld und Patriot auftreten; ich war sicher, daß er niemals etwas anderes als ein Bandit gewesen war. Die Reichtümer, die ich angeblich mit mir bringen sollte, wären für ihn von faszinierendem Reiz. Und wenn seine Begierde nicht geweckt würde, so hoffte ich, daß die Möglichkeit, in dieser Nacht zu vollenden, was ihm im Jahr zuvor mißglückt war, der erwartete Genuß, mir endlich seinen Dolch ins Herz zu stoßen, ihm noch das wenige an Überlegung nehmen würde, zu dem ich ihn für fähig hielt. Wenn ich

mich täuschte, würde nichts passieren. Ich würde damit davonkommen, diese unangenehme nächtliche Exkursion unternommen und die hartnäckige Versteifung meiner Schulter ertragen zu haben.

Wenn ich recht hatte, würde bar Abbas morgen in meiner Gewalt sein. Es sei denn, natürlich, irgendein Zufall würde sich uns entgegenstellen, irgend etwas Unvorhergesehenes würde unsere Pläne durchkreuzen und verhindern, daß Titus Caecilius uns im entscheidenden Moment zu Hilfe kam ... In diesem Fall würden wir weder einen schnellen noch einen barmherzigen Tod erleiden. Dieses Risiko hatte ich akzeptiert, und Flavius, in seiner eigensinnigen Treue, hatte sich angeschlossen.

Ebenso wie alle anderen Männer, die mir folgten; ich hatte nur Freiwillige mitgenommen.

Wir ritten in eines der engen Täler, typisch für diese Region, die sich in wilde Sturzbäche verwandelten, sobald sich ein etwas heftigeres Gewitter entlud. Die Wände der Schlucht waren schwindelerregend hoch, und vom Himmel sahen wir nur ein kleines, sternenübersätes Fleckchen, sehr hoch über unseren Köpfen. Es gab wenige Stellen, die für einen Hinterhalt geeigneter gewesen wären, und deshalb hatten wir uns für diesen Weg entschieden. Bar Abbas hielt alle Römer für dumm; es belustigte uns, ihn in diesem Glauben zu lassen.

Doch unsere Wahl hatte noch eine Kehrseite, und die perfekte Falle galt für beide Seiten. Das Gelände war so schwierig, daß es Lucanus und seine Männer zu langen und gefährlichen Manövern zwang, kompliziert noch durch die Dunkelheit. Wir mußten bis zur Ankunft des Tribuns standhalten.

Der erste Pfeil schwirrte durch die Luft, ohne daß es möglich gewesen wäre zu sagen, von wo man ihn abgeschossen hatte. Das Kamel an der Spitze stürzte mit dem langen klagenden Schrei eines zu Tode getroffenen Tieres. Die nachfolgenden

Tiere zerrten erschrocken an den Zügeln und stießen bei ihrem Gedrängel aneinander, so daß unsere Bewegungen behindert wurden.

Welche Reaktion erwartete bar Abbas von Soldaten, die dumm genug waren, in eine so kindische Falle zu tappen, Gefangene einer Schlucht zwischen steil abfallenden Wänden, von denen aus unsichtbare Angreifer Geschosse auf sie richteten? Gelähmtes Entsetzen? Panik? Lucanus hatte mir diese Frage gestellt. Nein ... Weder Panik noch Lähmung. Als wir uns im letzten Jahr so gewaltsam gegenübergestanden waren, hatte der Zelot mir zumindest eine Tugend zuerkennen müssen: Mut. Ich konnte hoffen, daß er mir die Ehre erwies, mich nicht für feige zu halten. Und zweifellos erwartete er, daß ich dementsprechend reagierte: als tapferer, aber beschränkter Mann, wie ein Römer seiner Meinung nach sein mußte ... Ich würde mich also wie ein tapferer und einfältiger Soldat verhalten. Ich würde geradewegs weiterreiten und versuchen, mir um jeden Preis einen Weg zum Ausgang des Engpasses zu erzwingen.

Damit würde ich einem Massaker in die Arme laufen, und während bar Abbas, beruhigt durch meine scheinbare Dummheit, Pfeilhagel um Pfeilhagel abschoß, würde Lucanus die Hügelkämme besetzen und die Zeloten umzingeln.

Der Plan von Titus Caecilius war unbestreitbar von brillanter Einfachheit; er erforderte lediglich, daß ich das eventuelle Risiko akzeptierte, mich selbst zu opfern, damit der Erfolg der Operation gesichert würde. Aber war das nicht meine Rolle als Befehlshaber?

Meine Männer wußten, daß wir als Lockvögel dienten und angegriffen werden würden. Wenn sie zu Beginn der Attacke geschrien hatten, dann nicht aus Angst, sondern um die in Panik geratenen Tiere zurückzuhalten. Nun, da die Pferde und Kamele sich beruhigt hatten, waren meine Legionäre still

und effizient. Sie bewegten sich im Schutz der Felswände vorwärts, und wenn sie außer Deckung gehen mußten, beschienen vom harten Mondlicht, wehrten sie Angriffe in bester Tradition römischer Legionen mit dem Schild ab. Wenn wir wieder zurück in Cäsarea waren, würde ich Flavius zu seinen Qualitäten als Ausbilder gratulieren.

Falls wir jemals nach Cäsarea zurückkamen ... Der Engpaß, der auf der Generalstabskarte so kurz schien, war in der Wirklichkeit so lang!

Mein Herz klopfte zu schnell und zu heftig. Die Anstrengung? Die Aufregung des Kampfes? Wohl eher die Angst.

Flavius, der vor mir war, gab mir die Hand, um mir über einen Felssturz zu helfen. Bei den ersten Pfeilschüssen waren der Gallier und ich vom Pferd gestiegen, da wir nicht den Wunsch hatten, allzu gute Zielscheiben abzugeben. Als ich meinem Pferd über das Hindernis helfen wollte, brach es zusammen, einen Pfeil in der Brust. Es richtete den Blick seiner sanften, verängstigten Augen auf mich, und ich las darin ein Nichtverstehen und eine Furcht, die fast menschlich waren. Ich wandte den Kopf ab.

Wir bewegten uns ein paar Dutzend Schritte vorwärts, bevor wir auf eine unüberwindliche Felsmauer stießen. Die Partisanen hatten zu einem klassischen Mittel gegriffen: einen Bergrutsch zu verursachen, der uns den Ausgang aus dem Tal versperrte.

Diese simple List hatte Lucanus, der sich als Stratege rühmte, natürlich vorausgesehen, bevor er sie für gefahrlos erklärte. Aber es war ein großer Unterschied zwischen den Risiken, die man beim Wein und im ruhigen Licht der Lampen um einen Generalstabstisch diskutierte, und der Wirklichkeit. Der Mond erhellte die Schlucht und machte steile Maultierwege an den Felswänden sichtbar, die auf unseren topographischen Aufzeichnungen nicht vorhanden waren ... Wenn

Titus Caecilius sich nicht beeilte, gab ich uns nicht mehr viel Zeit, bis der Feind von dort herabkommen würde. Denn er war mit diesem Gelände, in das wir ihn gelockt hatten, vertraut.
Plötzlich stellten die Juden den Beschuß mit Pfeilen und aus Steinschleudern ein. Ich erlaubte mir den illusorischen Trost zu denken, die Zeloten stünden nun unseren Verstärkungen gegenüber. Doch nein, Lucanus hatte die Verabredung nicht eingehalten, und es war nur die Atempause, die dem Angriff voranging. Dutzende von Partisanen kamen bereits die Abhänge herunter, Steine und Geröll polterten vor ihnen her.
Welche Verblendung hatte mich dazu gebracht, mich Titus Caecilius anzuvertrauen, der von diesem Land und von diesem Volk nichts wußte? Ich würde umkommen, auf dumme, absurde, nutzlose Weise zusammen mit meinen Soldaten geopfert. Zum erstenmal in meinem Leben verstand ich, was Publius Quintilius, dessen Irrtümer ich so verachtet hatte, empfunden haben mußte, als wir uns in den Sümpfen des Teutoburger Waldes der riesigen Armee Herrmanns gegenübersahen. Und ich verstand, warum er es vorgezogen hatte, sich in sein Schwert zu stürzen, als alles verloren gewesen war.
Ich holte das meine aus der Scheide und prüfte die Klinge mit dem Daumen. Ich würde bar Abbas nicht das Vergnügen gönnen, den römischen Prokurator Judäas lebend ergriffen zu haben.
Doch ich kreuzte Flavius' vorwurfsvollen Blick. »Nein, Herr!« sagte er laut. »Das ist zu einfach!« Und der Selbstmord des Varus wurde in meinen Augen wieder zu dem, was er immer gewesen war: Fahnenflucht. Als er sich umgebracht hatte, hatte er sich nicht darum geschert, was aus seinen Männern ohne Feldherr werden würde; er war den Folgen seiner Fehler leicht entkommen. Weder Graecinus noch ich waren auf den

Gedanken gekommen, es ihm nachzutun, dabei hätte Marcus Sabinus einen weitaus milderen Tod sterben können, wenn er es gewollt hätte …

Ich mußte Flavius zustimmen, ich hatte nicht das Recht zu desertieren, indem ich mich umbrachte. Ich war nicht Publius Quintilius, und es hatte mich mit zu großer Befriedigung erfüllt, ihm nicht zu ähneln, um es ihm jetzt nachzutun.

Die Nacht wurde ein wenig heller und kündigte die baldige Morgendämmerung an. In diesem grauen Halbdunkel, das dem Tag voranging, konnten wir die Hügelkämme nicht mehr unterscheiden. Der erste Sonnenstrahl blitzte auf und spiegelte sich dort oben auf einem römischen Helm. Auf den Felsspitzen wurde gekämpft, und wir hatten die Oberhand. Dieser Anblick gab meinen Soldaten neuen Mut, und die Zeloten, die den Abhang herunterkamen, bezahlten mit dem Leben dafür, daß sie sich stark genug geglaubt hatten, uns zu schlagen.

Ich überließ es meinen Männern, das Terrain zu säubern. Mit einer Behendigkeit, zu der ich mich in meinem Alter nicht mehr für fähig gehalten hatte, kletterte ich den steilen Weg hinauf. Ich hatte nur eine Furcht: daß Lucanus bar Abbas bereits ein Ende gemacht haben könnte.

Als Titus Caecilius mich, ein wenig außer Atem, auftauchen sah, geruhte er mir in ungeniertem Ton ein paar vage Entschuldigungen für seine Verspätung vorzubringen. Ich hatte fünfzehn meiner Freiwilligen verloren, und dieser Verlust machte mich fast krank. Ich spürte, wie mich Zorn überkam, doch ich hielt ihn zurück. Lucanus hätte es nicht verstanden, daß der erlauchte Prokurator sich über den Tod einiger Legionäre erregte, die von Rom dafür bezahlt wurden, daß sie sich umbringen ließen. Vielleicht hätte er meinen Wutanfall sogar der Nachwirkung meiner eigenen nächtlichen Angst zugeschrieben.

Der heftige Kampf, der hinter ihm lag, hatte ihn kaum aus dem Konzept gebracht. Mit wachsender Unzufriedenheit bemerkte ich, daß mein Tribun – wann nur? – die Zeit gefunden hatte, sich zu rasieren. Ich fuhr mir mit müder Hand über meine Bartstoppeln. Ich brauchte keinen Spiegel, um festzustellen, daß sie nicht mehr so braun waren wie früher. Procula empfand Rührung darüber, doch an diesem Morgen ließen die grauen Haare meine einundvierzig Jahre deutlich werden, und vor Lucanus war mir das ein Graus! Er sollte sich nicht zu allem Überfluß noch vorstellen, daß ich während des Wartens auf ihn Angst gehabt hatte! Und ebensowenig sollte er bemerken, daß ich nach einer Nacht im Freien und meiner Kletterei über die Felsen kein einziges Gelenk mehr hatte, das mich nicht schmerzte ...

Im Laufe der vorangegangenen Monate hatte ich mir zu oft den Augenblick vorgestellt, in dem ich Josuah bar Abbas gegenüberstehen würde. Hätte Lucanus sich noch ein bißchen mehr verspätet, wäre meine Begegnung mit dem Zeloten sicher nicht so gewesen, wie ich es mir erhofft hatte. Doch selbst wenn das Glück mich im Stich gelassen hätte, wagte ich zu glauben, daß ich mehr Stolz gezeigt hätte als bar Abbas jetzt vor mir.

Der Mann, den man vor mich führte, war kein Held, sondern ein Bandit, ein elender Mörder, unfähig, den Tapferen zu spielen. Ich erkannte sofort meinen Angreifer, doch heute waren die Rollen umgekehrt, und die Stimme, die mich am Turm von Siloah aufgehalten hatte, weil ich in ihr keine niedrige Unterwürfigkeit hörte, zitterte, als der Zelot auf meine Fragen antwortete. Natürlich konnte er sich keine Illusionen über das Los machen, das ihn erwartete. Er würde ans Kreuz genagelt werden. Abgesehen davon, daß ich keine gräßlichere Art zu sterben kannte, hatte ich auch erfahren, daß die Kreuzigung für die Juden den Gipfel des Grauens und

der Besudelung bedeutete: *Verflucht ist jeder, der am Holz hängt!* Es wäre besser für bar Abbas gewesen, wenn er das Scharmützel nicht überlebt hätte.
Eine bittere Befriedigung erfüllte mich. Nicht jene, die ich erwartet hatte – die Manen von Lucius Arrius verdienten etwas Besseres als das jämmerliche Opfer, das ich ihnen darbringen würde; aber die Gewißheit, einen Verbrecher, der römisches Blut vergossen hatte, der Gerechtigkeit zu überantworten, die geschmähte Ordnung Roms wiederherzustellen und schließlich den Juden die schlimmste Enttäuschung zu bereiten, indem ich ihnen diesen bar Abbas, auf dem all ihre Hoffnungen lagen, ans Kreuz genagelt zeigte, in einem nicht endenden Todeskampf an der gräßlichen Folter sterbend, die Rebellen und Sklaven vorbehalten war, die ihren Herrn ermordet hatten. *Verflucht ist jeder, der am Holz hängt.* Der Fluch des Gottes von Israel würde auf Israels Helden herabkommen. Welch ein Sieg für Rom.
Ich kehrte nicht nach Cäsarea zurück. Es waren noch acht Tage bis zum Passahfest, und dann mußte ich in Jerusalem sein. Ich hatte entschieden, daß bar Abbas am folgenden Freitag, Vorabend des großen Sabbat, hingerichtet werden sollte. Welch bessere Abschreckung konnte es für die anreisenden Pilger geben als diese drei Kreuze auf dem Hügel am Eingang der Stadt?
Drei Kreuze, denn ich hatte beschlossen, daß die beiden Stellvertreter des Zeloten sein Los teilen sollten. Sie würden ihm übrigens mit mehr Mut und Würde ins Auge blicken als er.
Der erste, ein gewisser Gad bar Samuel, war ein Cousin von bar Abbas; sie ähnelten sich ein wenig. Abgesehen davon, daß Gad sich aufrecht hielt, während Josuah den Rücken krümmte, daß seine Augen vor Haß blitzten, daß er wie eine wütende Katze spuckte und man ihn schließlich fast hatte umbringen

müssen, um ihn auf dem Rücken eines Maultiers festzubinden.
Der andere war kaum älter als zwanzig Jahre und hatte ein Gesicht, das zu sanft war für das Metier, das er ausübte. Er hatte während des Kampfes drei Männer getötet und schien kaum zu begreifen, wie. Ich hatte ihn bei dem entsetzten Blick ertappt, den er auf seine blutbespritzten Hände richtete … Ich hatte Mitleid mit diesem Jungen, und wenn es möglich gewesen wäre, hätte ich mein Begnadigungsrecht auf ihn angewandt. Doch das ging nicht. Ich hatte in ihm den jungen Dysmas wiedererkannt, jenen Dieb, den ich ein erstes Mal hatte freigeben lassen, als er aus der Schatulle seines Meisters Geld gestohlen hatte, um dem Mädchen, das er liebte, eine Halskette zu schenken. Wollte er ihr immer noch Geschenke machen und hatte sich deshalb der Bande von bar Abbas angeschlossen? Oder glaubte er ehrlich, für sein Vaterland zu kämpfen? Es war nicht von Bedeutung. Die Götter geben niemals eine zweite Chance, und römische Prokuratoren ebensowenig.

Ich hatte geglaubt, die Menschen würden in Massen an unserem Weg zusammenlaufen, als wir an diesem schönen Morgen der Kalenden des April in Jerusalem einzogen. Ich hatte mich getäuscht. Wir begegneten niemandem außer der Karawane einiger Araber, die ihre Tiere tränkten. In einer mühsamen Mischung aus Griechisch und Aramäisch erklärten sie Flavius, daß seit dem Morgengrauen alle Welt zur anderen Seite der Stadtmauer geströmt war, um die Ankunft eines großen Propheten zu begrüßen. Die Händler aus Petra beteuerten mit zahlreichen Schwüren, daß dieser Mann am Abend zuvor im Dorf Betanien einen Toten auferweckt hatte. Einen Mann, der schon mehrere Tage tot war und bereits roch … Diese letzte Auskunft wäre meines Erachtens nicht nötig ge-

wesen, doch Flavius geriet darüber in ein unangebrachtes Entzücken.
Durch verlassene Straßen und vorbei an menschenleeren Plätzen gelangten wir zur Festung Antonia, als wir auf der anderen Seite des Tempelplatzes einen ausgefallenen Zug bemerkten. Inmitten einer Kakophonie von Liedern, Freudenschreien und dem Schellen kleiner Tamburine, mit denen Kinder fröhlich rasselten, bewegte sich eine Menschenmenge vorwärts. Die Leute stampften über einen Teppich farbenfroher Mäntel, die wie bunte Blumen auf den Boden geworfen worden waren und vor dem, der hier kam, eine Allee des Triumphes bildeten.
Zuerst sah ich ihn nicht. Blühende Zweige, Olivenzweige und grüne Palmbüschel, die sich wie ein wandelnder Wald mit ihm vorwärts bewegten, verbargen ihn vor mir. Durch eine Lücke im Laubwerk sah ich schließlich, auf welchem Triumphwagen der Mann saß, den man so bejubelte: auf einer weißen Eselin, gefolgt von ihrem Füllen. Ich stellte mir vor, mit welchem Hohngeschrei in Rom ein Imperator empfangen werden würde, der auf einem Esel saß. Ein seltsames Volk, diese Juden, die diese lächerliche Equipage eskortierten und gleichgültig gegen den eindrucksvollen Militärapparat waren, der mich umgab.
Flavius betrachtete die Szene, und ein strahlendes Lächeln erhellte sein Gesicht, das noch schlechter rasiert war als meines.
»Oh, Herr! Es ist der Galiläer! Es ist Jesus bar Joseph!«
Ich befürchtete, mein Gallier, mitgerissen von diesem Wiedersehen, könnte aus der Reihe ausscheren und sich dem ehemaligen Zimmerer zu Füßen werfen. Doch er rührte sich nicht, sondern schüttelte nur seufzend den Kopf.
Von Neugier ergriffen, blieb ich stehen und versuchte, mir diesen Galiläer anzusehen, von dem ich soviel gehört und

dessen Lehre mich ein wenig verwirrt hatte. Doch ich war zu weit entfernt, um seine Gesichtszüge klar erkennen zu können. Mir erschien sein Gesicht, das von einem kastanienbraunen Bart eingerahmt war, jung und schön.

Und dann hob Jesus bar Joseph den Blick und sah in meine Richtung. Auf diese Entfernung konnte er mich nicht besser sehen als ich ihn ... Dennoch hatte ich den Eindruck ...

Nach all dieser Zeit ist es mir immer noch unmöglich zu beschreiben, was ich damals empfand. Welches Wort könnte es ausdrücken? Erwartung? Hoffnung? Sehnsucht? Vielleicht ...

Aber ja, ich hoffte, ich sehnte mich mit aller Kraft danach, daß der Galiläer mich ansah, mich und niemand anderen.

Mein Herz hatte zu pochen begonnen wie rasend, mit unregelmäßigen Schlägen; so wie es damals gepocht hatte, als ich – noch so jung – vor unserer Heirat in die Gärten von Probus lief, um Procula wiederzusehen.

Ich war völlig auf diesen Unbekannten konzentriert, aufgewühlt, als hinge mein Leben davon ab.

All das dauerte nicht länger als einen Augenblick. Der Galiläer, der mich nicht gesehen haben konnte, wandte sich ab. Ich spürte eine seltsame, schmerzliche Enttäuschung.

Ich richtete mich im Sattel auf und grüßte den wachhabenden Offizier am Tor der Festung Antonia.

Ich hatte deutlich gesehen, wie Titus Caecilius Lucanus, der patrizische Tribun, mißbilligend die Brauen gehoben hatte, auch irrte ich mich gewiß nicht in seiner Miene verächtlichen Abscheus auf dem vornehmen und untadelig rasierten Gesicht, als er die Menschenmenge und den Galiläer betrachtet hatte ...

8

Als ich noch ein Kind war, spielte ich eines Tages mit Adelphos in einem Zimmer, das uns verboten war, und dabei zerbrachen wir eine kostbare etruskische Vase, an der meinem Vater sehr viel lag. Schweigend und bestürzt starrten wir eine ganze Weile lang die Scherben an.

Mein Vater züchtigte selten, aber streng. Seines Erachtens gehörte körperlicher Schmerz zur Erziehung eines Mannes. Ich habe diese Meinung nie geteilt und nicht oft den Mut aufgebracht, meine Kinder zu schlagen ... Doch ich bin nicht mein Vater. An jenem Tag zweifelte ich nicht, daß ich zu einem guten Dutzend Schläge mit der Rute verurteilt werden würde, die ich im übrigen vollauf verdient hatte.

Adelphos, noch verschreckter als ich, schlug vor, die Scherben der Vase in einem Eck zu verbergen und weit hinten im Garten spielen zu gehen. Würde der Verdacht meines Vaters dennoch auf uns fallen, sollten wir schamlos lügen und jeden Verdacht auf die Frau lenken, die das Zimmer ausfegte. Es war eine erst kürzlich gekaufte Sklavin, eine Kaledonierin, die man aus ihrem barbarischen Landstrich herausgerissen hatte; die Unglückliche verstand und sprach keine drei Worte Latein. Wir liefen also nicht Gefahr, daß sie ihre Unschuld an dieser Missetat beweisen könnte.

Weshalb sollte ich die feige Erleichterung verschweigen, die ich bei der Aussicht verspürte, der verdienten Züchtigung für mein Verschulden zu entgehen? Diese niedrige Befriedigung verschwand, als ich die verurteilte Dienerin sah. Sie war sehr

jung, sehr zart und ängstigte sich tausendmal mehr als ich vor der Peitsche. Von niederdrückender Scham ergriffen, ging ich zu meinem Vater und gestand meine Schuld – ohne darauf zu verweisen, daß ich nicht der einzige war.
Ich bekam mein Dutzend Hiebe mit der Rute, und zwar kräftig ... Mein Vater konnte eine außerordentlich schwere Hand haben.
Acht Tage später, als mein Hinterteil wieder in der Lage war, das Geschenk zu schätzen, brachte er mir das erste Pferd, das mir allein gehörte, um mich dafür zu belohnen, daß ich die Last meiner Schuld getragen und meine Verantwortung wie ein Mann übernommen hatte.
Die Strafe vergaß ich schnell, aber nicht die Freude meines Vaters über meine tugendhafte Handlungsweise. Ich glaube nicht, daß ich seither etwas getan habe, was den väterlichen Stolz von Gaius dem Älteren hätte beeinträchtigen können.
Nein, niemals in meinem Leben bin ich vor meiner Verantwortung davongelaufen oder habe ich mich geweigert, meinen Fehlern und Irrtümern ins Gesicht zu sehen.
Sicher könnte ich Entschuldigungen für meine Entscheidung finden, den Galiläer der Folter zu überlassen, die sein Volk für ihn bestimmt hatte. Ich könnte schwören, daß ich seinen Tod nicht gewollt hatte. Und es wäre die Wahrheit: Ich wollte den Tod Jesus bar Josephs nicht, und ich hatte alles versucht, um ihn zu verhindern.
Ich könnte sogar sagen, daß es nicht in meiner Macht gelegen hatte, diesen Tod zu verhindern, und auch das wäre die Wahrheit, denn ein römischer Prokurator steht nicht über den Gesetzen Roms. Und es waren die Gesetze Roms, die mich gezwungen hatten, die schrecklichste Entscheidung während meiner ganzen Laufbahn zu treffen. Ich könnte mich hinter der spitzfindigen Juristerei meines Volkes verschanzen und Gesetzestexte und Vereinbarungen zitieren, die zu respektie-

ren ich angehalten war. Aber weshalb sollte ich mich selbst belügen? Weshalb, wenn doch Procula sich nicht täuschen ließ?

Heute haben sich unsere Blicke wieder getroffen, und wieder habe ich in ihrem die unerbittliche Frage gefunden:

Gaius, was hast du getan?

Ein anderer würde ihr antworten, er habe seine Pflicht getan. Genau davon hatte ich mich an jenem Vorabend des jüdischen Passahfestes zu überzeugen versucht, als ich, endlich allein, das verwundete Gesicht des Galiläers, den Ton seiner Stimme und die schreckliche Angst, gegen die er ankämpfte, vergessen wollte.

Ich hatte meine Pflicht als römischer Verwalter und als Familienvater getan. Ich war Rom und Tiberius Cäsar treu gewesen; ich hatte getan, was ich hatte tun müssen, um meine Frau und meine Kinder zu schützen.

Doch zutiefst verzweifelt hatte ich gefühlt, daß ich ungeachtet des äußeren Scheins untreu gewesen war. Wem? Welcher Sache? Mir scheint, daß ich es damals wußte; heute weiß ich es nicht mehr. Nachdem die Gefühlsbewegung des Augenblicks vorbei war, ist das blendende und schreckliche Licht, das ich wahrgenommen hatte, erloschen.

Ich schreibe daher ganz einfach: Aus Feigheit habe ich einen Unschuldigen verurteilen lassen. Und hätte es mir nicht an Mut gefehlt, hätte ich dieses Verbrechen verhindern können. Doch dieser Mut hätte bedeutet, daß ich diesen Unbekannten nicht nur meinem eigenen Leben – was nichts war –, sondern auch dem Leben Proculas und des Kindes, das sie erwartete, dem Leben Pontias und Aulus' vorgezogen hätte.

Dennoch glaube ich, daß ein Wort, ein einziges Wort dieses Mannes, wenn er es mir hätte schenken wollen, mir die Kraft gegeben hätte, die mir fehlte, und daß ich, um ihn zu retten, das Risiko eingegangen wäre, mich ins Verderben zu

stürzen, und mit mir meine Frau, meine Söhne und meine Tochter.
Dieses Wort hat er nicht gesagt.
Warum?
Seither sind mir sein und Proculas Schweigen unerträglicher und schmerzhafter als mein Grauen vor dem Geschrei und Gebrüll der Plebs. Ihrer beider Schweigen hört nicht auf, mich zu bestrafen.
Wenn man sich vorstellt, daß ich gehofft hatte, eine Begegnung mit dem Galiläer würde mir den Frieden bringen! Er hat ihn mir genommen, und die Zeit, die so viele Wunden heilt, reißt die meinen mit jedem Tag mehr auf.

Geschrei und Gebrüll, das ich nicht zum Verstummen bringen konnte; und sein Schweigen ... Das ist die Erinnerung, die alle anderen verdrängt, wenn ich an diesen Aprilmorgen denke.
Ich hatte wenig und schlecht geschlafen. Am Vorabend hatte ich das Urteil gesprochen, das bar Abbas und seine beiden Helfershelfer ans Kreuz schickte. Es war das erste Mal, daß ich die Todesstrafe verhängte, und diese höchste Macht, über Leben und Tod eines Menschen zu entscheiden, erfüllte mich mit Schrecken. Ich war erregt und verstört zu Bett gegangen, und die Gewißheit, daß sich durch mich nicht die persönliche Rache des Gaius Pontius, sondern die Gerichtsbarkeit Roms und des Cäsars erfüllte, hatte mich nicht beruhigt. Ich tat meine Pflicht, aber nicht gern. Selbst der Gedanke an die Nägel, die sich in das Fleisch des Zeloten bohrten, verlieh mir keinerlei Befriedigung mehr; die Folter, die ich über ihn verhängte, würde die Schmerzen, die er mir verursacht hatte, nicht auslöschen und mich über Nigers Tod nicht hinwegtrösten. Ich hatte nichts ausgelöscht, nichts wiedergutgemacht, sondern menschlichem Leiden nur weiteres menschliches Leiden hinzugefügt.

Ich wälzte mich im Bett herum, ohne Ruhe zu finden. Meine Schulter tat mir sehr weh. Schließlich sank ich in einen fiebrigen Schlaf voller seltsamer Träume. Ich sah die Schatten von Lucius Arrius und meinem Sohn; lächelnd standen sie Hand in Hand am Fuß einer Treppe, die bis zum Himmel emporzusteigen schien und sich in den Wolken verlor. Eine riesige Menschenmenge drängte sich um sie, ungeduldig und freudig, als erwarte sie, diese Stufen gleich in Angriff nehmen zu können. Und plötzlich sah ich das Hindernis, das sich zwischen der Menschenmenge und der Treppe erhob: der Schatten eines Kreuzes, von dem Blut tropfte. Unaufhörlich fließendes Blut, das von einem dünnen Rinnsal zu einem Bächlein wurde, dann zu einem Sturzbach, dann zu einem Fluß, bis es all die wartenden Männer, Frauen und Kinder, die den Blick zu unsichtbaren Gipfeln hoben, in seine Fluten tauchte.

Diese Vision ließ mich schweißgebadet und außer mir vor Angst hochschrecken. Langsam kehrte ich in die Wirklichkeit zurück, in die Dunkelheit des Zimmers. Neben mir bewegte sich Procula unruhig, auch sie in einem Alptraum gefangen. Ich hörte sie seufzen:

»Nein! Nein! Gaius, Erbarmen! Nein, ich flehe dich an! Tu es nicht! Tu es nicht!«

Welches Verbrechen sah meine Frau mich im Traum begehen? Fast hätte ich sie aufgeweckt, doch sie schien sich zu beruhigen, und so ließ ich sie schlafen. Sie war am Ende des dritten Monats ihrer Schwangerschaft und müde. Procula war fast zweiunddreißig Jahre alt … Ich liebte sie, und ich hatte Angst, sie zu verlieren.

Ich fand keinen Schlaf mehr. Durch das Fenster sah ich bereits den Himmel bleicher werden, und irgendwo krähte unablässig ein Hahn, hartnäckig und zornig.

Geschrei, Gebrüll. Von Wut und Haß verzerrte Gesichter.
Ich war aufgestanden und beim ersten Lärm hinuntergegangen, erstaunt, daß eine solche Menge sich angesammelt hatte, und noch erstaunter, in ihren Reihen so viele hohe Würdenträger, Schriftgelehrte und Pharisäer zu sehen, die gewöhnlich so sorgfältig darauf achteten, den Kontakt zu mir unreinem Heiden zu meiden.
Und dann erkannte ich in ihrer Mitte sein Gesicht, dieses Gesicht, das ich vor fünf Tagen so sehr zu sehen gewünscht hatte. Doch in welchem Zustand war es jetzt ...
Auf dem linken Backenknochen ein riesiger rotvioletter Bluterguß, der langsam anfing, blau zu werden, und diese Gesichtszüge, die normalerweise vollkommen ebenmäßig und sogar außergewöhnlich schön sein mußten, seltsam asymmetrisch erscheinen ließ. Das rechte Auge war halb zugeschwollen, der Brauenbogen aufgeschlagen. Ein Faustschlag oder eine mit kräftigem Schwung versetzte Ohrfeige hatte die Oberlippe aufplatzen lassen, so daß sie gezwungenermaßen zu einer schmerzhaften Grimasse verzerrt war. Die Nase, an zwei Stellen gebrochen, hatte so stark geblutet, daß der kurze kastanienbraune Bart wie rot gefärbt schien.
Angesichts einer solchen Versessenheit, ihn zu schlagen und ihm weh zu tun, begriff ich, daß sie diesen Mann töten wollten. Und ich schwöre, daß ich damals nur einen Gedanken hatte: alles zu tun, um sie daran zu hindern.
Geschrei, Gebrüll. Das frechste Lügenkonzert, das ich je zu hören bekommen hatte. Wessen beschuldigten sie ihn nicht? Ohne die geringste Scham; ohne die geringste Wahrscheinlichkeit.
»Er ist ein Übeltäter! Ein Aufwiegler!«
Sie wagten zu behaupten, er stifte seine Jünger an, die Bezahlung der Steuern zu verweigern. Ich wußte von Flavius, daß diese Anschuldigung falsch war, wie übrigens auch alle ande-

ren. Im Gegenteil, er hatte jenen, die gefragt hatten, ob man die Steuern entrichten müsse, geantwortet:
»Gebt dem Kaiser, was des Kaisers ist.«
Ich sah mich suchend nach meinem Zenturio um – wer konnte sie besser als er der falschen Zeugenaussage überführen und erklären, daß der Galiläer zu Unrecht angeklagt war? Aber Flavius war nicht da ... Verflixter Gallier! Wahrscheinlich lag er noch mit einer zufällig aufgelesenen Schönen im Bett!
Das wahre Verbrechen von Jesus bar Joseph, dessen sie ihn eigentlich anklagten – doch als echte Orientalen sagten sie das erst ganz am Schluß, als sie an meiner zweifelnden Miene und meinen Fragen erkannten, daß ich ihnen nicht glaubte und besser informiert war, als sie dachten –, war ein anderes:
»Er sagt, er sei Christus und König!«
Aber Christus und König, war das nicht dasselbe? Hatte Herodes mir nicht erklärt, daß der König Israels der Christus, der Gesalbte, der Auserwählte Jahwes sei? Ich betrachtete den Galiläer. König, Christus und Messias. Hatte er schließlich doch Anspruch auf diese Titel erhoben, auf deren Auferstehung Judäa hoffte? Und ich begriff, warum sie seinen Tod wollten. Armer Messias, armer Christos, armer König Israels. Den kriegerischen Ambitionen seines Volkes so fremd. Der Mann, der uns aus Palästina verjagen sollte, stand vor mir, und ich wußte, daß seine Lehre nicht sagte, es sei gut, die Römer ins Meer zu werfen, sondern man müsse die linke Backe hinhalten, wenn man auf die rechte geschlagen würde. Und beim Herkules, wenn man ihn ansah, konnte man nicht daran zweifeln, daß diese Rohlinge sich während der vergangenen Nacht nicht zurückgehalten und ihn beim Wort genommen hatten.
Mich ergriff überströmendes Mitleid, und dennoch fühlte ich

mich vollkommen ohnmächtig. Denn was ging mich, den römischen Prokurator Judäas, diese rein jüdische Auseinandersetzung an? Ich versuchte daher, sie zu beruhigen, verweigerte meinen Schiedsspruch mit dem Argument, ihre Bräuche nicht zu kennen, und erklärte, was auch das dem Galiläer angelastete Verbrechen sei, so habe man ihn bereits zu sehr dafür gezüchtigt. Ich wollte glauben, daß die Sache damit abgetan sei. Für einen Römer war es so unglaublich, daß eine religiöse Diskussion zu Blutvergießen führen konnte. Im Rom von heute begrub man nicht einmal mehr die Vestalinnen, die ihre Keuschheitsgelübde verletzt hatten, bei lebendigem Leib! Und niemand wäre auf die Idee gekommen, für die Götter zu sterben.
Geschrei, Gebrüll. Ich hatte nichts begriffen.
»Wir haben nicht das Recht, jemanden zu töten!«
Beim Schicksal Roms, wer hätte das besser wissen können als ich? Überall im ganzen Imperium hatten wir den unterworfenen Völkern das Recht über Leben und Tod ihrer Verurteilten genommen. Wir behielten uns das Recht vor, einen Urteilsspruch zu vollstrecken. Dennoch war diese Regel in Judäa nicht unantastbar, und dumm, wie ich war, erinnerte ich sie daran: In religiösen Angelegenheiten konnte der römische Prokurator sich für inkompetent erklären und das Urteil verweigern. Doch in diesem Fall hatte der Sanhedrin, der einzig befugt war, den Schweregrad der Verfehlung abzuschätzen, das Recht, ein Todesurteil auszusprechen und zu fordern – ja, von mir zu fordern –, daß ich das Gesetz anwandte und den Urteilsspruch vollstrecken ließ. Mir wurde klar, daß ich nichts oder fast nichts tun konnte, um ihnen den Galiläer zu entreißen.
Geschrei, Gebrüll. Und sein Blick, der dem meinen begegnete.
Er hatte Angst, furchtbare Angst. Solche Angst, daß er am

liebsten geschrien, sich auf die Knie geworfen, sich gewehrt oder um Gnade gefleht hätte.
Dennoch flehte er nicht, wehrte sich nicht. Er blieb schweigend und reglos vor mir stehen. Bleich. Zu Tode verängstigt. Und dennoch würdevoll und mutig. Eine lange Haarsträhne fiel ihm über die Augen, und er warf sie mit einer kurzen Kopfbewegung zurück.
Geschrei, Gebrüll. Sein Schweigen, seine Würde und seine Angst ...
Ich nahm ihn mit in mein Prätorium, wohin seine Peiniger uns nicht folgen würden. Dieser Mann beeindruckte mich. Ich erinnerte mich an Flavius' seltsame Bemerkung:
»Er kam mir ebenso unzugänglich vor wie Tiberius Cäsar, und ich war nicht würdig, mich ihm zu nähern.«
Ich verstand, was der Gallier hatte sagen wollen. Dieser gefesselte, zerschlagene Mann war ebenso majestätisch wie ein König, sicherlich unendlich majestätischer als der fette Herodes. Und ich sagte, was mir plötzlich ganz offenkundig schien:
»Du bist der König der Juden.«
Seine Würde, seine königliche Haltung, seine ganze Person bezeugten es. Dieser Mann war ein König. Er richtete den Blick auf mich. Erstaunt? Neugierig?
»Sagst du das von dir aus, oder haben es dir andere über mich gesagt?«
Seine Stimme ... Ich hätte gewünscht, daß er niemals mehr aufhörte zu sprechen ... Zu mir zu sprechen.
Ich hatte Lust, ihm alles zu erzählen: vom Teutoburger Wald und meinem gallischen Zenturio, von Zenobia und Antiochos, von Flavius' Aufenthalt in Kapernaum und den seltsamen Ideen, die er sich schließlich in den Kopf gesetzt hatte, von den Diskussionen, die der Gallier und ich geführt hatten – über ihn. Und von anderen Dingen, weit geheimer, schmerzhafter und persönlicher, die ich noch niemals jemandem

anvertraut hatte ... Ich wollte sprechen; ich schwieg. Ich war lächerlich, erbärmlich. Ich hatte Angst, ihm dumm zu scheinen. War dieses Erstaunen, das er zeigte, nicht vermengt mit ein wenig Belustigung und Überraschung, einen Heiden zu entdecken, der über die jüdischen Glaubenslehren auf dem laufenden war? Gelähmt von Scham sagte ich nichts von dem, was ich sagen wollte, und unbeholfen stammelte ich:
»Bin ich ein Jude?«
Er lächelte leise, als mache er sich, auf freundliche Art, über mich lustig. Und dann erschien wieder die schreckliche Angst auf seinen verwundeten Gesichtszügen. Was hatte er nur für Angst ... Ich wollte ihn beruhigen:
»Dein Volk und die Hohenpriester haben dich mir überantwortet. Was hast du getan?«
Ich war sicher, daß ich die Lösung finden würde, wenn der Galiläer mir erklärt hätte, welches unverständliche Vergehen sein Volk ihm vorwarf. Ich würde ihn retten; er würde mit der entsetzlichen Nacht davonkommen, die er hinter sich hatte.
Aber er kümmerte sich nicht um meine Frage. Er kam auf meine vorige Behauptung zurück, die ihn mehr interessierte als die Frage, wie er sich aus dieser üblen Affäre ziehen sollte:
»Mein Reich ist nicht von dieser Welt. Wäre mein Reich von dieser Welt, meine Diener würden darum kämpfen, daß ich den Juden nicht überantwortet würde; nun aber ist mein Reich nicht von dieser Welt.«
Ich wußte nicht, von welchem Königreich er sprach, aber ich wußte, daß er kein Feind Roms war, und das genügte mir. Außergewöhnliche, absurde und herrliche Gedanken gingen mir durch den Sinn, zu schnell, als daß ich sie hätte fassen und ordnen können, doch ich empfand eine Mischung aus Aufregung und grenzenloser Freude, selbst wenn ich die Ursache nicht begriff. Glücklich, ohne zu wissen warum, wiederholte ich:

»So bist du dennoch ein König.«
Und lange kostete ich alles aus, was in dieser meiner Behauptung mit enthalten war. Ich ermaß die unermeßliche Bedeutung meiner Worte. Ich erinnere mich heute nicht mehr daran, was mich sie aussprechen ließ ... Erneut kreuzten sich mein Blick und jener des Galiläers. Als er mir antwortete, war in seiner Stimme keine Spur mehr von Erstaunen oder Zögern:
»Du sagst es, ich bin ein König.«
Ich zweifelte so wenig daran, und er wußte es, wußte, daß ich, der Prokurator Judäas, von Anfang an mit ihm von gleich zu gleich diskutiert hatte. Von gleich zu gleich? Bin ich dessen so sicher? Denn Flavius hatte recht, der Galiläer war ebenso beeindruckend wie Tiberius. Mit einem Unterschied jedoch: Die Gegenwart des Cäsars hatte mich immer mit Schrecken erfüllt; doch jene Jesus bar Josephs erweckte in mir ... Ich kann es nicht erklären!
Ich hätte stundenlang allein mit ihm bleiben können, ihm zuhören können, wie er über dieses geheimnisvolle Königreich sprach, das ich nicht kannte, und sein Königtum beteuerte.
Diesen Augenblick wählte Titus Caecilius für seinen Auftritt. Laut, wie es seine Gewohnheit war, denn es machte ihm Vergnügen, die regelmäßigen Tritte seiner *caligae* auf den Steinplatten widerhallen zu hören und mit seinem Schwert gegen die Türen und Mauern zu stoßen. Eine großartige Inkarnation der römischen Ordnung ... Und plötzlich, vielleicht bewirkt durch meine Feindschaft gegen ihn, sah ich Lucanus so, wie die Barbaren und die Juden ihn sehen mußten: ein arroganter, brutaler Ausländer, für den Macht und Gewalt die letzten Argumente waren.
Er musterte den Galiläer vernichtend, mit einer Haltung, die er für überlegen hielt. Schwindelig stellte ich mir vor, welchen

Eindruck ich meinem Tribun vermittelt haben mochte, als er mich bei einem solchen Gespräch mit einem gefesselten Angeklagten, dessen Gesicht blau geschlagen war, überraschte. Was mir vor einem Augenblick soviel Gewißheit und Licht gegeben hatte, versank nun in schrecklicher Konfusion. Ich lief rot an. Dennoch bemerkte ich das instinktive Zurückweichen des Galiläers, als Lucanus eintrat. Jesus bar Joseph hatte Angst vor Titus Caecilius. Ich unglücklicherweise auch ...
Soviel Angst, daß ich den Faden der Worte verlor, die der Galiläer mir gerade sagte. Diese Erklärung, die mir so einleuchtend erschienen war, hatte nun allen Sinn verloren, und ich hörte, ohne zu verstehen:
»Ich bin dazu geboren und in die Welt gekommen, daß ich die Wahrheit bezeugen soll. Wer aus der Wahrheit ist, der hört meine Stimme.«
Ich hatte das flüchtige Gefühl, daß die Antwort zum Greifen nahe war, die einzige Antwort, um die ich in meiner höchsten Verzweiflung die Götter angefleht hatte, an die ich nicht glaubte.
Aber Lucanus sah mich an, unbeugsam und spöttisch. So verzichtete ich auf das Wissen, hüllte mich in meine Würde als Prokurator und ging auf die Tür zu. Als ich an dem Galiläer vorbeikam, fragte ich ihn in dem resignierten Ton dessen, der der Suche müde geworden war:
»Was ist Wahrheit?«
Er antwortete mir nicht.
Manchmal, wenn ich allein bin, wiederhole ich diese Worte:
»Was ist Wahrheit?«
Doch an ihnen hängt schwer jene Bangigkeit, jene verzweifelte Hoffnung, die ich einst in sie hineinlegen wollte und die eine alberne Scham zurückhielt ... Und ich stoße mich an dem Schweigen. Der Galiläer ist tot. Niemals mehr wird er mir die Antwort geben.

Geschrei, Gebrüll. Es schallte mir ins Gesicht, als ich aus dem Prätorium hinaustrat, um mich der Menge zu stellen, die sich beträchtlich vermehrt hatte. Mit aller Feierlichkeit, deren ich fähig war, fällte ich einen – wie ich hoffte, unwiderruflichen – Urteilsspruch:

»Ich finde an diesem Mann keinerlei Grund zu einer Verurteilung.«

Nein, ich fand keinen, aber ich war kein Jude …

Es war ein Schrei:

»Wie! Du verurteilst ihn nicht! Aber er wiegelt das Volk auf!«

»Weißt du nicht, daß er verbietet, die Steuern zu zahlen?«

»Er ist ein Aufrührer! Ein Unruhestifter! Ein Betrüger!«

Hielten sie mich für so dumm, all diesen Anschuldigungen zu glauben? Erbost zuckte ich die Achseln. Das Gebrüll wurde noch lauter. Ich wandte mich an Jesus bar Joseph. Er war bleich und stumm. Bei jeder der Lügen, die von der Menschenmenge vorgebracht wurde, zuckte er verblüfft zusammen. Empört darüber, wie sie fälschlich über diesen Gerechten herfielen, beugte ich mich zu ihm:

»Hörst du nicht, was sie gegen dich sagen? Und du entgegnest ihnen nichts!«

Ja, er hörte es … Er hörte es nur zu gut … Er hatte die Miene peinvoller und ungläubiger Bestürzung, die man bei einem Menschen sieht, der von einem Nahestehenden, einem Freund, einer Geliebten in seinem Vertrauen und seiner Liebe verraten wurde. Den Gesichtsausdruck, den ich gehabt hätte, wenn ich Procula in den Armen eines anderen Mannes gefunden hätte.

Doch er empfand keinerlei Zorn, keinerlei Empörung. Nur eine unendliche Traurigkeit, die Trauer der verhöhnten und verachteten Liebe. War es möglich, daß diese haßerfüllte Menschenmenge dieselbe war, die sich am vergangenen Samstag gedrängt hatte, um ihn mit Dankesliedern zu empfangen?

Ich verstand ihn, und ich bedauerte ihn. Ich wußte, daß ich an seiner Stelle, überwältigt von Kummer, ebenfalls geschwiegen hätte. Doch das Volk schrieb dieses Schweigen nicht dem Schmerz des verratenen Freundes zu, sondern der Scham des überführten Schuldigen ...
Geschrei, Gebrüll. Ein solcher Tumult, daß ich nur noch einzelne Worte und Satzfetzen aufschnappte:
»In Galiläa hat er angefangen!«
Da fiel mir Herodes ein, der dicke Herodes, der kleine Mädchen liebte, der seinen Wanst in kostbaren Seidengewändern spazierenführte, die voller Soßen- und Fettflecken waren. Und ich glaubte, das unfehlbare Mittel gefunden zu haben, um Jesus bar Joseph zu retten. Antipas und sein verschlagener Gesichtsausdruck, der mich bat, ihm Jochanaan vom Hals zu schaffen ... Den Täufer hatte ich deshalb schützen können, weil er, geboren in Judäa und in meiner Provinz lebend und lehrend, von mir abhing. Hätte er das Territorium nicht verlassen und wäre nicht so unvorsichtig nach Galiläa gegangen, hätte der alte Fuchs ihm niemals etwas anhaben können ... Nun gut, ebenso wie Jochanaan von meiner Gerichtsbarkeit abhing, unterstand Jesus bar Joseph Herodes! Er stammte aus Nazareth in Galiläa. Er gehörte in die Abhängigkeit des Tetrarchen, und ich wußte, daß Antipas keinerlei Beschwerde gegen ihn hatte. Man hatte in Jerusalem einen Galiläer festgenommen? Das war Sache der Regierung Galiläas, nicht die meine! Herodes sagte, daß er Gottesleute respektiere. Ich würde ihm diesen Mann anvertrauen, ihn unter seinen Schutz stellen. Befand er sich einmal im Palast von Antipas, wäre er geschützt, außerhalb meines Territoriums, außerhalb meines Gerichtsbezirks. Vor allem außerhalb der Gerichtsbarkeit des Sanhedrin. Und Jesus bar Joseph wäre gerettet.
Wenn ich daran zurückdenke, frage ich mich, ob ich nicht

feige versucht hatte, meine Verantwortung auf Herodes abzuwälzen. Nein. Ich verabscheute den Tetrarchen derart, daß mir allein der Gedanke, ihn um einen Gefallen zu bitten, verhaßt war. Doch um den Galiläer zu retten, nahm ich dieses Opfer auf mich – und es war eines, diesem schmutzigen Haufen aus Fett und Lüsternheit, der es wagte, sich König zu nennen, verpflichtet zu sein.

Ich tat es, weil es die einzige Lösung war, die es mir ermöglichte, sowohl Recht als auch Gerechtigkeit zu wahren; das, was mir die Gesetze Roms befahlen, und das, was mein Gewissen mir befahl – diesen Unschuldigen zu retten, nach dem die Menge heulte wie ein Rudel Wölfe nach einem Lamm.

Ich schickte ihn daher zu Antipas. Natürlich interpretierte er meine Geste als einen Versuch zur Versöhnung. Ich hatte vergessen, daß dieses Schwein ein Faible für außergewöhnliche Situationen und für bizarre Erscheinungen hatte und daß er an seinem Hof eine ganze Schar von Magiern und Wahrsagern unterhielt, darunter einen gewissen Schwärmer namens Simon, der behauptete, fliegen zu können. Eine öffentliche Vorführung, die er ein paar Jahre später geben sollte, bewies jedoch eindeutig, daß er nur prahlte ...

Herodes freute sich daher sehr auf die neue Unterhaltung, die ich ihm verschaffte; er hätte sich auf dieselbe Art gefreut, wenn ich ihm irgendein dressiertes Tier oder eine sehr junge Tänzerin geschickt hätte. Doch sein Vergnügen war kurz. Trotz seiner Bitten und Befehle würdigte der Galiläer ihn keines Wortes und geruhte keineswegs, ihn mit den berühmten Kunststücken zu unterhalten, die die Menge begeisterten und die Antipas so gerne gesehen hätte. Jesus vermehrte kein Brot, verwandelte kein Wasser in Wein, ließ keinen Tauben hören, keinen Blinden sehen und erweckte keinen Toten zum Leben, um dem Tetrarchen gefällig zu sein. Angesichts eines solchen Mangels an gutem Willen wurde Antipas, der auf-

grund seiner außerordentlichen Leichtgläubigkeit doch ein gutes Publikum gewesen wäre, ärgerlich und schickte mir den Galiläer zurück. Um ihn zu verspotten, ließ er ihn zuvor in eines seiner Königsgewänder kleiden und tat mir so kund, was er von dem Erwählten Jahwes, dem Christos und König Israels hielt.

Wie hatte ich glauben können, Herodes sei zur geringsten noblen Haltung, zur geringsten Großzügigkeit fähig?

Mir blieb nur noch ein letztes, verzweifeltes Mittel: dem Sanhedrin das Exequatur zu verweigern, meine Ermächtigung, den Urteilsspruch des Hohenpriesters vollstrecken zu lassen. Damit hätte ich meine Rechte und meine Macht gravierend überschritten, und ich lief Gefahr, daß der Sanhedrin vor dem Statthalter Syriens gegen meine Weigerung Berufung einlegte. In diesem Falle hätte ich den Galiläer nicht retten können und mich selbst ins Verderben gestürzt.

Ich erinnerte mich wohl zuwenig an den letzten Rat, den Probus mir erteilt hatte: mich so unauffällig wie möglich zu verhalten, solange Aelius Rom in der Hand hielt.

Ich sah den Galiläer an. Das prachtvolle Gewand, das er trug, ließ ihn noch elender aussehen, doch zugleich trug er es mit einer Haltung ... Ja, dieser Mann war ein König.

Ich beschloß, alles zu versuchen. Ich stellte mich wieder dem Volk, ließ die Anführer rufen und hoffte, ich könnte sie dazu bewegen, ihre Meinung zu ändern. Ich wiederholte, daß der Galiläer unschuldig sei, davon sei ich überzeugt. Doch was bedeuteten ihnen die Überzeugungen eines Heiden? Als ich kein Argument mehr hatte, appellierte ich – ich! – an die Autorität des Herodes! Er war Jude, und er hatte an Jesus bar Joseph ebenfalls keinen Grund zur Verurteilung gefunden! Unglücklicherweise hatten die Sanhedriten von der moralischen Autorität des Herodes keine höhere Meinung als ich. Wenn ich ein unreiner und unwissender Römer war, so war

Antipas ein Renegat, ein Verräter seines Volkes. Paßten wir nicht gut zusammen? Sie glaubten, wir würden gemeinsame Sache machen. Bei dem Gedanken, daß ich als Komplize dieses schmutzigen Mannes hatte gelten können, wird mir noch heute übel!

Eine andere Idee kam mir in den Sinn. Es war der Vorabend des Passahfestes, und ich konnte mein Recht der Begnadigung ausüben. Wenn sie den Galiläer um jeden Preis verurteilen wollten, würde ich ihn sofort begnadigen. Aber ich brauchte die Zustimmung des Volkes. Ich nahm es als Zeugen:

»Wollt ihr, daß ich den König der Juden freilasse?«

Ohne nachzudenken hatte ich den messianischen Titel gebraucht, den das Volk bestritt.

Gelächter brach bei den Soldaten aus, die auf dem Hof herumlungerten. Sie hatten geglaubt, ich würde mich lustig machen, diesen Titel aus Spott gebrauchen, und machten sich niederträchtig zum Echo der Worte, die sie für einen zynischen Scherz hielten.

Geschrei, Gebrüll. Zweifellos hatte ich schlecht gehört oder falsch verstanden. Doch diese Tausende von Stimmen skandierten nur einen Namen: nicht Jesus, sondern Josuah ...

Sie forderten von mir, bar Abbas freizulassen; bar Abbas, den Mörder Nigers, bar Abbas, den ich am Abend zuvor gesehen hatte, wie er sich vor mir auf die Knie warf, weinte und flehte, ich solle ihm das Kreuz ersparen. Doch für sie blieb er die Verkörperung ihrer Träume von Gewalt und Haß.

»Bar Abbas, bar Abbas, bar Abbas!«

Ich war versucht, Lucanus zu rufen und ihn mit zwei Kohorten auf diese wahnsinnige Menschenmenge loszulassen, sie zum Schweigen zu bringen, mit meiner Gewalt auf ihre Gewalt zu antworten. Aber ich tat es nicht, weil ich mich an das Passahfest des Jahres zuvor erinnerte, an mein Schwert, rot von dem Blut, das ich nicht hatte vergießen wollen, an den entsetz-

lichen Schrei des kleinen Jungen, der unter den Hufen meines Pferdes zertrampelt worden war. Ich war der sinnlosen Tränen und Leiden unendlich müde.

Die Menge, dieses hassenswerte Ungeheuer, hatte im Augenblick nur ein Gesicht und nur eine Stimme, aber wenn ich meinen Soldaten den Befehl gäbe, in ihr Fleisch zu schneiden, würde die Hydra wieder zu einer Unzahl von Unschuldigen werden. Begriff diese Masse überhaupt, daß sie nur ein Spielzeug war, das von den Mitgliedern des Sanhedrin manipuliert wurde? Das Instrument der Rache der Pharisäer, unter denen der Galiläer sich unversöhnliche Feinde gemacht hatte? Jesus bar Joseph hatte nicht den Aufstand gegen Rom gepredigt; er hatte sein Volk aufgefordert, sich zu erneuern, sich einer Freiheit würdig zu erweisen, die höher war als jene, nach der es strebte. Und das würde der Sanhedrin ihm nie verzeihen. Menschenmengen sind unvernünftig und gefährlich, ich habe sie immer gefürchtet, doch sie wissen nicht, was sie tun. Ich, der ich allein in meinen Prätorium saß, wußte, welche Schuld ich auf mich laden würde, wenn ich den Befehl gäbe, das Volk auseinanderzutreiben.

»Meine Diener würden darum kämpfen, daß ich den Juden nicht überantwortet würde«, hatte der Galiläer mir gesagt. Seine schweigende, ferne Haltung ließ mich erraten, daß er die Hilfe meiner Soldaten ebensowenig wünschte wie die der seinen. Und ich verstand nicht, warum er so handelte.

Ich blieb unentschlossen. Nicht im Hinblick auf die zu treffende Entscheidung; die meine war getroffen: Ich würde den Angeklagten freilassen. Doch ich war unschlüssig, wie ich diese Entscheidung am besten durchsetzen sollte. Ich ertappte mich dabei, wie ich den Siegelring des Ritterstandes mit derselben Geste um meinen Finger kreisen ließ wie Lucius Arrius, wenn er in Verlegenheit war. Hätte Niger besser gewußt, wie er die Sache anpacken sollte? Hätte er weniger als

ich gewünscht, Jesus bar Joseph zu retten? Nein, bestimmt nicht ... Lucius, der mit einer der unmöglichen Lehren des Galiläers auf den Lippen gestorben war ... Was war das noch gewesen?

»Ich wollte dir sagen, Herr: Es ist leicht, sein Leben für die zu geben, die man liebt ...«

Sein Leben für die zu geben, die man liebt ... Ich wußte, daß Niger mir einen wesentlichen Schlüssel hinterlassen hatte, der alles erklärte. Es ging um Opfer und um Tausch. Doch ich verstand nicht, wessen Platz Jesus bar Joseph einnehmen oder für wen er sich opfern wollte.

Ich bemerkte, daß er mich ansah; das bereits angedeutete Lächeln glitt über seine zerschundenen Lippen, als fände er es äußerst erheiternd, daß ich trotz meines begriffsstutzigen Römerhirns imstande war, manche Dinge zu begreifen. Aber nein, ich bildete mir Unsinn ein! Seit einer Stunde hatten wir kein Wort gewechselt! Der Galiläer hätte meine Gedanken lesen müssen. Verwirrt und ängstlich wandte ich den Kopf.

Und ich sah Flavius in einer Ecke, der meine Aufmerksamkeit auf sich zu ziehen versuchte. Ich stürzte mich auf die Gelegenheit, diese ermüdende Sitzung zu unterbrechen, stand auf und ging hinaus, den Gallier auf den Fersen. Er trat von einem Fuß auf den anderen, wußte nicht, wie er anfangen sollte. Endlich entschloß er sich:

»Herr, verzeih mir, aber es ist wichtig. Zuerst, weißt du, muß ich dir etwas von Claudia Procula ausrichten. Ich wiederhole, was sie mir gesagt hat, Herr: ›Gaius, wenn du mich liebst, misch dich nicht in die Sache dieses Gerechten ein! Seinetwegen hatte ich diese Nacht einen Traum, der mich sehr berührt hat.‹«

Flavius kratzte sich am Hals, deutlich verlegen, einen solchen Auftrag zu übermitteln.

Ich erinnerte mich an den Traum meiner Frau und an ihr

Seufzen: »Gaius, nein! Nein! Hab Erbarmen! Ich flehe dich an! Nein, Gaius! Nein! Tu es nicht, tu es nicht!« Hatte sie also von dem Galiläer geträumt?
»Wenn du mich liebst, misch dich nicht in die Sache dieses Gerechten ein.« Bewundernswerte weibliche Naivität! Wie hätte ich mich nicht in diese Sache einmischen können? Und was würde geschehen, wenn ich mich jetzt entschiede, mich nicht einzumischen? Manchmal schleppten die Juden Angeklagte, die sie für schuldig befunden hatten, zu den Stadtmauern hinaus: in flagranti ertappte Ehebrecherinnen oder, seltener, Gotteslästerer. Außerhalb Jerusalems wurden sie dann ohne weiteren Prozeß gesteinigt. Vielleicht würden sie es nicht wagen, mit dem Galiläer so zu verfahren, da sie zuerst an meine Autorität appelliert hatten? Doch es war ein Risiko, das ich nicht eingehen konnte. Nun gut! Ich hatte keine andere Lösung mehr, als ihnen das Exequatur zu verweigern.
Flavius murmelte:
»Verzeih mir, Herr, wenn ich die Kühnheit habe, dir einen Rat zu geben. Claudia Procula meint es gut, das weiß ich, doch sie irrt sich. Ich bitte dich um eine Gnade: Du mußt dich ganz sicher in diese Sache einmischen! Herr, du weißt es! Der Meister ist unschuldig! Du mußt ihn retten!«
Flavius nannte ihn immer noch »Meister«. Mein treuer Gallier, unfähig zur Undankbarkeit, unfähig, die Seinen im Stich zu lassen. Nach ihrer Begegnung in Kapernaum war er sogar so weit gegangen, ihn Herr zu nennen, so wie mich. Ohne Zögern, als wäre der Titel ganz selbstverständlich. Der Galiläer, Meister und Herr? Ja, und ich war der Meinung, daß Flavius recht hatte, ihn so zu nennen.
Er fuhr fort, sehr schnell, und errötete dabei:
»Herr, wenn du erlauben würdest … du wärst so gütig! Sicher, es ist nicht üblich, aber wenn du es trotzdem erlauben würdest! Weißt du, sie sind so unglücklich, so besorgt! Sie hängen

so an ihm! Herr, wenn du sie hereinkommen lassen würdest, ich verspreche dir, daß sie keinen Lärm machen werden, sie werden ganz unauffällig sein!«

Er zeigte mir eine Frau und einen sehr jungen Mann, die in eine dunkle Ecke gedrückt standen; sie verfolgten ängstlich unser Gespräch. Vielleicht konnten sie kein Latein? Beide schienen so verstört, daß ich aus Mitleid auf Griechisch fortfuhr, um sicherzugehen, daß sie mich verstanden:

»Nun gut, sie können hereinkommen, vorausgesetzt, sie verhalten sich still!« Dann, leiser und auf Lateinisch, fragte ich:

»Sag mir wenigstens, wer sie sind.«

»Sie, Herr, ist Miriam. Du weißt, Miriam ... Die Witwe, die ... nun ja, ich habe manchmal die Nacht bei ihr verbracht, in Magdala ... Der Junge ist Johannes. Eigentlich heißt er Jochanaan, wie jeder in diesem Land, aber seine Mutter findet, daß Johannes, auf Griechisch, besser klingt ... Er ist aus Kapernaum, ich habe dir so oft von ihm erzählt! Ich glaube sogar, du hast seine Mutter kennengelernt. Ihr Mann hat den größten Fischereibetrieb am See Genezareth!«

Nun begriff ich! Proculas Besucherin, die Frau, die mich davon überzeugen wollte, daß ihre beiden Söhne zu den Weltwundern gehörten! Natürlich, Johannes! Der begabte Jüngling, der Verse schrieb ... Wie alt war er? Sechzehn? Höchstens siebzehn. Kurze braune Locken, ein noch bartloses Gesicht, zart wie ein Ephebe ... Aber die Augen, voller Sorge, Trauer und Entschlossenheit, waren die eines Mannes.

Ich fragte mich, was seine Mutter davon hielt, daß er zu den Jüngern des Galiläers gehörte. Oder war sie zu ihm gegangen und hatte ihm dieselbe kleine Rede aufgedrängt, mit der sie mich gelangweilt hatte, über die Ehrenplätze, die ihre Jungen verdienten? Und was hatte er ihr in diesem Fall geantwortet? Ich hätte es zu gerne gewußt ...

Die Frau war prachtvoll. Älter als Procula, gewiß, und schwer

vom Alter gezeichnet, so wie die Frauen, die es nicht verstanden oder gewollt hatten, ihre Schönheit zu pflegen, doch unvergeßlich ... Sie hatte keinen Blick für mich, ihre Augen blieben auf Jesus bar Joseph geheftet. Noch nie hatte ich ein Frauengesicht gesehen, das unverhüllter, heftiger und schamloser äußerste Liebe und äußerste Angst ausgedrückt hätte. Allein ihretwegen spürte ich, wie mein Wunsch, den Galiläer zu retten, neu belebt wurde, nur für das Lächeln der Dankbarkeit, das sie mir vielleicht schenken würde, wenn ich ihr ihren Christos wiedergab.

Die Sonne stand mittlerweile hoch am Himmel und blendete mich, als ich wieder hinaustrat. Der Lärm hielt immer noch an, und die Menschenmenge war noch größer geworden.

Geschrei, Gebrüll ...

Bar Abbas, bar Abbas, bar Abbas!

Ein Mann, der auf dem Sockel einer Säule stand und dessen Gesicht ich aufgrund des gleißenden Sonnenlichts nicht klar erkennen konnte, zeigte mir die Faust und überschrie die anderen Stimmen:

»Laß bar Abbas frei!«

Ich glaubte nicht, daß er den Tod des Galiläers wünschte, nicht mehr als einer der anderen, die hier waren; Jesus bar Joseph zählte für sie einfach weniger als der Anführer der Zeloten. Und der Anführer der Zeloten zählte weniger als die seltene Gelegenheit, Rom zu beleidigen, indem sie mir die Freilassung eines Kriminellen abtrotzten, den ich verurteilt hatte.

Ein Kellerfenster des Kerkers, in dem Josuah sich befand, ging genau auf den Platz hinaus; der Sikarier hörte sicherlich alles, was sich abspielte. Bestimmt begann er über seine ungebrochene Popularität, seine baldige Rettung und meine Niederlage, mit der zu rechnen war, zu lachen.

Bar Abbas, bar Abbas, bar Abbas!

Ich versuchte, inmitten dieser Masse die Rädelsführer zu erkennen, mit ihnen zu sprechen, sie zu überzeugen. Doch ich sah nichts außer diesem harten Leuchten, das mir Tränen in die Augen trieb. Geblendet schrie ich aufs Geratewohl:
»Und was soll ich mit Jesus bar Joseph machen, den man den Christos nennt?«
Ein einziger Schrei, wild, böse, ein Schrei, wie man ihn im Zirkus hörte, wenn der verletzte Gladiator zusammenbrach und der Pöbel auf das berauschende Spritzen des Blutes wartete, antwortete mir:
»Kreuzige ihn! Kreuzige ihn! Kreuzige ihn!«
Ich wandte mich dem Galiläer zu. Er war aschfahl, Schweißtropfen perlten von seinen Schläfen. Er hatte die Augen geschlossen, vielleicht, um sich von dem unerträglichen Leuchten der Sonne zu schützen oder um nicht diesen auflodernden Haß zu sehen, in dessen Mittelpunkt er stand. Doch er besaß die letzte Würde jener vornehmen Besiegten, die keinerlei Mitleid für sich fordern. Ich konnte nicht den Daumen senken und ihn diesem Pöbel überlassen. Mir war ganz übel vor Empörung und Wut, und ich schrie:
»Aber was hat er Böses getan?«
Natürlich nichts; doch wer scherte sich darum, außer mir, außer meiner Frau, außer Flavius? Außer der Frau hinter mir, die sich die Lippen blutig biß? Außer dem Jungen, dessen schönes Gesicht nur Entsetzen und Sprachlosigkeit widerspiegelte? Drei Heiden, eine Hure und ein Knabe, der sich kaum vom Rockzipfel seiner Mutter gelöst hatte. Gegen diese Menschenmenge war das wenig.
Mitgerissen von einer barbarischen Raserei, schrie die Menge hysterisch im Chor:
»Kreuzige ihn! Kreuzige ihn! Kreuzige ihn!«
Ich war nie ein Redner; ich war kein Brutus oder Marcus Antonius, der das Volk von der Richtigkeit seines Handelns

und der Reinheit seiner Absichten hätte überzeugen können. Und im übrigen, selbst wenn ich imstande gewesen wäre, eine schöne griechische Rede zu improvisieren, um die Unschuld des Christos zu beweisen, hätte niemand mir zugehört. Ich verzichtete daher auf jede Bemühung um redegewandte Wirkung, sondern rief mit möglichst entschlossener Miene:
»Nein! Ich werde ihn nicht kreuzigen! Ich habe keinerlei Grund gefunden, ihn zu verurteilen! Ich werde ihn freilassen!«
Eine Hand legte sich da auf meine Schulter, umklammerte sie und ließ dabei den Schmerz meiner alten Verwundung wiederaufleben. Titus Caecilius beugte sich zu mir.
»Du bist verrückt geworden, Herr! Du begreifst nicht, daß du einen Aufstand auslösen wirst! Das ist es nicht wert! Sag ihnen wenigstens, daß du ihn bestrafen wirst!«
Ihn bestrafen, aber wofür? Lucanus musterte mich mit undurchdringlicher Miene, sein Blick war hart, sein Mund sarkastisch, das Abbild der römischen Ordnung. Ich hätte nicht auf seine Ratschläge achten sollen; doch statt dessen fügte ich hinzu:
»Ich werde ihn freilassen, nachdem er gezüchtigt worden ist.«
An diesem Punkt begann ich mich zu verachten.
Ich suchte nach einer Rechtfertigung für meine Entscheidung. Es gab keine, jedenfalls keine ehrenhafte, deren man sich nicht zu schämen brauchte. Ich stand wieder da wie das Kind, das ich gewesen war, das der Angst nachgab und auf die knechtischen Vorschläge von Adelphos hörte, so daß die kaledonische Sklavin an meiner Stelle angeklagt wurde. Aber an diesem Morgen konnte ich nicht zu Titus Caecilius laufen und ihm sagen:
»Er hat nichts getan! Mich muß man auspeitschen, nicht diesen Mann!«
Ich wurde verzehrt von Scham und Selbstvorwürfen.

Ich wußte sehr gut, was Lucanus, seit er sein Kommando übernommen hatte, aus unseren Männern gemacht hatte. Seine Auffassung von Disziplin bedeutete unbarmherzige Strafmaßnahmen zur Ahndung jeder geringsten Verfehlung. Meine Soldaten, ständig mißhandelt, häufig ausgepeitscht, hatten sich in rohe Kerle verwandelt, und jede Beute, die man ihnen überließ, wurde Opfer ihres jämmerlichen Bedürfnisses, sich an jenen zu rächen, die schwächer waren als sie. Ja, ich wußte es, aber ich hatte nicht den Mut, meinen Tribun zu tadeln oder ihn aufzufordern, mehr Milde und Mäßigung walten zu lassen. Im übrigen hätte er höhnisch gelacht und geantwortet, daß seine in wenigen Monaten erzielten Ergebnisse seine Methoden rechtfertigten. Ich kann es nicht leugnen: Ich wußte, daß sich meine Legionäre mit meinem stillschweigenden Einverständnis, wenn auch nicht auf meinen ausdrücklichen Befehl hin, an dem Galiläer für Lucanus' Grausamkeiten revanchieren würden. Und ihn auch für die Angst bezahlen lassen würden, die sie angesichts der brodelnden, bedrohlichen Menschenmenge empfanden, die uns seinetwegen belagerte.

Ich wußte es. Und dafür, zumindest dafür trage ich die Last der Verantwortung. Aber warum wird sie mir so schwer?

Zehn Jahre in der Legion und meine Prokuratur hätten mich stärker abhärten müssen. Wie oft hatte ich Geißelungen mitangesehen, denen manchmal erst der Tod ein Ende setzte? Ich habe die Male nicht gezählt. Ich hatte die vorschriftsmäßigen Peitschen am Werk gesehen, mit ihren Lederriemen, an deren Enden Bleikugeln oder Knochen hingen; ich wußte, daß sie Rücken und Oberkörper aufrissen, bis die Muskeln bloßlagen oder, wenn die Peiniger den Befehl hatten, hart zuzuschlagen, sogar die Knochen unter dem Brei von Fleisch sichtbar wurden. Das war eine Folter, die mit den Ruten, die mein Vater benutzte, nichts mehr zu tun hatte.

Ich wußte es.
Dennoch fiel es mir schwer, meine Übelkeit zurückzuhalten, als man Jesus bar Joseph vor mich führte. Ich hatte erlaubt, daß man ihn auspeitschte, und für diese Erlaubnis verspürte ich bereits genügend Scham. Doch ich hatte nicht erlaubt oder mir je vorgestellt, daß man ihn zum Gegenstand einer schändlichen Komödie machen würde.
Der Titel »König der Juden« hatte meine Legionäre belustigt, und als Nachahmung der Ehren, die man dem Cäsar schuldete, hatten sie dem Gefangenen die königlichen Ehren erwiesen. Aus einer Wüstenpflanze mit scharfen Dornen hatten sie eine nachgemachte Krone geflochten, und da diese Krone schlecht hielt, hatten sie ihm die Dornen mit Faust- und Stockschlägen wütend in den Kopf getrieben. Blutrinnsale liefen dem Galiläer immer noch über das Gesicht, in die Augen, zogen Furchen durch seine bleichen Wangen; man hätte meinen können, er vergieße blutige Tränen.
Über die gegeißelten Schultern hatten sie ihm einen Purpurmantel gelegt, ein altes Kleidungsstück, schmutzig und abgenutzt. Es war das *paludamentum* von Lucius Arrius, das er an jenem Tag getragen hatte, als er mir das Leben um den Preis des seinen gerettet hatte. Auf dem Stoff waren große schwärzliche Flecken, das Blut Nigers. Diese Spuren auf dem Stoff wurden erneut rot, als hätte das Blut von Lucius nach einem Jahr erneut zu fließen begonnen. Doch nun sickerte das Blut aus dem zerfetzten Rücken von Jesus bar Joseph, und es war, als bildete es mit jenem meines ermordeten Freundes nur eine einzige Spur, als handle es sich um ein einziges, um dasselbe Leiden, um einen einzigen Kummer.
Unaussprechliche Verzweiflung ergriff mich. Alle Trauer, aller Schmerz, die ich je empfunden hatte, entluden sich plötzlich in einem schrecklichen Höhepunkt. Menschliches Leiden, das nie ein Ende nahm … Das war die einzige Ernte der

Welt? Und jeder von uns war abwechselnd Opfer oder Henker. Es schien mir, als vermischten sich die Schreie draußen mit allen Schreien der Menschheit, als würden sie zu einer unendlichen und furchtbaren Klage, die zum erbarmungslosen Himmel aufstieg. Und als könnte niemand einen Sinn finden in diesem allgemeinen und unvermeidlichen Schmerz, in diesem unverständlichen und unerbittlichen Los des Menschen innerhalb des Universums.

Dieser ins Unendliche widerhallende Stoßseufzer stieg wie eine Anklage oder ein Gebet zum Himmel, das sich um den Galiläer herum bündelte. Er hatte die Augen geschlossen und schien es zu hören, zu beherrschen. Fand er, auf dem tiefsten Grund seines Elends, einen Sinn darin, verstand er die Bedeutung?

Und plötzlich sah ich ihn als die Inkarnation dieser gemarterten und marternden Menschheit.

Er hatte die Augen wieder aufgeschlagen, traurig und ernst sah er mich an. Ich erwartete einen Vorwurf; doch es kam keiner. Sein Blick drückte nur unermeßliches Mitleid aus. Ja, so verrückt das auch scheinen mag, in diesem Augenblick hatte er Mitleid mit mir, als wüßte er von meinen Qualen und meiner Empörung, als verstünde und verzeihe er sie. Erneut wandte ich die Augen ab.

Ich ging noch einmal hinaus; ich führte ihn nach draußen. Ich hoffte, daß er so, wie er war, lächerlich, bejammernswert und großartig, die Barmherzigkeit des Volkes, nicht seinen Haß erwecken würde. Ich dachte schon, es sei mir gelungen, denn Schweigen empfing uns. Ich nahm das Volk zum Zeugen:

»Seht, ich führe ihn heraus zu euch, damit ihr erkennt, daß ich keine Schuld an ihm finde. Seht, welch ein Mensch!«

Geschrei, Gebrüll.

»Kreuzige ihn! Kreuzige ihn!«

Noch lauter als sie schrie ich:
»Dann nehmt ihn! Kreuzigt ihn selbst! Denn ich finde keine Schuld an ihm!«
Ich hatte also genügend Mut gehabt, um ihnen das Exequatur zu verweigern. Ich hatte es gewagt, mein Urteil dem ihren gegenüberzustellen.
Ein Angehöriger des Sanhedrin, den ich nicht kannte und dessen Namen ich nie erfuhr, kam auf mich zu. Er sprach sehr sanft, aber in einem Ton, der mir weit bedrohlicher schien als das Schreien der Plebs.
»Erlauchter Herr und Prokurator ...«, erklärte er mir mit einer Geduld und Ruhe, die beleidigend waren. »Wir haben ein Gesetz, und nach dem Gesetz muß dieser Mann sterben, denn er hat behauptet, der Sohn Gottes zu sein ...«
Klarer hätte er es kaum sagen können. »Römer, du hast nicht das Recht, dich zu weigern, unser Urteil zu vollstrekken. In religiösen Dingen entscheiden wir; und du, der Heide, bist da, um unsere Entscheidungen gutzuheißen, die du nicht verstehst und über die du nicht zu diskutieren hast.«
Sie forderten von mir das Exequatur, und meine Rolle bestand darin, es ihnen ohne irgendwelche Bedenken zu gewähren.
Sicher hätte ich mich auch darauf versteifen können, es ihnen zu verweigern. Mutig und dumm. Ich hätte dieses gewaltige und nutzlose Risiko auf mich nehmen können. Der Statthalter von Syrien, hocherfreut, mich zu desavouieren, hätte den Urteilsspruch des Sanhedrin sicherlich bestätigt und einen Bericht über mich an Rom geschickt ...
Ich war bereit, dieses Risiko auf mich zu nehmen. Ich kehrte zurück ins Prätorium, um bei dem Galiläer Halt, Trost und den Mut zu suchen, ihn weiter zu verteidigen. Die seltsame Anklage des Sanhedriten verfolgte mich: »Dieser Mann hat behauptet, der Sohn Gottes zu sein.« Welcher Zufall ließ seine

Aussage mit der Lehre der gallischen Druiden zusammentreffen, auf der Flavius so beharrte? »Weißt du, Herr, ich bin sicher, daß er das Kind ist, die zu uns herabgestiegene Inkarnation des gütigen und höchsten Gottes!« In diesem Augenblick hätte ich gewünscht, es wäre wahr, daß dieser Mann, den ich hatte auspeitschen lassen, in Wahrheit der König, nicht der Juden, sondern des Himmels und der Erde war. Und daß er mir zu Hilfe käme.

Doch mir gegenüber fand ich nur einen von Blut triefenden Gemarterten, einen Mann, der von den erhaltenen Schlägen entstellt war. Ich wußte nicht mehr, woran ich war, wer er war oder was ich tun sollte. Ich verlor den Kopf. Und dennoch ... Als er mich ansah, war ich bereit, alles zu glauben, alles anzuerkennen, alles zu wagen. Mit einer Stimme, in der unsinnige Hoffnung bebte, fragte ich:

»Woher kommst du?«

Und ich wartete nicht darauf, daß er antwortete: »Aus Nazareth.«

Wieder erschien das belustigte Lächeln, doch der Galiläer antwortete mir nicht. Ungeheure Trauer überkam mich. Ich wollte ihm helfen, mit all meiner Macht. Ich streckte ihm die Hand hin; warum weigerte er sich, sie zu nehmen und mich ihn retten zu lassen? Welche Verfehlung konnte ich begangen haben, die mich unfähiger machte, ihm zu helfen, als einen analphabetischen gallischen Zenturio oder eine reuige Prostituierte? Niedergeschlagen schüttelte ich den Kopf.

»Du sprichst nicht mit mir ... Weißt du nicht, daß ich dich kreuzigen lassen könnte?«

Ich streckte ihm die Hand hin, mit der flehenden Geste eines Bettlers. Ich bat ihn inständig, er möge sich retten, möge mir erlauben, ihn zu retten. Ich streckte die Hand aus, und bei dieser gewöhnlichen Geste stöhnte ich auf und verzog schmerzlich das Gesicht. Meine Schulter schmerzte immer

mehr, meine Finger wurden taub, und es fiel mir schwer, sie zu bewegen.

Jesus bar Joseph sah mich an, immer noch mit demselben Lächeln und demselben Mitleid. Er fixierte meinen steifen Arm, als kenne er jeden Knochen, jeden Muskel und jeden Nerv, als wisse er genau, wo es mir weh tat. Und sein Blick versengte mich. Doch er sagte kein Wort, zeigte keine Geste. Der Schmerz war verflogen, ich hatte meine vergebens flehende Hand wieder zurückgezogen. Ich hoffte nichts mehr.

Er war nicht bereit, mir bei diesem Kampf, den ich um sein Leben führte, bei dem ich das meine in Gefahr brachte, zu helfen; er ließ mich allein mit meiner Verantwortung. Ich wollte den Raum verlassen, doch seine Stimme hielt mich zurück. Sie sprach eine Gewißheit aus, die mich auf meine Ohnmacht und Armseligkeit zurückwarf:

»Du hättest keine Macht über mich, wenn es dir nicht von oben her gegeben wäre. Darum: der mich dir überantwortet hat, der hat größere Sünde.«

Ein letztes Aufflackern von Stolz ließ mich nach draußen stürzen.

Geschrei, Gebrüll.

Mit einer ausholenden Geste, die mir aber zu meiner lebhaften Überraschung keinerlei Schmerz verursachte, zeigte ich auf den Galiläer:

»Seht euren König! Ich finde keine Schuld an ihm, und daher werde ich ihn freilassen!«

Die Menge erhob wieder ihre Stimme, wiederholte ihre immer gleiche Antwort:

»Kreuzige ihn! Kreuzige ihn!«

»Ich soll euren König kreuzigen?«

Zugleich mit meiner Empörung und meinem Zorn hatte ich wieder an Mut gewonnen. Ich hörte nicht mehr das Spottgelächter der Legionäre, sah nicht mehr die vorsichtig-verächt-

liche Miene von Lucanus; ich dachte nur noch an mein Ziel: ihnen den Mann zu entreißen.

Der Sanhedrit, der vor kurzem das Exequatur von mir gefordert hatte, näherte sich. Der katzenfreundliche Ton seiner Stimme war verschwunden, die Worte zischten, während er mir, besessen von seinem Haß, einen Widerspruch an den Kopf warf, den ich von einem frommen Juden, einem Pharisäer, nie zu hören erwartet hätte.

»Erlauchter Prokurator, wir haben keinen anderen König als den Cäsar! Und wenn du diesen Mann freiläßt, verhältst du dich nicht wie ein Freund des Cäsars, denn wer sich zum König macht, widersetzt sich dem Cäsar!«

Dieser Jude, der Rom und sein Gesetz so tief haßte, haßte den Christos also noch mehr. Er wagte es, mir, dem Repräsentanten Roms, das schrecklichste Gesetz Roms, das sakrosankte Gesetz des Hochverrats entgegenzuhalten, um jenen ins Verderben zu stürzen ... Titus Caecilius starrte mich an, und ich erriet, was er dachte. Und er hatte recht. Denn indem ich den Galiläer, der sich Sohn Gottes und König der Juden nannte, verteidigte, verletzte ich die höchste Größe des Tiberius und der göttlichen Cäsaren, und für dieses Verbrechen ohnegleichen verdiente ich ebenfalls den Tod. Ich wandte die Augen Jesus bar Joseph zu; ich flehte ihn mit meinem Blick an. Er war unschuldig. Seit endlosen Stunden brüllte ich das dieser Menschenmenge ins Gesicht. Doch war ich bereit, im Namen dieser Unschuld zu sterben?

Plötzlich sah ich nicht mehr den Hof der Festung Antonia oder den Galiläer; eine Halluzination hatte von mir Besitz ergriffen. Ich war nicht mehr in Jerusalem, sondern auf Capri, in Gegenwart von Tiberius Cäsar. Ich versuchte ihm zu erklären, warum ich meine Rechte als Prokurator überschritten hatte, warum ich mich so sehr seinem Zorn ausgesetzt hatte. Die Worte versagten sich mir. Tatsächlich war ich niemals

imstande gewesen, in Gegenwart des Herrschers zwei zusammenhängende Sätze zu äußern ... Die furchtbaren Augen des Tiberius, die einem bis in die Seele drangen, musterten mich erbarmungslos. Ich war schuldig und konnte es nicht ableugnen, ich verdiente den Tod und akzeptierte ihn. Ich senkte den Kopf.

Die Vision verflog so schnell, wie sie aufgetaucht war, und ließ mich ruhig und klarsichtig zurück. Ich riskierte also mein Leben? Ja. Aber früher hatte ich es so oft für weniger rühmliche Dinge aufs Spiel gesetzt ... Ich hob den Blick und sah den Galiläer an. König? Sohn Gottes? Ich ließ mich auf diese verrückte Wette ein und war bereit, für ihn zu sterben. Er betrachtete mich mit einer Mischung aus Trauer und Rührung, doch sagte oder tat nichts, was mir hätte helfen können.

Und erneut kam die Halluzination über mich, diesmal heftiger. Ich hatte für das Schwert des Henkers nur Verachtung. Ich nahm es freiwillig hin, daß ich umkommen würde, weil ich gegen Israel und gegen Rom die Unschuld und das Königtum dieses Mannes behauptete. Aber war ich frei, diese Wahl zu treffen? Denn nicht mein Leben allein stand auf dem Spiel. Es war nicht mehr Tiberius, der vor mir stand; ich war nicht mehr in der Villa auf Capri, sondern im großen Saal des Palastes, wo ich vor Seianus erschien, der bereits den usurpierten Purpur trug. Er befahl meinen Tod, und das war mir immer noch gleichgültig; doch nun brachte man meine Frau und meine Kinder in sein Prätorium. Eine Klinge blitzte in der Sonne, und das Blut, das aus Proculas durchschnittener Kehle spritzte, tränkte ihre weiße Tunika. Ein Prätorianer ergriff Aulus, taub für sein Angstgeschrei. Er hielt ihn an den Füßen und schleuderte ihn gegen eine Mauer. Ich hörte das Knacken der Knochen, als der Körper meines Sohnes zerschellte.

Ich strich mir mit der Hand über die Augen und versuchte dieses grauenhafte Bild zu vertreiben. Es gelang mir nicht; im Gegenteil, dieser Alptraum drängte sich mir mit entsetzlicher Schärfe auf. Und zwei Männer traten ein, die Pontia in das Zimmer zerrten. Zum erstenmal wurde mir bewußt, daß meine Tochter kein Kind mehr war. Ihr langes schwarzes Haar verbarg ihr zerschlagenes und tränenüberströmtes Gesicht. Sie wehrte sich vergebens und rief mich zu Hilfe. Die Männer rissen ihr das Kleid herunter. Bei allen Göttern, wie hatte ich diesen heuchlerischen Brauch vergessen können, der es verbot, eine Jungfrau hinzurichten? Wie viele kleine und jugendliche Mädchen, Opfer der tatsächlichen oder angeblichen Verbrechen ihrer Väter, waren nicht zur Zeit der Bürgerkriege oder eben auch jetzt, da Aelius uns seine haßerfüllte Herrschaft aufzwang, von den Henkern oder Kerkermeistern vergewaltigt worden, bevor man sie legal ermordete?
Pontias Schreien drang mir wie ein Dolchstich ins Herz, als wäre es echt.
Der Galiläer fixierte mich mit seinem Blick, als wüßte er, was ich gesehen hatte, und er schien mich zu fragen:
»In Wahrheit, Gaius Pontius, liebst du mich mehr als dein eigenes Leben, und du würdest den Tod in Kauf nehmen, um mich zu verteidigen. Aber bist du auch bereit, jenes in Kauf zu nehmen? Liebst du mich mehr als deine Frau? Liebst du mich mehr als deinen Sohn? Liebst du mich mehr als deine Tochter?«
Wer hätte ihm darauf mit »Ja« antworten können?
Wenn Procula ihr Schweigen und ihren stummen Vorwurf, ihr ewiges »Gaius, was hast du getan?« auf mir lasten läßt, dann müßte ich ihr antworten:
»Verzeih mir, Liebste, wenn ich dein Leben und das unserer Kinder dem Leben dieses Gerechten vorgezogen habe ...«
Denn das war mein Verbrechen.

Ich hatte die Schlacht verloren. Ich war nicht imstande gewesen, meinen Willen durchzusetzen.
Ich war Geisel meiner Position, Geisel der Gesetze Roms. Sicher hätte ich gegen meine Pflicht verstoßen und mich weigern können, das Recht und seine Verträge zu respektieren. Ich hätte mich selbst zum Tode verurteilen können. Aber ich hatte nicht den Mut und die Kraft, meine Familie zu verurteilen.
Ich verlangte Wasser. Oft in meinem Leben hatte ich Blut fließen lassen; so manches Mal waren meine Hände rot gewesen. Und ich nahm es auf mich. Aber von diesem Blut, das sich auf dem alten *paludamentum* mit dem von Arrius mischte, hatte ich bereits zuviel vergossen, als ich, um feige der Brutalität von Lucanus willfährig zu sein, dieser grausamen und unnötigen Geißelung zugestimmt hatte. Ich gab das Exequatur nicht, man entriß es mir mit Gewalt und um den Preis einer abscheulichen Erpressung. Man tat mir Gewalt an, und ich wollte die Welt als Zeugen dafür nehmen.
Ein Sklave hielt mir ein Silberbecken in; ich stand auf und tauchte meine Hände ins Wasser. Ich reinigte mich von dem Verbrechen, das man mir aufgezwungen hatte.
Mit schneidender Stimme, der Stimme eines Prokurators, der Stimme Roms, die ich plötzlich wiedergefunden hatte, stieß ich hervor:
»Ich bin unschuldig an seinem Blut!«
Nicht ich trug die Verantwortung dafür, weder ich noch Cäsar noch Rom. Es war das Urteil anderer, das ich unter Zwang annahm. Ich setzte nur getreu die Vorschriften und das Gesetz um. Gegen meinen Willen. Und ich wollte, daß alle das wußten.
Geschrei, Gebrüll.
Mit Getrampel brachte das Volk seine Schadenfreude zum Ausdruck. Der Angehörige des Sanhedrin, der es gewagt hat-

te, das Recht Roms gegen Rom auszuspielen, rief triumphierend und spöttisch:
»Hab keine Angst, erlauchter Prokurator! Sein Blut komme nicht über dich und die deinen, sondern über uns und unsere Kinder!«
Elender Narr …
Ich lieferte ihnen jenen aus, den ich für den wahren König Israels hielt, jenen, in dem Flavius das göttliche Kind, geboren aus der Jungfrau, verehrte. Das Kreuz, das ich für Josuah bar Abbas hatte vorbereiten lassen, würde nun das Kreuz für Jesus bar Joseph sein. »Verflucht ist jeder, der am Holz hängt.« Welcher Wahnsinn machte mich zum unfreiwilligen Vollstrecker, zum jämmerlichen Komplizen?
Als ich an dem Galiläer vorbeikam, murmelte ich, so leise, daß er mich wohl kaum verstehen konnte:
»Verzeih …«
Ich stieg hinauf in meine Wohngemächer. Mein Herz klopfte zum Zerspringen, ich fühlte mich einer Ohnmacht nahe. Selbst in der Nacht im Teutoburger Wald hatte ich keine solche Ermattung oder ein solches Gefühl von Niederlage und Verzweiflung empfunden.
Flavius kam mir in den Weg gerannt; er weinte. Ich legte ihm die Hand auf die Schulter.
»Ich bitte dich, glaub mir: Ich schwöre dir, daß ich alles getan habe, was ich tun konnte!«
Er schluchzte
»Ich weiß, Herr, ich weiß … Das Gesetz gegen Hochverrat … Es bindet dir die Hände.«
Er hob flehend den Blick zu mir, unterdrückte das Schluchzen:
»Herr, ich wollte dich bitten … Ich würde gerne … das Kommando über den Trupp haben, der …«
Er brach ab und schluchzte noch heftiger; er brachte kein

Wort mehr heraus. Doch ich hatte seinen Wunsch verstanden und zögerte, ihm nachzugeben. Flavius war der letzte, den ich geschickt hätte, um dem beizuwohnen, was geschehen würde. Doch er beharrte:

»Weißt du, Herr, sie haben sich alle davongemacht! Alle, verstehst du! Abgehauen in der Nacht, als man den Meister festgenommen hat ... Außer dem Jungen, weißt du, Johannes, und außer Miriam und der Mutter des Meisters ... Alle abgehauen! Du verstehst, Herr! Du verstehst! Du weißt doch gut, daß ich es nicht machen kann wie sie! Ich kann es ihnen nicht nachmachen und ihn auch verlassen ...«

In seiner Verzweiflung beging mein Gallier die dümmsten Sprachfehler in seinem Latein, setzte die betonten Akzente falsch und benutzte schließlich keltische, rauh klingende Worte, die meinem Verdacht nach kaum schmeichelhafte Bezeichnungen für die wenig ruhmreiche Truppe der Jünger des Galiläers waren. Aber mir war nicht nach Lachen zumute, o nein ... Besser als irgend jemand wußte ich in der Tat, daß Flavius unfähig war, die Seinen zu verlassen. Mein Zenturio, Sklave eines unantastbaren Ehrenkodex, der in der Nacht Germaniens die Leichenhaufen im Teutoburger Wald durchsucht hatte, um seinen jungen Tribun herauszuzerren ...

Ich hatte Lust, die harten und deutlichen Worte zu gebrauchen, die der Arzt Agathos so gut einzusetzen wußte, um Flavius diese Sekunde zu beschreiben, in der die Nägel sich zwischen die Knochen der Handgelenke und Füße gruben, begleitet von den unerträglichen Schmerzensschreien des Gemarterten. Ihm zu sagen, daß er diesen Anblick und diese Schreie ertragen müßte, wenn ich seinem Wunsch nachgab, daß er die brutale oder ungeschickte Arbeit der abgestumpften oder entsetzten Henker überwachen und bis zum Ende bleiben müßte, bis zu diesem Ende, das so langsam kam, erst nach dem wilden Keuchen der Männer, die erstickten, nach

ihrem verzweifelten Stöhnen, wenn sie sich auf ihren Wunden aufzurichten und zu atmen versuchten.
Ich hatte Kreuzigungen noch nie ertragen können.
Flavius wartete auf meine Antwort. Eigensinnig wiederholte er:
»Du weißt es, Herr. Ich kann ihn nicht verlassen. Ich kann das nicht tun!«
Und was hatte ich getan? Ich hatte ihn soeben verlassen ...
Um mein Elend zu verbergen, spottete ich:
»Nun gut, tu, was du willst ... Vielleicht wirst du so den Beweis erhalten, daß er nur ein Mensch wie alle anderen und nicht der Sohn deines gallischen Gottes ist!«
Ja, ein Mensch, nichts als ein Mensch, der mit den Qualen des grausamsten Todeskampfes rang, den es gab.
Doch als ich das seltsame Licht in den grauen Augen des Cenomanen aufleuchten sah, fragte ich mich, ob er nicht irgendein strahlendes Wunder erwartete, ob er es nicht immer noch für möglich hielt, daß der Galiläer dem Kreuz entging.
Ruhig antwortete er:
»Ich danke dir, Herr. Aber in Wahrheit wirst du sehen: Dieser Mann ist der Sohn Gottes.«
Es gibt Momente, in denen ich den Gedankengängen der Kelten nicht folgen kann ...

Ich erinnere mich an die Stille. Zufriedengestellt und stupide hatte sich die Menschenmenge zerstreut. Die Sonne am Zenit spiegelte sich an dem weißen Stein wider, blendend und für Anfang April zu heiß.
Ich setzte mich an meinen Tisch und versuchte, mich wieder in die laufenden Geschäfte zu vertiefen. Es gelang mir nicht.
Das Gesicht des Galiläers ...
Das *paludamentum* Nigers und seine von neuem purpurgefärbten Blutflecken ... Die schneidende Stimme von Lucanus:

»Sag zumindest, daß du ihn züchtigen lassen wirst!« Und meine Stimme, schwach und jämmerlich, die einwilligte ... Warum hatte ich ihn geißeln lassen? Und diese grausame, höhnische Dornenkrone. Und seine Worte: »Du sagst es, ich bin ein König.«

Mechanisch drehte ich mein Stilett zwischen den Fingern, bis ich mich schließlich stach. Ein Blutstropfen, ein zweiter und dann noch einer fielen auf die Wachstafel, die vor mir lag. Aber es war das Blut eines anderen, das ich wie hypnotisiert aus einem gemarterten Fleisch fließen und das Holz, an das es genagelt war, rot färben sah. Der Purpurmantel und die Blutflecken. Diese Stimme: »Du sagst es, ich bin ein König.« Und dann die Erklärung, die unterbrochen worden war, als der Tribun hereinkam, und die ich nicht mehr recht gehört hatte ... Was hatte der Galiläer mir gesagt?

»Ich bin dazu geboren und in die Welt gekommen, daß ich die Wahrheit bezeugen soll. Wer aus der Wahrheit ist, der hört meine Stimme.«

Ich murmelte:

»Was ist Wahrheit?«

Diese selben Worte hallten unendlich lang in meinem Kopf wider: »Wer aus der Wahrheit ist, der hört meine Stimme. Du sagst es, ich bin ein König.«

»Ich bin ein König. Ich bin ein König. Ich bin ein König.«

Was hatte ich da zugelassen?

Lucanus kam ohne Ankündigung herein. Unverhofft aufzutauchen gehörte seiner Ansicht nach zu seinen Privilegien als patrizischer Tribun mit breitem Purpurstreifen.

»Herr, könntest du herunterkommen? Sie sind anscheinend nicht zufrieden.«

Und war ich denn zufrieden? In meinem ganzen Leben war ich noch nie so unglücklich gewesen.

Doch ich ging hinunter. Draußen erkannte ich einige von

jenen, die an diesem Morgen die Menge aufgehetzt hatten, darunter den Pharisäer, der plötzlich einen so verblüffenden Anflug von Treue gegen Rom und den Cäsar gezeigt hatte. Welche Forderungen konnten sie denn noch haben? Hatte ich ihnen denn nicht nachgegeben?
Die Rückstrahlung der Sonne auf den Steinfliesen war immer noch unerträglich, aber im Westen türmten sich riesige schwarze Wolken auf. Ich wartete auf eine Erklärung, die auch sogleich kam. Ich hatte mich ihrer Auffassung nach einer Häresie schuldig gemacht, die nur durch mein Heidentum entschuldigt werden könne, jedenfalls wenn ich meinen Fehler unverzüglich wiedergutmachte.
Das Gesetz verlangte, daß man auf einer Tafel an der Spitze des Kreuzes den Grund der Verurteilung nannte. Das hatte ich getan und genau diese Worte schreiben lassen: »Dieser ist Jesus von Nazareth, der König der Juden.« War das nicht genau der Grund, weswegen sie mich gezwungen hatten, diesen Unschuldigen zum Tode zu verurteilen? Indem er sich zum König der Juden erklärte, hatte er das Gesetz gegen Hochverrat verletzt, und im Namen des römischen Rechts hatte allein das mich gezwungen, den Urteilsspruch des Sanhedrin zu unterschreiben, der den Galiläer der Gotteslästerung anklagte. Und nun wagten sie es, vor mir zu behaupten, daß ich mich geirrt hätte ... Wieder derselbe gelehrte Pharisäer, den ich nicht kannte, erklärte es mir:
»Erlauchter Prokurator, du hättest nicht schreiben dürfen: ›Dieser ist der König der Juden‹, sondern du hättest schreiben müssen: ›Dieser hat behauptet, der König der Juden zu sein.‹ Viele Menschen kommen an der Hinrichtungsstelle vorbei, die deine Inschrift lesen und durch sie verwirrt sein werden. Berichtige sie!«
Der Zorn, den ich den ganzen Morgen lang zurückgehalten hatte, entlud sich mit einemmal. Die ungeheuren dunk-

len Wolken überzogen nun fast schon den ganzen Himmel und sättigten die Luft mit unerträglicher Feuchtigkeit. Auf der Flucht vor dem drohenden Unwetter stoben ganze Schwärme von Vögeln vorbei. Irgendwo fing ein Hund an zu heulen, und Dutzende andere fielen in einem düsteren Konzert ein.

Mir lief der Schweiß herunter. Mechanisch hatte ich den Blick zum Schädelberg gerichtet, diesem kahlen Hügel am Rand der Stadt, den man vom Hof der Festung Antonia aus nicht sehen konnte. Ich hätte lieber nicht daran gedacht, was sich dort abspielte, aber das gelang mir nicht, und grauenvolle Bilder verfolgten mich. Der Pharisäer blieb beharrlich:

»Erlauchter Herr!«

Vergaß er, daß er sich an den Prokurator Judäas wandte? Ich schlug den Purpursaum meiner Toga zurück, unter der ich erstickte; ich musterte den Juden, bis er endlich den Blick senkte. Bevor ich auf dem Absatz kehrtmachte, warf ich ihm an den Kopf:

»Was ich geschrieben habe, habe ich geschrieben.«

Sie hatten Roms Milde verweigert und Roms Gerechtigkeit gefordert? Nun gut, von nun an würden sie Roms Gerechtigkeit haben; und sie würden es bitter bereuen.

Sie hatten gefordert, daß ich den Galiläer als König der Juden verurteilte, und ich glaubte, daß er es war; ich hatte daher die Absicht, daß er unter der Identität starb, die er vor mir für sich beansprucht hatte. Empört gingen die Würdenträger von dannen.

Die achtundzwanzig weißen Marmorstufen, die zu meiner Residenz führten, ragten senkrecht vor mir auf. Ich hatte den Eindruck, daß ich sie niemals wieder hinaufsteigen könnte, es sei denn, ich kröche auf den Knien. Wie oft hatte ich ihn an diesem Vormittag diese Stufen hinauf- und herabsteigen lassen? Angesichts seiner Müdigkeit viel zu oft … Ich hatte ihm

helfen wollen, aber hatte ich etwas anderes getan, als ihm noch mehr Qualen zu bereiten?
Zuerst glaubte ich, ein Schwindel habe mich ergriffen. Oder daß ich blind würde. Die Sonne war erloschen! Sie stand immer noch senkrecht über dem Tempel, aber ihre Feuerscheibe war schwarz geworden. Das Gestirn stand tot an einem unheilverkündenden Himmel. Es war kein Unwetter, das sich über Jerusalem legte, sondern die Nacht. Eine Nacht, wie ich sie noch nie gekannt hatte.
Das Gebell der Hunde wurde lauter. In den Ställen wieherten von Panik ergriffene Pferde und schlugen aus, bis sie fast ihre Boxen zertrümmerten. Die Wachsoldaten am Tor schrien durcheinander, riefen sich gegenseitig an und zeigten auf die Sonne, kaum weniger in Schrecken versetzt als die Tiere. Ich trat auf sie zu und versicherte ihnen in einem, so hoffte ich, gelassenen und beruhigenden Tonfall, daß es sich um eine natürliche Erscheinung handle, eine ganz gewöhnliche Sonnenfinsternis, nichts anderes. Aber ich belog sie und mich. Ich hatte bereits Sonnenfinsternisse beobachtet; es war unmöglich, die Sonnenscheibe zu betrachten, ohne eine solche Verbrennung zu erleiden, daß manche davon blind wurden. Das war nicht der Fall, ich konnte die Sonne anschauen. Sie wurde nicht vom Mond verdeckt, sondern war erloschen, ohne Licht und ohne Wärme. Eine schreckliche, irrationale Angst schnürte mir die Kehle zu. Ich war nicht der einzige, der ein solch primitives Grauen empfand. Überall schrien die Leute vor Angst, bedeckten das Haupt mit Staub und Asche und flehten um das Erbarmen der Götter …
Der Gedanke an Procula und die Kinder, die sicherlich ebenfalls zu Tode verängstigt waren, riß mich aus meiner abergläubischen Betrachtung. Ich mußte zu ihnen. In diesem Dämmerlicht, das nicht die Nacht war, lief ich zur Treppe. Ich stieg eine Stufe hinauf, dann zwei, dann drei. Zur Hälfte brachte

ich meinen tastenden Aufstieg, dessen Ende ich nicht sehen konnte, hinter mich.
Ich war nicht gegen ein verborgenes Hindernis gestoßen. Dennoch lag ich plötzlich quer über den Stufen, zu Boden gestürzt, ohne zu wissen, wie. Als ich schließlich begriff, warum ich gefallen war, hörte ich mich entsetzt aufstöhnen: die Erde bebte. Vom Hades herauf stieg ein langes, endloses Vibrieren. Ein dumpfes Grollen, so wie der Lärm von hundert Kampfwagen, die im Galopp über eine gepflasterte Straße rasten.
An die Stufen geklammert, die unter mir wankten, wimmerte ich vor Angst, überzeugt davon, daß die Treppe einstürzen und mich unter ihren Trümmern begraben würde. Erstarrt vor Angst, unfähig, mich zu erheben und zu fliehen.
Über Jerusalem lag nun fast totale Finsternis. Ein riesiger Blitz zerriß den Himmel von oben nach unten und ging mit einem ohrenbetäubenden Donnern über den Zinnen des Tempels nieder. Ich glaubte, die Welt würde in dem doppelten Brüllen von Donner und wankendem Boden in Brand gesetzt.
Und alles wurde wieder ruhig. Die Erde hörte auf zu beben. Die Wolken öffneten ihre Schleusen zu einem wasserfallartigen Regen. Der Schleier der Finsternis löste sich auf und enthüllte eine bleiche, aber vertraute Sonne. Es war die neunte Stunde.
Ich stieg hinauf zu meinen Gemächern. Staunte darüber, wie wenig Schaden das Beben angerichtet hatte. Nur einige Ziergegenstände waren zu Boden gefallen und zerbrochen. Leichte Stühle und Tische waren umgestürzt. Kleinigkeiten. Procula war in unserem Zimmer und hielt Pontia und Aulus gegen sich gedrückt. So wie sie mich ansah, hätte man meinen können, daß sie mir die Schuld für das Unwetter, die Sonnenfinsternis und den Erdstoß gab …
Ein bestürzender und absurder Gedanke streifte mich – daß ich vielleicht tatsächlich schuld sein könnte … Daß

dieser plötzliche Zorn des Himmels und der Erde den Todeskampf des Mannes begleitete, der sich der Sohn Gottes nannte.
Ich verlor den Verstand.
Procula machte mir keinerlei Vorwurf wegen meiner jämmerlichen Haltung; die Nachricht, die sie mir durch Flavius hatte zukommen lassen und die ich nicht berücksichtigt hatte, erwähnte sie nicht einmal. Bleich und still begann sie mir aus den Kleidern zu helfen, denn ich war durchnäßt und voller Schmutz. Während ich meine Tunika wechselte, fuhr ich mir – es war zu einer vertrauten Manie geworden – mit dem Finger über die Narbe auf meiner Schulter. Und verblüfft hielt ich in der Bewegung inne. Ich konnte immer wieder tasten und fühlen, doch ich spürte nicht mehr den Wulst von zusammengenähtem Fleisch, der mir Schmerzen bereitet hatte ... Ich rief meine Frau, verlangte sogar eine Lampe. Doch ich träumte nicht. An der Stelle meiner alten Wunde aus dem Teutoburger Wald, die bar Abbas wieder aufgerissen hatte, war nichts mehr, nur noch eine kaum sichtbare Spur, fein wie ein Haar, die man mit dem Finger nicht ertastete und die mir nie mehr wieder den geringsten Schmerz bereitete.
Procula hatte wortlos zu weinen begonnen. Nun erinnerte ich mich an meine zu heftige Geste, als ich dem Galiläer eine flehende Hand hingestreckt und er sie nicht ergriffen hatte. Mein schmerzverzerrtes Gesicht und mein Aufstöhnen ... Die konzentrierte Miene von Jesus bar Joseph, der meinen steifen Arm betrachtete, und dieses Brennen, das mich überkommen hatte, ohne daß ich es beachtete, zu beschäftigt, um mich darum zu kümmern. Beinahe wäre ich selbst auf die Knie gefallen und hätte ebenfalls zu weinen begonnen. Meine Schulter tat nicht mehr weh, und ich wußte, sie würde nie mehr weh tun; doch der Selbstvorwurf und der Kummer, die

mir das Herz abdrückten, ließen meine alte Wunde im Vergleich dazu schmerzlos erscheinen. Ich hätte alles getan, alles gegeben. Doch meine Handlung war nicht mehr gutzumachen.

Zur zehnten Stunde kündigte Lucanus mir den Besuch eines anderen Angehörigen des Sanhedrin an. Trotz der Unreinheit meiner Gemächer, die wegen des herannahenden Sabbats vor dem Passahfest, während dessen die Juden sich ganz besonders vor jeder Befleckung hüten mußten, noch unreiner wurden, nahm dieser es auf sich, zu mir heraufzukommen. Diesen Würdenträger namens Joseph von Arimathäa hatte ich bereits mehrmals heimlich während der Nacht bei mir empfangen.

Nachdem wir auf orientalische Art Wünsche nach gegenseitigem Wohlstand ausgetauscht hatten, von denen ich nie wußte, ob sie ehrlich gemeint waren oder nicht, nannte er mir den Grund seines Besuches. Er bat um die Erlaubnis, den Leichnam des Galiläers vom Kreuz abnehmen zu dürfen, damit er eine würdige Grabstätte bekäme. Denn der »Meister«, so nannte er ihn immer noch, der in Judäa ein Fremder war, besitze in Jerusalem kein Grab. Übrigens war es dort ebensowenig wie in Rom der Brauch, Hingerichteten angemessene Begräbnisse zu bereiten.

Seltsamer Widersinn der Menschen! Joseph war eine Persönlichkeit, die im Sanhedrin einen gewissen Einfluß hatte. Wo war er in der letzten Nacht gewesen, als seine Meinung zugunsten des Galiläers hätte ins Gewicht fallen können? Wo war er an diesem Morgen gewesen? Wäre er in mein Prätorium gekommen und hätte die Stimme erhoben, um seinen Meister zu verteidigen, hätte ich mich auf ihn stützen können, um das Exequatur zu verweigern und meine Entscheidung, den Angeklagten freizulassen, durchzusetzen. Doch Joseph war weder bei dem Hohenpriester noch bei mir aufgetaucht. Um

etwas zu unternehmen, hatte er gewartet, bis es zu spät war ... Er hatte es, um mit Flavius' Worten zu sprechen, wie der Rest seiner Jünger gemacht: Er war abgehauen ... Aber ich konnte mich wohl kaum zum Richter über den Mut oder die Feigheit anderer aufwerfen. Im übrigen ging er ein großes Risiko ein, wenn er sich bei mir zu der Freundschaft mit dem Zimmermann aus Nazareth bekannte, und es war ein unnötiges Risiko, was es noch wertvoller machte.

Ich kam seiner Bitte nach. Jedoch war ich erstaunt, daß ein so junger Mann so schnell seinen Verletzungen erlegen war. Es kam nicht selten vor, daß ein Gekreuzigter zwei oder drei Tage aushielt, bevor seine schwindenden Kräfte es ihm nicht mehr ermöglichten, sich hoch genug auf dem Kreuz aufzurichten, um Atem zu schöpfen, so daß er erstickte.

Aus Grauen vor dieser endlosen Marter hatte ich Flavius befohlen, den Verurteilten die Beine zu brechen, damit es möglichst schnell zu Ende ging. Das stellte auch die Juden zufrieden, die während ihres heiligen Festes keine unreinen Leichname duldeten. Trotzdem fand ich, daß es sehr schnell gegangen war.

Doch Flavius versicherte mir, daß der Galiläer als erster gestorben war, in dem Augenblick, als die Sonne erbleichte, beim Herannahen der neunten Stunde. Meinen Befehlen gemäß hatte er den beiden Komplizen von bar Abbas den Gnadenstoß geben lassen, obwohl er murrte, damit hätte man ihnen ein schnelleres und leichteres Ende zugestanden, als sie es verdienten, wenn er an den armen Lucius Arrius und eine Reihe anderer dachte. Der Zenturio Longinus hatte Jesus bar Joseph eine Lanze durchs Herz gestoßen, um sich zu vergewissern, daß er wirklich tot war.

Ich legte keinen Wert darauf, noch mehr davon zu hören, und fürchtete den Geschmack, den mein Gallier an makabren Einzelheiten fand. Doch er ersparte sie mir. Trotz allem, was

er gesehen hatte, beschränkte er sich darauf, mir mit überzeugter Miene zu sagen:
»Und trotzdem, Herr, weißt du: Dieser Mann ist der Sohn Gottes!«
Ich fragte mich, ob der Cenomane nicht großzügig Zuflucht bei dem alkoholischen und stark mit Rauschmitteln versetzten Trank gesucht hatte, den man den Gemarterten einflößte, bevor man sie ans Kreuz schlug. Aber nein, Flavius war nüchtern ...
Hier wirkten nur erneut der Wahn der Kelten und ihre hartnäckigen Illusionen.
Doch ich hatte mir an diesem düsteren Tag noch nicht genügend ungereimtes Gerede anhören müssen.
Kurz bevor die Schofarhörner den Anbruch des Abends und den Beginn des Passah-Sabbats verkündeten, kamen wieder die Angehörigen des Sanhedrin. Sie waren höchst entrüstet darüber, daß ich den Leichnam des Galiläers seiner Mutter überlassen hatte, damit man ihn würdig bestattete. Nun forderten sie, daß ich das Grab bewachen ließ! Denn in der Stadt ging das Gerücht um, daß Jesus bar Joseph, der seinen Tod oft vorhergesagt hatte, auch verkündet hatte, daß er am dritten Tage auferstehen würde. Der Sanhedrin befürchtete, daß seine Jünger wieder auftauchen und den Leichnam rauben könnten, um die Prophezeiung glaubwürdig erscheinen zu lassen, so daß »der letzte Betrug ärger wird als der erste«.
Aus dem, was Flavius und Joseph mir vertraulich berichtet hatten, wußte ich, was von seinen Jüngern noch übrig war. Keiner von ihnen würde das wahnwitzige Risiko eingehen, sich steinigen oder ebenfalls kreuzigen zu lassen, weil er ein Grabmal verletzt und das Volk mit unglaubwürdigen Märchen aufgewiegelt hatte.
Hochmütig verweigerte ich den Sanhedriten die geforderten

Soldaten und riet ihnen, lieber auf ihre eigene Wachtruppe zurückzugreifen, deren sie sich am Vorabend bedient hatten, um den Rabbi von Nazareth – vollkommen illegal, wie ich betonte – zu verhaften und schlagen zu lassen.
Für mich war das Abenteuer beendet. Aber ich würde lügen, wenn ich behauptete, darüber glücklich zu sein.

9

Gerade habe ich diese Seiten zu Ende gelesen, geschrieben vor fünf Jahren, als ich mich in Vienna über die Tristesse des Exils und die Angst vor dem Morgen hinwegzutrösten versucht hatte. Damals glaubte ich, eine Steigerung meines Unglücks und meines Kummers sei nicht mehr möglich. Ich irrte mich. Aber habe ich jemals etwas anderes getan, als mich zu irren? Habe ich im Laufe der über fünfzig Jahre meines Lebens auch nur einen einzigen Tag lang gewußt, was die Wahrheit ist? Existierte sie nicht? Oder war ich, und nur ich allein, dazu verurteilt, sie niemals zu finden?
Dabei bin ich dem äußeren Schein nach einer der glücklichsten Männer Roms, wenn sich Glück danach bemißt, in der Gunst des Herrschers zu leben und Reichtümer und Ehren zu besitzen. Nichts von alledem macht mich glücklich. Könnte ein vernunftbegabtes Geschöpf sich denn mit diesem armseligen Schein von Glück zufriedengeben? Wer könnte so blind sein, um zu vergessen, daß diese Fassade der Glückseligkeit trügerisch und flüchtig ist?
Ich habe zu oft Menschen, die ich liebte, und das, was ich besaß, verloren, um nicht zu wissen, daß es mir an diesem Abend noch einmal widerfahren könnte.
Ich hatte drei Söhne; sie leben nicht mehr. Mir bleibt noch Pontia, meine liebe, meine über alles geliebte Tochter. Doch ich ahne, daß auch sie hinter ihrer blendenden Schönheit, ihrer Anmut und ihrem Schmuck Qualen erlebt hat, wie ein Riß, durch den ihr Leben ganz still ins Nichts sickert. Ich weiß,

daß ich nicht die Macht habe, sie zu beschützen, so wie ich nicht die Macht hatte, ihre Brüder zu beschützen. Procula liebt mich immer noch, doch das unentwegte Schweigen über diesen unglückseligen Morgen hat mich Jahr für Jahr allein gelassen vor dem Gericht meines Gewissens. Seitdem verurteile ich mich unablässig selbst.

Und doch sind fast fünfzehn Jahre verstrichen seit jenem Tag im April, als ich den Galiläer kreuzigen ließ. Es war nur ein winziges Ereignis im Vergleich zu den Dramen, die das Imperium erschütterten. Doch für mich war danach nichts mehr so wie zuvor.

Von dem Tag an, als der Sanhedrin mir die Zustimmung abgerungen hatte, Jesus bar Joseph zu töten, hatte meine Prokuratur sich verändert. Es war vorbei mit meiner Naivität, mit meinen Hoffnungen und mit meinem Wunsch, dieses stolze Volk dazu zu bewegen, daß es Rom liebte. Ich verkörperte Rom von nun an in seiner härtesten und unnachgiebigsten Art. Publius Quintilius hätte mich nun endlich als seinen würdigen Nachfolger grüßen können.

»Schlangenbrut!« hatte Jochanaan seine Brüder genannt. Bis zu meiner Abberufung vor sieben Jahren habe ich nichts anderes getan, als die Schlangen zu zertreten.

Ich bemerkte nicht einmal, daß meine Familie, die ich vernachlässigte, sich von mir entfernte. Als ich es begriff, war es zu spät. Meine Söhne waren tot. Meine Tochter hatte ich an einen Mann verheiratet, den ich verabscheute und der sie meiner Ansicht nach nicht glücklich machen würde. Gewiß, Procula war dem Wort treu, das sie mir am Tag unserer Hochzeit gegeben hatte: »Wo du du bist, Gaius, werde ich sein, Gaia.« Im Guten wie im Schlechten war meine Frau bei mir. Und dennoch war sie so fern. Ein Schatten war zwischen uns, über den sie nicht sprechen wollte und auf den ich nicht eifersüchtig sein durfte.

An dem Tag, als mir das Ausmaß der Katastrophe klar wurde, rief ich den Tod herbei. Warum habe ich mich damals nicht umgebracht? Mein Selbstmord hätte Gaius Cäsar mit großer Freude erfüllt …
Nicht um Caligula dieses Vergnügen zu versagen hatte ich darauf verzichtet, mir die Adern aufzuschneiden. Sondern deshalb, weil dieser Tod zu leicht und zu schnell gewesen wäre. Das Leben war mir zu einer Qual geworden, eine Pflicht, die ich bis zum Ende erdulden mußte. Diesen Gnadenstoß, den ich noch dem schlimmsten Räuber zugestanden hätte, verweigerte ich mir. Ich hatte beschlossen zu bezahlen, und ich bezahlte in der Tat. Doch wofür? Dafür, daß ich nicht der Mann war, der ich gerne gewesen wäre. Ich war weder im Guten noch im Bösen groß. Ich konnte die edlen Werke, von denen ich träumte, nicht vollenden, und ich beging wider Willen Handlungen, über die ich errötete. Hatte ich mir nicht eine ausgeklügelte Züchtigung ausgedacht? Ich hatte mich dazu verurteilt, mit mir zu leben, genau dem Menschen, den ich mit aller Kraft verachtete.
Unter meinem Fenster duften Oleander und blühende Orangenbäume. Wenn ich aufstehe und über die Terrasse gehe, sehe ich die Spiegelung der trägen Wasser des Tibers, der nun, zu Beginn des Herbstes, fast ausgetrocknet ist. Dieser ferne Schimmer dort ist der Marmor, der den Tempel der Vestalinnen schmückt; hier leuchtet das Gold der Mosaike auf der Fassade des Palastes. Diese sandige Schneise unterhalb meines Hügels, des Aventin, ist der Circus Maximus, und ein wenig weiter sieht man das Forum, wo zu dieser Zeit, wenn die Hitze des Tages nachläßt, die Menschen sich versammeln, um zu klatschen und zu schwatzen. Ich werde es nie müde, die Stadt zu betrachten, der ich zu lange fern gewesen bin, und wenn mir die Tränen in die Augen steigen, weil ich sie immer noch ebenso schön finde und immer noch so liebe, erinnere ich

mich an Lucius Arrius und seinen letzten Wunsch: »Herr, wenn du nach Rom zurückkommst, grüße die Stadt von mir …«

Jetzt werden sich gleich die ersten Lampen in den Fenstern entzünden, die ersten Fackellichter werden in den Alleen tanzen, die der göttliche Augustus in der Stadt hat anlegen lassen. Adelphos wird ins Zimmer kommen, in diesen Raum, in dem wir vor so langer Zeit die schöne Vase meines Vaters zerbrochen haben … Ich werde wieder überrascht sein, nicht den Knaben von einst zu sehen, sondern diesen rundlichen Griechen mit dem kahlen Schädel. Und ich werde einen Spiegel suchen, um mich zu vergewissern, daß mir meine fünfundfünfzig Jahre nicht ebenso deutlich anzusehen sind … Obwohl das nicht zu den Aufgaben des Verwalters eines großen Hauses gehört, wird er mich fragen, ob es an der Zeit sei, die Sänfte zu bringen, und welche Toga ich an diesem Abend tragen wolle. Ein neuer Abend im Luxus des Kaiserpalastes. Wenn Claudius nicht betrunken ist, wenn wir kommen, wird er mich an seine Seite bitten und endlos über unsere gemeinsame Geburtsstadt reden, über Lugdunum, das er ebensosehr liebt, wie es mir gleichgültig ist. Ich werde höflich so tun, als interessierte ich mich für den Fortgang der Arbeiten auf dem Hügel des alten Forums, die er in Angriff genommen hat. Wenn er betrunken ist, wird er mir schlüpfrige Geschichten erzählen, auf die er ganz wild ist und die ich mir mit verlegener Miene anhören werde. Wie soll man über Geschichten von gehörnten Ehemännern lachen, wenn sie von einem Gehörnten erzählt werden, der von seinem Mißgeschick nichts weiß? Wie an jedem Abend, wenn die Tänzerinnen hereinkommen, wird Valeria Messalina sich davonstehlen. Der Cäsar wird nichts sehen, oder er wird denken, seine Frau gehe ins Zimmer ihrer Kinder … Und ich werde schweigen, so wie die anderen.

Dabei empfinde ich wirkliche Zuneigung zu Claudius. Ihm verdanke ich es, daß ich am Leben bin, daß ich in Rom sein kann und daß mir mein Besitz wieder zurückgegeben worden ist. Meinen Besitz habe ich zurückbekommen? Nein, ich bin zehnmal reicher als nach meiner Rückkehr aus Judäa.
Pontia und Procula, die sich für die lauten Unterhaltungen, die Kapriolen der Tänzerinnen und den Radau der Musikantinnen wenig interessieren, werden sich in eine ruhige Ecke auf der Terrasse zurückziehen und leise über Geheimnisse sprechen, die sie vor mir verbergen. Meine Tochter wird ein neues Kleid zeigen, prachtvoller als das Kleid vom Abend zuvor, weniger prachtvoll als das Gewand, das sie am nächsten Abend tragen wird. Titus Caecilius ist großzügig, wenn es darum geht, die Schönheit seiner Frau zu betonen. Doch die Juwelen und der Schmuck, mit denen er Pontia überhäuft, machen sie nicht glücklich. Was ist meine Tochter in den Augen von Lucanus? Keine Gefährtin, Freundin, Geliebte, sondern ein Wertgegenstand; seine beste Chance, eines Tages eine der großen Prokuraturen zu erhalten, von denen er träumt. Nicht meine Pontia hat er geheiratet, sondern die Cousine des Cäsars.
Die Nacht wird verstreichen, und ich werde so einmal mehr sehen, wie die Morgendämmerung über Rom heraufzieht. Ist das nicht die einzige Gnade, die ich einst vom Schicksal erbeten habe? Wer würde daran zweifeln, daß ich ein Mann bin, den die Götter oder das, was an ihrer Stelle ist, mit Gaben überhäuft haben?

Ich tat alles, um den Galiläer zu vergessen. Er war auf meinen Befehl hin gekreuzigt worden, wenn auch nicht auf meinen eigenen Wunsch, so doch mit meiner Erlaubnis. Er war sehr schnell gestorben und in der neuen Grabstätte beerdigt worden, die Joseph von Arimathäa in seinen Gärten hatte aus-

heben lassen. Ich konnte die Vergangenheit nicht rückgängig machen, so bitter meine Selbstvorwürfe auch waren. Und ich tat alles, um zu vergessen.

Doch alles und alle verbündeten sich, um mich daran zu hindern.

In der zweiten Nacht nach dem Tod von Jesus bar Joseph, kurz vor dem Morgengrauen, erschütterte ein weiteres Erdbeben Jerusalem und Judäa. Es war einer dieser kurzen und leichten Stöße, die immer auf ein erstes, heftiges Beben folgen. Es gab fast keine Schäden. Doch die Wachen am Grab des Rabbi von Nazareth waren äußerst erschrocken darüber. Sie behaupteten, der Stein, der den Eingang der Grabstätte verschloß, sei zur Seite gerollt, als hätte eine unsichtbare und allmächtige Hand ihn gepackt und dort hingeworfen, während ein blendendes Licht die Gruft in Glut tauchte.

Ich für meinen Teil glaubte, daß diese Kerle Feiglinge waren, die es gerade fertigbrachten, brutal auf einen gefesselten Mann loszugehen, aber bei dem geringsten Zwischenfall in panischen Schrecken gerieten. Doch ich konnte mir nicht erklären, wie dieser Erdstoß, der in der Festung Antonia nicht einmal die Stühle umgeworfen hatte, einen dieser riesigen jüdischen Grabsteine hatte fortwälzen können, für die man sonst ein Dutzend kräftiger Burschen brauchte.

Am folgenden Morgen kam Flavius in einem Zustand unbeschreiblicher Erregung zu mir herein und versicherte mir, daß die Frauen, die nach dem Brauch der Juden bei Tagesanbruch gekommen waren, um den Leichnam mit wohlriechenden Ölen zu salben, das Grab leer gefunden hatten und darüber sehr verstört waren. Im Laufe der Tage versicherte mir der Gallier mit wachsender Erregung, Miriam, Johannes und zahlreiche andere Jünger des Meisters, denn nachdem die Gefahr vorbei war, waren die meisten wieder aufgetaucht, hätten den Galiläer lebend wiedergesehen …

Das Seltsamste an der Sache war, daß die Sanhedriten, nachdem sie die Wachen bestochen hatten, sie sollten sich selbst der Nachlässigkeit bezichtigen, plötzlich äußerste Zurückhaltung zeigten, als würde dieses Märchen sie beunruhigen. Tatsächlich hielt sich das Gerücht von der Auferstehung des Jesus bar Joseph in der Stadt beharrlich und verbreitete sich durch die Propaganda seiner Jünger. Manche begannen ihre unglaubwürdige Neuigkeit sogar öffentlich zu predigen.

Ich schritt nicht ein. Nur wer noch nie einen Gekreuzigten gesehen hatte, konnte sich vorstellen, daß jemand diese Pein überlebte. Und was die Wiederauferstehung von Toten betraf ... Ich wäre eine lächerliche Figur gewesen, wenn ich die Anhänger des verstorbenen Königs der Juden verfolgt hätte, weil sie glaubten, daß er lebend aus dem Hades zurückgekehrt sei!

Anstatt kleiner zu werden, nahm ihre Gruppe ständig zu, so viele Leute fanden sich, die bereit waren, sich von dieser Wundergeschichte überzeugen zu lassen. Flavius selbst besuchte zusammen mit seinem Sohn Antiochos jede ihrer Versammlungen. Er glaubte, in der Schuld des Galiläers zu stehen, und diese Legenden gefielen seiner keltischen Phantasie ...

Ich fühlte mich schuldig und war diesen Leuten gegenüber, deren Unglück ich verursacht hatte, zur Nachsicht geneigt. Ein- oder zweimal begegnete ich bei der Festung Antonia dem jungen Johannes; er grüßte mich ohne Groll. Zweifellos begann er wieder, einen Posten in unserer Verwaltung zu suchen, und ich nahm mir vor, ihm das nächste Mal, wenn ich ihm begegnete, eine Sekretariatsarbeit bei mir anzubieten. Doch die Gelegenheit ergab sich nicht, denn ich sah den Jungen nicht wieder.

Ich hatte auch kaum Zeit für die Hirngespinste der Jünger des Christos. Sie lieferten sich recht häufig theologische Rede-

schlachten mit den Angehörigen des Sanhedrin, die mit körperlichen Züchtigungen endeten. Obwohl ich solche Methoden mißbilligte, konnte ich sie nicht unterdrücken, da man von mir nicht erwartete, daß ich mich in die religiösen Kontroversen zwischen verschiedenen jüdischen Gruppierungen einmischte.

Ich hatte genügend mit den Banden von Zeloten zu tun, die Judäa weiterhin plünderten.

Unter den Zielen, die ich mir gesteckt hatte, besaß eines Priorität: bar Abbas wieder zu verhaften. In diesem Sommer verbrachte ich mehr Nächte im Sattel als in meinem Bett. Wir schlugen mehrere Partisanengruppen nieder, aber den Zeloten mit dem schwarzen Bart fanden wir nicht. Flavius' Spione versicherten, daß bar Abbas am Morgen nach seiner Befreiung nach Ägypten geflohen sei. Ich fand nie einen Beweis für diese Flucht, und bis zu meiner Abreise aus Judäa hegte ich die Hoffnung, den Sikarier zu finden und hinrichten zu lassen. Dennoch gab mir dieser Gedanke nun keinerlei Gefühl von Freude oder Rache mehr.

Je härter meine Politik wurde, desto mehr bezeugte Titus Caecilius mir eine Wertschätzung, auf die ich früher gern verzichtet hätte. Wenn ich ihn auch immer noch brutal und arrogant fand, mußte ich doch seine Qualitäten als Soldat, seine Ausdauer, seine Tüchtigkeit und seinen Mut bewundern. Er hatte mich mit vollem Recht daran erinnert, was die alte römische Tugend war, und ich brachte ihm dafür eine gewisse Dankbarkeit entgegen.

An den Kalenden des Septembers brachte Procula unser viertes Kind zur Welt; es war ein Sohn, den wir zum Andenken an Niger Lucius nannten. Ich liebte meine Familie unendlich, aber es fehlte mir die Zeit, um mich mit ihr zu befassen. So vergingen die Monate, und dann kam eine Nachricht aus Rom, die meine Ängste um die Meinen beendete und es mir

ermöglichte, fortan ohne Furcht und Schwäche zu handeln. Wäre dieses Ereignis ein Jahr früher eingetreten, hätte ich das Risiko auf mich genommen, vor Tiberius des Hochverrats angeklagt zu werden.

Aelius Seianus, der durch Denunziation und die an Denunzianten verteilten Belohnungen so viele Bürger ins Verderben gestürzt hatte, war nun selbst zum Opfer der schändlichen Praxis geworden, die er begünstigt hatte.

Wer Tiberius nicht gekannt hat, wird es schwer glauben, doch der Cäsar war zehn Jahre lang in Unkenntnis über die Beziehung zwischen seiner Schwiegertochter Livilla und Seianus gewesen. Er hatte nicht im geringsten geargwöhnt, daß die beiden ein Liebespaar waren, Komplizen, die schuld waren am Tod von Drusus, seinem Sohn und Erben, den seine geliebte Vispania ihm geschenkt hatte. Der Cäsar hatte Drusus so sehr geliebt, wie er überhaupt zu lieben imstande war. Auch Aelius hatte er ins Herz geschlossen. Enttäuscht sah er in Seianus plötzlich nur noch den Ehrgeizling und Mörder. Er befürchtete, daß Aelius, nachdem er seinen Sohn umgebracht und seine Familie dezimiert hatte – denn auf seinen Rat hin hatte Tiberius fast das gesamte kaiserliche Haus in den Tod geschickt –, seinen Schandtaten die Krone aufsetzen könnte, indem er auch ihn, den Cäsar, ermordete. Von diesem Augenblick an war der Untergang des Seianus besiegelt, ohne daß man etwas davon gemerkt hätte.

Aelius hatte keinerlei Verdacht, und der Tod traf ihn überraschend, als er aus der Kurie kam. Es war der Befehl des Tiberius, aber das Volk, das Seianus haßte, bemächtigte sich seiner sterblichen Überreste und zerriß sie zu blutigen Fetzen, um die sich Hunde und Vögel auf den Straßenkreuzungen stritten. Seine Kinder, ein Sohn und eine Tochter, wurden erdrosselt; natürlich vergewaltigten die Henker zuvor das Mädchen, das noch zu klein war, um überhaupt zu verstehen,

welche Verbrechen man seinem Vater vorwarf. So kehrte sich das Schicksal, das Aelius so vielen Unschuldigen bereitet hatte und dessen Opfer auch meine Familie hätte werden können, gegen ihn und seine Nachkommen. Alle, die mit Seianus befreundet oder verwandt waren, die ihm nahestanden, zu Dank verpflichtet waren oder ihm geschmeichelt hatten, wurden verfolgt, viele von ihnen kamen um. Die weniger Kompromittierten wurden ihrer Ämter enthoben, denn der Cäsar sah in ihnen allesamt Verräter.
Nichts von alldem betraf mich, ein Beweis dafür, daß ich nie die geringste Verbindung zu dem gestürzten Günstling gehabt hatte. Ich erinnerte mich an den letzten Rat von Probus, der mich flehentlich bat, keinesfalls aufzufallen, solange Seianus an der Macht war; Aelius war nicht mehr, und mir waren die Hände nicht mehr gebunden.
In meiner Freude zu erleben, wie die Macht wieder an den kam, der nie hätte aufhören dürfen, sie auszuüben, beschloß ich, in der Festung Antonia eine Statue des Cäsars und mehrere Dankesschilde aus Gold aufzustellen, Zeugnisse der Siege, die Tiberius früher in Germanien errungen hatte. Diese Schilde waren mit Schnitzereien und Figuren geschmückt, mit Bildern der kapitolinischen Triade, des Mars und der Dea Roma. Sobald sie aufgestellt waren, empörten sich die Juden und forderten, daß ich diese »Götzenbilder« entfernte. Ich lehnte scharf ab, und nichts brachte mich dazu, meine Entscheidung zurückzunehmen. Ich hatte mir geschworen, den Forderungen des Sanhedrin niemals mehr nachzugeben.
Verärgert über einen Widerstand, den er mir nicht zugetraut hätte, appellierte der Hohepriester beim Statthalter von Syrien. Ich hatte es schon erwähnt; dieser war nicht mein Freund. Er schrieb nach Capri, schilderte dem Herrscher die Missetat, deren ich mich schuldig gemacht hatte, und die Unruhen, die mein Eigensinn heraufzubeschwören drohte.

Ich zweifle nicht daran, er hatte die Absicht, mir schwer zu schaden, doch gegen seinen Willen erwies er mir einen unschätzbaren Dienst.

Tiberius haßte sowohl Schmeichelei als auch Vermessenheit. Doch da er durch einen anderen erfuhr, daß ich sein Bild und seine früheren Triumphe hatte ehren wollen, konnte er mich nicht der Liebedienerei verdächtigen. Auch sah er in meiner Geste einen Beweis für meine Ergebenheit und Treue. Und noch nie hatte der Cäsar solche Versicherungen nötiger gebraucht.

Zwar gab er dem Sanhedrin recht und befahl mir, die Schilde und seine Statue aus der Festung Antonia zu entfernen, doch auf so zartfühlende Weise, daß sein Brief eher ein Loblied auf mein Verhalten als ein Tadel und eine Strafe war. In ehrenvollen Formulierungen gestattete er mir, diese Gegenstände in meiner Residenz in Cäsarea aufzustellen, »wo sie von dem ihnen geschuldeten Respekt umgeben sein würden«, schrieb er mir.

Der Statthalter in Damaskus wäre beinahe vor Wut erstickt. Doch die erneute Gunst, die ich beim Cäsar genoß, füllte nicht die Kassen meiner Prokuratur. Ich wünschte mir immer noch, Jerusalem das Aquädukt zu geben, das ihm fehlte. Meine Ingenieure hatten ihre Pläne fertiggestellt und den Verlauf bestimmt. Der Bau sollte bei einer frischen, reinen und reichlich sprudelnden Quelle im Südwesten von Bethlehem beginnen und durch die Hügel bis zur Stadt führen.

War es Eitelkeit meinerseits? Schon als Kind war ich von diesen Kunstwerken fasziniert gewesen, die durch das hügeligste Gelände ohne Schwierigkeiten Wasser mitten in die Städte brachte. Schönheit, Macht, Majestät: nichts verkörpert das Werk Roms besser. Dem Brauch gemäß würde die Quelle, die Jerusalem dank mir mit Wasser versorgen sollte, meinen Namen tragen, und lange nach meiner Abreise aus

Judäa, lange nach meinem Tod, würde die *aqua Pontia* weiter fließen.
Wenn es sich für immer noch halb barbarische Gallier auch ziemte, von einem ewigen Leben zu träumen, so konnte ein Römer nur auf Unsterblichkeit dieser Art hoffen: ein Aquädukt, das sich über die Hügel Judäas spannte, Symbol der wohlwollenden und segensreichen Herrschaft Roms, eine Quelle, die seinen Namen trug.
Unglücklicherweise fehlte mir noch eins, um das Monument erbauen zu lassen, das die Jahrhunderte überdauern sollte: das Geld. Andere Prokuratoren, millionenschwere Patrizier, hatten die Mittel, in ihre eigenen Schatullen zu greifen. Mein privates Vermögen war zu bescheiden, um mir eine so verrückte Großzügigkeit zu erlauben. Dennoch verzichtete ich nicht auf meine Pläne und suchte verbissen nach einer Lösung. Lucanus brachte mich schließlich darauf.
Außer den Steuern, denen Rom alle eroberten Völker unterwarf und von denen nur römische Bürger befreit waren, wurden die Juden von ihrem Gesetz genötigt, dem Tempel jedes Jahr eine zu ihren Einkünften proportionale Summe zu entrichten, die zum Unterhalt der heiligen Stätten und für die Geistlichkeit bestimmt war. Seltsamerweise wurde diese Steuer leichter eingetrieben als die unsrige …
Titus Caecilius riet mir daher, von den Priestern die notwendige Summe zu fordern und so meine Mittel aufzustocken. War das keine logische Vorgehensweise? Das von mir geplante Aquädukt würde allen nützen, nicht nur den Römern. Da ich den Sanhedrin nun langsam kannte, kam mir natürlich der Gedanke, daß er nicht bereit sein würde, mir einen solchen Gefallen zu tun; doch ich weigerte mich, vor diesem neuen Hindernis zu kapitulieren, auch wenn es noch so vorhersehbar war. Ich war nicht mehr der gefügige Mann, den der Sanhedrin hatte beugen und beeinflussen können, da er

Angst hatte, seine Familie dem Zugriff eines Tyrannen auszusetzen. Der Tod des Seianus hatte mich von dieser Furcht befreit, und die Juden besaßen kein Druckmittel mehr. Ihr Ansehen bei mir hatten sie auf einen Schlag verloren, als sie mir in der Sache des Rabbis von Nazareth mein Exequatur abpreßten.

Ich sprach bei dem Hohenpriester vor. Wie ich erwartet hatte, stieß ich auf eine abrupte und definitive Weigerung. Ich diskutierte nicht, ich verhandelte nicht, ich palaverte nicht nach Art der Orientalen. Ich war kein Karawanenhändler, der auf dem Suq feilschte. Ich verkörperte Rom, und niemand hatte mir mit einer Ablehnung zu kommen. Ich benötigte dieses Geld, und da ich es nicht auf freundliche Art erhielt, blieb mir nur übrig, es mir zu nehmen. Ich vertraute Titus Caecilius eine schlagkräftige, gutbewaffnete Truppe an und schickte ihn, um aufs As genau die geforderte Summe einzutreiben.

Ich wußte, mit welch schlagenden Argumenten Lucanus das Geld erhielt, das ich verlangt hatte. Aber ich bedauerte es nicht, zu Brutalität und Zwang gegriffen zu haben, um es zu erhalten. Denn in der folgenden Woche ließ ich, da ich nun Geld genug hatte, die ersten Arbeiten beginnen.

Natürlich ließ Vitellius, der seit kurzem in Syrien regierte, den Bau einstellen, sobald ich Cäsarea verlassen hatte. Die Kanalisationen hatten die Ebene noch nicht erreicht, und ich bezweifle sehr, ob der Bau meines Aquädukts je wiederaufgenommen wird. Und wenn das Schicksal es eines Tages will, daß ein anderer die Arbeit fortsetzt und beendet, wird niemand sich an die Rolle erinnern, die ich bei dieser Errungenschaft gespielt habe. Das Aquädukt von Judäa wird nicht mein Werk sein, und das Wasser, das es liefert, wird nie das *aqua Pontia* sein. Was bedeutet das schon ... Es ist nur einer der vielen Mißerfolge, die mein Leben durchzogen haben. Trotz aller

Bemühungen ist fast alles gescheitert, was ich versucht habe. Und ich werde kein Recht auf die einzige Unsterblichkeit haben, die ein Römer anstreben kann.
Aber ich komme auf diese glückliche Zeit zurück, als die Soldaten im Schotter der judäischen Hügel mit den ersten Spatenstichen und Schaufelarbeiten begannen, als die ersten Leitungen in den gerade ausgehobenen Gräben verlegt wurden. Wie viele Stunden hatte ich bei ihnen verbracht, ihnen bei der Arbeit zugesehen, sie ermutigt, von Begeisterung ergriffen, als ich sie eines der Werke in Angriff nehmen sah, die die anderen Völker für unausführbar hielten, während die Söhne der Wölfin sie dennoch fertigbrachten. Wir waren stolz und fühlten uns stark, erfüllt von allem Stolz und aller Macht Roms.
Nichts störte unsere Arbeit, nicht einmal die Krawalle, die meine gottlose Kühnheit ausgelöst hatte. Mit der aktiven Mithilfe von Lucanus unterdrückte ich diese Manifestationen erbarmungslos. Die Rädelsführer, die wir verhaften konnten, verurteilte ich zu den Schwefelminen in Sardinien. Ich gebe gerne zu, daß ein solches Urteil nicht weniger grausam war als das Kreuz, vielleicht sogar noch grausamer. Jedenfalls war es für Rom nützlicher, da es Männer brauchte, die in diesen Felsspalten arbeiteten, wo die Kräftigsten innerhalb kurzer Zeit völlig erschöpft waren, wenn der Staub sie nicht erblinden ließ.
Der Haß der Juden gegen mich wurde immer stärker. Es war mir gleichgültig. Auch ich hatte begonnen, dieses Volk zu verabscheuen. Meine Intuition an jenem ersten Abend, als ich vor den Mauern Jerusalems angekommen war und mich von der Steinmasse dieser unbarmherzigen Stadt erdrückt fühlte, hatte sich schließlich bewahrheitet. Diese Menschen waren härter als der Stein ihrer Mauern, härter als der Felsen, der unter der dünnen Schicht ihres ausgedörrten Bodens zutage

trat. Wenn ich noch Zweifel daran gehabt hätte, sollte ein trauriges Spektakel mir den letzten Beweis liefern.
Drei Jahre war der Galiläer nun tot. Gewöhnlich dauerte es nicht so lange, die schlimmsten Wunden zu verbinden und den Mantel des Vergessens selbst über jene zu breiten, die einem am teuersten waren. Doch Jesus bar Joseph war nicht vergessen. Mit jedem Tag gewann er neue Jünger.
Ich wäre überrascht über diese detailgetreue Erinnerung, hätte ich nicht selbst solche Schwierigkeiten gehabt, diesen Mann aus meinem Gedächtnis zu verbannen und meine Selbstvorwürfe zu überwinden. Denn ich konnte noch so sehr darauf achten, nie über ihn zu sprechen, der Galiläer verließ mich nicht.
Ich begriff viele Dinge, die mir hätten unergründlich bleiben müssen. Zuerst die erstaunliche Rückkehr seiner Gefährten, dieser Schar jämmerlicher Feiglinge, die am Abend der Verhaftung ihres Rabbi davongeflattert waren wie erschrockene Spatzen ... Sie predigten ohne Furcht auf öffentlichen Plätzen und hatten nur Verachtung für die Maßnahmen, die der Sanhedrin gegen sie ergriff.
In der Tat wäre ich unfähig zu erklären, was die Jünger des Galiläers von den Angehörigen des Sanhedrin unterschied, und ich war weit davon entfernt, die komplexen Aspekte ihrer religiösen Differenz zu erfassen. Auch Flavius verstand nicht sehr viel davon, denn wenn er sich auch mit der Lehre Jesus bar Josephs vertraut gemacht hatte, kannte er die jüdische Glaubenslehre nur unvollkommen. Um es kurz zusammenzufassen, vorausgesetzt, ich habe es recht verstanden, lag der Zwist etwa darin: Nach dem Beispiel der gallischen Druiden predigten die Jünger des Galiläers nun, daß ihr Meister nicht einfach der Zimmermann aus Nazareth gewesen war, auch nicht nur der Christos, das heißt der Gesalbte, der von Jahwe erwählte König Israels, sondern der Sohn Jahwes selbst. Mit

einem Wort, sie behaupteten, Jesus bar Joseph sei ein Gott, und genau aufgrund dieser Anklage hatte der Sanhedrin ihn verurteilt. In den Augen der Sanhedriten war das die abscheulichste Gotteslästerung.
Der Disput zog sich in die Länge. In der ersten Zeit hatte er die Grenzen einer philosophischen Kontroverse nicht überschritten, doch schließlich nahm er andere Ausmaße an. Der Sanhedrin verfügte über die Autorität in religiösen Dingen und zögerte nicht, seine Ansichten mit Gewalt zu verteidigen. Wiederholt wurden die Freunde des Christos ergriffen, für ein paar Tage in den Kerker geworfen und sogar mit Ruten geschlagen. Es stellte sich jedoch heraus, daß diese Gewalttätigkeiten sie keineswegs ruhigstellten, sondern sie im Gegenteil veranlaßten, ihren Glauben mit noch größerem Feuer zu verkünden. Ihre Predigten, zuerst auf Jerusalem beschränkt, erreichten schließlich auch die Juden der Diaspora, die anläßlich von Festen und Wallfahrten in die heilige Stadt kamen.
Zu ihnen gehörte ein junger Grieche aus Kleinasien namens Stephanos. Ich weiß nicht, wie Flavius ihn kennengelernt und sich mit ihm angefreundet hatte. Ich bekam Gelegenheit, ihm zu begegnen. Sicherlich aus Zartgefühl erwähnte Stephanos den Galiläer mir gegenüber nicht, aber wir diskutierten lange über die Theorien Platons über die Seele, und wenn dieser Junge mich auch nicht überzeugte, so nicht aus Mangel an Talent oder Argumenten. Denn er war ein gewandter Redner und besaß eine gediegene, umfassende Bildung.
Stephanos glaubte also, daß Jesus bar Joseph der Christos der Völker und der Sohn Jahwes war. Diese neue Lehre predigte er jede Woche in einer Synagoge, in der sich die griechischsprachigen Juden versammelten. Er redete mit Schwung, kannte die heiligen Schriften seines Volkes und interpretierte sie so, daß es ihm gelang, ihnen allen die Göttlichkeit des

Galiläers zu verkünden. Bald begannen die Pharisäer diese Reden übelzunehmen.
Die Wachen des Sanhedrin verständigten mich nicht von der Verhaftung des Stephanos oder seinem Erscheinen vor den Priestern. Ich hatte nicht das Recht, mich einzumischen, und hätte mich vielleicht auch nicht eingemischt, da ich überzeugt war, die Sache würde mit ein paar Tagen Gefängnis oder im schlimmsten Falle mit einer kräftigen Tracht Prügel ausgestanden sein.
Eines Abends, als ich nach einigen Tagen in Cäsarea nach Jerusalem zurückkehrte, sah ich vor den Stadtmauern eine Menschenmenge versammelt. Ich wußte, was ein solcher Auflauf gewöhnlich bedeutete: Man steinigte jemanden. Ich kam näher und erwartete das übliche Spektakel einer ehebrecherischen Frau zu sehen, die man dem Haß des Volkes überließ. Doch ich hatte mich getäuscht; es war keine Frau, die man so niedermetzelte, sondern ein junger Mann. Ein Stein hatte ihn an der Schläfe getroffen, und mit blutigem Gesicht lag er sterbend am Boden. Trotz seiner Verletzungen erkannte ich ihn, und tagelang versuchte ich verwirrt zu verstehen, welch seltsamer Wahn Stephanos dazu getrieben haben konnte, dieses schreckliche und unnötige Ende zu suchen ... Ich konnte nicht zugeben, daß dieser brillante, gebildete Junge es hingenommen hatte, für seinen Glauben an diese absurde Geschichte von dem menschgewordenen, gestorbenen und aus dem Hades auferstandenen Gott sein Leben zu geben. Es erschien mir schon abwegig, daß Flavius, närrisch, wie die Kelten eben waren, diesen Märchen anhängen konnte! Aber Stephanos ... Stephanos, der über Platon und die Unsterblichkeit der Seele diskutiert hatte! Stephanos, der die Lehre der Stoa kannte und mit Cicero vertraut gewesen war!
Ich verstand nicht, welcher Wahn ihn umgebracht hatte, doch mein Abscheu gegen dieses Volk, das aus so nichtigen Grün-

den zu einer so willkürlichen Grausamkeit imstande war, wuchs noch weiter.
Meine Hand lastete noch schwerer auf Judäa. Die Pharisäer ihrerseits verfolgten weiter die Jünger des Christos, und der unglückliche Stephanos war nur das erste Opfer dieses ansteckenden Trugbilds, das niemanden verschonte und für das viele den Tod in Kauf nahmen.

Es war an einem so milden und schönen Frühlingsabend, daß man hätte meinen können, in Rom zu sein. Neun Jahre war es her, seit wir die Stadt verlassen hatten, und nun, da Aelius nicht mehr lebte, fing ich an, diese ruhmlose Abwesenheit, die sich in die Länge zog, zu bedauern. Ich dachte an den Wechsel der Jahreszeiten in meinen Gärten auf dem Aventin, vom seltenen und rasch vergänglichen Glitzern des Dezemberschnees bis zur drückenden Sommerhitze, wenn der Nachthimmel tiefblau war und sich die Schatten der Platanen, Palmen und Zedern in all ihrer Pracht vor ihm abzeichneten. Aulus, der in einer Ecke saß, las die Erste Catilinarische Rede, und ich hörte ihn die Perioden Ciceros skandieren, wobei er, wie ich bemerkte, empfänglicher für den unvergleichlichen Stil von Marcus Tullius war als für den Inhalt seiner Rede. Mein Sohn wuchs heran, und ich sorgte mich um seine Studien, die in Cäsarea zu sehr vernachlässigt wurden. Er liebte Literatur und Philosophie, und ich hätte ihn gerne von den besten Lehrern Roms unterrichten lassen und ihm später den Aufenthalt in Athen geschenkt, der Abschluß jeder guten Ausbildung war und der mir selbst, da man mich zu früh zur Armee geschickt hatte, versagt geblieben war.
Auf Proculas Schoß gekuschelt, schüttelte Lucius die große Stoffpuppe seiner Schwester, an der Pontia nun das Interesse verloren hatte. Meine Tochter war fünfzehn Jahre alt; sie war eine Frau, und ich weigerte mich, mir das einzugestehen. Vor

wie vielen Dingen, die mich beunruhigten, hatte ich ebenfalls die Augen verschlossen und mich bemüht, so zu tun, als existierten sie nicht? Egoistisch wünschte ich mir, daß Pontia das Kind blieb, das sich unter meinem Tisch versteckte, während ich arbeitete. Aber konnte ich verhindern, daß meine Tochter die Anmut und den Adel eines jungen Lorbeerstrauchs besaß und alle Verheißungen von Schönheit, die sie schon als Kind gezeigt hatte, hundertfach erfüllte? Außer den Augen, die sie von Procula hatte, ähnelte Pontia mir, und sie war so schön, daß ich befürchtete, ihr würde ein bitteres Leben beschieden sein, geprägt vom lüsternen Begehren der Männer und dem Haß und der Eifersucht der Frauen.

Den dunkelhaarigen Kopf über das Instrument gebeugt, spielte sie leise auf der Lyra, wobei ihre zarten Finger kaum die Saiten berührten. Halblaut summte sie ein altes kampanisches Lied, das ich von meiner Amme gelernt hatte und das von den Tränen einer Delia sprach, die von einem wankelmütigen Schäfer verlassen worden war.

Mit einer letzten Klage brach das Lied ab, und die Saiten seufzten. Meine Tochter hatte mitten in einer Strophe aufgehört. Erstaunt drehte ich mich um. Titus Caecilius, seiner schlechten Angewohnheit entsprechend, sich nicht ankündigen zu lassen, stand auf der Schwelle, und Pontia verschlang ihn mit ihren Blicken.

Später an diesem Abend meinte Procula:

»Wahrhaftig, Gaius, mit welch eigenartiger Blindheit bist du geschlagen …«

Es wäre mir lieber gewesen, meine Frau hätte geschwiegen und kein zu grelles Licht auf etwas geworfen, das ich gerade erst begriffen hatte, ohne es mir schon einzugestehen. Doch diesen Gefallen versagte sie mir. Und ich mußte alles hören, beginnend mit dieser unerträglichen Versicherung: Pontia liebte Lucanus. Erbitterter, als es sich ziemte, fragte ich, ob

Lucanus Pontia liebte. Der Gedanke, dieser harte Mann hätte unter seinem Harnisch ein Herz, und dieses Herz sei imstande, sich rühren zu lassen, erschien mir absurd. Procula antwortete, doch, gewiß, die Liebe meiner Tochter werde erwidert, und ich nahm Titus Caecilius diese Überraschung, die er mir bereitete, übel.

Eine Stunde lang setzte mir meine Frau mit ruhiger, leidenschaftsloser Stimme alle Argumente auseinander, die für diese Ehe sprachen. Es waren zahlreiche Argumente, aber ich erriet, daß Procula sie alle dieser Liebe unterordnete, die unsere Tochter zu dem Tribun empfand und die mein Tribun zu ihr zu empfinden vorgab. Dennoch zögerte ich weiterhin. Ich war weder eine unschuldige Jungfrau noch eine sentimentale Frau, und ich kannte Lucanus …

Ich nahm an, daß Titus Caecilius in der ganzen arroganten Kraft seiner dreißig Jahre ein gewisses Ideal von männlicher Schönheit, Charme und Verführung verkörperte. Vielleicht war dieser Rohling, so unglaublich das auch schien, sogar imstande, zärtliche Worte zu flüstern und eine ebensolche Überzeugung in sie hineinzulegen wie in seine untadeligen Berichte.

Ich konnte auch nicht leugnen, daß Lucanus vorbildlich tapfer war, und ich hatte zu oft, wie mir zu spät klar wurde, seine Haltung im Kampf gerühmt. Pontia wäre keine Römerin gewesen, wenn erhabene Heldentaten sie nicht begeistert hätten.

Und schließlich stammte Lucanus von den Caeciliern ab, deren Adel es fast mit dem der Claudier aufnehmen konnte, diesem reinsten und ruhmreichsten Blut Roms, das meine Frau meinen Kindern vererbt hatte und dessen Pontia sich rühmen konnte.

Mußte man es mir noch sagen? Pontia war fünfzehn Jahre alt; die Zeit war gekommen, sie zu verheiraten. Wir waren weit weg

von Rom, und wenn wir nicht sehr bald nach Italien zurückkehrten, würde es schwierig sein, einen gleichwertigen Gatten für sie zu finden.
Doch sosehr ich auch seine Fähigkeiten als Offizier schätzte, ich mochte Lucanus nicht. Ich hatte gesehen, wie er rebellische Pferde niederzwang und undisziplinierte Männer züchtigte. Ich hatte gesehen, wie er Menschen von niedrigem Stand hart anfaßte und wie er Starken schmeichelte. Ich hatte beobachtet, wie er unsere Kohorten durch seine Brutalität und seine ständigen Anforderungen verrohen ließ. Und schließlich ließen mich auch sein gebieterischer Rat, den Galiläer geißeln zu lassen, und die instinktive Furcht, die er Jesus bar Joseph eingeflößt hatte, zögern.
Aus all diesen Gründen hatte ich nur den einen Wunsch, ihm meine Tochter zu verweigern. An Pontias Statt fürchtete ich diese Hand, die es so gut verstand, hart und mörderisch zu sein. Sie liebte ihn oder glaubte ihn zu lieben, sie war ja noch so jung! Nun gut, sie würde zwei Tage lang weinen und sich dann trösten! Sie wußte nichts von der Ehe, kannte nur das Bild, das Procula und ich ihr boten. Doch Titus Caecilius hatte vom Eheleben sicher nicht dieselbe Auffassung wie ich. Pontia einen Augenblick lang Kummer zu bereiten war besser, als sie Lucanus zu geben, der meiner Überzeugung nach niemals ein liebender Gatte sein würde, sondern ein Herr, der alle Rechte über seine Frau hatte und auch Gebrauch von ihnen machte. Ich versuchte, das alles Procula zu erklären, aber sie beharrte auf ihrem Plan. Ich wußte nicht, daß ein Name, in diesem Augenblick ausgesprochen, der Name jenes Mannes, der einst auf den Rat des Tribunen hin gegeißelt worden war, genügt hätte, um sie vom Gedanken an diese Heirat abzubringen …
Meine Frau hatte recht: Mit welch seltsamer Blindheit war ich geschlagen! Wenn ich gesprochen hätte, wenn Procula und Pontia es gewußt hätten, würden sie sich entsetzt von Lucanus

abgewandt haben. Aber ich wollte den Namen Jesus bar Josephs nicht einmal vor ihnen aussprechen. Nur mir allein gegenüber kann ich es zugeben: Die Wahrheit, diese Wahrheit, deren Schlüssel mir der Galiläer versagt hatte, hatte mir immer entsetzlich Angst eingejagt.
Ich entschied mich also zu schweigen. Und so stimmte ich der Heirat meiner Tochter zu, obwohl ich wußte, daß ich ihr Unglück besiegelte. Dabei war Pontia das, was ich auf der Welt am meisten liebte; um sie zu retten, hatte ich es in Kauf genommen, einen Unschuldigen zu opfern, und mit ihm die letzten Illusionen, die ich mir über meinen Mut und meine Tugend machte.
Zwei Monate später wurde Titus Caecilius mein Schwiegersohn.
Ihm verdankte ich den guten Rat, der einige Zeit später dazu führen sollte, daß der Cäsar mich zurückrief.
Die Arbeiten an meinem Aquädukt – meine Eitelkeit hinderte mich daran, es bescheidener das Aquädukt von Judäa zu nennen – waren gut vorangeschritten. Ich freute mich über diese Krönung meiner Prokuratur; ich sah bereits die doppelte Bogenreihe über den Hügeln, die bis zu den Wasserspeichern Salomons hinabführte. Doch die Arbeiter waren noch mehr als zehn Meilen von den Vororten Jerusalems entfernt, als mir wieder das Geld ausging, diese ständige Plage.
Ein zweites Mal aus dem Gold des Tempels zu schöpfen war unmöglich. Der Eigensinn des Sanhedrin und die Dummheit des Volkes, das er so leicht manipulierte, brachten mich davon ab, erneut in die Truhen Jahwes zu greifen. Denn die von seinen Priestern zu Krawallen aufgehetzte Plebs war das einzige Opfer, wenn Repressionen die Antwort waren.
Mein Stolz verbot es mir, die Arbeiten abzubrechen, als die Ingenieure in der Ebene anlangten. Zudem wäre es das Eingeständnis eines Mißerfolgs gewesen, der über den Prokura-

tor auf Rom zurückgefallen wäre. Das konnte ich nicht zulassen.
Ich beschloß daher, dieses Geld um jeden Preis zu beschaffen. Zu dieser Zeit tauchte in Palästina wieder einmal ein neuer Prophet auf. Doch dieser war weder Jochanaan bar Zachariah noch Jesus bar Joseph. Er verhehlte nicht, daß er Rom und die Römer haßte und unsere Vernichtung wünschte. Die Menschenmengen, die er um sich sammelte, forderte er offen zur Revolte auf. Bald vereinte er mehrere tausend Männer am Fuß des Berges Garizim in Samarien.
Als man mich darüber informierte, beschloß ich, diesen Beginn eines Aufstands zu ersticken, bevor er gefährlich wurde. Ich hoffte sogar, daß ich einmal mit der Zustimmung ganz Judäas die Ordnung wiederherstellen würde, denn aus geheimnisvollen Gründen, deren Ursprung sich in uralter Zeit verlor, haßten die Juden die Samariter. Die Ursache ist die, daß die Menschen in Samarien, die einst demselben Glauben anhingen wie das übrige Israel, ihn angeblich durch den Kontakt mit Heiden korrumpiert hätten. Man kann daher ermessen, wie schwerwiegend der Streit war.
Lucanus lieferte mir einen zusätzlichen Vorwand, um rasch zu reagieren.
Eine alte jüdische Legende besagte, daß Moses, das Oberhaupt, das Israel aus seiner Gefangenschaft in Ägypten befreit hatte, am Gipfel des Garizim einen sagenhaften Schatz versteckt habe: heilige Gegenstände, alle aus kostbaren Metallen und mit Juwelen besetzt. Der Prophet aus Samarien behauptete nun, das geheime Versteck dieses Schatzes zu kennen.
Ich brauchte diesen Schatz aus drei Gründen: Erstens, um den Samariter daran zu hindern, sich als Erbe Mose darzustellen, was ihm die Entdeckung der Kostbarkeiten ermöglicht hätte; Rom durfte in den Augen dieser Fanatiker nicht das neue Ägypten verkörpern, gegen das man sich auflehnen mußte.

Zweitens, um zu vermeiden, daß dieser Schatz zu klingender Münze gemacht wurde, mit der man Waffen kaufen konnte, um uns niederzumetzeln. Und drittens schließlich hätte der Verkauf der Juwelen es mir erlaubt, problemlos die Fertigstellung der Arbeiten an meinem Aquädukt zu finanzieren.

Ich war nie ein goldgieriger Mann gewesen. Ich hatte nie viel besessen und war lediglich in meiner Jugend manchmal aufwendig und sogar verschwenderisch mit meinen Mitteln umgegangen. Doch der Bau dieses Aquädukts lag mir am Herzen, und dieses eine Mal in meinem Leben wollte ich ein Vermögen haben. Nicht zu meiner eigenen Verwendung, sondern um eine Spur in der Geschichte zu hinterlassen. Unglückselige Eitelkeit …

Denn natürlich gab es auf dem Gipfel des Garizim keinen Schatz, aber das wußten weder Lucanus noch ich. Wir zerschlugen daher die Truppe der Samariter und gaben keinen Pardon. Tausende von Leichen überließen wir den Wüstentieren zum Fraß, darunter zahlreiche Frauen und Kinder. Doch von den Juwelen des Moses keine Spur.

Titus Caecilius lachte schamlos über seine falsche Einschätzung, wie er es nannte. Ich dagegen war wütend auf meinen Schwiegersohn und angeekelt von diesem unnötigen Massaker. Dennoch hatte ich nie eine Wahl gehabt. Meine Pflicht war es, die Revolte in Samarien erbarmungslos niederzuschlagen. Ich war Rom, und Rom durfte nie einer Schwäche verdächtigt werden. Das hatte mich mein Vater eines Herbstabends vor vierzig Jahren gelehrt.

Kein römischer Statthalter oder Prokurator im ganzen Imperium hatte die Muße, mit Sanftmut zu regieren, es sei denn, in einer friedlichen Provinz; doch kaum wagte sie es, sich zu mucksen, griff unsere alte Wölfin auf die Gewalt als ihr letztes Argument zurück. Ich hatte es immer gewußt, trotz meiner Skrupel während der ersten Zeit. Aber Skrupel hatte ich nicht

mehr. Jegliche Güte, jegliches Mitleid gegen das Volk von Judäa war in mir abgestorben, als es mich gezwungen hatte, diesen Gerechten zu verurteilen, dessen von Schlägen entstelltes Gesicht und von Peitschenhieben zerfetzte Schultern unter Nigers *paludamentum* ich für meinen Seelenfrieden viel zu oft vor mir sah. Ja, ich gebe es zu, meine Prokuratur war blutig, aber nicht mehr als die meiner Vorgänger. Daher war, nach zehn Jahren Aufenthalt in Palästina, mein Rückruf nach Rom nur das normale Ende meiner Verwaltung.
Nein, als Tiberius Cäsar mich nach Italien zurückrief, war das keine Sanktion gegen mich, und wären die Umstände meiner Rückkehr nicht so unglücklich gewesen, hätte ich eine Beförderung erlangt und meine Laufbahn reibungslos fortgesetzt. Tiberius Cäsars Brief kam in den letzten Oktobertagen, kurz bevor der Schiffsverkehr auf dem Mittelmeer bis zum Frühjahr eingestellt wurde. Nichts in der kaiserlichen Botschaft ließ erkennen, daß meine Anwesenheit in Rom dringend erforderlich war; und aufgrund der Jahreszeit unterließ ich es daher auch, den Landweg zu nehmen, sondern wartete ganz ruhig auf die Rückkehr der schönen Tage. Marcellus, der mein Nachfolger werden sollte, würde sicherlich Mitte Februar ankommen, und ich traf meine Vorbereitungen, um für diesen Zeitpunkt ein Schiff nach Misena zu mieten.
Ich verließ Judäa ohne Hast und ohne Scham. Herodes und Vitellius hatten gemeinsam intrigiert, um mich in Ungnade zu stürzen, doch ihre Ränke hatten zu nichts geführt. Tatsächlich konnte der Vorwand, dessen sie sich bedienten, das Massaker am Garizim, niemanden im Palast täuschen … Ich glaube nicht, daß der Brief des Tetrarchen an Tiberius, dieser Brief, den Gaius mir als erdrückendes Beweisstück unter die Nase gehalten hatte, seinen Onkel sonderlich störte. Herodes beschrieb mich dort als einen Mann von »hartnäckigem Charakter und unbeugsamer Härte«. Ich war sehr erstaunt, daß

Antipas mich so merkwürdig falsch eingeschätzt hatte. Ach, ich kannte mich gut genug, um zu wissen, daß mein Charakter nur zu sehr zur Nachgiebigkeit und mein Herz zu leicht zum Mitleid neigte. Zumindest hatte ich den Beweis, daß ich mein Spiel geschickt gespielt hatte und Herodes nicht imstande gewesen war, meine wahren Schwächen zu entdecken. Ich machte mir nicht die Mühe, seine anderen Anschuldigungen zurückzuweisen; nicht alle waren falsch. Er sprach von Korruption, und tatsächlich war das Personal um mich manchmal korrupt. Er sprach von »Gewalttaten, Plünderungen, Unterdrückung, Demütigungen, ständigen Hinrichtungen ohne vorheriges Urteil, hemmungsloser und unerträglicher Grausamkeit«, und ich leugne nicht, daß an alldem etwas Wahres war. Aber ein einziger Statthalter soll vor mir beim Schicksal Roms schwören, daß wir nicht alle gezwungen waren, so zu handeln, die Augen vor vielen Dingen zu verschließen und uns bei zahlreichen Gelegenheiten die Hände schmutzig zu machen! Wer wüßte nicht, daß das Imperium und die Pax Romana um diesen Preis aufrechterhalten wurden?

Lange Zeit hatte ich mich gefragt, ob Rom im Recht oder im Unrecht war, solche Methoden zu benutzen. Seit ich mich ohne Bedenken darauf beschränkte, sie anzuwenden, hatte ich eine relative Ruhe wiedergefunden. Im Grunde enthielten die Vorwürfe des Herodes in den Augen eines Römers sogar Komplimente. Tiberius Cäsar räumte das ein, und sein Brief tadelte mich keineswegs. Ich besitze das Original nicht mehr, aber einige Sätze weiß ich noch:

»Zu lange schon weilst Du fern von der Stadt. Andere Aufgaben warten hier auf Dich. Marcellus wird Dich in Judäa ablösen. Wir wünschen uns, daß seine Verwaltung uns ebenso zufriedenstellen möge wie die Deine und daß er es nach Deinem Beispiel verdient, über zehn Jahre lang unser volles Vertrauen zu bewahren.«

Nein, der göttliche Tiberius entzog mir nicht seine Gunst, und

ich bin es seinen Manen schuldig, es noch einmal zu wiederholen.
Wir schifften uns an den Iden des Februar ein. Als wir Judäa verließen, waren wir einzig und allein traurig darüber, unsere Tochter dort zu lassen, denn Lucanus hatte eigensinnig jeden Gedanken an eine Versetzung abgelehnt und beschlossen, in Cäsarea zu bleiben. Zu meiner eigenen Beruhigung vertraute ich Pontia Flavius an. Ich vertraute unendlich mehr auf die feinfühlige und wirkungsvolle Wachsamkeit meines gallischen Zenturio als auf jene meines Schwiegersohns.
Nach zehn Jahren des Fernseins kehrten wir nach Italien zurück; wir fühlten uns glücklich. Wir wußten nicht, daß sich das Unglück an unsere Fersen geheftet hatte und uns nicht mehr verlassen würde.
Die ersten Tage unserer Reise verliefen ohne Zwischenfall, und ich hatte sogar Vergnügen an dieser friedlichen Überfahrt. Dann wurden wir vor Zypern von einem Unwetter überrascht. Ich hatte Kapitäne der Flotte sagen hören, daß das Wüten des Mare Britannicum schrecklich sei und sie oft nicht mehr geglaubt hatten, jemals Londinium oder Gesocribate zu erreichen; doch sie alle fügten hinzu, nichts käme dem Toben der Stürme gleich, die in plötzlicher Heftigkeit das Mare Internum heimsuchten. Das erfuhr ich grausam am eigenen Leib.
Ich hatte von der Seefahrt keinerlei Ahnung, konnte daher unmöglich beurteilen, ob unser Dreiruderer, die *Rhea Silvia,* sich je in Gefahr befand oder nicht. Sicher hatte ich unzählige Berichte von Schiffbrüchen gehört, zuallererst von jenem des griechischen Schiffs, auf dem mein Vater reiste und das an der Küste von Rhodos zertrümmert worden war, so daß er beinahe ertrunken wäre. Aber in fast allen Fällen handelte es sich bei diesen düsteren Geschichten um Handelsschiffe. Mein römischer Stolz hatte mich immer bewogen zu glauben, unsere

Flotteneinheiten würden von einem solchen Schicksal nie bedroht. Wenn es doch vorkam, daß eines unserer Schiffe unterging, konnte das nur in der Schlacht geschehen, so wie jene Galeere, die mein Vorfahr bei Actium befehligt hatte. Mir war die Gefahr nicht bewußt, und vielleicht war es besser so. So sah ich zumindest davon ab, den Kapitän der *Rhea Silvia* ständig mit Fragen zu belästigen. Im übrigen wußte ich, daß alle unsere Offiziere ihr Geschäft verstanden, und ich hatte Vertrauen zu ihnen.

Und dann, warum sollte ich es nicht schreiben? Ich wurde seekrank. Das Rollen hatte mich so elend gemacht, daß ich zwischen zwei Übelkeitsanfällen nur noch wünschte, mich in die Fluten zu stürzen, um dieser Qual ein Ende zu setzen.

Ich weiß nicht, wie Procula von diesem Greuel verschont blieb. Es war ein Glück, denn so konnte sie bei mir bleiben und mich unentwegt pflegen, und ich hatte es nötig. Ich schreibe, »es war ein Glück« ... Wie konnte mir ein solches Wort in die Feder fließen? Wäre ich nicht ans Lager gefesselt gewesen, elend und schwach wie ein Neugeborenes, hätte meine Frau, weniger mit mir und meinem verzweifelten Stöhnen beschäftigt, auf unsere Söhne aufgepaßt. Doch da sie mit mir in der Kabine eingesperrt war, überließ sie es unseren Dienern, sich um Aulus und Lucius zu kümmern. Und so kam es zu der Tragödie, an der die Unabwendbarkeit des Schicksals schuld war.

Am Ende des dritten stürmischen Tages wurde der Wind endlich schwächer. Die Kronen der Wellen waren weniger hoch und fielen schließlich zu kleinen Schaumkämmen zusammen. Meine Lebensgeister erholten sich sogar so weit, daß ich mich an den guten Lukrez und seinen Mann erinnerte, der sich am Ufer immer beglückwünschte, in Sicherheit zu sein, wenn er auf hoher See ein Schiff in Schwierigkeiten sah. Procula hatte den roten Vorhang geöffnet, der unsere Kabine

vom Deck abtrennte. Durch den Spalt strömte das klare Licht des nun wolkenfreien Frühlingshimmels. Das wieder friedlich gewordene Meer glitzerte smaragdgrün mit azurblauen Reflexen und fernen Spiegelungen, die blendeten, als erglänzten Tausende von Diamanten in ihrem ganzen Feuer auf der Wasseroberfläche. In der Mitte hoher Wasserfontänen tauchte ein Schwarm Delphine auf und begann, vor dem Bug hochzuspringen. Sie waren so flink, daß wir kaum Zeit hatten, ihre grauen Rücken zu sehen, bevor sie wieder ins Wasser tauchten.

Aulus, der die Zurückhaltung vergaß, zu der ihn die Würde seiner dreizehn Jahre seiner Meinung nach zwang, lachte und klatschte in die Hände.

»Papa! Mama!« rief er und drehte sich zu uns um. »Sind sie nicht wundervoll?«

Sein Lachen war so ansteckend, daß wir einstimmten. Ich glaube, bis zum Augenblick meines Todes wird mich dieses fröhliche, leichtfertige gemeinsame Lachen verfolgen. Plötzlich brach Procula in ihrem Gelächter abrupt ab; mit vor Angst rauher Stimme fragte sie mich:

»Gaius, hast du Lucius gesehen?«

Nein, ich hatte Lucius nicht gesehen. Wie hätte ich ihn sehen können? Seit drei Tagen hatte ich mein Lager nicht verlassen, gleichgültig für alles, was nicht das allumfassende Schaukeln um mich herum oder das erniedrigende Auf und Ab meines Magens war, qualvoller noch dadurch, daß er sich vergebens umdrehte, da ich ja nichts gegessen hatte.

Nein, ich hatte Lucius nicht gesehen. Abermals krampfte sich mein Magen zusammen, vor Angst diesmal. Proculas Augen waren riesig aufgerissen, während ihr Gesicht aschgrau wurde. In einem zu barschen Tonfall, unter dem ich meine Panik zu verbergen versuchte, rief ich Aulus:

»Wo ist dein Bruder?«

»Ich weiß nicht!« stammelte mein Sohn jämmerlich, ganz außer Fassung, weil er mich zornig glaubte.
Natürlich wußte er es nicht, das arme Kind. Verlangte man von einem dreizehnjährigen Knaben, daß er sich um die Spiele eines Fünfjährigen kümmerte, wenn ein halbes Dutzend Diener dafür da war? Aulus starrte uns mit offenem Mund an, als begänne er zu begreifen, was uns angst machte; ich sah, wie sich Unglauben, Schrecken und Kummer auf seinem noch kindlichen Gesicht breitmachten. Unbeholfen erklärte er uns, daß er seinen kleinen Bruder in den Händen der Dienerinnen zurückgelassen hatte. Die nicht weniger krank waren als ich …
Wir suchten die *Rhea Silvia* ab. Es gab keinen Laderaum, keine Taurolle, die wir nicht drei-, vier-, fünfmal untersuchten, immer in der Hoffnung, wir seien an unserem Kind vorbeigelaufen, ohne es zu sehen.
Wir fanden Lucius nicht wieder.
Ein Seemann erinnerte sich, ihn am Vorabend an Deck klettern gesehen zu haben, zu der Stunde, als die Winde nachließen. Wir haben nie erfahren, was mit unserem Sohn geschehen ist. Wir vermuteten, eine Welle habe ihn überrascht und über Bord gespült. Bei der Erinnerung an den endlosen Todeskampf von Gaius konnte ich mir noch so oft sagen, daß Lucius wohl zumindest sehr schnell tot gewesen war, dennoch war ich bei dem Gedanken an meinen zu Tode verängstigten Jüngsten, der in den Fluten ertrank, von Schmerz wie vernichtet. Wie mußte erst seine Mutter leiden? Ohnmächtig, unfähig, ein Wort des Trostes zu finden, blieb ich stumm und reglos an Proculas Seite, die blicklos auf den Horizont und dieses so wunderbare Meer starrte, das unserem Kind als Leichentuch diente.
Die unendliche Leere, gegen die ich früher mit meiner Arbeit und meiner ständigen Hingabe an meine Pflicht angekämpft

hatte, senkte sich erneut in mein Innerstes. Lucius' Tod warf mich wieder zurück auf meine Schwäche, meine Einsamkeit, meine Angst. Das Leben schien mir von neuem wie eine schauerliche, grausame Komödie. Immer noch wußte ich nicht die Antworten auf die wahren Fragen. Und dennoch hatte ich manchmal den Eindruck, als hätte ich sie kennen müssen; als hätte ich die Gelegenheit dazu gehabt.

An den Iden des März kamen wir in Misena an, ein verhängnisvolles Datum für Rom und seine Herrscher: Cäsar war zu dieser Zeit gestorben, und Gaius hatte das Licht der Welt erblickt ...

Ob Zufall oder gut vorbereiteter Plan, an diesen Iden des März, als Gaius Caligula seinen fünfundzwanzigsten Geburtstag feierte, kam das Ende des göttlichen Tiberius. Der Cäsar hatte das hohe Alter von achtundsiebzig Jahren erreicht.

Ich erfuhr von seinem Tod, als wir von Bord gingen, und auch, daß sein Neffe Gaius ihm nachfolgte. So schrecklich auch mein Kummer über den Verlust meines Sohnes war, machte mich der Schmerz doch nicht so blind, daß ich übersah, was der Tod des Tiberius für mich bedeutete ...

Die Gunst, die mein Vater bei ihm genossen hatte und die auf die Zeit zurückging, als Tiberius Claudius Nero noch kaum Chancen gehabt hatte, je an die Regierung zu kommen, hatte sich auch auf meine Person erstreckt. Vor der Sache mit den Schilden in der Festung Antonia und der stillschweigenden Billigung des Cäsars war mir nicht bewußt gewesen, welche Zuneigung er für mich hegte. Eine seltsame und sogar gefährliche Zuneigung, so wie alles, was mit dem misanthropischen Cäsar auf Capri zu tun hatte. Aber es war dennoch eine Zuneigung gewesen, die mich während der Herrschaft des Aelius vor dem Schlimmsten zu schützen gewußt hatte. Ich war ruhig nach Italien zurückgekehrt, mit der festen Gewißheit, daß der Herrscher meine Prokuratur in Judäa gebilligt hatte,

er hatte es mir sogar geschrieben. Ich hatte auf einen neuen Posten in Rom gehofft.
Ich konnte meine Träume nun vergessen: Tiberius Augustus' Tod hatte sie zunichte gemacht, zusammen mit all meinen Chancen auf Beförderung und weitere Laufbahn. Noch schwerer jedoch wog, daß dieser unerwartete Tod einem Mann den Purpur verliehen hatte, der allen Grund hatte, mich zu hassen.
Viele Menschen haben unter den vier Jahren gelitten, die Gaius an der Spitze des Staates stand. Doch die meisten wurden zunächst von dem freundlichen Beginn dieses Tigers getäuscht ... Mich traf die Wut des Cäsars bereits in dem Augenblick, als ich meine Ankunft mitteilte und um eine Audienz bat. Zwar verschonte Gaius mein Leben, aber nur, weil er Rom nicht verfrüht sein wahres Gesicht zeigen wollte und sich zu einer relativen Milde zwang, die seiner innersten Natur widersprach.
Er verlangte, daß ich Rechenschaft über meine Prokuratur ablegte, für die mir sein Onkel die Entlastung erteilt hatte; so schien er den Prokurator Judäas wegen nicht existierender Verfehlungen zu bestrafen, während er in Wirklichkeit Rache an dem Tribun übte, der ein Feind des Germanicus, seines Vaters, gewesen war. Ich habe nie erfahren, welche Natter in den Diensten des Palastes meine Rückkehr dazu ausnützte, um Gaius Cäsar die Akte mit den Berichten zuzuspielen, die ich einst über Germanicus geliefert hatte. Denn in seinen ersten Monaten an der Macht stellte sich Gaius, der in der Folgezeit die Götter und die Gesetze beleidigen sollte, indem er nacheinander seine Schwestern in sein Bett holte, als vorbildlicher Sohn und Bruder dar!
Er hatte beschlossen, mich zu verurteilen, ohne die Tatsachen zu kennen und ohne mich anzuhören, nur im Vertrauen auf die Anschuldigungen von Herodes und Vitellius, und weigerte

sich, mich zu empfangen. Das Urteil wurde gefällt, ohne daß ich ein Wort zu meiner Verteidigung sagen konnte; all meine Besitztümer wurden konfisziert, und ich wurde gezwungen, die Stadt zu verlassen und mich in das gallische Vienna zurückzuziehen.

10

Manche Verbannten, die wie der unglückliche Ovid verlassen an den Ufern Thrakiens oder den felsigen und unwirtlichen Küsten Korsikas weilten, würden sicherlich erklären, daß ihr Aufenthalt in diesen barbarischen Regionen unendlich betrüblicher war als meiner in der Stadt Vienna, wo alles die römische Ordnung atmete.
Ich stimme zu.
Die Allobroger zögerten nicht, ihre Stadt – von der man mit ein wenig gutem Willen sagen konnte, sie sei auf sieben Hügeln erbaut – als das gallische Rom zu bezeichnen ... So etwas zu behaupten ginge ein wenig weit. Vienna war sicher ein annehmbarer Aufenthaltsort. Für ein Gebäude in der Provinz mangelte es seinem für Augustus und Livia errichteten Tempel nicht an Majestät. Der Zirkus und das Theater boten anerkennenswerte Zerstreuungen. Und das Haus am rechten Rhôneufer, in das wir unsere Penaten transportierten, hatte – abgesehen von meinen Schwierigkeiten, es zu heizen – einen schönen Stil. Sogar die Mosaike, die das Atrium schmückten, sah ich gerne.
Ich glaube, unter anderen Umständen hätte ich während der Zeit in Vienna einigermaßen glücklich leben können. Doch in jenen Jahren waren die Umstände dem Glück nicht günstig. Ich hatte über zehn Jahre in Judäa verbracht, und dieses Fernsein hatte mir schmerzlich auf der Seele zu lasten begonnen. Deshalb hatte ich mich gefreut, als meine Prokuratur zu Ende ging. Und nun, kaum zurückgekehrt, war ich zu einer

neuen Abreise verurteilt, deren Ende sich nicht absehen ließ. Die Ungnade, in die ich gefallen war, zog auch meine Familie mit hinein, und ich fragte mich angstvoll, welche Zukunft ich Aulus bereitete. Man hatte mir mein Erbe geraubt, meine Kinder würden nichts mehr besitzen. Unsere Villa in Kampanien mit den von meiner Mutter überkommenen Ländereien und das Erbe der Pontier in Samnium, unser schönes Haus auf dem Aventin, nichts von alldem gehörte uns mehr.
Angesichts des von Tag zu Tag wachsenden Wahns des Gaius und eingedenk seines Hasses gegen mich, fürchtete ich schließlich um mein Leben, überzeugt, daß niemand in Rom, über das sich eine womöglich noch schlimmere Schreckensherrschaft legte als unter der Tyrannei des Seianus, zu meinen Gunsten sprechen würde.
Wenn ich sage, daß ich um mein Leben fürchtete, bedeutet das nicht, daß der Tod mich schreckte. Unter dieser Art von Feigheit hatte ich nie gelitten. Da ich mit dem Tod oft genug in Berührung gekommen war, sah ich in ihm nur Befreiung und ewige Ruhe. Gaius konnte seine Henker schicken, die meinen Kopf forderten, oder mir befehlen, mir die Pulsadern aufzuschneiden – ein solches Ende fürchtete ich nicht.
Doch es widerstrebte mir, Caligula Cäsar diese Freude zu bereiten. Es widerstrebte mir, weit weg von Rom zu sterben. Es widerstrebte mir, meinen armen Aulus vor den unüberwindlichen Schwierigkeiten, die ihn erwarteten, im Stich zu lassen. Und schließlich, mehr als alles andere, zerriß mir der Gedanke, von Procula zu scheiden, das Herz. Konnte ich es leichten Sinnes erwägen, sie allein in einer fremden Stadt zurückzulassen, ohne Vermögen, ohne Familie, ohne Freunde, ohne Unterstützung? Es ist leicht zu sterben, wenn niemand einen braucht.
Liebe und Pflicht banden mich mehr, als daß ich am Leben gehangen hätte. Für die Meinen mußte ich kämpfen, mich

opfern. Um ihretwillen beschloß ich, trotz Caligula zu überleben.
Es stellte sich heraus, daß der Präfekt im gallischen Lugdunum einst mit mir in Germanien gedient hatte. Ohne befreundet zu sein, hatten wir einander geschätzt. Ich wagte zu hoffen, er würde sich vielleicht daran erinnern, und bat ihn um eine Gunst: Aulus einen Posten als Offizier zu geben.
Mein alter Kamerad ließ mich nicht im Stich. Ich konnte noch bei weiteren Gelegenheiten feststellen, daß er ein tapferer Mann geblieben war, imstande, sich großherzig zu verhalten, obwohl er das große Pech hatte, Gaius lange Monate in Lugdunum ertragen zu müssen ... Obwohl mein Sohn erst sechzehn Jahre alt war, verlieh er ihm daher den Rang eines Tribuns mit schmalem Purpurstreifen, um den ich ihn gebeten hatte.
Ich dachte, ich hätte richtig gehandelt. Aulus war der einzige von meinen drei Söhnen, der mir geblieben war, und auch wenn ich wußte, daß er mehr dem Studium zugeneigt war, hatte ich nie den Gedanken gehabt, er könnte sich dem Waffendienst entziehen wollen. Rom für immer zu dienen war von jeher das einzige Anliegen der Pontier gewesen, und zum Dienst an Rom gehörte das Durchlaufen der militärischen Karriere.
Aulus war für die Legion und die Grenzen Germaniens zu jung; ich wußte es, und mein Herz war nicht so verhärtet, daß ich nicht bei dem Gedanken erbebte, was ich meinem Kind aufzwang. In anderen Zeiten hätte ich ihm noch einen Aufschub von vier oder fünf Jahren gegönnt, ich hätte ihm die besten Lehrer gegeben, hätte ihn sich am Griechischen und der Philosophie delektieren lassen, hätte ihm einen Aufenthalt in Athen geschenkt.
Und trotz meiner Ängste in jener Zeit hätte ich vielleicht so klug sein müssen, noch zu warten ... Vielleicht hätte ich

diesen verfrühten Vorstoß bei dem Präfekten der Gallier nicht unternehmen sollen ... Hätte ich mir die Zeit zum Nachdenken genommen, so hätte ich meinen Sohn gesehen, wie er war; noch ein kleiner Junge, der nur für seine Bücher und seine Studien lebte ... Ich hätte das Risiko auf mich nehmen müssen, ihn erwachsen werden, ihn lernen und härter werden zu lassen. Ich hätte ihn für ein oder zwei Jahre an die Universität schicken müssen; es gibt in Gallien ganz ausgezeichnete ... Aber daran dachte ich nicht einmal.

Muß ich es näher erklären? Ich war überzeugt davon, daß Gaius meinen Tod beschlossen hatte und mich nicht mehr sehr lange leben lassen würde. Wäre ich auf Befehl des Cäsars gestorben, welche Aussichten auf eine Laufbahn hätte mein Sohn dann noch gehabt, der letzte der Pontier, den ich ohne Schutz und ohne unser ganzes Familienvermögen zurückließ? Indem ich rasch handelte und ohne großes Nachdenken auf meine letzten Beziehungen zurückgriff, glaubte ich, Aulus den Weg zu höheren Ehren zu öffnen, so wie mein Vater es für mich getan hatte.

Ich hatte vergessen, daß mir in meiner Kindheit etwas ganz Wesentliches gefehlt hatte: die Liebe meiner Mutter. Aufgewachsen ohne den Schutz Tullias, die ich durch meine Geburt getötet hatte, war ich früher als andere Knaben hart geworden. Unser Sohn war umgeben und beschützt gewesen von Proculas Zärtlichkeit, die ihn daran gehindert hatte, die Grausamkeit des Lebens und der Welt zu früh zu entdecken. So hatte er auch nicht gelernt, sich dagegen zu verteidigen. Ich schickte Aulus in die Arena, ohne ihm Waffen zu geben, mit der dummen, aus meiner eigenen Erfahrung gezogenen Gewißheit, er würde sie sich schon alleine schmieden.

Ich bin ein Blinder, der sein Leben lang geglaubt hat, die anderen zu lenken ...

Weder Procula noch Aulus widersetzten sich meiner Entschei-

dung. Ich dachte, sie seien einverstanden, und glaubte nicht, daß sie darunter litten. Warum hätte ich etwas anderes denken sollen? Ich gehöre nicht zu den Vätern, die ihre Familie tyrannisieren und in Schrecken versetzen. Meine Frau hatte sich niemals gefürchtet, mir ihre Meinung zu sagen, die ich mir immer anhörte und der ich oft folgte. Der beste Beweis dafür war die Art, wie sie mich dazu gebracht hatte, Pontias Heirat zuzustimmen, die mir doch so sehr widerstrebte. Ich hatte meinen Kindern nie verboten, offen mit mir zu sprechen. Sie mußten niemals meinen Zorn fürchten. Wenn Aulus mir gesagt hätte ...

Aber was hätte ich geantwortet, wenn mein Sohn mir seinen Wunsch anvertraut hätte, zu studieren, während er keinerlei Lust zum Militärwesen verspürte? Hätte ich die Grausamkeit besessen, ihm ins Gesicht hinein zu sagen, daß ich ihm das Jahr Rhetorikstudium in Augustodunum verweigerte? Denn das war es, wovon er, wie ich zu spät erfuhr, träumte. Nein! Ich hätte einfach versucht, von Mann zu Mann mit ihm darüber zu reden; ich hätte versucht, ihm unsere Lage begreiflich zu machen, ihm zu erklären, warum ich ihm so sehr meinen Willen aufnötigte und warum eine militärische Laufbahn die einzige war, die ihm noch offenstand. Wenn er verstanden hätte, wenn er sich einverstanden erklärt hätte, müßte ich es nicht so schrecklich bedauern, niemals mit ihm über seine Zukunft gesprochen zu haben.

Doch Aulus sagte nichts; er beugte sich ohne Murren einer Entscheidung, die er sicherlich nicht verstand.

Procula verschloß sich in einem Schweigen, das mit jedem Tag drückender wurde. Oft überraschte ich sie dabei, wie sie melancholisch ans Fenster gelehnt stand, den Blick in der Ferne verloren, weit über die rasch fließende Rhône hinaus, auf der die schweren Schleppkähne der Schiffsleute vorbeifuhren, und weit über die schneebedeckten Ausläufer der

Alpen hinaus. Tränen standen in ihren Augen, und ich befürchtete, den Grund dafür zu kennen.
Aulus verließ uns eines grauen Novembermorgens, an dem die Wolken tief hingen. Die Gärten in Vienna hatten keine Blätter oder Blüten und Früchte mehr. Und der Wind, der sich heulend in dem Tal verfing, versprach baldigen Schnee. Als ich meinen Sohn zum erstenmal in Uniform sah, bemerkte ich erst, wie jung und zart er war. Das Rot seines *paludamentum* machte ihn noch blasser, aschfahl. Er wollte sich mit der offiziellen Umarmung, die er für männlich hielt, von mir verabschieden, doch ich spürte erschüttert, daß seine mageren Hände auf den meinen zitterten. Er war immer noch derselbe schüchterne und ängstliche Knabe, der in seiner Ecke Cicero las, und ich fragte mich, plötzlich entsetzt über meine Brutalität, wie ich es fertiggebracht hatte, aus ihm diesen jugendlichen Offizier zu machen, der den erwachsenen Mann spielte, um seine Mutter zu trösten.
Er war im Stimmbruch, und ergriffen von einem unermeßlichen Mitleid stellte ich mir vor, wie er unwillkürlich in die hohen Töne rutschte, wenn er sich in dem üblichen Befehlston versuchte. Ich wollte ihn schon zurückhalten, an den Präfekten der Gallier schreiben, irgendeine Entschuldigung erfinden und mein Kind behalten.
Doch ich verhärtete mich. In dem Augenblick, als ich schwach zu werden drohte, kam mir die Erinnerung an den alten Brutus in den Sinn, der die Köpfe seiner Söhne gefordert hatte, oder die an den alten Patrizier Horatius. Ich rief ihre Manen an. Die römische *virtus* kam mir zu Hilfe, und ich sah ohne Zittern zu, wie mein kleiner Junge auf sein Schicksal zuschritt.
Aulus kam nie wieder.
Ein Jahr später teilte uns ein Legat aus Germanien, dessen Namen oder Gesicht ich nicht kannte, mit, daß unser Sohn

im Laufe eines Erkundungsauftrags jenseits des Rheins einen – wenn man der lakonischen Benachrichtigung glauben wollte – ruhmvollen Tod gefunden hatte. Einige Stämme dort waren in Aufruhr.

Aulus' Vorgesetzter gab keine weiteren Einzelheiten bekannt, und ich wußte nur zu gut, was dieses Schweigen verbarg ... Glücklicherweise konnte Procula das nicht ahnen! Doch ich hatte alle Muße und habe sie noch, wenn es mich überkommt, mir selbst weh tun zu wollen, mir die Szenen des Grauens und der entsetzlichen Foltern vorzustellen, bei denen ich Marcus Sabinus hatte umkommen sehen.

Resigniert erwartete ich die unvermeidlichen Vorwürfe meiner Frau. Doch sie warf mir nichts vor. Sie blieb aufrecht, stumm, versunken in Gedanken, in denen für mich kein Raum war.

Zu dieser Zeit begann sie, von dem Galiläer zu träumen.

Ich begann diese Träume zu fürchten, da ich sah, wie sehr sie durch sie erschüttert wurde, aber ich begriff nicht, daß sie ihren Schmerz keineswegs bitterer werden ließen, sondern ihr halfen. Wie hätte ich verstehen sollen, daß sie aus ihnen die Kraft schöpfte, das unvorstellbare Opfer, das der Tod unserer Kinder für uns bedeutete, anzunehmen? Dieses Opfer, das der Galiläer von mir verlangt hatte und das zu akzeptieren ich nicht den Mut besaß ...

In diesen Trauerjahren des Schweigens und der Tränen, in diesen bleischweren Jahren begann ich diese Erinnerungen niederzuschreiben, um mir über meine Untätigkeit hinwegzuhelfen, aber vor allem deshalb, weil Pontia eines Tages erfahren sollte, was für ein Mensch ihr Vater gewesen war.

Ich hatte nur noch sie, und ihre zu seltenen Briefe waren bereits die einer Frau, die im Kelch des Lebens allzu früh die

Bitterkeit geschmeckt hatte ... und das entsetzte mich, denn meine Tochter war noch keine zwanzig Jahre alt.
Dabei verriet Pontia nichts von ihren privaten Nöten. Sie hatte noch kein Kind geboren, und ich hatte den Verdacht, daß Lucanus sie schamlos vernachlässigte. Titus Caecilius hatte geglaubt, eine Cousine des Cäsars zu heiraten und sich durch diese Verbindung eine glänzende Zukunft zu sichern; nun fand er sich gebunden an die Tochter eines Verbannten, dem man jeden Besitz geraubt hatte.
Pontia, durch den Tod ihrer Brüder zur Alleinerbin geworden, würde dennoch nichts erben. Die Unfruchtbarkeit, mit der ihre Ehe geschlagen schien, nahm mir noch meine letzte Hoffnung und den einzigen Trost, der mir hätte bleiben können: einen meiner Enkel zu adoptieren und so zu verhindern, daß das Geschlecht der Pontier ausstarb, die letzten Abkömmlinge jener samnitischen Stammesherren, die bei den Caudinischen Engpässen gesiegt hatten ...
Ja, diese Jahre in Vienna waren Jahre wie Blei, schwer von Tränen und dem Gefühl der Ohnmacht. Und vor allem öffneten sie wieder die Abgründe von Fragen und Ängsten, die sich in meinem Innersten auftaten.
In der letzten Zeit meiner Prokuratur war es mir fast gelungen, sie zu vergessen, so wie ich den Galiläer fast vergessen hatte. Ich wollte mich selbst überzeugen, daß ich nur einen gewöhnlichen juristischen Akt vollzogen hatte, als ich unter dem Druck der Notwendigkeit und dem unbarmherzigen Zwang des Gesetzes zugestimmt hatte, ihn zu verurteilen. Selbst wenn diese Entscheidung meinen Wünschen und Überzeugungen zuwiderlief. Mit der Zeit hatte ich mir schließlich eingeredet, daß es nicht anders hätte verlaufen können.
Doch in Vienna, weit weg von allem Treiben und allen Verantwortlichkeiten, allein mit mir selbst, konnte ich ermessen, wie brüchig und trügerisch diese lächerlichen Versuche, mich

von der Schuld loszusprechen, letztendlich blieben. Gewiß hatten Notwendigkeit, Gesetz und das Wohl Roms mich im Laufe meines Lebens gezwungen, viele furchtbare Dinge zu tun; diese Handlungen und dieses Blut nahm ich auf mich. Aber nichts konnte bewirken, daß ich meinen Teil an Verantwortung beim Tod des Jesus bar Joseph akzeptierte. Ich konnte tausend Gründe für meine Handlungsweise angeben; ich konnte sie mir jedoch nicht verzeihen, geschweige denn sie vergessen.

Procula träumte von dem Galiläer. Ich brauchte nicht zu träumen, um sein Gesicht wiederzusehen, um von neuem seine Stimme und seine Worte zu hören. Zehnmal am Tag kam mir all das wieder ins Gedächtnis. Die Worte, die er an mich gerichtet hatte, waren für immer in meinem Herzen eingegraben, und selbst wenn ich sie nicht immer verstand, ertappte ich mich immer öfter dabei, daß ich sie hin und her wandte, um in ihr Geheimnis einzudringen. Waren das Worte eines orientalischen Schwärmers oder die Worte eines Königs? War der Galiläer nur ein armer Zimmermann mit abgedroschenen Gedanken gewesen, der wie jedermann vor dem Kreuz gebebt hatte?

Oder hatte er gewußt, was er tat und warum er es tat? Hatte ich ihn verurteilt, oder hatte er sich selbst verurteilt, in vollem Wissen und aus einem Grund, den ich nicht erkennen konnte? War er bei diesem Prozeß, den ich nur dem Namen nach »geführt« hatte, von Anfang bis Ende der Herr gewesen?

Ich erinnerte mich an diese seltsame Regel, die er seine Jünger lehrte und die den armen Lucius Arrius so sehr beeindruckt hatte, daß er sie annahm und noch in der Stunde seines Todes wiederholte: »Sein Leben für die zu geben, die man liebt ...« Und der Gedanke, der mich in meinem Prätorium in Jerusalem gestreift hatte – daß ich Zeuge war, wie auf unglaubliche Weise jemand ausgelöst wurde, daß es um ein unendlich

erhabenes Opfer ging –, suchte mich wieder heim, immer wieder. Doch was an diesem Geschehen war so ungewöhnlich? Viele Männer haben die Stadt so geliebt, daß sie für sie gestorben sind. Ich erinnerte mich, daß ich am Sterbebett von Gaius ja gesagt hätte, wenn ein Gott mir vorgeschlagen hätte, das Leben meines Sohnes um den Preis des meinen zu erkaufen, selbst unter den schlimmsten Qualen. Ich wußte, daß es möglich war, aus Liebe zu sterben, und Niger, der beteuert hatte, das sei leicht, hatte zweifellos die Wahrheit gesagt. Doch so verführerisch diese Annahme auch sein mochte, es fehlte ihr etwas: Wenn der Galiläer gestorben war, um jemand anderen zu retten, wen – Mann oder Frau – konnte er so sehr geliebt haben? Denn auf diesen Mann oder diese Frau war ich hoffnungslos eifersüchtig ...

Ich erinnerte mich daran, wie unglaublich stark ich mich zu diesem Jesus bar Joseph hingezogen gefühlt hatte, erinnerte mich an diese wahnwitzige Hoffnung, die mein Herz hatte schneller schlagen lassen. Einen Augenblick lang hatte ich gegen jede Vernunft geglaubt, daß dieser Mann genau das war, was er sagte: ein König, ein Gott. Ein Gott, der mein einziger und alleiniger Existenzgrund war. Ich hatte sogar geglaubt, er könne mir hundertfach zurückgeben, was das Leben mir nicht beschieden hatte, mir zurückgeben, was ich verloren hatte. Und diese Gewißheit, so flüchtig, wie sie war, schien mir alle Gefahren, alle Opfer wert zu sein. Für die Versprechungen, die ich in ihm zu erkennen geglaubt hatte, war es tatsächlich möglich, daß man unter Folterqualen frohen Mutes starb.

Aber wenn ich das geglaubt hatte, wie hatte ich ihn dann im Stich lassen können? Warum war ich gezwungen gewesen, diese märchenhafte Hoffnung gegen das Leben meiner Kinder aufzuwiegen?

Und was hatte diese entsetzliche Wahl, die man mir aufge-

zwungen hatte, schließlich gebracht? Ich hatte den Galiläer sterben lassen, aber ich hatte die Menschen, die ich liebte, nicht gerettet. Wenn ich an meine toten Söhne, meine unglückliche Tochter und meine Frau dachte, sagte ich mir manchmal, daß ich mich geirrt hatte. Ein trockenes Schluchzen schnürte mir dann die Kehle zu. Tausend wesentliche Fragen, die ich dem Galiläer hätte stellen müssen und die ich hinuntergeschluckt hatte, wirbelten mir im Kopf herum, und hilflos erkannte ich, wie armselig und dumm jene gewesen waren, die ich geäußert und auf die er nicht geantwortet hatte. Nun wußte ich, daß mir eine außerordentliche und einzige Gelegenheit zuteil geworden war – und ich hatte sie verstreichen lassen. Und nun konnte ich nichts mehr wiedergutmachen, wie sehr ich es auch wünschen mochte. Meine Fragen würden auf immer ohne Antwort bleiben, und das war allein meine Schuld. Ich hatte diesen Mann zum ewigen Schweigen verurteilt. Und ich hatte auch mich verurteilt.
Aber vielleicht verlor ich den Verstand, und der Galiläer hätte mir nie eine Antwort geben können? Und was bedeutete es schon? Immer noch würde jeden Tag der Morgen anbrechen; Männer und Frauen würden geboren werden und einander lieben, um andere Männer und Frauen zu gebären, die vor ihrem Tod an derselben Kette von Hoffnungen, Träumen, Kummer und Leiden stricken würden. Und niemand würde daran jemals etwas ändern.
Wie sollte ich etwas wissen? Procula hatte das Album aufbewahrt, in dem sie die Worte des Galiläers aufgeschrieben hatte. Ich wagte nie, sie zu bitten, daß sie es mir zum Lesen lieh. Aber ich fand sie oft vertieft in diese Lektüre, die ihr ein seltsames Lächeln auf die Lippen zauberte, das sie ganz erleuchtete, so wie sie früher erstrahlt war, wenn sie mich sah … Ich hätte mir gewünscht, daß sie mir spontan vorgeschlagen hätte, es zu lesen, aber sie verstand mein stummes Flehen

nicht. Mein dummer Stolz als Mann, die alten römischen Prinzipien von Männlichkeit verboten es mir, mich an meine Frau zu wenden. Ich konnte nicht vor ihr auf die Knie fallen und sie weinend bitten, mir zu erklären, was ich so brennend zu verstehen wünschte. Und zudem fand ich mich nicht der geringsten Erklärung würdig.

Was ist Wahrheit?

Meine unlösbare Frage war dazu verurteilt, niemals eine Antwort zu erhalten. Eine Strafe, die ich verdient hatte, und ich versuchte nicht, mich ihr zu entziehen.

Regelmäßig kamen offizielle Boten nach Vienna. Alle brachten unglaubliche Nachrichten aus Rom, Berichte von Elend und Verbrechen.

Gaius Cäsar war dem Wahnsinn verfallen. Er hatte zuerst seine Gattin verstoßen und dann nach dem Vorbild der ägyptischen Pharaonen seine Schwester Drusilla zur Frau genommen und sie an der Kaiserherrschaft beteiligt, so daß das Imperium Zeuge seines Inzestes wurde.

Er verachtete den Senat und vergaß, daß weder der göttliche Augustus noch der göttliche Tiberius es versäumt hatten, ihm Ehre zu erweisen. So hatte er, ohne daß ein Wort des Tadels an ihn gegangen wäre, von den Senatoren gefordert, daß sie – welch schreckliche Erniedrigung! – seinem Lieblingspferd Incitatus, das im Circus Maximus den hundertsten Sieg beim Rennen errungen hatte, die Würde eines Konsuls verliehen!

Rom suhlte sich in der Kloake. Eine Proskription folgte der anderen, ein gewaltsamer Tod dem anderen. In dieser grauenhaften Atmosphäre, in der jeder Tag die Ankündigung eines von Caligula inszenierten Todesfalls brachte, ging in der Stadt das Gerücht, ich hätte – was niemanden erstaunte – meinem Leben freiwillig ein Ende gesetzt, da ich das Exil und die Ungewißheit meines Schicksals nicht mehr ertrug.

Ich weiß nicht, wer diese Falschmeldung in Umlauf gesetzt hatte, aber ich glaube, sie hat mir das Leben gerettet. Gaius hatte seinen nie besonders scharfen Verstand immer mehr verloren. So befriedigte die offizielle Verkündung meines angeblichen Todes seinen nie nachlassenden Haß gegen mich. Geistig zu zerrüttet, um nachzudenken, glaubte er, daß ich nicht mehr lebte, und versuchte nicht zu ergründen, ob diese Nachricht der Wahrheit entsprach. Sonst hätte er schnell festgestellt, daß er mir immer noch die bescheidene Pension bezahlte, die die Republik ihren Verbannten zugestand.

Beim Zurückdenken zweifle ich nicht daran, daß das Gerücht, ich sei gestorben, mit den Unglücksfällen zusammenhing, die zu dieser Zeit meinen alten Feind Herodes heimsuchten.

Antipas, kühn geworden dadurch, daß er mich mit Vitellus' Hilfe so leicht in Ungnade gestürzt hatte, und nicht bedenkend, daß Gaius für seine Schmeicheleien weniger empfänglich war als der göttliche Tiberius, hielt sich für einen Freund des Cäsars. Er strebte nach neuen Ehren und größerer Macht. Das war ein grober Fehler. Einer seiner Neffen, der junge Agrippa, der zur selben Generation gehörte wie Caligula, verstand sich gut mit diesem. Er umschmeichelte Gaius und brachte ihn so geschickt gegen Antipas auf, daß er die Absetzung seines Onkels und seine Verbannung nach Aquitanien erreichte und selbst Tetrarch von Galiläa wurde.

Herodes wurde also nach Gallien verbannt, und mit ihm Herodias, nunmehr eine alte, von Falten gezeichnete Frau, und ihre Tochter Salome, die seit langem nicht mehr dem frischen und schlanken jungen Mädchen ähnelte, dessen aufreizende Tänze mit den Köpfen von Propheten bezahlt wurden.

Das begab sich während dieses furchtbaren Winters, als die Provincia unter Schnee begraben lag, Mandel- und Oliven-

bäume erfroren und von der Kälte erschöpfte Vögel wie Steine vom Himmel fielen, bereits zu Eis erstarrt.
Doch der Winter ging zu Ende, als Herodes und seine Familie auf dem Weg nach der prachtvollen Villa, die sie am Ufer der Garonne erwartete, in Lugdunum eintrafen. Als die Reisenden die Stadt wieder verließen, beschlossen sie, wohl um sich einen langen Umweg bis zur nächsten Brücke zu ersparen, über die vereiste Rhône zu ziehen. Eine unheilvolle Entscheidung! Die ersten Wagen überquerten den Fluß ohne Zwischenfall, doch ihr Gewicht belastete das durch den nahenden Frühling bereits dünner gewordene Eis zu stark. Der fünfte Wagen, in dem Prinzessin Salome saß, erreichte nie das andere Ufer. Das Eis gab nach, brach plötzlich ein, und die Rhône verschlang Wagen und Insassin in ihren Fluten.
Ja, wahrscheinlich waren es dieser Unfall, bei dem die jüdische Prinzessin das Leben verlor, und die Verbindung des Namens Herodes mit jenem des ehemaligen Prokurators von Judäa, die mir das Leben retteten. Denn ein paar Wochen später kam Gaius selbst nach Lugdunum. Hätte er mich nicht bereits tot geglaubt, wäre es ihm doch sicher eine Zerstreuung gewesen, mich hinrichten zu lassen. Sein krankes Gehirn hatte mich vergessen, und niemand war so grausam, ihn an mich zu erinnern. Allerdings erfüllten die Taten des Wahnsinns, die er während seines Aufenthalts in Gallien beging, bald jeden mit Abscheu, denn man wußte, daß er aus einer Laune heraus die greulichsten Verbrechen begehen konnte. Niemand, weder in Vienna noch in Lugdunum, wollte ihn über seinen Irrtum aufklären und ihm sagen, daß Gaius Pontius Pilatus, den er tot glaubte, am Leben und in Reichweite seines Hasses war, am anderen Ufer der Rhône, einen Halbtagesritt entfernt.
Dennoch konnte ich während der ganzen Zeit, als Caligula in Lugdunum weilte, keinen offiziellen Reiter kommen sehen,

ohne mich zu fragen, ob er mir nicht mein Todesurteil brachte.
Doch ich gewöhnte mich daran, wie an alles andere. Zumindest war ich davon überzeugt.
Als ich an jenem Morgen, kurz nach Gaius' Abreise nach Rom, einen der Kuriere um die Ecke biegen und vor mir anhalten sah, fühlte ich dennoch, wie ich blaß wurde. Aber wie hätte ich erraten können, welche unglaubliche Neuigkeit er mir überbrachte und daß dieser Brief mich aus dem Abgrund, in dem ich mich befand, auf den Gipfel schleudern würde, auf dem ich mich gegenwärtig befinde?
Es gelang mir, dem Ankömmling ein gefaßtes Gesicht zu zeigen und sogar das kaiserliche Siegel zu erbrechen, ohne daß meine Hände zitterten. Ich war sicher, daß ich den Inhalt dieses Briefes wußte, und war fast neugierig, wie Gaius Cäsar den Befehl abgefaßt und welchen Vorwand er herangezogen hatte, um meinen Tod zu rechtfertigen. Doch wieder einmal täuschte ich mich.
Ich habe mir diesen Brief auf den Tisch gelegt und schreibe ihn nun ab. Er genügt als Beweis, wie sehr Claudius sich von dem Bild unterscheidet, das Rom von ihm hat:

Von Tiberius Claudius Nero an seinen
teuren Gaius Pontius Pilatus, Salve!

Zweifellos bist Du in Deiner fernen und doch unserer geliebten Stadt Lugdunum, Hauptstadt der drei Gallien, so nahen Residenz immer noch in Unkenntnis von den Ereignissen in Rom. So erfahre nun, daß sie das Schicksal der Stadt und der Welt, und auch das unsere, verändert haben.
Zu Beginn teile ich Dir daher mit, ohne Furcht, daß diese Neuigkeit Dich in zu tiefen Kummer stürzt, daß Gaius Cäsar Augustus vorzeitig verschieden ist, um sich zu den Göttern zu gesellen. Rom

war der ägyptischen Bräuche und der Pferde mit Konsulnwürde überdrüssig, war es auch müde zu sehen, wie seine Bürger umgebracht wurden, um den Haß eines Wahnsinnigen zu befriedigen. Selbst in Vienna wirst Du erfahren haben, daß Gaius Cäsar gerne darüber klagte, daß das Volk nicht nur einen Kopf habe, denn den hätte er leichter abhauen lassen können. Der Senat und das römische Volk hatten solche Scherze nur zu lange erduldet.

Gaius ist also tot und hinterläßt keinen Erben. Doch Rom wollte nicht, daß das göttliche Geschlecht der Julier und der Claudier nicht länger über sein Geschick wacht. Der Senat hat mir die Kaiserwürde anvertraut.

Mußt Du nicht lächeln, teurer Gaius Pontius? Nein, ich weiß es, Du lächelst nicht. Früher schon, als die ganze Stadt über Deinen Cousin Claudius spottete, über sein Stottern und seine Manien, hast Du nicht gespottet. Schon viele Jahre, bevor Du der Gatte unserer lieben Claudia Procula wurdest, als Du noch ein Kind warst, hast Du manchmal Deinen Vater oder Deine Großmutter bei ihren Besuchen im Palast begleitet. Und als einziger der Knaben in unserem Alter hast Du mich nicht gemieden. Ich erinnere mich, daß Du an einem Tag, als die Augusta sich ein Vergnügen daraus machte, mich öffentlich der Lächerlichkeit preiszugeben, an meine Seite kamst und mir die Hand drücktest, um mich zu trösten. Du hast nie geglaubt, daß ich der Idiot, der Einfältige war, für den seine Brüder und seine Eltern sich schämten. Siehst Du, Pilatus, manchmal muß man sich seltsame Masken aufsetzen, um, wie der göttliche Augustus gerne sagte, die Komödie des Lebens zu spielen. Wie hätte ich ohne diese Vorsichtsmaßnahme dem Haß des Aelius Seianus, des Caligula oder vieler anderer entgehen können? Hätte ich das Recht gehabt zu leben, wenn sie einen Augenblick lang hätten annehmen müssen, daß ich nicht der degenerierte Schwächling war, der zu sein ich vorgab?

Ich für meinen Teil habe nie nach Ehren gestrebt und allen angeblichen Freuden der Macht immer meine Studien, meine For-

schungen, meine alten Etrusker und meine gefüllten Steinpilze vorgezogen. Doch Rom befiehlt, und kein Römer kann sich den Befehlen Roms entziehen.
So bin ich also an die erste Stelle der Republik gelangt. Meine erste Entscheidung soll sein, Dir verzehnfacht zurückzuerstatten, was Gaius Dir an Besitztümern genommen hat, darunter Dein Haus auf dem Aventin und Dein Gut in Kampanien, ohne die ererbten Ländereien in Samnium zu vergessen, die Du vergrößert finden wirst.
Wir erwarten Dich mit Deiner lieben Claudia Procula hier in Rom. Verlasse Vienna so schnell wie möglich, Du warst schon zu lange fort. Und komm, um mich zu unserer Erhebung in den Palast zu beglückwünschen.
Bleibe gesund!
Tiberius Claudius Cäsar

Claudius im Cäsarenpurpur … Das war die unerwartetste, unwahrscheinlichste und glücklichste Neuigkeit …
So wie die Verschwörer an den Iden des März, die »gehandelt hatten wie Männer, aber nachgedacht wie Kinder«, hatten sich die Mörder Caligulas nicht gefragt, was sie tun würden, wenn Gaius einmal außer Gefecht gesetzt war. Als sie vor seinem Leichnam standen, stellten sie fest, daß sie in einiger Verlegenheit um einen Nachfolger waren. Muß ich näher erklären, daß niemand daran dachte, wieder Konsuln einzusetzen? Der Zufall wollte es, daß sie Claudius entdeckten, der in einer Ecke seines Lieblingszimmers, der Bibliothek, verborgen saß und sich verängstigt einen Band über die Begräbnisriten des primitiven Etruskien an die Brust drückte. Mein armer Cousin glaubte, er sei demselben tragischen Los geweiht wie sein Neffe. Statt dessen hatten die Prätorianer ihn umringt und ihm zugejubelt, erleichtert, daß sie einen Abkömmling vom Blut der Cäsaren gefunden hatten.

Ich mußte mich nicht einmal um die Organisation unserer Rückreise kümmern. Der Präfekt des gallischen Lugdunum hatte dringende Befehle erhalten und konnte sich nun dazu gratulieren, daß er mir während meines Exils etwas Gutes getan hatte. Voll Eifer stellte er mir seinen eigenen Wagen, eine starke Eskorte und sogar den Vorschuß einer hohen Summe Goldes zur Verfügung. Ich nahm alles an und dankte. Drei Wochen später waren wir in Rom.

Wie Claudius versprochen hatte, war mir aller Besitz zurückerstattet worden, vergrößert durch Grundstücke der kaiserlichen Domäne, die Gaius innerhalb von vier Jahren beträchtlich erweitert hatte. Als Entschädigung für meine Jahre des Exils und der Angst zahlte man mir zehn Millionen Sesterzen aus. Und schließlich, bevor ich jemals diesen Wunsch geäußert hatte, wurde Titus Caecilius aus Judäa zurückberufen. Er würde uns unsere Tochter zurückbringen, und zusammen mit Pontia meinen alten Flavius.

Am Abend ihrer Rückkehr, als ich auf der Terrasse meines Hauses auf dem Aventin stand und nach so vielen Jahren frei war, die Stadt zu meinen Füßen zu betrachten, hatte ich die Illusion, ich könnte glücklich sein.

Das war vor drei Jahren, und ich bin nicht glücklich.

Ich weiß selbst nicht, was mir fehlt, oder vielmehr, ich weiß, daß mir das fehlt, was kein vernunftbegabter Mann vom Schicksal verlangen würde. Ich weiß immer noch nicht die Antwort auf die Fragen, die mich quälen. Mir fehlt das, was der ganzen Menschheit fehlt. »Der Mensch hat kein Mittel gegen den Tod gefunden«, hat Sophokles gesagt. Wie könnte ich glücklich sein?

11

Pontia trug an diesem Abend eine neue Tunika. Eigentlich keine Tunika, sondern – wie sie mir mit der typisch weiblichen Nachsicht gegen die Ignoranz der Männer erklärt hatte – drei übereinanderliegende Kleider in verschiedenen Farben, die durch ihre Zusammenstellung diese ungewöhnliche Wirkung erzielten. Meine Tochter schien wie in Flammen gekleidet. Sie trug die schwere Goldkette, die ich ihr zu ihrem zwanzigsten Geburtstag geschenkt hatte. Sie stammte von meiner Großmutter, und ich hatte gefürchtet, dieses riesengroße Schmuckstücke würde nicht mehr der aktuellen Mode entsprechen. Erleichtert stellte ich fest, daß die rosige Farbe auf Pontias Wangen einmal nicht der Verwendung von Schminke zu verdanken war.

Ich bemerkte, daß die Blicke der Männer den ganzen Abend über auf sie gerichtet waren, alle fasziniert von ihrer wunderbaren Schönheit. Nur ein einziger sah sie nicht an: Titus Caecilius.

Sofort nach ihrer Rückkehr aus Judäa war ich erstaunt gewesen über die Kälte, die mein Schwiegersohn gegen Pontia zeigte. Ich wunderte mich nun nicht mehr. Schon vor einiger Zeit war Flavius heimlich zu mir gekommen, ohne Wissen meiner Tochter. Sie wollte nicht, daß ihre Mutter und ich vom Unglück ihrer Ehe erfuhren, dieser Ehe, die sie gewollt und die sie von Liebe gesegnet geglaubt hatte.

Weshalb ein solches Geheimnis ihren eigenen Eltern gegenüber? Stolz? Scham? Ein Gefühl der Schmach? Die Angst, uns

Kummer zu bereiten, wenn sie uns verriet, wie schlecht wir über sie gewacht hatten?

Aber wie konnte es sein, daß ich das nicht begriffen hatte? Wie konnte es sein, daß ich es nicht von Anfang an erraten hatte? Wie war es möglich, daß Lucanus sechs Jahre lang unter meinem Befehl gedient hatte, ohne daß ich die Wahrheit argwöhnte? Nun, da ich es weiß, kann ich mir besser erklären, warum ich mich von ihm so instinktiv und unkontrollierbar abgestoßen gefühlt hatte.

Ich gestehe, daß die ersten Erklärungsversuche von Flavius mich verwirrten, so unverständlich und konfus waren sie gewesen. Schließlich hatte er sich mit den Umschreibungen einer verschreckten Vestalin – denn die Gallier waren mit solchen Bräuchen kaum vertraut – dazu durchgerungen, mir betreten, aber verständlich die Wahrheit anzuvertrauen. Ich begriff schließlich, daß Lucanus Männer den Frauen vorzog. Weniger schamhaft als der Cenomane, fand ich dagegen zunächst wenig zu sagen. Man behauptete sogar, daß der göttliche Cäsar … Ich wollte schon den berühmten Witz über Gaius Julius zitieren – »Gatte aller Frauen, und Frau aller Gatten« –, als Flavius mich puterrot unterbrach: Lucanus liebte nicht Männer, sondern Knaben, sehr junge Knaben. Und wäre das alles gewesen!

Titus Caecilius hatte Lust daran, sie zu schlagen, und Flavius, plötzlich redselig geworden, ersparte mir keine Einzelheit, manche davon höchst widerwärtig. Plötzlich erinnerte ich mich daran, daß ich, kurz nach Pontias Hochzeit, auf ihren Armen und Schultern zahlreiche blaue Flecken gesehen hatte. Sie war meinen Fragen ausgewichen und hatte behauptet, vom Pferd gestürzt zu sein, und ich hatte es dabei bewenden lassen … Entsetzen und Abscheu schnürten mir die Kehle zu.

Leise hatte ich Flavius gefragt:

»Meine Tochter! Hat dieser elende Schurke es gewagt, meine Tochter anzufassen?«
Der Gallier hatte seufzend den Kopf gesenkt.
»Jetzt weniger, Herr ... Seit ihr alle in Rom seid, wagt er es nicht mehr, sie so zu schlagen wie zuvor ...«
Zwei Stunden lang hörte ich mir die Liste der Mißhandlungen an, die Caecilius Pontia zufügte. Quälereien, erfunden von einem Mann, der nur Lust am Leiden anderer empfand. Erniedrigungen. Seit meine Tochter das Aussehen einer erwachsenen Frau angenommen und ihre androgyne Gestalt verloren hatte, war sie weniger anziehend für diesen lasterhaften Gatten, der sich lieber einen Epheben holte, der eine Nacht oder eine Woche lang seine Verworfenheit befriedigte. Aus welchem falsch verstandenen Stolz hielt Pontia hartnäckig daran fest, vor uns zu verbergen, was sie durchmachte? Ich konnte nicht glauben, daß ihre Mädchenliebe fast zehn Jahre eines solchen Lebens überdauert haben könnte. Was konnte sie außer Haß und Verachtung für Lucanus empfinden?
Ich richtete meinen Zorn und meine Empörung gegen Flavius. Warum hatte er mir das nicht gleich nach ihrer Rückkehr gesagt? Mit einer ausweichenden Geste führte er das Versprechen an, das er Pontia gegeben hatte. Jetzt hatte er es deswegen gebrochen, weil er sich über eine seltsame Veränderung im Benehmen von Lucanus wunderte. Er spielte seiner Gattin gegenüber eine Liebenswürdigkeit vor wie noch nie, und dieses Wohlwollen erschreckte meinen Gallier mehr als das Geschrei und die Wutanfälle unseres Tribuns.

Ich habe mit Pontia gesprochen.
Schon nach den ersten Worten wurde sie bleich, und ihre kleine, mit Ringen und schweren Armbändern überladene Hand legte sich über die meine.

»Vater, ich flehe dich an! Misch dich da nicht ein!«
Ihren von Tränen unterbrochenen Erklärungen entnahm ich, daß sie für »den armen Titus« ein schmerzliches Mitleid empfand, das er keineswegs verdiente. Sie leugnete nicht, daß er sie geschlagen und betrogen hatte. Doch auch nach seinen schlimmsten Exzessen kam Lucanus immer wieder, die Arme voller Geschenke, die Augen voller Tränen. Und immer wieder verzieh Pontia ihm.
Ich verspürte gegen meinen Schwiegersohn nicht dieselbe Nachsicht. Deutlich verkündete ich meinen Willen, diese Ehe, die ich nie hätte erlauben dürfen, trennen zu lassen. Die Beteuerungen meiner Tochter würden daran nichts ändern. Noch vor dem Abend wollte ich zu Lucanus gehen. Ich glaubte nicht, daß es schwierig sein würde, ihn zu überzeugen, selbst wenn die Scheidung ihn um das große Erbe brachte, das Pontia eines Tages zufallen würde. Denn sie würde reich sein. Aller Besitz der Pontier würde ihr gehören, zudem jener von Valerius Probus und von Marcus Annius Rusticus, die uns wieder zugefallen waren, als Claudius zum Cäsar wurde. Ein Vermögen, das mehr als einen Mann verführen würde, selbst wenn er aus dem edlen Blut der Caecilier stammte …

Was hätte ich tun sollen? Was hätte ich sagen sollen? Wie oft in meinem Leben hatte ich mir dieselben Fragen gestellt und zu spät die verhängnisvollen Folgen meiner Irrtümer und meiner Unbeholfenheit erkannt?
Ich hätte mich weigern können, das schöne Haus der Caecilier in der Nähe des Campus Martius ohne meine Tochter zu verlassen. Ich hätte verlangen müssen, daß sie ihre Dienerinnen rief, damit sie ihre Kleider und ihren Schmuck einpackten, und daß sie unverzüglich mit mir käme. Dann wäre Pontia jetzt bei uns, in ihrem Zimmer, und die Drohungen von

Lucanus würden mich nicht kümmern. Oder ich hätte ihr ohne langes Debattieren den zu ihrem Kleid passenden Mantel, der auf dem Bett lag, über die Schultern werfen und sie zwingen sollen, mit mir zu gehen, ohne irgend etwas mitzunehmen, ohne auf die Vergangenheit zurückzublicken, und vor allem, ohne irgendeine Auseinandersetzung mit Titus Caecilius zu provozieren.

Aber all das tat ich nicht. Ohnmächtig und voller Schmerz saß ich da, betrachtete meine Tochter, die lautlos weinte, gleichgültig gegen die Schminke, die ihr über die Wangen lief. Ich könnte noch das Kleid beschreiben, das sie trug, blau wie der Himmel an diesem Oktobermorgen; die Stickerei aus Goldfäden, die den Ausschnitt schmückte. Ich sehe noch den gallischen Schmuck, zwei gegeneinandergestellte Widderköpfe, der ihr linkes Handgelenk umschloß. Widder, denn unter diesem Zeichen war Pontia geboren.

Ich habe es nicht verstanden, mein letztes Kind zu schützen. Die Drohung hinter dem Schweigen meines Schwiegersohns hatte ich weder erkannt noch erahnt. Ich hatte erwartet, daß Lucanus, wenn er sich entdeckt sah, keinen großen Widerstand leisten würde. Doch ich hatte die unbekümmerte Arroganz meines ehemaligen Tribuns und die Verachtung, die er auf seinem schönen, kalten Gesicht ausdrücken konnte, vergessen.

Er hörte mich an, ohne mich zu unterbrechen, doch mit einer Miene, als würde er sich über mich lustig machen. Als ich zu Ende geredet hatte, glitt ein eisiges Lächeln über seine Lippen, dann seufzte er tief, als wolle er mir zeigen, wie unendlich ich ihn langweilte und daß ich trotz allem immer noch ein ungebildeter Bauer aus Samnium blieb.

»Lieber Gaius Pontius, es fällt mir schwer zu begreifen, wessen du mich anklagst! Nach griechischer Art zu lieben? So lächerlich würdest du dich doch nicht machen! Soll ich dir die

Namen jener hersagen, die meine Vorlieben teilen? Nein? Du hast recht: Ebensogut könnte ich dir die Liste der Senatoren und des Ritterordens vorlesen. Solltest du mir etwa vorwerfen, daß ich im Feuer der Leidenschaft, die mich für deine Tochter, meine geliebte Gattin, erglühen ließ, ein wenig zu roh war? Das ist wahr, aber, weißt du, die Frauen, die sich bei unseren Lagern herumtreiben, sind wenig an Sanftheit und Ziererei gewöhnt, und vor meiner Hochzeit habe ich vor allem sie aufgesucht.

Und unter so schwachen Vorwänden willst du mich zwingen, in eine Scheidung einzuwilligen und auf meine Gattin zu verzichten? Ist dir klar, wie absurd deine Forderungen sind? In welcher Welt glaubst du zu leben? Selbst wenn dieser arme Hahnrei von Claudius so dumm wäre, dich zu unterstützen, wärst du das Gespött der ganzen Stadt! Doch es ist richtig, Pilatus, vor der Lächerlichkeit hattest du nie Angst. Ich erinnere mich, daß du einst in Judäa einige Beispiele dafür gegeben hast. Schon bevor ich nach Cäsarea kam, hatte man mich vor deinen ›Überspanntheiten‹ gewarnt, wie man im Palast sagte. Man meinte, deine Erlebnisse im Teutoburger Wald hätten dir den Verstand verbogen. Und du bist ja nicht der einzige; sieh dir deinen Gallier an! Vollkommen verrückt! Aber ich glaube, er war schon vor den Schlachten in Germanien so; er ist Kelte.

Aber siehst du, Pilatus, wenn dir noch ein wenig von unserem gesunden römischen Verstand geblieben ist, wirst du nicht zu Claudius gehen und zu niemandem sagen, was du mir gesagt hast. Und willst du wissen, warum du schweigen wirst? Du erinnerst dich bestimmt – ich bin sicher – an den Mann, den man den Galiläer nannte und den du, obwohl der Urteilsspruch dir sichtlich schwerfiel, schließlich ans Kreuz geschickt hast. Du warst nicht glücklich an jenem Tag, lieber Pilatus. Ich habe mich sogar manchmal gefragt, was passiert wäre, wenn

ich nicht hinter dir gestanden hätte. Ich glaube, du hättest ihn sogar freigelassen.«
Ich war plötzlich sehr blaß geworden. Nicht weil die verletzenden Sarkasmen von Lucanus mir irgendwie weh getan hätten; ich hatte nie geglaubt, daß er Freundschaft oder Wertschätzung für mich empfand. Sondern weil er von Jesus bar Joseph gesprochen hatte. Seit fünfzehn Jahren hatte niemand je seinen Namen vor mir ausgesprochen. Und wenn der Schatten des Galiläers zwischen mir und Procula stand, so war es ein Schweigen, das zu brechen ein unausgesprochenes Übereinkommen uns verbot. Ich war sicher, daß auch Flavius nicht vergessen hatte. Mein Zenturio hatte meine Schwäche an diesem Tag auf sich genommen, so wie er am Morgen nach der Schlacht im Teutoburger Wald meine Verwundungen und meine Erschöpfung auf sich genommen hatte, bis sie zu den seinen wurden.
Mein Herz setzte einen Schlag aus. Fünfzehn Jahre Schweigen über einen Menschen, der ihnen so lieb gewesen war ... Abrupt wurde mir klar, daß Proculas oder Flavius' Schweigen nicht natürlich gewesen war, daß es sich nicht um Feingefühl gegen mich gehandelt hatte ... Nein, beim Herkules, das war nicht Verschwiegenheit, Schamgefühl oder Feinfühligkeit gewesen! Sondern Mißtrauen. Oder zumindest Vorsicht. Sie hatten mich von einem ungeheuren Geheimnis ferngehalten. Und ich begann zu fürchten, daß Lucanus darüber schon viel länger Bescheid wußte als ich ...
Ich täuschte mich nicht. Mit seiner wohlklingenden, vornehmen Stimme fuhr Titus Caecilius fort, wobei er sich jedes Wort auf der Zunge zergehen ließ:
»Du weißt sicher, Pilatus, was die Jünger des Galiläers lehren: daß er der Messias Israels war, der Christos der Völker, der Sohn eines Gottes, der Mensch geworden und von den Toten auferstanden ist. Dummes Geschwätz von Orientalen! Bereits

zu der Zeit, als du noch Prokurator warst, wimmelte es in Jerusalem von diesen Schwarmgeistern. Du weißt sicher auch, daß dein Gallier Versammlungen dieser Sekte besucht hat und daß er mit einem Juden aus Kleinasien namens Stephanos befreundet war, der von seinen Glaubensbrüdern gesteinigt worden ist. Aber vielleicht hast du nicht erkannt, wie sehr diese Strömung um sich griff und wie viele Schwachköpfe sie anzog. Ich habe es zufällig sehr schnell festgestellt, als ich erfuhr, daß einer meiner höheren Zenturios, Primus Cornelius Lepidus, sich dabei erwischen ließ, daß er sogar bei sich in Cäsarea, unter der Nase von Marcellus, Versammlungen abhielt.
Natürlich ließ ich ihn überwachen. Und weißt du, lieber Gaius Pontius, Primus Cornelius, seine Frau und seine Leute waren nicht die einzigen, die sich versammelten, um einen gewissen Petros von der Auferstehung des Christos predigen zu hören. Unter anderen war, natürlich, dein getreuer Flavius da ... und außerdem ... deine Tochter! Unsere geliebte Pontia. Komisch, findest du nicht, daß sie Anhängerin eines Mannes ist, den du, ihr heißgeliebter Vater, hast kreuzigen lassen – nach der Geißelung, die ich, ihr zärtlicher Gatte, dir angeraten hatte ...
Man spricht in Judäa, und seit einiger Zeit auch in Griechenland und Rom, viel über die Jünger des Christos. Tatsächlich lassen sie sich Christen nennen. Du wirst sagen, daß diese Gerüchte von Juden in Umlauf gesetzt wurden, und wir wissen beide, daß zwischen dem Sanhedrin und den Freunden des Galiläers ein heftiger Religionsstreit im Gang ist, der zu übler Nachrede und Verleumdung anreizt. Du weißt es, ich weiß es. Aber wer außer uns Ehemaligen aus Judäa kann erkennen, wo die Wahrheit endet und die Lügen beginnen?
Soll ich dir erzählen, was den umlaufenden Gerüchten nach

bei diesen Versammlungen von Christen geschieht? Es heißt, daß man dort Opfer darbringt. Ja ... eine Art ritueller Opferung, bei der man ein Kind, glaube ich, erwürgt und unter den Getreuen aufteilt, so daß jeder Fleisch vom Menschen ißt und Blut vom Menschen trinkt.

Bestimmt kannst du dir nicht vorstellen, daß dein Flavius, und noch weniger deine liebe Pontia, einen Kelch frischen Blutes trinken. Um ehrlich zu sein, ich glaube es auch nicht. Aber beschwören kann man nichts ...

Wenn sie gegessen und getrunken haben, sprechen sie. Sie verbreiten Worte, die dem Gesetz Roms sehr fernstehen. Sie erzählen, Sklaven seien ihren Herren gleichwertig, die Ersten würden die Letzten sein, die Welt würde bald durch das Feuer vernichtet und gereinigt. Das klingt wie eine Proklamation von Spartakus, findest du nicht? Sie sagen auch, man müsse einander lieben. Nette Orgien muß das geben! Und zudem lehnen sie es ab, den Göttern zu opfern und Rom und dem Cäsar zu dienen, und du stimmst sicher zu, daß dieses Vergehen das schlimmste ist.

Möchtest du, lieber Gaius Pontius, daß ich verrate, daß deine Tochter dieser gottlosen und verbrecherischen orientalischen Sekte angehört? Glaubst du, daß man mir, wenn es sich herumgesprochen hat, Vorwürfe machen würde? Mir abspricht, daß ich von meinen Rechten als Gatte Gebrauch und dem Skandal ein Ende mache, indem ich eine Frau bestrafe, die meine Familie, mein Haus und meinen Namen entehrt? Im Warmbad erstickt ... So haben Väter und Ehegatten zu einer Zeit, als die Ehre Roms noch respektiert wurde, schuldige Patrizierinnen bestraft. Ich glaube, mein *caldarium* wäre für diesen alten Brauch noch geeignet ... Denke also lieber zweimal nach, geschätzter Schwiegervater, bevor du mir drohst und verlangst, daß ich mich von deiner Tochter scheiden lasse.«

Ich hätte Pontia verteidigen, meine Empörung herausschreien müssen, schwören, daß meine Tochter unschuldig sei an den Missetaten, deren Lucanus sie zu bezichtigen wagte. Ich war sicher, daß die Verbrechen, die man den Jüngern von Jesus bar Joseph vorwarf, nur ein abscheuliches Lügengespinst waren. Doch wer würde mir glauben? Man hätte dem Blick des Galiläers begegnet sein müssen, um zu wissen, daß seine Getreuen nichts Böses tun konnten.
Ich verteidigte Pontia nicht. Nicht weil ich sie für schuldig gehalten hätte, sondern weil unter allen Anklagen von Lucanus – leider! – eine wahr klang: Ich fürchtete, daß meine Tochter tatsächlich in die Mysterien des Christos eingeweiht war. Und ich begriff, daß diese den Gesetzen zuwiderliefen, selbst wenn sie nichts mit Menschenopfern oder Blutgelagen zu tun hatten.
Endlich hatte ich die Gründe für das seltsame Schweigen von Flavius und Procula durchschaut. Fünfzehn Jahre! Fünfzehn Jahre lang hatten sie vor mir das Geheimnis verborgen, das ihnen zu leben half!
Ich kehrte zurück nach Hause. Ich stellte keine einzige Frage. Ich hatte größere Angst vor ihren Antworten als vor ihrem unerbittlichen Schweigen. Ich war unglücklich, erschüttert und verängstigt. Aber auch ich schwieg. Der Galiläer hatte mir Pontia gestohlen, und es war nur gerecht.
So verstrichen acht Tage. Ich schob einen Anfall von Sumpffieber vor, unter dem viele Römer litten, um nicht im Palast erscheinen zu müssen. Ich wollte nicht dem spöttischen Lächeln meines Schwiegersohns begegnen.
Ich war dabei, ihm meine Tochter zu überlassen, so wie ich ihm einst Jesus bar Joseph überlassen hatte.

Warum schreibe ich nun weiter an diesen Erinnerungen, die niemand mehr lesen wird? Habe ich überhaupt den Mut, das

Unglück zu schildern, das an den Iden des November über mich hereinbrach?
Ich wußte, daß es unvermeidbar war, ich wartete darauf, fürchtete es, aber ich hatte mir nicht vorgestellt, daß es so grauenvoll sein würde.
Ich besuchte Pontia nicht. Ich fragte sie nicht, ob sie wirklich Christin war. Ebensowenig fragte ich Procula oder Flavius. Ich stellte mich krank, und mein Abscheu vor mir selbst und die Angst, meine ewige Gefährtin, ließen mich tatsächlich leidend werden.
Meine Tochter versuchte nicht, mich zu sehen. Nur Flavius kam zu mir; er konnte nicht länger bei Lucanus bleiben. Er fragte mich, ob ich ihm Arbeit geben könnte, entweder in Rom oder auf einem meiner Landgüter. Der Ruhestand, die Untätigkeit fielen ihm schwer. Fast hätte ich ihn gefragt, ob er nach so vielen Jahren im Exil nicht Lust hätte, nach Gallien zurückzukehren. Doch ich hielt mich zurück; mir hätte der Cenomane am meisten gefehlt. Außerdem wollte er Italien nicht verlassen, da sein Sohn Antiochos in Illyrien diente. Ich bot ihm einen leichten Posten an, als Pförtner bei mir. Da ich keine Klienten hatte, die mein Haus vom Morgengrauen an belagerten, und der Aventin ein ruhiges Wohnviertel war, dachte ich, daß Flavius sich bei dieser Aufgabe nicht überarbeiten würde.
Einen Augenblick lang hatte ich in meiner Pein, für die ich kein Heilmittel fand, daran gedacht, Claudius um ein Kommando in Britannien zu bitten, dessen Eroberung Aulus Plautius zu Ende führte. Doch das war nur eine kurze Anwandlung. Ich war zu alt für das Lagerleben, zu alt, um in nebligen Regionen gegen die Barbaren zu kämpfen. Zur Zeit des Gallischen Krieges war der göttliche Julius auf die Insel übergesetzt, doch er hatte nur die Region um Londinium befriedet. Plautius, der sich ganz Britanniens – oder zumindest des

größten Teils – bemächtigt hatte, verdiente die Ehren des Triumphzugs, den der Senat ihm zuerkannte. Ich war als Zuschauer dabei.
Titus Caecilius hatte um ein Kommando unter Aulus Plautius gebeten und es erhalten. Ein Jahr lang kämpfte er fern von Rom gegen die Briganten. Ich hoffte, ein keltisches Schwert würde uns vielleicht von ihm befreien ... Oder daß er seine Drohungen vergessen haben würde, wenn das Schicksal es wollte, daß er zurückkam. Mit ein wenig Abstand erschienen sie mir bereits weniger schrecklich. Man begann in Rom zu erzählen, daß Pomponia Graecina, die Gattin des Plautius, Christin sei. Wer hätte es gewagt, die Frau eines siegreichen Feldherrn zu verdächtigen, einer Sekte anzugehören, die ein Komplott gegen den Staat schmiedete? Pomponia war eine Matrone von hoher Tugend. Ich redete mir schließlich ein, ihre Straffreiheit und ihr Ruf würden auch meine Tochter schützen.
Um die Rückkehr und die Heldentaten von Lucanus, der sich wie gewohnt mit Ruhm bedeckt hatte, zu feiern, wollte Pontia ein Fest geben. Nach einem Jahr der Trennung wartete sie mit größerer Liebe und Treue auf diesen Rohling als Penelope auf Odysseus ... Im Atrium, wo sie ihre Gäste empfingen, boten meine Tochter und mein Schwiegersohn, beide noch jung und von gleicher Schönheit, das Bild eines einigen und verliebten Paares. Ich fiel auf diese Komödie nicht herein, aber ich konnte sie nicht verhindern.
Pontia trug dieses Kleid in der Farbe von Flammen, das ihr so gut stand; das Licht der Fackeln ließ in ihrem üppigen dunklen Haar warme Schimmer aufleuchten, und der prachtvolle Schmuck der Caecilier funkelte auf ihrer matten Haut.
Meine Tochter und ich hatten niemals wieder über die Scheidung gesprochen, die ich ihr aufdrängen wollte, und noch nach eineinhalb Jahren verursachte dieses Gespräch bei uns

beiden ein Gefühl von Verlegenheit und Gehemmtheit. Doch das war nicht das einzige Unbehagen zwischen Pontia und mir. Seit ich wußte, daß meine Tochter Anhängerin von Jesus bar Joseph war, suchte mich der Schatten des Galiläers noch öfter heim. Ich hätte gerne genügend Mut gehabt, um Pontia zu fragen, ihr von dem schmerzlichen Gespräch zu erzählen, das ich mit dem Zimmermann aus Nazareth, den sie für einen Gott hielt, geführt hatte; und vor allem hätte ich ihr gerne gesagt, welch unstillbaren Schmerz dieser Mann in mir erregt hatte. Aber ich wagte es nicht. Manchmal fragte ich mich, wie meine Tochter über mich, ihren Vater, urteilte, der diesen Gerechten, den sie verehrte, hatte umbringen lassen.

Doch verurteilte Pontia mich? In ihren Augen, wie auch in Proculas oder Flavius' Augen, las ich zwar Kummer und Schmerz, aber niemals etwas, das Ähnlichkeit mit einem Vorwurf oder einer Verurteilung hatte. Ich erinnerte mich an das unsagbare Mitleid, das der Galiläer in diesen grausamen Stunden für mich gezeigt hatte; die mir nahestehenden Menschen reagierten ebenso. Sie tadelten mich nicht; sie bedauerten mich nur ... Ja, ich zweifelte nicht mehr daran: Sie hatten zwischen Jesus bar Joseph und mir gewählt, und sie hatten ihn gewählt. Und ich argwöhnte, daß sie mich im wesentlichen deshalb bedauerten, weil ich nicht dasselbe hatte tun können. Ich hatte ihre Leben und das seine gegeneinander aufgewogen; ich hatte gedacht, das Richtige zu tun. Aber die, die ich zu schützen geglaubt hatte, verstanden meine Schwäche nicht.

Es war ein großartiger Abend. Pontia hatte alles bewundernswert organisiert. Ich saß neben Aulus Plautius, den ich kaum kannte und reizend fand. Ohne Beschönigung und ehrlich erzählte er mir von seinem Feldzug in Britannien, gespickt mit vielen Einzelheiten und Anekdoten, und zum erstenmal in meinem Leben überraschte ich mich dabei, daß ich jeman-

dem vom Teutoburger Wald erzählte. Und dann erhob sich Lucanus.

Mein Schwiegersohn hatte viel getrunken, stellte ich fest, doch entweder aufgrund des Weins oder aus ehrlicher Freude hatte er die Maske aus Kälte und Arroganz abgelegt, die er gewöhnlich trug. In seiner Rolle als Hausherr ließ er Trankopfer auf Trankopfer folgen, und ich bemerkte, daß seine Hand ein wenig zitterte, als er den Kelch hob und Mars und das Schicksal Roms anrief. Doch das war das einzige Indiz einer Trunkenheit, die er unter Kontrolle hatte. Zuerst hatte Titus Caecilius sich auf die üblichen Wünsche zum Wohl des Cäsars und der Stadt beschränkt. Plötzlich wandte er sich Pontia zu, die ihm gegenübersaß, hob den Kelch und rief:

»Und nun, meine Freunde, müssen wir auf das Geschenk trinken, das die Götter mir bereiten: auf das Kind, das meine geliebte Gattin in sieben Monaten zur Welt bringen wird. Auf Titus Caecilius Britannicus, Wohlstand und ein langes Leben!«

Errötend hatte Pontia den Blick gesenkt. Procula lächelte mit offenkundiger Zufriedenheit, doch sie war nicht überrascht; zweifellos kannte sie die Neuigkeit bereits. Wieder einmal hatte man nur mich nicht in das Geheimnis eingeweiht. Mein Glück wurde dadurch verdorben. Doch dann erfüllte mich der Gedanke an dieses Kind, so hassenswert sein Vater auch sein mochte, mit Freude.

Nach dieser dröhnenden Ankündigung begann Lucanus erneut zu trinken und seine Trankopfer darzubringen. Als Procula und ich das Fest verließen, war mein Schwiegersohn bereits offensichtlich betrunken, und bestimmt war er es noch mehr, als Pontia und er nach dem Aufbruch der letzten Gäste kurz vor dem Morgengrauen in ihre Gemächer gingen.

Ich glaube nicht, daß ich je einen Mann so gehaßt habe, wie ich Lucanus hasse. Aufgrund dieses unsühnbaren Hasses

möchte ich keine Entschuldigung für ihn finden und ihn voll und ganz für das Unglück verantwortlich machen, das uns getroffen hat. Und dennoch sage ich, daß er betrunken war und seine Bewegungen nicht mehr unter Kontrolle hatte. Ich sage es, denn es ist die Wahrheit, und ob mir die Wahrheit mißfällt, ist ohne Bedeutung. Ich würde mich gerne Claudius zu Füßen werfen, anklagen, verurteilen und Gerechtigkeit fordern. Ich möchte, daß Titus Caecilius bezahlt für alles, was er meiner Tochter während der zehn Jahre ihrer Ehe angetan hat, daß er dafür bezahlt, was er Procula angetan hat. Und schließlich, daß er für mein Leid bezahlt, für diese unerträgliche Qual, die mich keinen Augenblick lang verschont.

Es würde genügen, zu lügen, ihn zu belasten, ihn anzuklagen. Claudius würde mich anhören; soweit sein stiller Egoismus es zuläßt, schmerzt ihn die Tragödie, die mich getroffen hat. Er würde Lucanus bestrafen. Bestimmt bekäme ich diesen Kopf, den ich hasse, und das Schwert des Henkers wäre für meinen Schwiegersohn noch ein zu leichtes und zu schnelles Ende, verglichen mit Pontias Tod.

Doch das würde mein Leid nicht besänftigen oder die Bilder auslöschen, die mich heimsuchen.

Aus dem unzusammenhängenden Bericht von Lucanus und Pontia und den Zeugenaussagen der Sklaven habe ich genügend Informationen gewonnen, um mir die Szene vorzustellen.

Es war sehr spät; die Nacht ging zu Ende. Mit unverständlicher Zärtlichkeit gegen diesen niederträchtigen Rohling stützte Pontia ihren strauchelnden Mann. Lucanus hatte eine Öllampe in der Hand; die niedrige Flamme flackerte, als das Paar Arm in Arm ungeschickt das Atrium durchquerte. Am Abend zuvor hatte es stark geregnet, und die Marmorfliesen waren rutschig. Trotz Pontias Hilfe strauchelte Titus Caecilius immer wieder. Jedesmal, wenn sein Fuß ausglitt und er das Gleichge-

wicht wieder zu erlangen versuchte, lachte er auf die törichte Art der Betrunkenen. Die Lampe in seiner linken Hand schaukelte und warf verzerrte Schatten auf die Wände, und Lucanus lachte schallend über diese bizarren Bilder, die Kinder entzücken. Er schwenkte die Lampe und belustigte sich damit, weitere groteske Figuren zu bilden. Und Pontia lachte nachsichtig mit. Doch plötzlich fiel ihm die Lampe aus der Hand, fiel auf Pontias Kleid, ihr schönes Schleierkleid in der Farbe von Flammen. Der leichte Stoff tränkte sich mit Öl und fing Feuer. Meine Tochter war zu einer lebenden Fackel geworden, eine menschliche Fackel, die sich schreiend vor Schmerz zu Füßen eines grinsenden, stumpfsinnigen Betrunkenen wand.
Lucanus war so berauscht, daß er nicht einmal auf den Gedanken kam, sie ins Becken des Atriums zu werfen, um die Flammen zu löschen ... Er sah zu, wie sie lebend verbrannte. Die herbeigeeilten Sklaven fanden ihn reglos, stumpfsinnig und ohne Reaktion vor seiner Frau im Todeskampf.
Es dauerte zwei Tage und zwei Nächte, bis Pontia starb. Unter unsäglichen Qualen, denn keine Droge war stark genug, um das Leiden ihres verbrannten Körpers zu betäuben.
Als der Arzt, der mein andauerndes Flehen nicht mehr hören konnte, mich sie sehen ließ, wäre ich beim Eintreten in das Zimmer fast ohnmächtig geworden, so entsetzlich war der Anblick. Nur die Augen meiner Tochter lebten noch, ertrunken von Schmerz in ihrem Gesicht, ihrem wunderbaren Gesicht, das nun ein unmenschliches Ding war. Stumm vor Verzweiflung kniete ich neben ihr nieder und wagte nicht, sie zu berühren, weil ich Angst hatte, ihr noch mehr weh zu tun. Ich konnte das Weinen nicht zurückhalten. Doch plötzlich hörte ich Pontias Stimme, leise, aber doch seltsam fest:
»Papa ...«
Seit Jahren hatte sie diese Bezeichnung kindlicher Liebe nicht

mehr gebraucht. Ich hatte eine absurde Angst, sie könnte mir vorwerfen, was Antiochos während seiner Krankheit seinem abwesenden Vater vorgeworfen hatte, mir den Vorwurf machen, den ich verdiente, weil ich meine Kinder nicht hatte schützen können: »Papa, Papa, warum hast du mich verlassen?«
Aber nein, Pontia klagte mich nicht an, sie äußerte eine Bitte, die unerträglichste aller Bitten, die mich für immer binden und zwischen Lucanus und mir, zwischen meiner Rache und dem Verbrecher die unüberwindlichste aller Mauern errichten sollte:
»Papa! Vergib ihm! Er wußte nicht, was er tat!«
Ihre Augen waren flehend auf mich gerichtet. Meine Tochter, meine angebetete Tochter lag im Sterben. Und ohne es zu wollen, hörte ich mich antworten:
»Ja, Pontia, ich vergebe ihm.«
Einen Augenblick später starb Pontia in meinen Armen. An diesem Abend legte Procula sich nieder, um nie mehr aufzustehen. Heute abend ist es einen Monat her, daß ich meiner Frau die Augen geschlossen habe. Der Arzt sagte mir, sie habe an einer Herzkrankheit gelitten, und der Kummer habe sie umgebracht.
Bevor Procula mich verließ, sprach sie zum ersten und zum letzten Mal mit mir über den Galiläer. So hatte dieser Mann bis zu dieser letzten Trennung zwischen uns gestanden.
Ich bin allein. Ich habe sie alle verloren, die ich so sehr geliebt habe, daß ich ihnen das Leben dieses Gerechten opferte. Aber ich hatte sie schon viel früher verloren, ohne daß ich es wußte. Warum nur hatte ich nicht begriffen, daß meine Frau, meine Tochter und meine Söhne mich schon verlassen hatten? Daß sie dieses Opfer, das ich einst verweigert hatte, ohne zu murren angenommen hatten?
Procula hatte geschwiegen, nun sprach sie ... Ich war so

dumm gewesen! Ja, sie war in die Mysterien des Christos eingeweiht, getauft, sagte sie, einen Ausdruck gebrauchend, den Jochanaan gerne verwendet hatte. So wie auch Pontia und unsere Söhne. Es war sehr bald nach dem Tod von Jesus bar Joseph gewesen, und ich konnte mir plötzlich die seltsamen Besuche von Johannes in der Festung Antonia erklären. Und ich hatte geglaubt, er suche einen Posten! Ein mitleidiges Lächeln glitt über die bleichen Lippen meiner Frau:

»Du warst dem Licht so nahe, Gaius ... So nahe! Warum hast du lieber die Augen verschlossen? Wir haben so gebetet, Pontia, Flavius, Aulus und ich! So gebetet, daß der Meister dir deine Verblendung verzeihen und dich erleuchten möge ... O Gaius! Wenn du wissen könntest, wie sanft sein Joch für die Mühseligen und Beladenen ist! Wenn du die Wahrheit erkennen wolltest, würdest du verstehen, daß die Wahrheit frei macht!«

Die Wahrheit macht frei. Das waren Proculas letzte Worte an mich. Wußte sie, daß sie mich damit auf meine Frage ohne Antwort zurückwarf? Die Wahrheit macht frei, vielleicht ... Aber was ist Wahrheit?

Im übrigen, wenn sie alle recht hatten, wenn der Galiläer der Sohn eines Gottes war, wie hatte er dann nicht wissen können, daß ich verzweifelt nach dieser unfaßbaren Wahrheit suchte? Was ist Wahrheit? Ich weiß es nicht. Aber ich weiß, daß ich ihretwegen nicht zu Claudius gehen kann, um Lucanus fälschlich des Todes meiner Tochter und meines Leidens anzuklagen.

»Der Mensch hat kein Heilmittel gegen den Tod gefunden.« Die Regel, die Sophokles so zusammengefaßt hat, kennt keine Ausnahme. Doch der Tod an sich ist ein Heilmittel gegen das Leiden, gegen die Angst und auch gegen meine Einsamkeit. Ich floh nicht vor einem siegreichen Feind, ich ließ niemanden hinter mir zurück. Und ich hoffte auch nicht, in irgend-

einem Reich der Jugend die Schatten jener zu finden, die mich verlassen hatten. Ich wollte nur vergessen, daß sie gelebt hatten und ich sie geliebt habe; ich wollte mich auslöschen. Ich wollte »einen Schlaf schlafen, der nicht endet«, einen Schlaf ohne Träume. Die letzte Hoffnung eines Römers, die letzte Hoffnung eines jeden Menschen.

Der Mond warf sein Licht auf mein Schwert. Meine Hand würde nicht zittern.

Es schien mir, als wäre jemand im Garten. Ich glaubte zu spüren, daß jemand unter dem alten Olivenbaum stand, der seinen Schatten über die Ecke der Terrasse wirft. Ich wollte aufstehen und nachsehen. Ich wollte keinen Zeugen für meine Tat.

Bestimmt war ich aufgeregter oder müder, als ich glaubte ... Niemand war draußen; nur mein Geist erfand Gespenster. Das Schwert funkelte auf meinem Tisch; ich schloß die Finger um das Heft.

Diesmal träumte ich nicht; wieder war ein Geräusch zu hören. Doch nun erkannte ich es; es war der nächtliche Wind, der das Laub rascheln ließ und sich mit dem Pochen meines Herzens verband, das viel zu schnell schlug. War es nicht außergewöhnlich, daß ich mich immer noch vor dem Schmerz und dem Tod fürchtete, obwohl ich so verzweifelt war?

Der Wind wehte in dieser Nacht tatsächlich sehr stark, sogar für Mitte Dezember ... Mechanisch hob ich den Blick und sah auf die Bäume im Garten, dann erstarrte ich verblüfft. Die Blätter des Olivenbaums regten sich nicht, kein Windhauch raschelte in ihnen; und dennoch hörte ich in seinen Zweigen eine unsichtbare Brise! Ich verlor den Verstand!

Ich versuchte, diesen Wind zu vergessen, der meiner Phantasie entsprungen war. Ich umschloß das Schwert in meiner Hand, erinnerte mich an meine Fechtstunden von einst und die genaue Stelle, unter den Rippen, wo man sicher sein

konnte, daß die Spitze direkt ins Herz drang. Kalt fühlte ich die Klinge an meiner Haut. Ich schloß die Augen.
Und öffnete sie sogleich wieder: Hinter meinen geschlossenen Lidern war ein Gesicht vor mir aufgetaucht. Ein Gesicht, das mich so oft heimgesucht hatte ... Doch in diesem Augenblick sah ich es nicht so, wie ich es einst gesehen hatte – geschwollen, blutig, elend. Nein. Es war unverletzt, verschont von Schlägen, schön, heiter, geprägt von jener höchsten Majestät, die mir damals diese furchtbare Beteuerung abgerungen hatte:
»Du bist also ein König.«
Die ernste, sanfte Stimme, die ich nie hatte vergessen können, klang in meinen Ohren wider:
»Du sagst es, ich bin ein König. Ich bin dazu geboren und in die Welt gekommen, daß ich die Wahrheit bezeugen soll. Wer aus der Wahrheit ist, der hört meine Stimme.«
Und ich hörte mich wieder die Frage von einst stellen:
»Was ist Wahrheit?«
Ich hoffte nicht auf eine Antwort. Warum sollte diese nächtliche Halluzination, geboren aus meinem Fieber, meinem Kummer und meiner Angst, die Lösung auf eine solche Frage bringen? Dennoch wiederholte ich lauter:
»Was ist Wahrheit?«
Der Galiläer lächelte, dieses amüsierte Lächeln, das ich ebenfalls wiedererkannte. Er machte sich weiter auf freundliche Art lustig über mich. Wie Procula, wie Pontia zögerte er, Gaius Pontius Pilatus sein Geheimnis anzuvertrauen. Und sein Zögern war mir unerträglich. Ich sah ihn aus tränenvollen Augen an und rief mit einer Stimme, die schluchzend brach:
»Herr, hab Erbarmen mit mir! Was ist Wahrheit?«
Eine vertraute Stimme, hoffnungslos mit einem gallischen Akzent behaftet, der sich dagegen wehrt, die Endlaute auszusprechen und das R zu rollen, antwortete mir:

»Weißt du, Herr, der Meister hat gesagt: ›Ich bin der Weg und die Wahrheit und das Leben.‹«

Flavius war aus der Dunkelheit an meiner Seite aufgetaucht, seine Hand schloß sich um die meine und zwang mich, das Schwert loszulassen.

Aber ich wollte nicht mehr sterben.

12

Titus Caecilius ging es schlecht. Es war eine Sache der Ehre für ihn, seine Krankheit zu verbergen, aber wir wußten beide, daß ihm das nicht mehr lange möglich sein würde. Wir hatten lange genug im Orient gelebt, um diese Symptome zu erkennen und uns die erbarmungslose Entwicklung in den nächsten Monaten vorstellen zu können. Er hatte Lepra.
Hatte er sie sich in Judäa zugezogen? Ich bezweifelte es, denn dann wäre die Krankheit eher zum Ausbruch gekommen. Oder gar hier, in Rom? Seit ein paar Jahren hatte man in der Stadt einzelne Fälle dieser Krankheit registriert. Von orientalischen Sklaven, von Kaufleuten, Soldaten, Reisenden oder einfach von verseuchten Warenballen eingeschleppt.
Lucanus erzählte mir mit einem traurigen Lächeln von einem sehr jungen phönizischen Matrosen, den er in einer Spelunke der heruntergekommenen Viertel Ostias aufgelesen hatte. An diesen erinnerte er sich, aber wie viele andere flüchtige Liebhaber hatte er gehabt? Wie sollte er wissen, wo er sich diese Krankheit zugezogen hatte?
Paulus versichert: »Denn der Sünde Sold ist der Tod.« Doch er spricht nicht vom Tod des Körpers. Ich wollte Lucanus davon überzeugen, denn ich hatte Mitleid mit ihm. Mitleid war übrigens nicht das richtige Wort, denn es schließt Herablassung gegenüber dem Adressaten dieses Gefühls mit ein; und für einen Caecilius war es ein Graus, bei irgend jemandem Mitleid zu erwecken.
Es war also nicht Mitleid, sondern Anteilnahme, was ich für

Lucanus fühlte, obwohl ich es ihm gegenüber nicht ausdrücken konnte. An den Iden des November würden es zwölf Jahre sein, daß Pontia gestorben war. Seither hatte ich meinen Schwiegersohn nicht mehr gesehen. Sofort nachdem Titus Caecilius Witwer geworden war, hatte er darum gebeten, als Legat nach Germanien geschickt zu werden; dort war er lange geblieben. Inzwischen war ich sicher, daß er Pontia nie hatte umbringen wollen, so wie ich sicher war, daß er zu dieser Zeit meinen Zorn und meine Rache fürchtete. Seit ein paar Monaten war Lucanus nun zurück in Rom, und ich hatte nur deshalb noch nicht die Gelegenheit gehabt, ihn zu sehen, weil ich seit jenem Tag im Jahr 807 nach der Stadtgründung, als der göttliche Claudius sich an einem Gericht gefüllter Steinpilze, die er so gerne aß, vergiftet hatte, niemals mehr zu den Empfängen im Palast gegangen war. Sicher war Lucius Domitius Nero ein reizender junger Mann, aber seine Mutter wiederholte ihm zu oft, daß er ein Enkel des Germanicus war. Julia Agrippina könnte sich sehr wohl an meine Auseinandersetzungen mit ihrem geliebten Vater erinnern ... Mir wäre es nur zu recht, wenn sie die Streitigkeiten und mich gleichzeitig vergessen würde.

Bald werde ich siebzig sein, ich bin alt und der politischen Streitereien müde. Und seit langem empfinde ich nichts mehr, was einem Gefühl von Haß ähnelt. Als junger Mensch hatte ich über die Unschuld und Naivität Antigones gelächelt, als sie Kreon antwortete: »Nicht mitzuhassen, mitzulieben bin ich da.« Heute weiß ich, daß Antigone recht hat und Kreon unrecht; dennoch hatte ich mein ganzes oder fast mein ganzes Leben lang Kreons Rolle gespielt.

Aber ich würde mit Lucanus nicht über Antigone reden. Er hatte immer Abscheu gegen die Literatur im allgemeinen und gegen griechische Autoren im besonderen empfunden ... Ebenso wie der alte Cato fürchtete er die Danaer. Obwohl

Titus Caecilius mich immer für überspannt gehalten hatte (genau das Wort, mit dem er mich einst beschrieb), legte ich keinen Wert darauf, daß er heute auch noch glaubte, ich sei senil. Meine letzte kleine Eitelkeit.

Und welcher Römer würde zugeben, daß Antigone gegen Kreon und das Wohl des Staates im Recht war? Ich? Ja ... Aber manchmal dachte ich, daß ich Rom bereits verraten hatte.

Ich würde mit Lucanus also nicht über Antigone reden, und ich befand mich in einiger Verlegenheit, wie ich dieses Gespräch führen sollte. Er übrigens auch ... Ich hatte leider nur zu gut verstanden, was Titus Caecilius von mir erwartete, als er mir verriet, daß er erkrankt war, noch dazu an Lepra: offen zur Schau gestellte Schadenfreude ... Und da er nichts dergleichen auf meinem Gesicht gelesen hatte, begriff er nicht und begann sich Fragen zu stellen.

Es war nicht ohne Prahlsucht, daß er mich zu sich gebeten hatte, auch nicht ohne eine ungesunde Art von Stolz, wie er seine Toga zurückschlug und mir auf den knotigen Muskeln seines linken Armes einen braunen Fleck zeigte, den ich sofort einordnen konnte.

»Du kannst dich freuen, Gaius Pontius«, sagte er mit gezwungenem Lächeln. »Es geht sehr schnell. Sieh nur, ich bin schon ganz gefühllos!«

Bei diesen Worten stach er sich mit seinem Stilett, bis er blutete, um mir zu beweisen, daß seine Nerven den Schmerz nicht mehr weiterleiteten.

Mich freuen? Warum sollte ich das? Vielleicht hätte ich kurz nach Pontias Tod ein Gefühl der Genugtuung und Befriedigung empfunden, wenn ich erfahren hätte, daß Titus Caecilius an Lepra erkrankt war. Heute nicht mehr ... Sicher, die Krankheit, die ihn langsam zerfraß, würde mich rächen, den Tod meiner Tochter rächen, Procula rächen, die aus Kummer gestorben war. Aber ich freute mich nicht. Menschlichem

Leiden weiteres menschliches Leiden hinzuzufügen, ohne daß irgend jemand jemals versuchte, dieser grausamen Spirale aus Tränen und Schrecken ein Ende zu setzen, hatte mich bereits abgestoßen, bevor ich je die Stimme des Christos gehört hatte. Doch Er, Er war gekommen, um diese Spirale zu durchbrechen und dem einen Sinn zu geben, das keinen Sinn hatte. Das wollte ich Lucanus gerne sagen, selbst wenn der Glaube, der auch der Glaube seiner Frau gewesen war, in seinen Augen »ein fremder und verbrecherischer Aberglaube« war.

Erstaunt über mein Schweigen, rief er:

»Du sagst nichts? Die Götter haben dich gerächt, Gaius Pontius! Freust du dich nicht bei dem Gedanken, daß ich lebendig verfaule?«

Er stürzte sich in eine makabre Beschreibung dessen, was ihn erwartete. Ich hatte, so wie er, in Judäa genügend Hände ohne Finger, genügend Gesichter ohne Lippen und Nase gesehen, um zu wissen, wie Lepra aussah. Hinter der Heftigkeit seiner Worte erriet ich das entsetzliche Grauen, das Lucanus empfand. Wie sehr mußte er es bedauern, daß nicht irgendein Pfeil, irgendein Schwert auf irgendeinem Schlachtfeld ihm ein angemesseneres Ende bereitet hatte ... Selbst als Titus Caecilius der Gatte meiner Tochter gewesen war, hatte ich für ihn niemals den Schatten eines väterlichen Gefühls empfinden können; doch heute abend betrachtete ich ihn zum erstenmal als einen Sohn. Ich legte meine Hand über die seine, auf der ein Blutstreifen zu gerinnen begann. Zu meinem Erstaunen zog er sie nicht zurück.

»Nein, ich freue mich nicht, Titus Caecilius. Im Augenblick ihres Todes hat Pontia mich gebeten, dir zu verzeihen. Ich habe dir verziehen. Glaube mir, ich hasse dich nicht.«

In der Nacht nach Proculas Tod, dieser schrecklichen Nacht, in der ich mich umbringen wollte, war Flavius bei mir geblie-

ben und hatte bis zum Morgengrauen mit mir gesprochen. Er hatte mir erklärt, daß Pontias letzte Worte dieselben gewesen waren, die Jesus bar Joseph gesprochen hatte, als er am Kreuz starb:
»Vater, vergib ihnen! Denn sie wissen nicht, was sie tun!«
Mein Gallier wußte nicht, welche Last von Scham und Selbstvorwürfen er mir abnahm. Bereits als ich noch geglaubt hatte, der Galiläer sei nur der Zimmermann aus Nazareth, hatte ich mir nicht verziehen, daß ich ihn hatte verurteilen lassen. Procula hatte mir vorgeworfen, daß ich vor diesem Licht, das tief in meinem Inneren zu flackern begann, eigensinnig die Augen verschlossen hatte. Doch bei dem Gedanken, daß er vielleicht wirklich der Sohn Gottes war, hatte mich entsetzliche Furcht ergriffen. Wenn ich die Augen verschlossen hatte, als ich »dem Licht so nahe war«, wie meine Frau versicherte, so deshalb, weil ich vor meiner ungeheuren Schuld zurückschreckte.
Paulus hatte mir aus dem Gedächtnis einen Text von Johannes zitiert; seine Mutter hatte recht: Er war ein Dichter.
»Das war das wahre Licht, das alle Menschen erleuchtet, die in diese Welt kommen. Er war in der Welt, und die Welt ist durch ihn gemacht; aber die Welt erkannte ihn nicht. Er kam in sein Eigentum, und die Seinen nahmen ihn nicht auf. Und das Licht scheint in der Finsternis, und die Finsternis hat's nicht ergriffen.«
Darin lag mein ganzer Fehler. Johannes kannte ihn besser als ich und beschrieb ihn mit größerem Talent. Nachdem ich mein ganzes Leben lang das Licht und die Wahrheit gesucht hatte, hatte ich sie in dem Augenblick, als Gott sie mir gewährte, nicht erkannt.
Bis zu diesem Abend der Einsamkeit und Verlassenheit auf meiner Terrasse, unter dem alten Olivenbaum, hatte ich geglaubt, mein Verbrechen sei unverzeihlich. So lange

war Schweigen die einzige Antwort auf meine Rufe gewesen …

Was wäre geschehen, wenn Flavius in dieser Nacht nicht aufgewacht und, einer seiner seltsamen Ahnungen folgend, auf der Suche nach mir in mein Haus und meinen Garten gestürzt wäre? Ich hätte mich umgebracht. Ich wäre aus dem Reich hinausgestoßen worden in die Finsternis, wo Heulen und Zähneklappern sind.

Muß ich es sagen? Nicht das machte mir am meisten angst. Nicht einmal das Wissen, daß ich es mir auf ewig versagt hätte, die Meinen wiederzufinden – denn Christos hatte gelehrt, daß jene, die an ihn glaubten, lebten, selbst wenn sie gestorben waren. Nein, am meisten angst machte mir der Gedanke, daß ich Jesus bar Joseph nie wiedergefunden hätte, niemals mehr seinem Blick begegnet wäre, niemals mehr seine Stimme gehört hätte. Und eine schrecklichere Strafe konnte ich mir nicht vorstellen.

Doch das konnte ich Lucanus nicht erklären. Ich war unfähig, die höllische Spirale des Leidens für ihn zu durchbrechen, ihn aus seiner Finsternis zu reißen. Ich war sicher nicht würdig, das zu tun. Und dennoch mußte ich es versuchen, denn ich verstand zu gut, was er empfand, und ich erriet, daß er dieses erbarmungslose Fortschreiten der Lepra, die er mir in allen Einzelheiten schilderte, nicht bis zum Ende ertragen würde. Das Schwert, das Flavius mir aus der Hand gerissen hatte, als ich noch zauderte, würde Titus Caecilius sich ohne Zögern ins Herz stoßen, wenn er zu der Überzeugung kam, der wahre Mut liege darin, würdig zu enden … Flavius hatte mich aus der Finsternis gerissen, die mich zu verschlingen drohte. Wer würde Lucanus daraus befreien?

Morgen würde ich zu Pudens gehen, dem Senator, bei dem Paulus wohnte. Der Apostel aus Tarsos würde, so wie ich ihn kennengelernt hatte, eine Lösung finden.

Sofort begriff ich, daß ich ungelegen kam. Schon im Atrium hatte Pudentiana, die mich empfing, es mir gesagt: Untätigkeit und Ungewißheit lasteten schwer auf Paulus, mit jedem Tag mehr, und er wanderte im Zimmer umher, die Hände auf dem Rücken verschränkt, den Kopf in den Schultern versunken, unfähig, sich hinzusetzen und zu warten. Wie könnte man ihn auch dafür tadeln? Über ein Jahr war er schon in Rom, immer in der Hoffnung, seine Sache käme vor den Präfekten des Prätoriums, und zuvor hatte er aufgrund einer Anklage der Juden zwei Jahre in Cäsarea verloren. Ich kannte solche Qualen der Ungewißheit aus meinem Exil in Vienna, ich kannte das Gefühl ohnmächtiger Wut und schließlich der Müdigkeit, von der man ergriffen wurde.
Pudentiana schien sich entschuldigen zu wollen, als wäre sie schuld an der schlechten Laune und den Sorgen unseres Freundes; sie sah so verzweifelt aus, daß ich einen Augenblick lang daran dachte, mich zurückzuziehen und zu einem günstigeren Zeitpunkt wiederzukommen. Doch wäre es nicht ein Ausweichen gewesen, eine solche Entschuldigung vorzuschützen, um nicht mit Paulus zu sprechen? Nicht, weil die Regung der Anteilnahme, die ich gestern abend gegen Lucanus empfunden hatte, über Nacht erloschen wäre, sondern weil ich mich mehr denn je unfähig fühlte, ihm zu helfen. Als ich ihn verließ, hatte ich nicht mehr gewußt, was zu tun war … Um meine Unsicherheit noch zu vergrößern, hatte Flavius, als ich ihm von unserem Gespräch erzählte, nur geantwortet:
»Weißt du, Herr, Paulus hat schon genug Sorgen; er braucht nicht auch noch Titus Caecilius kennenzulernen …«
Doch Flavius hatte in Lucanus' Augen nicht diese Angst gelesen, die ich nie zuvor in ihnen gesehen hatte, selbst mitten in der Gefahr, und die er doch mit verzweifelter Anstrengung beherrschte. Pontia hatte sicher recht gehabt, als sie unter dem Harnisch und der Härte des »armen Titus« eine Schwä-

che entdeckte, für die ihr Frauenherz Mitleid empfand. In gewisser Weise hatte mir Pontia diese Schwäche von Lucanus, diese verborgene Verletzlichkeit hinterlassen; bevor sie starb, hatte sie mir ihren Gatten anvertraut. An mir war es, ihm diese Vergebung, diese Gnade, um die sie für ihn gebeten hatte, zu sichern. Deshalb hatte ich Flavius' Ratschlag schließlich mißachtet und war an diesem Morgen ins Stadtviertel der Patrizier zum Haus von Gaius Cornelius gekommen.

Bei jedem Schritt drehte sich Pudentiana, die sich wie eine geschäftige, besorgte Maus trippelnd fortbewegte, zu mir um, als wolle sie sich vergewissern, daß ich ihr folgte, und dabei redete sie ohne Unterbrechung. Manchmal beneidete ich Pudens, dem Gott wenigstens diese Tochter hinterlassen hatte, die er unendlich liebte und die ihn wiederliebte, doch an diesem Morgen, als ich ihr durch die Gänge des prachtvollen Hauses folgte und dabei den Farbkübeln auswich, vor denen sie mich warnte – denn Gaius Cornelius ließ sein Haus nach dem Geschmack der Zeit umgestalten, eine kaum verhüllte Schmeichelei gegenüber dem Cäsar, der sich rühmte, die Künste in Rom zu revolutionieren –, konnte ich nicht umhin, sie mit Pontia zu vergleichen, und das Ausmaß meiner Trauer erfüllte mich mit unendlicher Sehnsucht.

Paulus hatte das wohl bemerkt; unter seiner scheinbaren Schroffheit verbarg er ein Feingefühl, das jene, die ihn weniger gut kannten, nicht vermuteten. Wie Pudentiana mir gesagt hatte, marschierte der Apostel aus Tarsos im Zimmer auf und ab wie ein Bär in seinem Käfig, als wir eintraten. Doch beim ersten Blick, den er mir zuwarf, erhellte ein aufmerksames Lächeln sein scharfgeschnittenes Gesicht. Er nahm sich zusammen und setzte sich sogar an diese Art Webstuhl, an dem er Zeltbahnen herstellte, deren Verkauf ihm ein Einkommen sicherte. Ohne die Augen von mir zu wenden, begann er zu arbeiten und wischte mit einer Handbewegung die betrübten

Einwände Pudentianas beiseite, die sich nicht daran gewöhnen konnte, den Gast ihres Vaters eine niedrige Arbeit verrichten zu sehen. Das junge Mädchen zog sich schließlich zurück, und Paulus wartete, bis ihr eiliges Mäusegetrippel am Ende der Galerie verklungen war, bevor er murmelte:
»Ich halte es hier keine acht Tage mehr aus!«
Und er stürzte sich in eine wütende Aufzählung der allzu betulichen Aufmerksamkeiten, mit denen Pudens und die Seinen ihn hartnäckig umgaben, seit er bei ihnen eingezogen war. Aber während ich zuhörte, wie er wieder einmal von seinen Schwierigkeiten und Enttäuschungen der letzten Monate und von seiner Absicht sprach, ein Zimmer in einem billigen Mietshaus in Trastevere zu mieten, erriet ich, daß er sich aus Takt so verhielt, damit es nicht den Anschein hatte, als würde er die Zeit bemessen, die er mir widmen konnte. Ohne mit dem Weben aufzuhören, sagte er schließlich:
»Es ist gut, daß einer des anderen Last trägt, Pilatus; so ist man dem Gesetz von Christos treu. Ich habe dich lange genug mit meinen häuslichen Sorgen gelangweilt. Sag mir nun, was dich herführt.«
Wußte ich eigentlich selbst, worum ich ihn bitten wollte? Was erwartete ich von ihm? Daß er Titus Caecilius half, gewiß ... Aber welche Hilfe brauchte Lucanus? Von seiner Lepra geheilt zu werden? Oder von seinen Sünden?
Paulus hörte mir schweigend zu, dann nickte er.
»Ich habe früher, in Judäa, von deinem Schwiegersohn gehört. Aber unwichtig! Kein Mensch, ob Jude oder Heide, ist vom Heil ausgeschlossen.«
Ich öffnete den Mund, um ihm von der Rolle zu erzählen, die Lucanus einst bei der Verurteilung des Christos gespielt hatte, doch Paulus ließ mir nicht die Zeit dazu.
»Nein, Pilatus! Christos will nicht, daß wir immer wieder auf die Vergangenheit zurückkommen, um uns das Herz schwer

zu machen, als sei sie ein Marterwerkzeug. Siehe: Du hast nichts anderes tun können, als den Herrn ans Kreuz zu schikken; und ich bin nicht würdig, Apostel genannt zu werden, denn ich habe die Kirche Gottes verfolgt ... Und dennoch hat der Herr dich und mich nicht zurückgewiesen. Warum sollte er dann Titus Caecilius abweisen? Ich sage es dir: Keiner ist vom Heil ausgeschlossen. Bring ihn hierher, und wenn Gott es will, werde ich ihm helfen.«

»Der Herr hat dich nicht zurückgewiesen«, hatte mir Paulus gesagt. An dem Abend, als ich Petros zum erstenmal sah, richtete er dieselben Worte an mich. Er lächelte und strich sich über den schwarzen Bart, der schon mit Grau gesprenkelt war.

Flavius hatte mir gesagt, daß der Apostel, den er auch den Großen Fischer nannte, kein anderer war als dieser Simon bar Jonas, der kleine Schiffsbesitzer aus Kapernaum, dessen Ehekräche – sorgfältig vermerkt in der Lokalchronik, die meinem Gallier als Bericht diente – mich früher so belustigt hatten. Doch als ich ihm gegenüberstand, hatte ich alle Schilderungen des häuslichen Geschreis von früher vergessen. Von Petros gingen eine Kraft und ein Licht aus, die schon seit langem den Mann ausgelöscht hatten, der er in dieser fernen Zeit einmal gewesen sein mochte, und ich, ehemaliger Prokurator von Judäa, hatte mich nie gescheut, ihm zu Füßen zu fallen und seine Hand zu küssen, die mir ein paar Monate später, als es wieder Frühling wurde, die Taufe gab.

Ich erinnere mich, daß in der weit zurückliegenden Zeit meiner frühen Jugend, als ich in der Garnison in Argentoratum war, manche meiner Kameraden sich in die Mysterien des Mithras einweihen ließen. Trotz ihrer Hartnäckigkeit hatten weder Marcus Sabinus noch ich es ihnen nachtun und mit ihnen in den Graben steigen wollen, um in das Blut des Stieres

einzutauchen. Doch obwohl es unseren Kameraden eigentlich verboten war zu enthüllen, was sie bei ihrer Initiation erlebt hatten, gingen sie uns monatelang mit Schwämereien von dieser Erfahrung auf die Nerven. Wie war mir das alles damals, mit zwanzig Jahren, lächerlich erschienen!

Fast ein halbes Jahrhundert ist vergangen. Ich bin ein alter Mann, und von diesen jungen Soldaten, die lachend auf ihren Stuben würfelten oder über die Existenz der Götter debattierten, bin ich der einzige Überlebende. Heute weiß ich, welches Mittel gegen den Tod und die Verzweiflung sie, ohne es einzugestehen, von Mithras erwarteten, und oft flehe ich zu Christos, ihnen das zu gewähren, was das Stieropfer ihnen nicht geben konnte. Was hatten sie in dem Graben gefunden, als das Messer des Priesters in die Kehle des Opfertiers schnitt? Gewiß nichts, und dennoch dachte ich in dieser Passahnacht, als ich in das Becken stieg, um darin zu sterben und mit Jesus bar Joseph wieder aufzuerstehen, an sie.

Ebensowenig wie den Anhängern von Mithras, Athis oder Kybele war es uns Christen erlaubt, die heiligen Mysterien zu entweihen. Über die Riten und Worte, die Gebete und das Opfer werde ich nicht sprechen. Nicht etwa, weil wir angebliche Morde, Orgien und Aufstandspläne verbergen wollen, wie Lucanus Pontia ohne Zögern beschuldigt hatte … Sondern weil es Dinge gibt, die zu heilig sind, um sie jenen auszuliefern, die sich ihrer noch nicht würdig zeigen.

Im vergangenen Jahr, als Petros gerade eine Gruppe Neubekehrter getauft hatte, hörte ich einen von ihnen enttäuscht einem Freund zuflüstern:

»Mehr ist es also nicht …«

Was hatte er erwartet? Einen Mummenschanz der Art, in dem die ägyptischen Priester der Isis Meister geworden sind, bei denen sich die Statue der Göttin, bewegt von einem geschickten, hinter einer Mauer verborgenen Mechanismus, plötzlich

bewegt und spricht? Oder so etwas wie den Irrlauf, den die Initiierten von Eleusis angeblich hinter sich bringen müssen, die sich auf der Suche nach Demeter oder Persephone durch dunkle Gänge tasten?
Ja, mehr war es nicht: ein wenig Wasser und Petros, der in dem Becken stand und die Hand hob – die, wie ich ein wenig traurig bemerkt hatte, denn wir waren im selben Alter, von Tag zu Tag ein wenig mehr von Rheumatismus verkrümmt wurde. Doch das war es, was die Augen sahen ...
»Und das Licht scheint in der Finsternis, und die Finsternis hat's nicht ergriffen«, hatte Johannes gesagt. Und ebenso brach das Reich an, und die Welt sah es nicht. Christos hatte den Tod besiegt. Christos hatte uns jede Träne aus den Augen gewischt, und dennoch schienen wir in ständiger Betrübnis versunken ... Alles war dem Anschein nach ähnlich und doch anders, denn nun hatte alles, unsere Geburt, unsere Freundschaften, unsere Liebe, unser Schmerz und unser Leiden und selbst unser Ende seinen Sinn gefunden. Das war die Wahrheit, nach der ich gesucht hatte, ohne sie zu kennen, und so wie Procula es mir versprochen hatte, hatte sie mich frei gemacht.

Heute morgen hatte ich Titus Caecilius wiedergesehen. Ich fürchtete mich vor diesem Besuch, den er diesmal nicht gewünscht hatte. Doch Lucanus empfing mich freundlich. Mir schien es sogar, als sei er glücklich, weil ich gekommen war. Ich konnte nicht umhin, seine äußere Ruhe und dieses Lächeln, genauso herrisch wie früher, das er immer noch um seinen schönen harten Mund zaubern konnte, zu bewundern. Jemand, der Lucanus nicht sehr gut kannte, hätte nicht erraten, welcher Prüfung er unterzogen wurde. Die nackte, schreckliche, animalische Angst, die sein Blick vorgestern gespiegelt hatte, war verschwunden. Als ich seinem Blick be-

gegnete, schienen mir seine Augen so, wie sie immer gewesen waren: kalt, aufmerksam, ohne Mitleid für die anderen oder sich selbst.
Titus Caecilius trat ein paar Schritte hinaus auf die Terrasse, die über seinen Gärten lag. Es war seltsam, daß in seinem Haus, das so nahe am Campus Martius und seinem Radau lag, eine so vollkommene Stille herrschte ... Ich äußerte diesen Gedanken, um die Stille zu füllen. Mein Schwiegersohn drehte sich um und zeigte mir sein Medaillenprofil; ein Strahl der Frühlingssonne streifte seine Stirn. Mit einer Geste, die fast als natürlich und mechanisch hätte gelten können, zog er sich eine Locke seines Haars, das trotz seiner über fünfzig Jahre nicht ergrauen wollte, über die Schläfe. Dennoch, zu spät ... Ich hatte es gesehen. Ich hatte den dunklen kleinen Fleck gesehen, der neulich am Abend noch nicht dagewesen war und der sich so, wie er plaziert war, im Rhythmus der Schläfenader zu bewegen schien. Lucanus war erstarrt. Seine vornehmen Gesichtszüge spiegelten keine Empfindung. Als hätte er meinen Blick nicht bemerkt, sagte er im Tonfall einer oberflächlichen Unterhaltung:
»Die Stille, sagtest du, lieber Schwiegervater? Ja, ich habe wahrhaftig das stillste Haus in Rom ...«
Dann, sehr viel leiser, so leise, daß ich Mühe hatte, ihn zu verstehen, murmelte er:
»Passiert es dir auch manchmal, Pilatus, daß du dich fragst, wem er ähnlich gesehen hätte? Daß du denkst: Jetzt wäre er zwölf Jahre alt ... Daß du dir vorstellst, was du ihm gesagt hättest, was du ihn alles gelehrt hättest, was du ihm alles hättest geben wollen ...«
Etwas wie ein trockenes Schluchzen stieg ihm in der Kehle auf.
»Ja, ich habe das stillste Haus in Rom, und es ist meine Schuld, Gaius Pontius, meine Schuld! Ich habe meinen Sohn umgebracht!«

Titus Caecilius hatte sich zusammengekrümmt, wie ein Mann, der einen Schlag mitten vor die Brust bekommen hat, und sprachlos bemerkte ich, daß er weinte. Lucanus und weinen! Selbst vor Pontias Scheiterhaufen hatte er keine Träne gehabt, und ich erinnerte mich, daß sich mein Haß gegen ihn damals, als ich von Kummer zermalmt wurde, noch wild gesteigert hatte, weil ich ihn angesichts des Todes seiner Frau und seines Sohnes so gleichgültig sah.

Unbeholfen legte ich ihm den Arm um die Schultern und drückte ihn an mich. Und bei dieser Geste wurde mir plötzlich verworren klar, daß ich für meine eigenen Söhne, abgesehen von ihren allerersten Jahren, nie eine ähnliche Geste gehabt hatte. Für einen Augenblick verfluchte ich die römische Mannestugend und das, was sie aus uns machte.

Lange streichelte ich den Kopf meines Schwiegersohnes und wiederholte dabei unablässig die Worte, mit denen Procula unsere Kinder gewiegt hatte, wenn sie mit einem Kummer zu ihr gekommen waren:

»Mein Kleiner, mein Kleiner.«

Wir mußten ein unglaublich lächerliches Bild abgeben, ich, der alte Prokurator Judäas, und er, der hochmütige Patrizier, in einer Umarmung wie von Amme und Säugling. Aber das scherte uns nicht. Endlich spürte ich, wie sein an mich gelehnter Körper sich entspannte und sein Schluchzen sich beruhigte. Lucanus richtete sich wieder auf, ich ließ ihn los und sah zu, wie er um den Tisch herumging und sich setzte. Ich nahm mir einen Sessel ihm gegenüber und wunderte mich, daß ich trotz meiner Überraschung und Rührung imstande war, die Machart dieses Möbelstücks zu bewundern, seine Füße, die wie Löwentatzen geschnitzt waren, seine Einlegearbeiten aus Gold und Elfenbein.

Eine lange Weile verstrich, und die seltsame Stille des Anwesens kam wieder zur Geltung, kaum gestört durch das leise

Summen einer Biene, der ersten dieser Jahreszeit. Mit dem traurigen Lachen, das Titus Caecilius so zur Gewohnheit geworden war, sagte er schließlich:
»Wieviel einfacher wäre es gewesen, wenn du mich gehaßt hättest, Pilatus, mit einem guten, echten Haß ... Du kannst nicht wissen, wie sehr mir das geholfen hätte ...«
Als ich nicht antwortete, fuhr er fort:
»Hatte ich nicht recht zu sagen, daß du überspannt bist! Wenn ein Mann mir nur halb soviel Schmerz zugefügt hätte, wie ich dir bereitet habe, würde ich nicht ruhen, bis ich ihn getötet hätte. Glaubst du, ich weiß nicht, wie sehr du Pontia geliebt hast, Pilatus? Und wie sehr sie dich geliebt hat? Bei allen Göttern, ich war sogar eifersüchtig darauf! Weil ich sie auch geliebt habe.«
Er erhob sich mit einer Schwerfälligkeit, die ich nicht an ihm kannte, und ging zu einer kleinen Nische hinter einem roten Vorhang. Als er ihn aufzog, konnte ich einen Schrei nicht unterdrücken. Der Vorhang hatte ein Porträt meiner Tochter verborgen, ein so schönes, naturgetreues Porträt, daß es schien, als sei Pontia plötzlich anwesend, bei uns. Ja, es war Pontia, ihre feinen Gesichtszüge, ihr stolz erhobenes Kinn einer Patrizierin, ihr anmutiges Lächeln, ihre brennenden, dunklen, großen Augen, die sie von den Claudiern hatte. Ich hatte fast vergessen, wie schön sie gewesen war ...
Um meine Verwirrung zu verbergen, äußerte ich nur den platten Satz:
»Das hat ein Grieche gemalt.«
Titus Caecilius verschlang das Bild mit seinen Augen.
»Ja, ein Grieche«, antwortete er. »Kein Römer wäre fähig zu einer solchen Lebensechtheit, zu einer solchen Vollkommenheit. Ich hatte dieses Porträt bei ihm bestellt, nachdem Pontia mir gesagt hatte, daß sie schwanger war, sechs Wochen nach

meiner Rückkehr aus Britannien. Er hat es dann aus dem Gedächtnis fertiggemalt ...«
Der kaum erträgliche Anblick des Gesichts meiner vom Feuer vernichteten Tochter glitt zwischen uns. Mir gelang es, es wieder fortzuschieben; Lucanus dagegen schien eine seltsame Befriedigung dabei zu finden, es zu bewahren, so wie man mit der Zunge einen schmerzenden Zahn reizt.
»Ohne dieses Bild«, murmelte er, »würde es mir nicht einmal gelingen, sie so vor mir zu sehen, wie sie vorher war ...«
Er sah mich an.
»Als Pontia starb, Pilatus, habe ich gehofft, du würdest von Claudius meinen Kopf fordern und erhalten. Das wäre so einfach gewesen, so schnell. Zweifellos zu einfach und zu schnell ... Statt dessen hast du dich nicht gerührt. Deine Tochter, deine Frau und du, ihr hattet mir verziehen. Eine furchtbare Sache hat euer Christos da erfunden, wahrhaftig eine furchtbare Sache ...«
Er schüttelte den Kopf.
»Was kann ich gegen deine Vergebung, gegen die Claudia Proculas, gegen die Pontias und gegen die eures Christos tun? Euch als Narren behandeln? Euch hassen? Ich habe es versucht ... Und ihr, ihr wiederholt einfach: Ich vergebe dir. Und alles zerbricht an eurer Vergebung. Alles: Wut, Haß, Verachtung, Unverständnis. Und ich lebte, war frei, meine Karriere zu machen, mein Leben zu führen, wie ich es wünschte. Aber in Augenblicken, in denen ich es am wenigsten erwartete, dachte ich an euch und hörte euch unablässig wiederholen: Ich verzeihe dir, Lucanus, ich verzeihe dir!«
Er schnalzte mit der Zunge, wie ein Wagenlenker, der seine Pferde antrieb.
»Alles bricht sich daran, Pilatus, und daran wird auch Rom schließlich zerbrechen ... Es wird der Stadt ergehen wie mir, aussätzig, verängstigt, elend, auf Knien vor dem, was sie zu

hassen glaubte, und sie wird sagen hören: Ich verzeihe dir. Wir werden es vielleicht nicht mehr erleben, du und ich, aber ich prophezeie es dir: Zum erstenmal in der Geschichte der Welt wird ein Lamm eine Wölfin verschlingen. Ihr wißt es selbst noch nicht, ihr Christen, aber ihr seid eine schrecklichere Macht als unsere Legionen. Und eure Vergebung, eure Liebe, eure Milde schlagen tiefere Wunden als unsere Schwerter.«
Ergriffen hörte ich den Worten meines Schwiegersohns zu. Oft, seit Petros mir die Taufe gegeben hatte, hatte ich die Ahnung gehabt, daß das Gesetz von Christos mit dem Roms unvereinbar war, und das, was von meiner römischen Erziehung geblieben war, hatte davor gezittert. Doch ich hatte mich mit dem Gedanken an das getröstet, was Jesus bar Joseph mir an jenem Aprilmorgen in meinem Prätorium in Jerusalem anvertraut hatte:
»Mein Reich ist nicht von dieser Welt.«
Und ich dachte, die Konfrontation zwischen der Wölfin und dem Lamm würde nie stattfinden. Vielleicht war Titus Caecilius weitblickender als ich.
»Woher weißt du, daß ich Christ bin?«
»Du tarnst dich so schlecht, Pilatus ... Jeder in Rom, oder doch fast jeder, weiß, daß du Anhänger einer jüdischen Sekte bist, und schreibt diese Grille deinem langen Aufenthalt in Judäa zu. Neulich abends, bei einem Essen im Palast, hat sich Gaius Petronius damit amüsiert, Sabina Poppaea zu necken, die alles, was an gelehrten Juden in Trastevere wohnt, frequentiert, wie du sicher weißt. Scherzhaft hat sie geantwortet, sie sei nicht die einzige in Rom, und dein Name wurde genannt, ebenso wie der von Gaius Cornelius Pudens.«
Ich deutete eine Geste des Erstaunens, des Protestes an. Seit fünf Jahren, als Claudius seiner Leidenschaft für mit Knoblauch frikassierten Steinpilzen erlegen war, hatte ich aufgehört, bei den Empfängen zu erscheinen. Gewiß war mir der

Name Gaius Petronius, einer der bevorzugten Freunde des Cäsars, vertraut. Sabina Poppaea, Tochter eines Verwandten von Seianus, war noch sehr jung gewesen, als ich den Hof verlassen hatte. Von ihr wußte ich nur, was die Gerüchte so verbreiteten, die Adelphos getreu übermittelte: eine Schönheit, die alle anderen überstrahlte, und eine Sinneslust, die sie daran hinderte, zwischen ihren Ehegatten und ihren Liebhabern zu unterscheiden. Sie war kaum zwanzig Jahre alt, hatte zweimal geheiratet, und immer hartnäckiger hielt sich das Gerücht, das in ihr die künftige Augusta sah ... Aber ich kannte sie nicht und verstand nicht, wie mein Name auf ihre Lippen kommen konnte.

Lucanus zog den Vorhang wieder vor und verbarg so das erschütternde Porträt meiner Tochter; er kehrte mir den Rücken zu und betrachtete Rom, auf dessen Dächern das Morgenlicht funkelte. Was er mir noch zu sagen hatte, sagte er mir, ohne mich anzusehen:

»Du verbirgst dich so wenig, Pilatus ... Ihr alle verbergt euch so wenig ...«

»Wir tun nichts Böses. Weshalb sollten wir uns verstecken?«

Lucanus fuhr fort, ohne auf meine Frage zu achten.

»Erinnerst du dich daran, was Pomponia Graecina, der Frau von Aulus Plautius, vor ein paar Monaten passiert ist?«

Wie sollte ich mich nicht daran erinnern? Gab es einen einzigen Christen in Rom, der damals nicht erschüttert gewesen wäre von der Gefahr, in der sich unsere Schwester befand? Dennoch zog ich es vor, nicht auf Lucanus' Frage zu antworten. Plautius hatte seine Gattin vor einem Familientribunal, das er klugerweise einem öffentlichen Prozeß vorzog, von der Anklage eines Denunzianten freigesprochen – ihrer Zugehörigkeit zu einer fremden Sekte mit verbrecherischen Ritualen. Es stand mir nicht zu, den Verdacht neu zu wecken, indem ich zugab, daß Pomponia doch, hundertmal doch, zu uns gehör-

te. Daher schwieg ich, und ich ahnte das bittere Lächeln, das Titus Caecilius auf den Lippen lag.
»Ich zweifle nicht daran, daß du mir deiner Tochter und eurem Christos zu Gefallen vergeben hast, Pilatus; aber ich sehe, daß Vergebung nicht Vertrauen nach sich zieht. Du wirst mir nicht sagen, daß Pomponia Graecina, trotz des feierlichen und fälschlichen Leugnens des lieben Plautius, Christin ist. Egal. Ich weiß es, und andere wissen es, so wie ich wußte, daß auch du zu den Anhängern des Galiläers gehörst. Und genau darüber will ich mit dir sprechen. Pilatus, ihr lebt in eurem märchenhaften Traum, nährt euch von eurer Liebe, eurer Vergebung und dem baldigen Kommen eures Reiches von Frieden und Glückseligkeit. Im Augenblick gibt man sich noch damit zufrieden, sich über euch lustig zu machen. Aber morgen ... Habt ihr daran gedacht, was euch morgen geschehen kann?«
Ja, ich hatte daran gedacht. Wir alle dachten daran. Was hätten wir anderes tun können? Ich erinnerte mich an Stephanos, den man vor den Toren Jerusalems gesteinigt hatte ... Der Grieche war nur der erste gewesen. Andere hatten dasselbe Schicksal erfahren, und noch weitere würden es vor der Rückkehr des Christos erfahren. Und alles war gut so.
»Christos hat gesagt: ›Fürchtet euch nicht vor denen, die den Leib töten und danach nichts mehr tun können.‹«, erwiderte ich.
Wieder erklang das bittere Lachen von Lucanus:
»Es gibt angenehmere oder weniger angenehmere Arten, die Bürde des Lebens hinter sich zu lassen, Gaius Pontius, das weißt du genau. Nehmt euch daher in acht, ihr alle, Pomponia, Pudens und seine Tochter, du und dein Haus, und deine Freunde Paulus und Petros ... Man spricht in Rom zuviel über euch. Es mag ein Tag kommen, an dem Lucius Domitius Ahenobarbus es aus irgendeinem Grunde vorteilhaft finden

könnte, auf die Verleumdungen zu hören, und niemand wird es wagen, zu euren Gunsten die Stimme zu erheben.«
Ein Sklave war hereingekommen, den ich nicht gehört hatte, und Lucanus gab ihm ein Zeichen, daß er mich zurücktragen sollte. Erst als ich wieder draußen war, bei den Tempeln der Area Sacra, im gewohnten Menschengetümmel und umgeben vom Gebrüll der Opfertiere, fiel mir, nach der Grabesstille, die bei Titus Caecilius geherrscht hatte, benommen von dieser Kakophonie wieder ein, was ich vergessen hatte: Ich hatte ihm nicht angeboten, Paulus zu besuchen.

Sobald ich wieder zu Hause war, und das dauerte eine Weile, da ich nach diesem anstrengenden Vormittag das Bedürfnis nach einem Spaziergang empfunden hatte, um mich zu beruhigen, schrieb ich an Lucanus und schlug ihm mit vorsichtig gewählten Worten vor, diesen Freund zu besuchen, von dem er so viel gesprochen habe, und der ihm sicherlich helfen könne. Doch Titus Caecilius antwortete mir mit einem liebenswürdigen Billett, der Cäsar wünsche seine Anwesenheit bei dem Aufenthalt in Kampanien, den er plane; nach seiner Rückkehr würde er die Nützlichkeit des Schrittes erwägen, für dessen Vorschlag er mir übrigens danke. Am nächsten Tag brach er, so wie er mitgeteilt hatte, mit dem üblichen Freundeskreis des Cäsars nach dem Süden auf. Nachdenklich und betrübt über diese kaum verhüllte Ablehnung, fragte ich mich, wie lange es Lucanus noch gelingen würde, vor Lucius Domitius Nero, der so sorgsam darauf achtete, nur die schönsten, intelligentesten und geistreichsten Menschen um sich zu scharen, die Krankheit zu verbergen, die ihn zerfraß.
Dann brachten die ersten Apriltage eine erschreckende Neuigkeit nach Rom: Julia Agrippina war auf Befehl des Herrschers – nach der Rückkehr von einem Festmahl bei den Feierlichkeiten der Minerva, das ihr Sohn zu ihren Ehren

gegeben hatte – in ihrer luxuriösen Villa in Bauli umgebracht worden. Vorangegangen war ein erstes, gescheitertes Attentat, das wie ein Unfall durch Ertrinken hatte erscheinen sollen. Der Cäsar teilte dem Senat mit, seine Mutter habe gegen sein Leben konspiriert, und rechtfertigte so die gräßlichste Schandtat, die je einen Mann besudelt hatte. So erfüllte sich, was ein Augur bei der Geburt Neros geweissagt hatte: Er würde herrschen, aber seine Mutter töten; so verwirklichte sich auch der gottlose Wunsch der Augusta, die es gewagt hatte zu antworten: »Mag er mich töten, wenn er nur Kaiser wird!«
Ich begann wieder an Lucanus' Warnungen zu denken und mir vorzustellen, wozu ein Mann, der seine eigene Mutter ermorden ließ, fähig sein mochte. Ich war nicht der einzige, der sich Sorgen um die Zukunft machte. Trotz der Opfer in allen Tempeln, die den Göttern danken sollten, daß sie das Leben des Cäsars bewahrt hatten, gingen in Rom die verhängnisvollsten Gerüchte um.
Petros, den ich über das Gespräch mit meinem Schwiegersohn informiert hatte, schien sich nicht zu beunruhigen. Wie Titus Caecilius erkannt hatte, neigten wir nur zu sehr dazu, unter uns zu bleiben, nur beschäftigt mit dem Kommen des Reiches. Petros verstand daher nicht, wie die Verbrechen des Cäsars, so abscheulich sie sein mochten, uns betreffen könnten. Doch Paulus nahm mich ernst, und ohne auf die Proteste von Gaius Cornelius und seiner Tochter zu hören, bestand er darauf, nach Trastevere zurückzukehren. Dort, in zwei dunklen Zimmern im obersten Stock eines alten Wohnhauses am Ende einer Gasse, in der nur ein paar alte Juden lebten, würde der Tarsiote unbemerkt bleiben. Oft unternahm ich den abenteuerlichen Aufstieg über die wackelige Treppe, die zu ihm führte, setzte mich auf den einzigen Schemel und sah ihm stundenlang zu, wie er im rauchenden Licht einer Öllampe, die bis zum Treppenabsatz stank, seine Zeltbahnen webte.

Manchmal verlor Paulus sich in Vorwürfen gegen diesen oder jenen seiner Schüler in Korinth, Philippi oder Ephesos. Oder er knurrte endlos gegen die unglaubliche Langsamkeit der römischen Justiz, und ich versuchte mein Bestes, ihn zu beruhigen, indem ich ihm versicherte, seine Berufung vor dem Präfekten des Prätoriums würde sicher bald geprüft werden. Doch ich hatte den Verdacht, daß Paulus nicht ein Wort von dem glaubte, was ich ihm sagte. Übrigens glaubte auch ich selbst kein Wort davon. Burrus war mit dem Justizwesen überlastet, und andere, unendlich schwerwiegende Angelegenheiten beanspruchten ihn täglich. Man hätte an oberer Stelle intervenieren müssen, um die Dinge voranzutreiben. Ich hatte dazu seit langem nicht mehr die Macht, und wenn ich sie gehabt hätte, hätte ich in der unbestimmten Furcht vor einer Tragödie gezögert, sie zu nutzen.
Doch an anderen Tagen fand ich Paulus ruhig, lächelnd und entspannt, damit beschäftigt, Lukas, dem Arzt aus Antiochien, der ihm bei seiner Korrespondenz half, einen Brief zu diktieren, denn Paulus sah schlecht, und seine Augen ermüdeten schnell. Und ich hörte zu. Eines Abends kam ich, als er die Worte diktierte, die er mir mitzuschreiben erlaubte:
»Wenn ich mit Menschen- und mit Engelzungen redete und hätte die Liebe nicht, so wäre ich ein tönendes Erz oder eine klingende Schelle.
Und wenn ich prophetisch reden könnte und wüßte alle Geheimnisse und alle Erkenntnisse und hätte allen Glauben, so daß ich Berge versetzen könnte, und hätte der Liebe nicht, so wäre ich nichts.
Und wenn ich alle meine Habe den Armen gäbe und ließe meinen Leib verbrennen, und hätte die Liebe nicht, so wäre mir's nicht nütze.
Die Liebe ist langmütig und freundlich, die Liebe eifert nicht, die Liebe treibt nicht Mutwillen, sie bläht sich nicht auf, sie

verhält sich nicht ungehörig, sie sucht nicht das Ihre, sie läßt sich nicht erbittern, sie rechnet das Böse nicht zu,
sie freut sich nicht über die Ungerechtigkeit, sie freut sich aber an der Wahrheit;
sie erträgt alles, sie glaubt alles, sie hofft alles, sie duldet alles.«
Im Halbdunkel des Zimmers dachte ich dabei an Pontia. Hatte sie diese Worte, die der Heilige Geist dem Paulus eingab, nicht bis zum Ende verwirklicht, ohne sie je gehört zu haben? Und ich dachte an Lucanus. Ich wußte, daß er zurück in Rom war, und ich bekam Lust, ihn zu sehen. Dreimal ging ich zu ihm; dreimal antwortete mir ein Sklave, sein Herr sei nicht da. Schließlich schickte ich einen Brief, auf den ich keine Antwort bekam. Ich begann den Verdacht zu hegen, daß Titus Caecilius es mir verübelte, Zeuge des einzigen Augenblicks der Schwäche gewesen zu sein, den er sich je erlaubt hatte.

Entgegen unserer Gewohnheit als Greise waren Flavius und ich gestern spät zu Bett gegangen. Antiochos hatte Urlaub bekommen, und wie jedesmal, wenn sein Sohn die Lager an der Donau für ein paar Tage verlassen konnte, war mein Gallier überglücklich. Und wie jedesmal, wenn der junge Mann nach Rom kam, wollte ich, daß es ein köstliches Abendessen mit ausgesuchten Weinen gab. Ich hatte so wenig Menschen, die ich verwöhnen konnte … Wiederholt war mir in den letzten Jahren der Gedanke gekommen, Antiochos zu adoptieren und ihm meine nutzlosen Reichtümer zu hinterlassen. Das wäre eine anständige Art, meinem Zenturio aus dem Teutoburger Wald zu vergelten, was ich ihm schuldete, wenn materielle Güter, so wichtig sie sein mochten, überhaupt jenem etwas vergelten konnten, dem ich zweimal das Leben verdankte und der mich zum wahren Licht geführt hatte. Ich hatte noch nicht mit Flavius darüber gesprochen, da ich nicht wußte, wie er diesen Plan aufnehmen würde.

Außer seinen sehr schwarzen Haaren ähnelte Antiochos in nichts seiner Mutter; ohne Zweifel wäre er mir unendlich weniger sympathisch, wenn seine Gesichtszüge mich an die Syrerin Zenobia erinnern würden. Aber nein, Antiochos war das getreue Abbild seines Vaters – dieselben breiten Schultern, dieselbe Kraft. Wahrhaftig, der Gedanke, ihm eines Tages meinen ritterlichen Siegelring, meinen Namen und mein Vermögen zu hinterlassen, mißfiel mir nicht. Bald, da die Zeit drängte, müßte ich mein Testament aufsetzen lassen und die Verfügungen treffen, die die Zukunft des junges Mannes sichern würden. Ich sah schon die entrüstete Grimasse, die Adelphos ziehen würde, wenn er meine Verfügungen notierte, und amüsierte mich beinahe darüber.

Ich bedachte dieses Vorhaben gerade von allen Seiten, als Adelphos eintrat. Er teilte mir mit, daß ein Freigelassener von Titus Caecilius mich sprechen wolle, es sei dringend. Seit fast einem Jahr hatte Lucanus nichts mehr von sich hören lassen, und diese plötzliche Dringlichkeit machte mir angst. Bevor ich noch wußte, was der Mann wollte, überhäufte ich mich mit Vorwürfen, daß ich nicht stärker insistiert hatte und über das hartnäckige Schweigen meines Schwiegersohns gekränkt gewesen war. Leider bewahrheiteten sich meine schlimmsten Vorahnungen: Lucanus hatte sich umzubringen versucht.

Bei einer der öffentlichen Lesungen, die ich hin und wieder noch aufsuchte, hatte ich vor ein paar Wochen Lucius Annaeus Seneca äußerst gelehrt über die freie Wahl des Todes und die Leichtigkeit, mit der ein Mensch ohne Leiden mit der Welt Schluß machen könne, sprechen hören. Im ersten Augenblick hatten mich vor allem einige schöne Passagen beeindruckt, die mich in manchen Aspekten, bei denen es um die Prüfungen ging, die das Leben speziell guten Menschen vorzubehalten scheint, an die Lehre des Paulus erinnerten. Verwirrt von einer solchen Übereinstimmung, erwarb ich

für teures Geld – denn nach dem gewaltsamen Tod Julia Agrippinas, deren Liebhaber Seneca früher angeblich gewesen war, verkaufte der Philosoph, der sich wieder seinem Fach widmete, seine Gedanken gegen horrende Preise – eine Abschrift seiner Abhandlung. Ich erwog, davon noch ein zweites Exemplar abschreiben zu lassen, das ich Paulus schenken würde.

Doch im Augenblick kamen mir nicht die blendenden Erörterungen des Lucius Annaeus über gute Menschen ins Gedächtnis, die dazu geboren waren, den anderen als gute Beispiele zu dienen, sondern eher seine absurde Behauptung, wie leicht es sei, sich selbst zu töten ... Lucanus hatte sich nur entsetzlich verwundet; so etwas kam häufiger vor, als Seneca zu glauben schien. Cato und Marcus Antonius waren der Beweis dafür; vielleicht sollten sie einem auch die Lust nehmen, sich in sein Schwert zu stürzen und sich dabei nur ungeschickt den Bauch aufzuschlitzen. Ich hörte meinen Schwiegersohn erneut sagen: »Es gibt angenehmere und weniger angenehmere Arten, die Bürde des Lebens hinter sich zu lassen.« Ich hatte Angst, daß auch er nicht die sanfteste gewählt hatte.

Ich bedrängte den Freigelassenen, einen Araber aus Palmyra anscheinend, noch jung und sichtlich erschüttert, mit Fragen. Es war nicht schwer zu erraten, welche Bindungen zwischen ihm und seinem Herrn bestanden und mit welchen Gefälligkeiten er seine Freiheit erkauft hatte.

Ja, Titus Caecilius war schwer verletzt. Ja, er hatte große Schmerzen. Nein, er wollte keinen Arzt kommen lassen. Aber mich wollte er sehen. Ich befahl Adelphos, schnell meine Sänfte herrichten zu lassen. Vielleicht wäre ich zu Fuß schneller gewesen, aber seit zwei Tagen plagte mich der Ischias. Außerdem übernahm ich die Verantwortung, nach dem Arzt Lukas zu schicken und ihn zu Lucanus zu bestellen. Er

hatte in Alexandria studiert, und seit er in Rom war, riefen Pudens und ich und alle anderen Christen der Stadt nur noch ihn.

Ich wußte nicht, daß Titus Caecilius beschlossen hatte, in dem Zimmer zu wohnen, das früher Pontias gewesen war. Ich erinnerte mich an die Wohnung, die er in Cäsarea gehabt hatte, drei Zimmer mit gekalkten Wänden, spartanisch möbliert. Diese militärische Schmucklosigkeit hatte ich seither mit der Persönlichkeit meines Schwiegersohns verbunden, trotz des Prunks, den er früher bei seinen Empfängen entfaltet hatte, trotz des unaufdringlichen Luxus in seinem Arbeitszimmer. So verwirrte es mich, ihn in diesem weiblich eingerichteten Zimmer, das selbst nach so vielen Jahren noch ganz vom Geschmack Pontias durchdrungen war, zu sehen. Nichts hatte sich verändert seit jenem fernen Herbstmorgen, als ich zu Pontia gekommen war und sie zur Scheidung aufgefordert hatte. Und auch nichts seit jenem schrecklichen Abend, als sie gestorben war ... Die Fresken waren kaum von den Sonne ausgebleicht; ich fand den Zug griechischer Tänzerinnen mit ihren Rosengirlanden wieder, die perspektivisch gemalten Türen, die hinausführten auf Phantasiegärten voller Wasserbecken, Springbrunnen und Vögel. Möbel aus seltenen Hölzern mit kostbaren Einlegearbeiten hatten den schimmernden Glanz schöner Gegenstände, die gut gepflegt wurden. Alles war genau gleich geblieben, als hätte Lucanus nicht das winzigste Detail ändern wollen.

Ebenso wie das wundervolle Porträt, verborgen hinter dem Vorhang in seinem Arbeitszimmer, rührte mich diese Treue an das Andenken meiner Tochter und erbrachte mir – wenn ich noch einen brauchte – den Beweis für die verderbliche, aber echte Liebe, die Titus Caecilius ihr entgegenbrachte ... Und so lange hatte ich geglaubt, dieser Mann hätte eine zwar brutale, aber doch unkomplizierte Seele, während nun seine

Qualen, seine Laster, seine Fehler und seine Selbstvorwürfe ein so vielschichtiges Wesen aus ihm machten ...
Nur das Bett am anderen Ende des Zimmers war ausgetauscht worden. Es war nicht mehr das weiche, prunkvolle Lager, das er Pontia geschenkt hatte, sondern das kleine Gurtbett der Offiziere auf dem Feldzug, das gegen den anspruchsvollen Rahmen abstach und dessen betrübliche Unbequemlichkeit mir bekannt war.
Als Lucanus mich eintreten hörte, versuchte er sich aufzurichten, bevor er mit einem Ächzen, bei dem ohnmächtiger Zorn und Schmerz miteinander im Widerstreit lagen, schwer wieder zurückfiel. Über der Brust hatte er einen schlecht angebrachten, fleckigen Verband; darunter war Blut bis auf die Bettlaken geflossen. Doch Titus Caecilius bewahrte sein kaltes Lächeln, das sich immer noch grausam über sich selbst und die anderen lustig machte. Mit fast normaler Stimme sagte er:
»Den Mut, den Cato gebraucht hat, um das zweimal zu tun, wird man niemals genug rühmen können, Pilatus ... Beim Mars, ich hätte mich für tapferer gehalten! Es hat so weh getan, daß ich nicht die Kraft aufgebracht habe, ein zweites Mal zuzustoßen.«
Es war dunkel in dem Alkoven, aber nicht so sehr, daß ich meinen Schwiegersohn nicht hätte deutlich sehen und die Gründe für seine Handlung nicht hätte verstehen können. Was im letzten Jahr nur ein winziger Fleck an der Schläfe gewesen war, hatte nun die Stirn überwuchert und die Wange anzugreifen begonnen; weitere Flecken waren hier und da an den Schultern, am Hals und an der Brust aufgetaucht. Der Fleck am Arm, den er mir gezeigt hatte, streckte krakenartige Tentakeln nach der Hand aus. Unbewegt ließ Lucanus mich dieses Grauen betrachten, bevor er leise erklärte:
»In drei Monaten bin ich nicht einmal mehr imstande, ein Schwert zu halten ... Sag mir nicht, daß es andere Hilfsmittel

gibt: Sich die Pulsadern aufschneiden oder Gift nehmen – findest du das eines Mannes würdig? Trotzdem ... Ich hätte es für leichter gehalten ... Cassius und Brutus wissen gar nicht, welches Glück sie hatten, sich beim ersten Versuch durchs Herz zu stoßen.«

Überwältigt von ungeheurem Mitleid, fand ich keine Worte; ich konnte ihn nicht tadeln, nur bedauern, Lucanus' bitteres Lächeln wurde plötzlich sanft.

»Ich dachte nicht, daß wir noch einmal die Gelegenheit haben würden, uns wiederzusehen, Gaius Pontius. Ich hatte noch genügend Stolz, um dich nicht sehen lassen zu wollen, was die Krankheit aus mir gemacht hat. Ich hatte alles vorbereitet. Man hätte dir diesen Brief überbracht, der dort auf dem Tisch liegt. Ich habe darin schöne Dinge geschrieben, die meine Eitelkeit und die Vorstellung, die ich mir von mir selbst und meiner *virtus* gemacht hatte – und die nicht viel mit der Wahrheit zu tun hatten –, schonten ... Du kannst ihn lesen, wenn du willst, er war für dich bestimmt.«

Ich streckte die Hand aus, nahm das zusammengefaltete Papier und erbrach das Siegel. Dann las ich, und Titus Caecilius sah mir zu:

Von Titus Caecilius Lucanus an Gaius Pontius Pilatus, Salut!

Erinnerst Du Dich, barmherziger Schwiegervater, an ein Gespräch, das wir letztes Jahr geführt haben? Ich sagte Dir damals, daß Euer Christos mit Eurer Vergebung eine furchtbare Sache erfunden hat, gegen die wir mit unserer Kraft, unseren Gewißheiten und unserer Macht vollkommen wehrlos sind. Seither habe ich in aller Muße wieder darüber nachgedacht, und nach und nach drängt sich mir der Gedanke auf, daß ich mich getäuscht habe.

Denn in Wahrheit kann nichts und niemand uns zwingen, Eure Vergebung anzunehmen, um die wir Euch übrigens nicht gebeten haben.

Ich habe Dir weh getan, Gaius Pontius, sehr weh. Zu Beginn, weil ich Deine Handlungsweise nicht verstand und Dich deswegen verachtete. Später dann, weil der Raum, den Du in Pontias Herzen einnahmst, mir unerträglich geworden war, denn ich wiederhole es noch einmal und will, daß Du es weißt: Ich habe Deine Tochter geliebt, und sie hat mich geliebt. An dem Abend, als Du gekommen warst, um meine Zustimmung zu einer Scheidung zu fordern, habe ich gedroht, Pontia umzubringen, und ich hätte es damals getan, denn der Gedanke, Du würdest sie mir fortnehmen, war unerträglich. Hätte sie eingewilligt, mich zu verlassen, dann hätte ich sie getötet, ja. Aber sie weigerte sich, mit Dir zu gehen, sie ist bei mir geblieben. Vergib mir nicht, was ich Dir jetzt sage, Gaius Pontius: Pontia hat mich mehr geliebt als Dich.

Und sie ist durch meine Hand gestorben, ohne daß ich es gewollt hätte. Sie ist gestorben, und ich, der ich sie liebte, mußte mit der Gewißheit leben, daß ich sie umgebracht hatte. Dein Christos und Du wart nicht barmherzig genug, um mir diese Qual zu ersparen, die dreizehn Jahre gedauert hat. Und Du willst, daß ich Eure Vergebung annehme! Nein, Pilatus, nein ... Behaltet Eure Vergebung, Ihr alle miteinander, ich will sie nicht.

Erlaube mir trotzdem, Dir zwei Geschenke zu machen. Das erste wirst Du in meinem Arbeitszimmer finden, mein Verwalter hat den Befehl, es Dir persönlich zu übergeben – es ist natürlich das Porträt Deiner Tochter.

Das zweite soll Dir beweisen, daß ich keinen Groll weder gegen Dich noch gegen Deinen Galiläer noch gegen sonst einen von jenen hege, die ihm folgen. Ich weiß, daß Dein Freund Paulus seit fast zwei Jahren vergebens darauf wartet, daß sein Streitfall mit dem Sanhedrin von Jerusalem von Burrus oder einem seiner Untergebenen entschieden wird. In dem Tempo, mit dem die Justiz Roms arbeitet, würde sein Fall noch auf ewig nicht geklärt. Ich habe an Burrus geschrieben und ihn gebeten, das Verfahren zu beschleunigen, so daß es binnen kurzem eingestellt wird; der Präfekt hat mir zugesi-

chert, daß Dein Freund nicht einmal vor Gericht erscheinen müsse. Spätestens Ende der Woche wird der Mann aus Tarsos frei sein, um die Stadt verlassen oder dazubleiben, wie es ihm beliebt, und weiterhin Eure Legenden zu verbreiten.

Weißt Du eigentlich, Pilatus, daß Dein Freund Paulus kein anderer ist als ein Pharisäer namens Saul, der zur Zeit Deiner Prokuratur an der Steinigung des griechischen Juden namens Stephanos beteiligt war? Ist das auch eine Folge Eurer Vergebung, daß die Opfer ihre Henker segnen und die Henker sich schließlich auf die Seite der Opfer stellen? Das scheint mir ein weiterer Gedanke zu sein, um Dir zu sagen, daß ich weder Euren Dank noch Eure Segenswünsche haben will, und vor allem nicht Eure Vergebung …

Bleib gesund!

Ich legte den Brief nieder, hin- und hergerissen zwischen Grauen und einem immer größer werdenden Mitleid. Lucanus beobachtete mich; schließlich sagte er:

»Kannst du dir vorstellen, Pilatus, daß ich sehr zufrieden war, als ich das geschrieben hatte? Ja, sehr zufrieden …«

Ich sah ihn an, immer noch unfähig, ein Wort zu sagen. Der Blutfleck auf dem Laken unter ihm wurde nach und nach größer. Lukas war noch nicht da.

»Bist du nicht mehr zufrieden mit diesem Brief, Lucanus?« fragte ich schließlich.

Je nach Lichteinfall verblaßte das schreckliche Leiden, das ihm das Gesicht zerfraß, für ein paar Augenblicke lang, und ich sah die edlen, feingeschnittenen Züge meines ehemaligen Tribuns unversehrt; in anderen Momenten sah ich nur diese entsetzliche Lepra, und ich fühlte mich, als säße ich einem fleischgewordenem Janus gegenüber. Ein Mann mit doppeltem Gesicht, so war Lucanus. Und so waren wir wahrscheinlich alle … Aber wo steckte unter diesen Masken die Wahrheit?

Titus Caecilius seufzte.

»Pilatus, heute nacht habe ich Pontia gesehen.«
Er brach ab, so daß ich diese Erklärung würdigen konnte, dann fuhr er fort:
»Sicher denkst du, daß ich im Delirium bin, daß der Blutverlust und das Fieber mich dummes Zeug faseln lassen ... Trotzdem, ich versichere es dir, ich habe heute nacht Pontia gesehen, während ich in meinem Blut auf dem Boden lag und von Schmerz zerrissen wurde. Sie beugte sich über mich, legte mir die Hand auf die Stirn und sagte: ›Titus, ich warte auf dich. Es genügt, wenn du den Weg findest.‹«
Lucanus stöhnte verzweifelt.
»Pilatus, ich will Pontia wiederfinden! Ich will meine Frau wiedersehen! Meine Pontia ... Hab Erbarmen, gib sie mir zurück! Ich flehe dich an, sag mir, welchen Weg ich nehmen muß!«
Lukas war ins Zimmer getreten, schob mich vom Bett fort, beugte sich über Lucanus und antwortete an meiner Stelle:
»Christos ist der Weg, Herr.«
Lukas' Wissenschaft konnte gegen die Verletzungen von Titus Caecilius nichts mehr tun, aber er gab ihm ein Heilmittel, das kein anderer Arzt ihm hätte zuteil werden lassen können. Gewöhnlich waren nur Petros oder Paulus befugt, die Taufe zu spenden, doch die Zeit war knapp, und angesichts des Todes konnte jeder Christ ausnahmsweise an ihre Stelle treten. Das Wasser aus der Quelle des ewigen Lebens floß über die Stirn meines Schwiegersohns, bevor seine Seele sich zu der Pontias gesellte. Da Lucanus sich immer noch Sorgen machte und immer wieder auf seine früheren Handlungen zu sprechen kam, lächelte Lukas, wandte sich mir zu und erklärte:
»Vielleicht weißt du es nicht, Pilatus, aber als ich noch im Orient war, lebte ich in Ephesos, in der Nachbarschaft von Johannes, der sich dort niedergelassen hatte. Eine alte Frau wohnte bei ihm, und diese Frau, gesegnet sei sie über die

Jahrhunderte hinweg, war die Mutter des Christos … Oft hat sie von ihm gesprochen. Und eines Tages hat sie mir folgendes erzählt: Als der Herr ans Kreuz genagelt wurde – verzeih mir, Pilatus, daß ich dich daran erinnere –, hattest du zugleich zwei Zeloten aus der Truppe des bar Abbas verurteilen lassen. Während ihrer Pein hörte der eine von ihnen nicht auf, den Meister zu beschimpfen und zu wetten, daß er sie nicht alle drei aus ihrer Marter befreien könne; doch sein Kumpan brachte ihn zum Schweigen und sagte, es sei nur gerecht, daß sie beide für ihre Verbrechen bestraft würden, der Galiläer dagegen habe, wie alle Welt wüßte, niemals etwas Böses getan. Dann wandte er sich an den Meister und sagte: ›Jesus, gedenke an mich, wenn du in dein Reich kommst …‹«

Lukas beugte sich über Lucanus, der unter immer größeren Schmerzen atmete; sehr sanft wischte er ihm den Todesschweiß ab, der ihm von den Schläfen perlte, und fragte, an den Sterbenden gewandt:

»Weißt du, Titus Caecilius, was Christos dem Zeloten und Mörder geantwortet hat? Er hat zu ihm gesagt: ›Wahrlich, ich sage dir: Heute wirst du mit mir im Paradies sein.‹ Ja, bald wirst auch du bei ihm in seinem Reich sein.«

Ich weiß nicht, ob Tränen mir den Blick trübten, aber als ich Lucanus die Augen schloß, hätte ich geschworen, daß sein Gesicht und sein Körper frei waren von allen Spuren der Lepra …

Die Woche war noch nicht zu Ende, als Burrus, wie Lucanus gesagt hatte, das Verfahren zugunsten von Paulus einstellen ließ. Drei Tage später, wie ein Vogel, der zu lange in den Käfig gesperrt gewesen war, verließ der Tarsiote Rom und brach nach Gallien und Spanien auf.

13

Seit fast vier Jahren verschob ich nun schon die Feier, mit der ich Antiochos zu meinem Erben und Adoptivsohn machen würde, von einem Tag auf den anderen. Und wahrscheinlich hätte ich sie noch weiter verschoben, wenn mein alter Flavius mir nicht Grund zu ernsthafter Beunruhigung gegeben hätte. Obwohl er von seinem Geburtsdatum nur eine ungenaue Vorstellung hatte – wie ich glaube, vor allem deshalb, weil es ihm nie gelungen war, den eigenartigen Mondkalender der Kelten mit unserem Sonnenkalender in Übereinstimmung zu bringen –, ging mein Gallier auf die Achtzig zu, wenn er sie nicht schon erreicht oder gar überschritten hatte. Ich selbst hatte gerade meinen fünfundsiebzigsten Geburtstag gefeiert, und uns beiden wurde die Zeit zu knapp, um meine Ausflüchte noch lange dulden zu können. In diesem Winter, als eine Bronchitis meinen alten Zenturio beinahe ins Grab gebracht hatte, war mir das grausam klargeworden. Der Januar war in diesem Jahr ungewöhnlich kalt gewesen, und Flavius war nicht mehr der junge Mann von früher, der in den verschneiten Wäldern des Nordens herumkriechen konnte, ohne sich auch nur zu erkälten. Eine Tatsache, an die wir uns beide nur schwer gewöhnen konnten ...
Was hätte ich ohne Flavius getan? Allein diese Frage genügte, um mir Angst einzujagen. Das einzig Gute an seiner Krankheit war daher, mich mit der Realität zu konfrontieren: Wir waren alt und anfällig und standen mit einem Bein im Grab. Es war höchste Zeit, daß ich mich entschloß, meine Angelegenheiten

zu regeln. Das ist nun getan. Seit gestern abend ist Antiochos mein Sohn, ich habe ihm meinen Namen gegeben und mit dieser Geste die Übergabe meines Vermögens vorweggenommen. Ich wage zu glauben, daß er meine *Gens*, so einfach sie auch sein mag, nicht entehren wird.

Ich hatte niemals geglaubt, daß diese Zeremonie mir Freude bereiten würde, außer der einen, daß ich meinem alten Waffengefährten meinen Dank erwies, indem ich seinem Sohn eine unerwartete Zukunft sicherte. Und die Feier machte mir auch tatsächlich keine Freude.

Dabei bewies Antiochos – ihn bei seinem lateinischen Vornamen Marcus zu nennen, konnte ich mich nie entschließen – eine vollkommene Gewandtheit, zeigte den Gästen gute Miene, lächelte, schien zufrieden, ohne damit zu prahlen, gerade so bescheiden, wie es sich ziemte. Zum erstenmal sah ich ihn in der Toga. Ich bewunderte seine stattliche Erscheinung und bemerkte zum erstenmal, daß der junge Mann schön war; die Blicke der Frauen, die auf ihm ruhten, bewiesen das zur Genüge. Vielleicht sollte ich mich auch darum kümmern, ihm eine der Pontier würdige Verbindung knüpfen zu helfen, selbst wenn seine Herkunft jede Möglichkeit einer Heirat ins Patriziat ausschloß. Was bedeutete das auch schon? Ich war reich genug, um meinem Sohn mit Schatullen voller Sesterzen die Tochter eines Ritters zu kaufen. Es sei denn, Antiochos besäße die Klugheit, einer solchen Heirat die Verbindung mit einer unserer Schwestern im Herrn vorzuziehen ... Doch würde er diese Klugheit haben?

Ich lese diese Zeilen erneut, und nicht ohne einen Stich im Herzen sehe ich, wie ich Flavius' Sohn meinen Sohn nenne ... Es war nicht leicht, das zu schreiben. Ich weiß sehr gut, was mich so lange zurückgehalten hat, diese Adoption in die Tat umzusetzen: die Erinnerung an meine Kinder, von meinem Fleisch und Blut. Keine Nacht vergeht, ohne daß sie meine

Träume heimsuchen, kein Tag, ohne daß ihr Bild, ihr Lächeln, ihre Stimmen auf mich einstürmen; nicht mehr begleitet von diesem entsetzlichen Schmerz, der mich einst den Tod herbeirufen ließ, aber von einer Sehnsucht, die aus Erwartung und Hoffnung besteht.

Herr, warum wartest Du so lange, sie mir zurückzugeben? Wie lange noch soll ich nach Deinem Willen in dieser Welt bleiben, getrennt von allen, die ich liebe, getrennt von Dir?

Ja, es fällt mir schwer, Antiochos meinen Sohn zu nennen, wenn ich wieder Gaius vor mir sehe, wie er unter dem achtsamen und glücklichen Blick Nigers stolz auf der Stute Uriel sitzt; wenn ich Aulus' noch zu zarte Stimme höre, die mit dem Entzücken der ersten Entdeckung die großartige Ansprache Ciceros skandiert: »Quousque tandem abutere, Catilina, patientia nostra?« Es ist schwer, Antiochos meinen Sohn zu nennen, wenn die rosigen Pausbacken von Lucius und sein vertrauensvolles, zärtliches Lächeln mich mit Liebe und Trauer erfüllen; und noch schwerer, wenn ich Pontia in ihrer strahlenden Schönheit sehe und mir das Kind, Tochter oder Sohn, vorstelle, das sie mir mit Gottes Willen als Enkel geschenkt hätte ... Manchmal schien es mir, als würde ich sie alle verraten und den heiligen Namen »Vater« entweihen, den nur sie mir zu Recht geben durften.

Empfand nicht auch Flavius gestern abend ein wenig so? Selbst wenn es zu seinem Besten war, hatte ich ihm diesen einzigen Sohn gestohlen, den ich hartnäckig immer noch einen jungen Mann nannte. Dabei war er fünfundvierzig Jahre alt, wie mir plötzlich bewußt wurde, als hätte ich eine Katastrophe entdeckt!

Der Brauch würde es sicher erfordern, daß ich um eine Audienz beim Herrscher ersuchte und ihm den Mann vorstellte, der von nun an meinen Namen tragen würde. Doch ich hatte es nicht vor. Der erste und offensichtlichste Grund war, daß

Lucius Domitius augenblicklich nicht in Rom weilte. Statt des langen Aufenthalts in Griechenland, von dem er, wie jedem bekannt war, träumte, war er nach Antium aufgebrochen; es wäre verwunderlich, wenn er vor den ersten Herbstregen in über einem halben Jahr zurückkehren würde. Wer weiß, ob ich dann noch auf dieser Welt sein werde. Die anderen Gründe schreibe ich nur zögernd nieder, denn diese flüstert man sich nur in der Abgeschiedenheit des Hauses zu, immer in der Furcht, ein böswilliges Ohr könnte ihr Echo erlauschen.
Offiziell war Burrus an einer Kehlkopfschwellung gestorben, und daß Nero ihm bei seiner letzten Krankheit seinen Leibarzt geschickt hatte, bewies nur die Zuneigung des kaiserlichen Schülers zu seinem alten Lehrer ... Octavia ... Wer wagte es zu bezweifeln, daß sich die Augusta die Langeweile des Exils in den Armen wechselnder Liebhaber vertrieben und sie dazu aufgehetzt hatte, sie für die Geringschätzung durch ihren Gatten, der sie verstoßen hatte, zu rächen? Und wenn die Geschichte zu sehr an die der unglückseligen Valeria Messalina erinnerte, würde man von allen Seiten her ausrufen: Wie die Mutter, so die Tochter!
Vielleicht war Nero am Ende tatsächlich unschuldig an all den Toten um ihn herum ... Vielleicht war er es, aber so wie alle, die in Rom noch ein wenig Verstand hatten, zog ich es vor, Ahenobarbus nicht zu nahe zu kommen ... Ich würde daher nicht um eine Audienz beim Herrscher ersuchen. Ich würde nicht, um ihn zu grüßen, in diesen legendären Palast gehen, den er sich hatte bauen lassen und der die Villa des Maecenas und die alten Palastgebäude verband, die für Cäsar Augustus gut genug gewesen waren, aber nicht für seinen seltsamen Nachfolger. Ich würde nicht die sagenhaften Schätze sehen, die er dort anhäufte: Statuen von Phidias und Praxiteles und Bilder von allen griechischen Meistern, die Nero, wie man erzählte, seinen Gästen gerne zeigte.

Ich hatte mich getäuscht, als ich dachte, der Cäsar würde sich lange im Süden aufhalten. Das Gerücht, Nero denke daran, nach Griechenland zu reisen und sich nach Korinth einzuschiffen, hatte die Plebs so sehr aufgewühlt, daß der Herrscher sich gehalten sah, nach Rom zurückzukehren, zumindest für ein paar Wochen. Um ihn über diese Enttäuschung hinwegzutrösten, hatte Tigellinus in seiner prachtvollen Villa in Trastevere eine Abendgesellschaft veranstaltet, die in ganz Rom Gesprächsthema war. Ich weigere mich, ein Wort darüber zu verlieren, in solchem Maße wurde dort der Ausschweifung freier Lauf gelassen.
Pudens berichtete mir sogleich in allen Einzelheiten davon. Anscheinend hatte der Senat sich gehörig darüber entrüstet, aber ich war mir nicht sicher, ob diese tugendhafte Empörung nicht stark von Bedauern gefärbt war, bei dieser beispiellosen Orgie nicht selbst auch eingeladen gewesen zu sein. Gaius Cornelius mußte seine schlüpfrigen Anekdoten abbrechen, als Pudentiana hereinkam, stärker denn je die unscheinbare Maus. Ich fragte mich, was dieses schlichte, keusche Mädchen gesagt hätte, wenn sie ihren Vater von so unanständigen Dingen hätte sprechen hören. Am spaßigsten war es, daß Pudens rot wurde wie ein ertappter Schüler und sofort das Thema wechselte!
Doch Gaius Cornelius war nicht der einzige, der sich mit den Schändlichkeiten von Ahenobarbus beschäftigte. Alle, die sich heute abend zum heiligen Opfer bei ihm drängten, sprachen über nichts anderes, so daß Petros bei seiner Ermahnung, die er immer an uns richtete, das Thema nicht vermeiden konnte. Er, der die Gerüchte Roms am liebsten ignorierte, sprach von Schandtaten und Verworfenheit, die den Zorn Gottes auf die Stadt herabrufen würden. Er erinnerte an das Himmelsfeuer, das der Himmel über Sodom und Gomorrha schickte … Pudens und ich wechselten einen Blick: Es war

nicht gut, in Rom im Monat Juni von Feuer zu sprechen, vor allem, wenn es seit Wochen nicht mehr geregnet hatte.

Ich hätte zu meinem Landsitz nach Kampanien aufbrechen sollen … So wie ich es seit meiner Kindheit jedes Jahr getan hatte, wenn ich in Italien war. Ich weiß nicht, was mich in diesem Frühling zurückgehalten hatte, es sei denn die Angst, fern von Rom krank zu werden. Je älter ich wurde, desto verhaßter war mir der Gedanke, außerhalb der Stadt zu sterben.
Ich bezahlte den Preis für meine Anhänglichkeit an den Aventin; die Hitze dieses Julibeginns war der schlimmste Backofen, den ich je erlebt hatte. Selbst der Seewind, der normalerweise ein wenig Kühle brachte, war in diesem Sommer nur ein klebriger Hauch, der Staubwolken aufwirbelte. Dennoch wollte ich vor der Abenddämmerung hinunter zum Forum. Meine Träger hatten Mühe, meiner Sänfte einen Weg durch die dichte Menge zu bahnen, die aus überhitzten Läden oder Wohnungen floh. Ich suchte den Schatten der Säulengänge, doch dort war es ebenso heiß und stickig. Schließlich ließ ich mich in den Tempel des Mars Ultor tragen. Dort, zwischen den schwarzen Marmorsäulen, war es fast kalt. Trotzdem blieb ich nicht lange, da ich mich schämte, Asyl in diesem Heiligtum von Götzen gesucht zu haben. Als wir wieder herauskamen, sprang die Stadt mich geradezu an. Der Abendhimmel hatte diese außergewöhnliche Malvenfarbe, die ich nirgendwo anders je gefunden habe. Das letzte Flirren der Sonne erleuchtete die Monumente, die in einem unvergleichlichen Glanz golden, bronzen und purpurn schienen. Die normalerweise so lärmende Menschenmenge war niedergedrückt von der Gluthitze, und man hörte nur hier und da ein paar müde Sätze, begleitet vom hellen Gezwitscher der Schwalben, die dicht über den Dächern flogen.

Da zwei Wagen auf einer Kreuzung zusammengestoßen waren, mußten meine Träger, um den Verkehrsstau zu umgehen, auf dem Rückweg am Rindermarkt und den Metzgereien vorbei. Sklaven zerrten Teile von geschlachtetem Vieh umher, dunkle Blutlachen hinterlassend, über denen Fliegen und Bremsen brummten. Das ganze Viertel stank. Anschließend mußten wir uns durch die Gassen Suburas schlängeln, wo es dunkel zu werden begann, nicht weil es so spät war, sondern weil manche Häuser so baufällig waren, daß die oberen Etagen sich neigten und sich über der Straße fast berührten. Mädchen kamen aus den Bordellen, lehnten sich an die Mauern und trugen ein träges Lächeln auf ihren aggressiv rot geschminkten Lippen zur Schau, freudlose Blicke unter kohlschwarzen Lidern. Wie an jedem Abend stank Subura nach zehnmal benutztem Fett, dem Teer billiger Fackeln, dem Fleisch von Tieren, die man beim Opferpriester gekauft hatte, und nach Schmutz.
Ich war sehr froh, als wir, nachdem wir so den Palatin umgangen hatten, auf dem Caelius herauskamen. Die Gärten um den Tempel des Claudius dufteten. Ich ließ anhalten, um die Träger Atem schöpfen zu lassen, aber vor allem, um den Wohlgeruch der Pinien, der Rosenstöcke und des Geißblatts einzuatmen, um zu sehen, wie weiter unten die Lampen angezündet wurden – wie Rom zu dieser Myriade von Lichtern wurde und in Wettstreit zur Milchstraße trat, die am nächtlichen Himmel zu leuchten begann.

Ich ließ zwei Kelche von dem Falerner bringen, der seit Tagen zum Kühlen im Eiskeller stand und kalt wie Schnee war; mein Vater hatte es für barbarisch gehalten, eisgekühlten Wein zu servieren, und hatte geraten, bei großer Hitze und großem Durst lieber direkt aus dem Brunnen geschöpftes Wasser zu trinken. Ich gelangte zu der Einsicht, daß er recht hatte, mein

kalter Falerner enttäuschte mich. Flavius, der neben mir saß, schien ihn nicht mehr zu genießen als ich.
»Weißt du, Herr«, brummte er schließlich, »ohne dich kränken zu wollen, aber bei diesem Wetter geht nichts über ein gutes gallisches Bier ...«
Dieser Satz genügte, um tief aus unserem Gedächtnis Erinnerungen an Abende in Argentoratum, an niedrige, rauchige Tavernen heraufzubeschwören, wo man volle Krüge mit Bier servierte, das hell war wie die Mädchen, die die Kunden bedienten. Beide von Nostalgie ergriffen, erzählten wir uns mit vielem »Weißt-du-noch« Anekdoten, die wir auswendig kannten, dumme Geschichten zumeist, die für uns aber unsere verflossene Jugend und die toten Freunde bedeuteten. Ich weiß nicht, wie der Name Zenobias ins Gespräch kam. Die Hitze, der Wein, die Müdigkeit ... Aus Ärger über diesen Schnitzer biß ich mir auf die Zunge, als ich sah, wie ein Schleier von Traurigkeit über Flavius' Züge glitt; um diese Frau ohne Verstand und Herz, ohne Glauben oder Moral, die ihn vor nun fast dreiundvierzig Jahren verlassen hatte und die sicherlich schon lange tot war, trauerte er immer noch ...
Schweigen trat zwischen uns ein, und da ich nicht wußte, wie ich es brechen sollte, wollte ich Flavius schon vorschlagen, daß wir zu Bett gehen sollten, als der Gallier mit dem Finger in Richtung des Circus Maximus zeigte, der normalerweise im Finstern lag, und meinte:
»Weißt du, Herr, dort muß ein nächtliches Fest oder etwas Ähnliches sein. Sieh nur, wie der Circus erleuchtet ist!«
Erstaunt hob ich den Blick, und was ich sah, ließ mich sofort toll vor Angst aufspringen, so wie es jedem Römer bei einer ähnlichen Gelegenheit ergangen wäre. Flavius sah nur noch schlecht, sonst hätte er sofort begriffen, was los war:
»Es brennt!«
Ich hatte die Worte fast geschrien.

Ja, ohne Zweifel, dort unten, am Fuß des Caelius, nahe bei den wunderbaren Gärten, bei denen ich abends hatte anhalten lassen, um Rom zu bewundern, brannte es. Daneben, am Eingang des Circus Maximus, gab es zahlreiche kleine Holzbuden, wo sich an Tagen, an denen Rennen oder Spiele stattfanden, Händler niederließen: Verkäufer von Würstchen, die man auf kleinen Herdplatten grillte, oder von gebratenen Spanferkelstücken, die in Weinblätter gewickelt wurden, so daß einem das heiße Fett und das *garum*, mit dem das Fleisch gewürzt war, über die Finger tropfte. Wahrscheinlich hatte einer dieser Budenbesitzer, als er seinen Stand schloß, sein Kohlenbecken nicht ganz gelöscht ... Der Brand mußte sehr schnell auf die Nachbarbuden übergegriffen haben, dann auf die zahlreichen Schuppen, die sich das ganze Tal entlangzogen, nützlich, aber häßlich. Man lagerte Futter für die Pferde der wetteifernden Gespanne, Öl für die Achsen und Räder der Rennwagen, außerdem Tonnen von Teer darin; mit einem Wort, eine Unmenge von Waren, von denen eine besser brannte als die andere ... All das stand in Flammen, und wider Willen fasziniert, starrte ich auf diesen Feuerring, der bereits den Teil des Circus einschloß, der an den Palatin und den Caelius angrenzte. Der trockene Wind, der sich normalerweise abends legte, war noch nicht abgeflaut und trug mit seiner gehässigen Kraft zur Verbreitung des Brandes bei. Nun trieb er den Rauch, der aus der Feuersglut aufstieg, zum Aventin, und die Düfte meines Gartens wurden schlagartig überlagert von diesem unverkennbaren, beißenden Geruch. Soll ich es gestehen? So schrecklich und erschreckend dieser Anblick sein mochte, war er doch auch von ungeheurer Schönheit. Denn ich erkannte noch nicht das Ausmaß der Gefahr und die Katastrophe, die der Stadt drohte ...
Oft schon, eigentlich fast jeden Sommer, hatte ich gesehen, wie solche besorgniserregenden Brände ausbrachen, die

innerhalb kürzester Zeit einen ganzen Häuserblock oder manchmal eine ganze Straße verzehrten, da die Bauten zu eng beieinanderstanden und in den alten Vierteln Holz als Material verwendet wurde. Vor zehn Jahren hatten die Wächter der Feuerpolizei zwei Tage und zwei Nächte gekämpft, bevor sie den Brand eindämmen konnten, der sich gefährlich dem Zentrum und den alten Monumenten näherte. Nach dieser Katastrophe hatte Claudius, in panischer Angst, die ruhmreichen Spuren der Stadt und vor allem die Bibliotheken könnten zerstört werden, die Patrouillen der Feuerwächter vervielfacht. Zudem hatte er die Vorschriften des Augustus, die Privatleuten befahlen, stets ausreichend Wasserreserven parat zu haben, um einen Brand sofort löschen zu können, verschärft. Nur standen am Rand des jetzigen Feuers, wie ich zu begreifen begann, ausschließlich Warenlager, deren wenige Wächter gegen das Ausmaß des Brandes kaum etwas ausrichten konnten. Die Flammen schlugen immer höher, Feuerzungen, die unten purpurn waren und nach oben zu immer heller wurden, bis zu einem ungewöhnlichen Rosa, durch das manchmal blaue oder grüne Funken stoben, wenn sie einen besonderen Brennstoff angriffen.

Plötzlich umschloß Flavius' Hand meinen Ellbogen:

»Sieh, Herr! Man könnte meinen, daß es auch auf dem Velabrum zu brennen anfängt!«

Überrascht sah ich in diese Richtung; Flavius hatte recht … Und weder der Wind noch die Logik erklärten, wie der Brand sich so schnell bis zum Viertel des Lebensmittelmarkts hatte ausbreiten können. Mir schien es – eine Täuschung natürlich, denn ich war zu weit entfernt –, als würde ich das Prasseln des Feuers hören, in dem die Gebäude der Getreidesteuer und die Getreidevorräte für die Woche verbrannten und ihrerseits den angrenzenden Cerestempel und die Archivverwaltung der Plebs in Brand steckten. Noch zwei Straßen weiter, und

die Flammen erreichten den Tempel der Vesta, der die Penaten des römischen Volkes beherbergte.
Gegenüber dem Velabrum war der Caelius mit einem Schlag vom Feuer ergriffen worden, trotz seiner Gärten, Parks und Tempel, trotz seiner Patrizierhäuser, deren Größe und solide Steinmauern, deren Wasserbecken und Springbrunnen gewöhnlich einen wirksamen Schutz boten. Von Norden nach Süden, von Osten nach Westen brannte alles, was um den Circus Maximus herum lag. Die Feuerwachen am Fuß des Palatin versuchten, die offiziellen Gebäude und vor allem die Bauten des Cäsars zu schützen, und als wäre das Feuer es müde, an dieser Stelle weiterzufressen, entfesselte es sich mit einem Brüllen, das man bis Ostia hören mußte, in den Gassen, die den Aventin hinaufführten. Der Brand bewegte sich auf uns zu. Sprachlos beobachtete ich, wie die Flammen gleichzeitig an zwei gegenüberliegenden Enden des Viertels emporschlugen, bei den Sabinern in der Nähe des Romulustempels und bei Priscus, der in der Nähe des Dianatempels wohnte …
Ich riß mich aus dieser faszinierenden Betrachtung, die mich auf meiner Terrasse festhielt, wo man die von Rauch und Asche erfüllte Luft allmählich nicht mehr atmen konnte, während die in Glut getauchte Nacht eine schlimmere Hitze brachte als die des Mittags.
Die Vernunft gebot mir zu fliehen, alles hinter mir zu lassen, die Stadt zu verlassen. Ich konnte mich nicht dazu entschließen.
Als eine vom Flammenschein verschleierte Sonne aufging, befahl ich meinen Sklaven, große Mengen von in Wasser getränkten Leinentüchern unter die Türen zu legen und vor die Fenster zu hängen. Ohne Unterlaß ließ ich die Dächer und die Baumwipfel begießen; alle Springbrunnen meiner Gärten hatte ich anstellen lassen. Glücklicherweise mangelte es bei mir nicht an Wasser, und mein Haus stand isoliert genug, so

daß ich den mörderischen Funkenflug aus der Nachbarschaft nicht zu fürchten brauchte. Was konnten wir anschließend anderes tun, als zu warten und zu beten? Das taten wir auch, sechs Tage und sechs Nächte lang.

Am Morgen des sechsten Tages wandte sich das Feuer, das weder auf den Hügeln des Caelius, des Aventin oder des Palatin noch im Viertel des Lebensmittelmarkts noch etwas zu zerstören hatte, in Richtung der Via Aemilia, wo es das prachtvolle Haus niederbrannte, das Tigellinus, der Präfekt der Prätorianer, dort besaß. Die Katastrophe nahm erst ein Ende, nachdem die Verwüstungen zehn Tage lang angehalten und die Flammen drei Stadtviertel Roms bis auf den Boden vernichtet und sieben andere Viertel zum Teil irreparabel beschädigt hatten.

Am Abend des zehnten Tages erhoben sich die aschebefleckten und rußgeschwärzten Mauern meines Hauses inmitten einer Wüste. Als ich die Verzweiflung meiner Mitbürger sah, die alles verloren hatten, schämte ich mich beinahe, daß ich es gerettet hatte.

Ich hatte Gaius Cornelius und seiner Tochter Unterschlupf geboten; das Patrizierviertel war vollkommen niedergebrannt. Pudens war so niedergedrückt, daß er nicht einmal daran dachte, seinen Besitz oder die unnützen Kosten für die Renovierung eines nun zusammengestürzten Hauses zu beweinen. Pudentiana richtete auf Welt, Menschen und Dinge noch immer denselben verstörten Blick, den sie an dem Abend hatte, als ihre Sänfte – getragen von ihren batavischen Sklaven, die halb erstickt waren unter den Halstüchern, die sie sich zum Schutz vor das Gesicht gebunden hatten – vor meiner Tür anhielt. Ich wußte von ihrem Vater, daß sie unterwegs grauenvolle Dinge gesehen hatten, die den Zustand des armen Mädchens erklärten … Gaius Cornelius selbst, der Soldat war und ein tapferer Mann ist, war von einem kaum

geringeren Entsetzen ergriffen. In dem wirren Bericht, den er mir von ihrer Flucht gab, war nur die Rede von Greueln. Frauen hatten sich auf der Suche nach ihren Kindern, die noch in den oberen Stockwerken ihrer Häuser waren, in die Feuersglut gestürzt; Männer waren unter dem Gewicht greiser Eltern zusammengebrochen, die sie, wie einst Aenaeas bei der Flucht aus Troja, an einen sicheren Ort bringen wollten. Sie hatten Szenen von Plünderung, Diebstahl und Vergewaltigung gesehen, denn in solchen Augenblicken werden die schlimmsten Instinkte entfesselt ... Leise berichtete Pudens auch von flüchtigen Silhouetten, mit Fackeln bewaffneten Männern, die durch die Straßen liefen und absichtlich noch verschonte Häuser in Brand steckten, und von anderen, die mit dem Schwert in der Hand den Feuerwachen den Zugang zu brennenden Wohnhäusern verwehrten, indem sie sich auf geheimnisvolle Befehle beriefen, die man ihnen erteilt habe. Man? Gaius Cornelius legte den Finger auf die Lippen, bevor er eine Sesterze mit dem Bild des Cäsars, den er ganz entschieden nicht mochte, auf den Tisch warf und mit Miene eines Eingeweihten nickte.
Sicher spürte auch ich kaum Zuneigung zu Ahenobarbus Nero; dennoch konnte ich mir nicht vorstellen, daß er Rom angezündet hatte. Aber selbst wenn man ihn eines solch ungeheuren Verbrechens bezichtigte, mußte das Ausmaß seiner persönlichen Verluste genügen, um ihn zu entlasten. Sein geliebtes *Domus Transitoria*, auf das er so stolz war und das den Palast mit dem Besitz des Maecenas verband, war zerstört, ebenso wie ein Teil des Palastes von Augustus. Alle Anstrengungen der Feuerwachen hatten sie nicht retten können. Zusammen mit seinem schönen Haus, das vor kaum einem Jahr fertiggestellt worden war, hatte Nero all seine Sammlungen verloren: seine Kunstwerke von Phidias und Praxiteles, seine Gemäldegalerie mit Bildern von Apelles und anderen

griechischen Meistern. Jeder kannte die närrische Leidenschaft des Herrschers für seine Meisterwerke ... Wie sollte man sich vorstellen, daß er, selbst wenn er diesen wahnsinnigen Befehl gegeben hätte, nicht zumindest seine kostbaren Schätze an einen sicheren Ort hätte bringen lassen? Und schließlich, wer sollte glauben, daß Nero Denkmäler, die allen Römern so teuer waren wie die Tempel der Luna, des Jupiter Stator, der Vesta, des Romulus, all die unschätzbaren Wunderwerke unter dem Portikus des Pompeius und den alten Palast von Numa hätte zerstören lassen, während Subura, nach dem Willen des Augustus vom Palatin durch eine Mauer getrennt, intakt geblieben war und weiterhin seinen Schmutz verbreitete, wie eine Lästerung gegen die fast vollkommene Zerstörung der Stadt? Das hätte Nero nicht gewollt. Pudens irrte sich. Aber wenn ich von meiner Terrasse aus das Ruinenfeld betrachtete, das Rom gewesen war, überwältigte mich unsäglicher Schmerz, und ich dachte, ich hätte zu lange gelebt.

Schon lange war dies nicht mehr vorgekommen, da Pudens' Haus geeigneter war als das meine, doch nun – Not kennt kein Gebot – hatte Petros beschlossen, die Gemeinde bei mir zu versammeln. Als ich mein Atrium so voller Menschen sah, wurde mir bewußt, wie viele Gläubige die Botschaft von Christos innerhalb von zehn Jahren in Rom gewonnen hatte. Ich hätte mich darüber freuen können, wäre nicht Linus, der Diakon von Petros, nach der Messe zu mir gekommen. Und was er mir zu sagen hatte, beunruhigte mich sehr. In Trastevere ging ein Gerücht um, das sich von dort aus schnell in der ganzen Stadt und bis in die Präfektur der Prätorianer verbreitet hatte: Es seien die Christen gewesen, die die Stadt angezündet hätten ... Tigellinus' Wut darüber, daß er ein Drittel seines immensen Vermögens verloren hatte, war durch nichts zu besänftigen. Da es ihn unendlich erleichtern mußte, das

allzu beharrlich gewordene Gerücht, daß Nero schuld an der Katastrophe war, durch ein neues zu ersetzen, hatte er es ernst genug genommen, um in den Vorstädten eine willkürliche Razzia anzuordnen. Mehrere der Unseren waren heute morgen verhaftet worden. Linus nannte mir Namen: der Färber Eusebius, der Schuster Andronikes und einige andere, die ich nur vom Sehen kannte. Keiner von ihnen war aus dem Stoff, aus dem Pyromanen sind, aber Tigellinus war imstande, sie dazu zu machen ... Linus schüttelte den Kopf.

»Sie werden schließlich alles gestehen, was man will, Herr – daß sie Rom angezündet haben und vielleicht Troja auch noch ... Sie werden Namen nennen. Es wird weitere Verhaftungen geben, und weitere Geständnisse, und weitere Verhaftungen ... Wir werden alle drankommen.«

Zuerst glaubte ich, er habe Angst um sich, aber allein der Gedanke ließ ihn auflachen:

»Du machst Scherze, Herr! Als hätte es die geringste Bedeutung, was dem alten Linus passieren könnte! Nein, versteh doch, um Petros mache ich mir Sorgen – was soll ohne ihn aus uns werden? Früher oder später wird irgend jemand zwangsläufig seinen Namen nennen. Du kennst ihn, er ist seit fünfzehn Jahren in Rom, und er ist in der Stadt noch ebenso verloren wie am ersten Tag. Und sein unmöglicher galiläischer Akzent verrät ihn auf hundert Schritte, sobald er den Mund aufmacht. Du kannst dir vorstellen, daß alle Schergen von Tigellinus mit seiner Beschreibung unterwegs sein werden ... Der Große Fischer ...«

Linus hatte recht. Wenn Tigellinus es sich in den Kopf setzte, die Christen für die Katastrophe verantwortlich zu machen, war Petros von uns allen am meisten in Gefahr. Ihm war es unmöglich, unbemerkt zu bleiben; er hatte etwas an sich, das sofort die Aufmerksamkeit auf sich zog. Linus lächelte.

»Herr, ich habe versucht, mit ihm zu sprechen; er will auf

nichts hören. Aber wenn Gaius Cornelius und du ein Wort an ihn richtet, würde er auf euch vielleicht hören.«
Pudens und ich nahmen Petros daher beiseite und machten ihm die Reize Kampaniens zu dieser Jahreszeit schmackhaft; beide hatten wir dort Häuser, die wir ihm gerne bis zum Winter zur Verfügung stellen wollten. Einen Augenblick lang sah Petros uns schweigend an, dann fragte er, an Pudens gewandt:
»Und du, Gaius Cornelius, du wirst wohl sicher den Rat befolgen, den du mir gibst, und nach Pompeji gehen?«
Pudens biß sich nervös auf die Lippen; ich kannte ihn lange genug, um zu wissen, daß er nicht zu denen gehörte, die sich aus dem Staub machen, wenn die Dinge sich zum Schlechteren wenden. Schließlich erwiderte er:
»Um ehrlich zu sein, ich mache mir nicht so viel aus Seebädern, und Pompeji ist um diese Zeit für meinen Geschmack etwas zu überlaufen. Und wie sollten wir auch fortgehen? Du weißt doch, daß Pudentiana eine Hilfsstelle für die Notleidenden eingerichtet hat. Die Hälfte der Mütter Roms kommt dorthin, um sich Milch für ihre Kinder zu holen. Niemals würde meine Tochter glauben, daß diese Frauen auf sie verzichten könnten.«
Petros strich sich über den Bart, dann wandte er sich mir zu.
»Aber du, Gaius Pontius, du wirst deine Ratschläge sicher in die Tat umsetzen. Du hast auch noch ein Haus in Samnium, nicht wahr, für den Fall, daß Kampanien dir im Sommer einmal nicht zupaß kommt?«
Angesichts meines verlegenen Schweigens fuhr er fort:
»Ich werde keinem von euch beiden etwas Neues erzählen, wenn ich euch sage, daß ich in einer gewissen Aprilnacht vor vierunddreißig Jahren in Jerusalem die Aufgabe vergessen habe, die der Meister mir anvertraut hatte; ich habe sogar Ihn vergessen … Dreimal, ja dreimal habe ich einer allzu neu-

gierigen Dienerin geantwortet – nicht den Leuten des Sanhedrin, nein, einer einfachen Frau –, daß ich den Meister nicht kennen würde ... Ich habe es sogar beim Tempel geschworen ... Das Schlimmste ist, daß ich zwei Stunden vorher noch großgetan hatte und ihm sagte, alle anderen könnten ihn vielleicht verlassen, aber ich, niemals! Niemals, und wenn ich mit Ihm sterben müßte ... Und ihr verlangt von mir, wieder damit anzufangen? Wißt ihr denn nicht, daß ich damals vor Scham und Kummer zu sterben glaubte?«

Pudens schien sehr verlegen. Wir wußten alle, daß es Petros schwerfiel, sich an diese Geschichte zu erinnern, die er jedoch oft erzählte. Und was konnte ich gegen die Skrupel des alten Fischers sagen – ich, der ich mich an meine eigene Verzweiflung an diesem Tag erinnerte, als ich Ihn hatte im Stich lassen müssen, ich, der diesmal sicher war, daß ich lieber die ärgsten Qualen erdulden würde, als diese Stunden noch einmal zu durchleben?

Flavius rettete uns aus der schwierigen Lage. Er mischte sich in das Gespräch ein und brummte:

»Weißt du, Herr, das ist nicht dasselbe! An jenem Abend, wie soll ich es sagen ... Du hast einen Augenblick des Zweifels, der Schwäche gehabt. So etwas kennt jeder! Es gibt keinen Soldaten, dem das nicht passiert wäre! Und dann kommt alles wieder in Ordnung. Du bist zurückgekommen, du bist noch da, das ist der Beweis! Der Meister hat dir erneut sein Vertrauen geschenkt, Er hat dieser Geschichte nicht soviel Bedeutung beigemessen, oder? Du wirst dir das doch nach all den Jahren nicht immer noch vorwerfen! Was wir dir sagen wollen – die Dinge haben sich geändert: Du mußt deinen Mut und deine Treue nicht mehr beweisen, glaubst du nicht auch? Wie vielen Gefahren hast du dich ausgesetzt? Wie oft hat man dich gegeißelt? Niemand kann dir heute Vorwürfe machen! Im Gegenteil, wir bitten dich, einfach deswegen zu gehen, weil

du unser Oberhaupt bist und wir dich brauchen. Für uns mußt du Rom verlassen. Ich bin sicher, daß Christos es will!«

»Ein schlechtes Oberhaupt, das seine Männer zu Beginn der Schlacht im Stich läßt ...«, murmelte Petros.

Pudens und ich protestierten: Im Gegenteil, Petros könne sich auf unsere Erfahrung als Offiziere verlassen; ein schlechter Anführer sei der, der sich zu Beginn der Schlacht unvorsichtig der Gefahr aussetze und so riskiere, die Seinen allein zu lassen, ohne jemanden, der sie zum Sieg führe. Dieses Argument wirkte. Heute morgen ist der Große Fischer über die Via Appia aufgebrochen, und wir fühlten uns sofort ruhiger.

Wir gratulierten uns immer noch zu seinem Aufbruch nach Neapel, als Flavius mit bestürzter Miene hereinkam. Petros war gerade zurückgekommen, von solcher Verwirrung und Aufregung übermannt, daß wir Angst bekamen, denn er war alt, und wir befürchteten schon, er könne einem Schlaganfall erliegen. Wir hießen ihn, sich zu setzen, und gossen ihm Wasser ein; er schien unfähig, ein Wort zu artikulieren. Endlich, nach einer langen Weile, sagte er mit einer Stimme, die wir kaum erkannten, so sehr war sie durch seine Ergriffenheit verändert:

»Ich habe den Meister gesehen!«

Angesichts unserer Sprachlosigkeit geriet er fast in Zorn:

»Nein, ich bin nicht verrückt! Ich hatte gerade die Porta Capena passiert, die Sonne ging auf. Zuerst glaubte ich sogar, es sei ihr Leuchten, das mich blendete ... Aber das Licht war vor mir, als käme es auf mich zu. Ich sagte mir, das müsse einer dieser hochmodischen Wagen sein, ganz mit Silber oder Kupfer beschlagen, der so glänzte. Aber es war kein Wagen, es war der Meister, der zu Fuß in meine Richtung kam. Als ich ihm ein Stück näher war, habe ich Ihn erkannt.«

Petros begann zu weinen.

»Ich trat noch näher. Ich grüßte Ihn, und ich sah, daß Er

traurig aussah … So traurig! Ich sagte: ›Meister, wohin gehst Du?‹ Er sah mich an, so wie Er mich an jenem Abend im Hof des Hohenpriesters angesehen hatte, und sagte zu mir: ›Petros, wo soll ich wohl hingehen? Ich gehe nach Rom, da der Schäfer meine Lämmer vor den Wölfen im Stich läßt. Ich gehe nach Rom, aus dem du geflohen bist, Petros, um mich dort ein zweites Mal kreuzigen zu lassen.‹ ›Das brauchst Du nicht, Herr‹, erwiderte ich, ›das brauchst Du nicht … Ich habe verstanden, ich kehre zurück.‹«
Petros sah uns vorwurfsvoll an. Wir wagten nicht zu antworten.

Heute ist es einen Monat her, daß wir uns nicht mehr bei mir versammeln. Linus hatte nur zu recht gehabt, als er vorhersah, daß jene von uns, die Tigellinus hatte verhaften lassen, früher oder später reden würden … Kein Morgengrauen mehr, an dem nicht ein halbes Dutzend Familien in ihrem Hause überprüft und in die Kerker des Tullianum gezerrt wurde, von den weißhaarigen Großeltern bis zum Säugling, der noch von der Mutter gestillt wurde. Im Augenblick konzentrierten sich diese Razzien auf Trastevere, doch wie lange würde Ahenobarbus brauchen, bis er so kühn wurde, daß er sich an die Namen erinnerte, die Sabina Poppaea ihm entgegenkommenderweise anvertraut hatte? Wie viele Tage würde es noch dauern, bis ein Zenturio vor meiner, vor Plautius' oder vor Pudens' Tür stand? Denn Gaius Cornelius hatte darauf bestanden, mit seiner Tochter in die beiden Zimmer seines schönen Hauses zurückzukehren, die von den Flammen verschont geblieben waren.
Paulus hätte den Augenblick seiner Rückkehr hierher nicht schlechter wählen können … Als wäre Petros' Sicherheit für uns alle noch kein ausreichend großer Grund zur Beunruhigung, mußten wir uns jetzt auch noch um den Tarsioten sorgen.

Doch weder Petros noch Paulus schienen unsere Befürchtungen im geringsten zu teilen, und hätten sie nicht den Willen gehabt, ihre Herde zu schützen, würden sie meiner Überzeugung nach weiterhin wie in der Vergangenheit auf der Straße predigen.
Verhaftungen folgten auf Verhaftungen, doch niemand wußte bisher, was der Cäsar mit unseren gefangenen Brüdern und Schwestern anstellen wollte. Wußte er es selbst? Pudens, der den Mut gehabt hatte, in den Senat zu gehen und im Palast zu erscheinen, als sei nichts geschehen, als argwöhne niemand seine Verbindungen zu jenen, die der Stadtpräfekt Flavius Sabinus vor ein paar Tagen als Feinde des Menschengeschlechts bezeichnet hatte, erklärte, seiner Meinung nach hänge alles von den Reaktionen der Plebs auf die Pläne Neros ab. Rom grollte, obwohl man die kaiserlichen Gärten für die von der Katastrophe Betroffenen geöffnet hatte und obwohl man Geld, Getreide und Hilfsmittel mit einer Großzügigkeit verteilte, für die der Cäsar im übrigen bekannt war. Denn seit der letzten Woche hatten Sklaven begonnen, die Umgebung des Circus Maximus, die Hügel des Caelius und des Palatin von Schutt freizuräumen, und es ging das Gerücht, auf diesem Gelände wolle man eine Residenz des Herrschers errichten, umgeben von Parkanlagen, die allein ein Drittel der Stadt ausmachen sollten. Diese Neuigkeit hatte genügt, um den Klatsch wiederzubeleben, Ahenobarbus selbst sei der Brandstifter gewesen. Wenn dieser Verdacht Gestalt annahm, wären die Christen da, um den Zorn der Plebs vom Cäsar abzulenken.

Antiochos hatte seinem Vater und mir helfen müssen, die schmalen Stufen hinabzusteigen, die in dieses unterirdische Gewölbe führten. Für solche Übungen waren wir nicht mehr jung genug. Schon dieser nächtliche Ausflug auf der Via Appia

war uns als Abenteuer erschienen. Noch nie zuvor hatte ich die Ruinen dieses Hauses neben dem Grab von Caecilia Metella bemerkt, noch hatte ich vermutet, daß unter ihm ein solches Labyrinth von Gängen lag, die in diesen gewölbten Saal führten. Die Nähe der Gräber und die weitverbreitete Furcht vor Geistern garantierten, daß dieser unheimliche Ort völlig in Ruhe gelassen wurde. Wer würde hier die Feinde des Menschengeschlechts suchen, die der Cäsar seit vorgestern den Göttern der Unterwelt geweiht hatte?
Tigellinus hatte es an nichts fehlen lassen, damit dem Volk umfassende Unterhaltung geboten wurde. Zuerst Hunde, dann Löwen, Bären und Tiger ... Was gab es in der Tat Vergnüglicheres, als zu sehen, wie eine Mutter mitsamt ihren Kindern, alle eingenäht in Tierfelle, um die Grausamkeit der Raubkatzen anzustacheln, von wilden Tieren zerfleischt wurde? Vorausschauend hatte Tigellinus es vorgezogen, die Männer für das Kreuz aufzusparen, und im Circus Marcellus, der noch blutbefleckt von der Marter ihrer Familien war, wurden unsere Brüder gestern zu Dutzenden gekreuzigt. Würde das genügen, um die Wut Roms zu befriedigen, oder war das nur ein Vorgeschmack auf noch schlimmere Greuel?
Als wir in den unterirdischen Saal traten, war Petros umringt von Menschen, die sich um seine Knie drängten; unter ihnen erkannte ich Pudentiana. Zuerst, da ich in letzter Zeit ein wenig taub wurde, glaubte ich, sie würden beten, doch als ich näher kam, erkannte ich meinen Irrtum. Es war kein Flehen, das sie gen Himmel richteten, sondern Schreie des Vorwurfs und Entsetzens.
»Warum hast du uns getäuscht, Vater? Du hattest uns versprochen, das Reich und mit ihm Christos würden kommen; du hast uns das Leben versprochen und uns in den Tod und zur Folter geschickt!«
»Marcia, Vater! Du hast sie gekannt! Du hast sie getauft!

Gestern ist sie gestorben, zerfetzt von den Klauen eines Leoparden! Warum, Vater, warum?«
»Vater, sie haben meinen Mann ergriffen und ans Kreuz genagelt. Und Christos hat es zugelassen!«
»Du hast uns gesagt, Gott würde die Seinen nicht verlassen, aber sieh, Petros, sieh!«
Aus allen Ecken des riesigen Saales stiegen dieselben Schreie, derselbe Jammer empor, dieselben Anklagen und dasselbe Entsetzen. Petros hatte den Kopf gesenkt; mit einemmal sah er sehr alt und sehr müde aus. Einen schrecklichen Augenblick lang glaubte ich, er würde nicht antworten, würde dieser Woge von Schmerz und Angst nichts entgegenhalten. Neben mir hörte ich Flavius murmeln:
»Vergib ihnen, Herr. Sie haben es noch nicht richtig begriffen ...«
Ich sah meinen Gallier an; sein Gesicht spiegelte dieselbe unerschütterliche Gewißheit, die ich an jenem Aprilabend auf seiner Miene gelesen hatte, als er seinen Bericht über den Tod des Galiläers mit dem seltsamen Schluß beendet hatte: »Und dennoch, du wirst sehen, Herr, dieser Mann ist der Sohn Gottes!« Gibt es irgend etwas auf der Welt, das den Glauben eines Kelten erschüttern könnte? Flavius lächelte mir zu, bevor er flüsterte:
»Petros wird sprechen.«
Tatsächlich hatte Petros den Kopf gehoben, und seine Züge waren von einem Licht erleuchtet, das durch die kleinen Öllämpchen im Saal nicht erklärbar war.
»Wahrhaftig, Schwestern und Brüder, wahrhaftig, habe ich euch jemals gesagt, daß Christos euch den Frieden so schenken würde, wie die Welt ihn gewährt? Habe ich euch jemals gesagt, daß er euch das Leben dieser Welt schenken würde? Warum sollte der Gott, der aus Liebe zu euch Mensch geworden ist, um das Leid der Menschen zu erdulden und den Tod

der Menschen zu sterben, euch Leiden und Tod ersparen? Wahrhaftig, ich weiß, was ihr in diesem Augenblick fühlt, und ich weiß, daß eure Herzen verwirrt und empört sind ... Denn auch ich habe eure Verwirrung und eure Empörung geteilt, so sehr, daß ich den Glauben verloren hätte, wenn mir nicht aus der göttlichen Barmherzigkeit Kraft erwachsen wäre. Auch ich habe geglaubt, getäuscht worden zu sein, als ich sah, wie die Wachen des Sanhedrin den Meister mitgenommen haben, ohne daß er sich verteidigt hätte, wie er verurteilt, geschlagen, gegeißelt, ans Kreuz genagelt wurde und am Kreuz starb, so wie dein Mann heute gestorben ist, Lucina, meine geliebte Tochter. Ja, es kann uns so scheinen, daß Gott uns verlassen hat, weil wir nur schwache und zitternde Menschen sind. Und in den Augen der Heiden scheinen wir verflucht, verlassen. Unsere Marter und unser Tod erscheinen wie eine Strafe. Ja, meine Kinder: In den Augen der Ungläubigen scheinen Marcia, Andronikes, Eusebius und alle anderen, die schon verschieden sind, und all jene, die ihr Leben noch für Christos geben werden, gestorben zu sein. Aber ich sage euch: Sie sind jetzt im Licht, im Frieden, in der Freude, die nichts jemals ändern kann. Denn Christos hat gesagt: ›Ich bin die Auferstehung und das Leben. Wer an mich glaubt, der wird leben, auch wenn er stirbt; und wer da lebt und glaubt an mich, der wird nimmermehr sterben.‹ Ja, meine geliebten Kinder ... Denkt nicht, dieser Brand, der unter euch wütet, um euch zu prüfen, sei seltsam, als würde euch etwas Unerklärliches geschehen. Freut euch, da ihr an den Leiden von Christos teilhabt, freut euch, denn an dem Tag, an dem Er sich in Seinem Glanz zeigen wird, werdet ihr mit Ihm Freude und Jubel teilen. Glücklich seid ihr, die ihr im Namen des Herrn verfolgt werdet, denn Sein Geist ruht auf euch. Die Heiden können euch als Diebe, Mörder, Brandstifter oder Spitzel verurteilen. Was bedeutet das, da ihr all das nicht seid?

Aber wenn sie euch als Christen verurteilen, so schämt euch nicht, sondern preist Gott, der euch diesen Namen gegeben hat! Denn ich sage euch: Die Welt wird sagen, Gott habe sich von euch abgewandt, ihr selbst werdet euch fragen, ob Gott euch nicht verlassen hat. Aber an diesem scheinbaren Verlassensein erkennen sich die Auserwählten des Herrn, jetzt und auch in Zukunft.«

Petros teilte Brot und Wein unter uns. Als wir uns zurückziehen wollten, kam Gaius Cornelius auf uns zu. Auch er schien alt und müde.

»Tigellinus hat mir ausrichten lassen, daß Ahenobarbus verwundert ist über meine Abwesenheit bei den Spielen, die er augenblicklich gibt … Er wünscht inständig meine Anwesenheit und die meiner Tochter am morgigen Abend bei den Vergnügungen, die in seinen Gärten stattfinden sollen.«

Mit einer Stimme, die völlig verzerrt klang, fragte ich:

»Was für Vergnügungen, Pudens?«

Gaius Cornelius sah mich an.

»Morgen wirst du es wissen, Pilatus, zugleich mit mir … Ahenobarbus wünscht deine Anwesenheit ebenfalls, und die deines Adoptivsohns. Sabina Poppaea hat ihm anscheinend unsere Namen genannt.«

Mit einem angstvollen Blick auf Pudentiana, die immer noch bei Petros kniete, fügte er hinzu:

»Christos, hab Erbarmen mit meiner Tochter! Ich glaube, ich bin noch imstande, einiges auszuhalten, aber sie …«

Zum erstenmal in meinem Leben dankte ich Gott dafür, daß er mir Pontia genommen hatte.

Wie Pudens mir gesagt hatte, fand ich bei der Rückkehr eine Nachricht von Tigellinus vor, die mir in offensichtlich jubelndem Tonfall die Einladung weitergab, mich morgen abend in Begleitung von Antiochos bei den Festlichkeiten in den Gär-

ten Neros einzufinden. Als ich Flavius den Brief vorlas, wurde er bleich. Einen Augenblick lang schloß er die Augen, ich sah ihn schwanken und dachte, ihm sei übel. Doch nein; er richtete sich schon wieder auf.

»Herr, es ist lange her, daß mir so etwas passiert ist ...«, sagte er schließlich mit kaum wiederzuerkennender Stimme. »Du erinnerst dich an das, was ich meine Eingebungen nannte, meine innere Stimme ...«

Ja, ich erinnerte mich. Schon seit langem hatte ich aufgehört, sie zu belächeln. Mein schönes, rationales römisches Universum, das mich einst daran gehindert hatte, trotz meiner brennenden Sehnsucht danach, die Wahrheit zu finden, war dem gewichen, was Paulus »die erhabene Verrücktheit Gottes« nannte. Vielleicht hatte Christos Flavius und die Kelten im Sinn, als er gesagt hat: »Ich preise Dich, Vater, Herr des Himmels und der Erde, weil Du dies den Weisen und Klugen verborgen hast und hast es den Unmündigen offenbart.« Mir fällt es nicht so leicht wie meinem Gallier, demütig und wie die Kinder zu sein, aber ich weiß heute, daß Flavius genau deswegen so leicht den Weg zum Königreich gefunden hat, den ich nur unter so großen Mühen entdecken konnte. Und ich weiß, daß er den Willen Gottes vor mir erkennt.

Im Augenblick lag ein seltsames Lächeln auf Flavius' Gesicht. Lange sah er mich an.

»Weißt du, Herr«, sagte er schließlich, »ich habe Angst, dir Kummer zu machen ... Ich glaube nämlich, daß ich dich verlassen werde.«

Ich sperrte den Mund auf, ohne zu verstehen. Einen Moment lang glaubte ich, er hätte das plötzliche Verlangen, vor seinem Tod den Landstrich seiner Heimat wiederzusehen, oder er hätte vielleicht, so unwahrscheinlich es war, Angst bekommen, so wie unsere Brüder und Schwestern, die gerade eben Petros zu Füßen gefallen waren, so daß er nach einem Vor-

wand suchte, aus der Stadt und vor den Henkern des Tigellinus zu fliehen. Er las mir meine Empfindungen mühelos vom Gesicht ab, und sein Lächeln erlosch.

»O nein, Tribun«, sagte er in genau dem Tonfall, den er früher hatte, als wir jung waren, »du wirst doch nicht denken, daß der Zenturio Flavius nach dem besten Weg sucht, um abzuhauen?«

Unter dem vorwurfsvollen Blick des Galliers schaute ich kläglich zu Boden. Flavius und desertieren ... Schließlich sagte ich:

»Ich bitte dich um Verzeihung, daß ich so etwas auch nur eine Sekunde lang denken konnte.«

Er schüttelte den Kopf, dann murmelte er:

»Weißt du, Herr, es ist so töricht, auf eine Vorahnung zu hören. Ich muß wohl müde sein. Na ja, mir ist es lieber, du weißt es ... Ich glaube, ich ... Du solltest nicht zu bekümmert sein, falls es so kommt ...«

Schließlich platzte er damit heraus:

»Herr, ich glaube, daß ich, auch wenn niemand es weniger verdient als ich, bald Christos wiedersehen werde.«

Abrupt kehrte er mir den Rücken zu und verschwand im Garten.

Den Rest der Nacht verbrachte ich damit, zu Christos zu beten, daß er das nicht tun möge. Aber ich war sicher, daß er mich nicht erhören würde.

Den ganzen Tag über ging Flavius seinen gewöhnlichen Beschäftigungen mit einer Ruhe und Heiterkeit nach, die mir seine düsteren Vorahnungen während der Nacht unbegründet erscheinen ließen. Fast war ich versucht, darüber zu lachen, wäre nicht die Aussicht auf das Fest in den Gärten des Cäsars gewesen. Eingedenk der Warnungen meines Schwiegersohns begriff ich, daß diese Einladung ebenso wie jene an Pudens nur durch irgendwelche grausamen Machenschaften

zu erklären war. Es war kein einfacher Zufall, daß Gaius Cornelius und ich zu dem Fest gebeten worden waren; man kannte uns als Christen. Welche Prüfung wollte man uns auferlegen? Gewiß, meine Geburt und mein Rang ersparten es mir, im Circus zu enden ... Für einen ehemaligen Prokurator kamen weder wilde Tiere noch das Kreuz in Frage.

Ich sah wieder den Kerker des Tullianum, der politischen Hinrichtungen vorbehalten war, seine feuchten Mauern, das Halbdunkel, die drückende Atmosphäre. Ich wußte nicht mehr, warum mein Vater mich dorthin mitgenommen hatte, ich war damals ein Kind von zehn oder zwölf Jahren ... Aber ich erinnerte mich an das niederdrückende Grauen dieses Ortes und an die bräunlichen Flecken auf den Steinplatten. Der Wächter, der uns führte, versicherte uns, das sei das Blut der Komplizen Catilinas, die man an dieser Stelle enthauptet habe. Auch wenn ich später erfuhr, daß dieser Mann uns angelogen hatte, denn die Komplizen von Lucius Sergius waren erdrosselt worden, konnte ich diesen Ort doch nie aus meinen Alpträumen verbannen ... In diesem Raum würden Pudens und ich uns vielleicht vor dem nächsten Morgengrauen wiedersehen. Wenn ich nur nicht die Schwäche zeigte, vor Ahenobarbus' Füßen im Staub zu kriechen und zu behaupten, wie Petros es eines Abends getan hatte, daß ich nie etwas von Christos gehört hätte ... Lange Zeit hatte ich geglaubt, von Angst frei zu sein. Ich war es nicht mehr. Die schmähliche Panik unserer Brüder und Schwestern bei der Versammlung von gestern abend hatte nun auch mich ergriffen.

»Ich bin der Weg und die Wahrheit und das Leben.« Und wenn ich mich getäuscht hatte? Wenn ich nun bald für eine Torheit, eine Illusion sterben würde? Ich dachte daran, nicht zu der Einladung zu gehen. Bei dem Gedanken an Gaius Cornelius, der dann gezwungen wäre, sich der perversen Überraschung, die der Cäsar uns vorbehalten hatte, allein zu

stellen, riß ich mich wieder zusammen. Ich kleidete mich in meine schönste Toga und betrachtete Pontias Porträt. Wenn ich mich geirrt hatte, würde ich weder meine Tochter noch meine anderen Lieben je wiedersehen. Doch wenn die Wahrheit existierte ...

Paulus hat diese Zeilen, die ich neulich unter der Wirkung des Schreckens geschrieben habe, gelesen. Ich hätte diesen Augenblick der Schwäche verschweigen können, doch ich zog es vor, den Mann aus Tarsos ins Vertrauen zu ziehen. Ich schwieg. Paulus nickte hin und wieder seufzend, und ich beobachtete, daß sein Haar schütter wurde und er binnen kurzem ganz kahl sein würde. Zugegeben, eine lächerliche Sorge in diesem Augenblick ...

Er legte das Bündel von Blättern auf den Tisch und sah mich blinzelnd an. Ich hatte vergessen, daß er so schlecht sah, und bereute es schon, ihm diese ermüdende Aufgabe aufgedrängt zu haben.

»Du hast recht, Pilatus«, sagte er schließlich, »du hast hundertmal recht. Wenn alles, was wir glauben, falsch wäre, wenn die Menschen, die in Christos sterben, nicht in Christos leben und auferstehen würden, wenn Christos selbst nicht von den Toten auferstanden wäre, so wären wir noch unseren Sünden verhaftet. Unser Glaube wäre vergeblich, und wir wären die unglücklichsten aller Menschen.«

Paulus lächelte.

»Pilatus, glaubst du, tief in deinem Innersten, daß wir uns im Irrtum befinden? Glaubst du, der du unsere Brüder im Frieden von Christos hast sterben sehen, daß sie ihr Leben für ein Märchen gegeben haben?«

Visionen des Grauens zogen wieder vor meinen Augen vorbei. Doch ich empfand deshalb weder Entsetzen noch Verzweiflung noch Furcht. Ich weiß nicht, welches Wunder es bewirkt

hatte, daß der Mann, den der Cäsar in die Gärten des Vatican befohlen hatte, um seinen Glauben und seinen Mut wanken zu sehen, erfüllt von neuem Frieden und neuer Kraft wieder von dort herauskam. Oder doch, ich weiß es …

Pudens erwartete mich bei sich zu Hause, und gemeinsam gingen wir zu dieser Abendgesellschaft. Pudentiana trug ein prächtiges grünes Kleid, mit Gold bestickt; ich hätte nicht vermutet, daß sie so etwas besaß. Alle Juwelen der Cornelier funkelten in ihrem Haar, an ihren Ohren, ihren Fingern, ihren Handgelenken. Als ich sie so geschmückt und geschminkt sah, wurde mir bewußt, daß sie schön war, und ich empfand einen neuen Respekt vor diesem Mädchen, das sich als Patrizierin gekleidet hatte, um in den Tod zu gehen. Denn wir machten uns alle drei keine Illusionen.

Flavius Sabinus, der Präfekt der Stadt, erwartete uns. Er kam mit verdächtiger Hast auf uns zu, musterte uns streng. Vor einigen Jahren, als Claudius noch der Erste im Staat gewesen war, hatte ich Sabinus oft besucht. Ich schätzte diesen Mann, der mein Nachbar auf dem Aventin und der Cousin des Graecinus war. Ich hatte nie bezweifelt, daß dieses Gefühl auf Gegenseitigkeit beruhte. Der Blick voller Vorwurf und Abscheu, den er mir zuwarf, machte mir klar, daß diese Wertschätzung erloschen war. Es bestand kein Zweifel, daß Flavius Sabinus, geradlinig und ehrenhaft, wie man nur sein konnte, und als echter Römer nur einfachen Ideen zugeneigt, mit aller Kraft an die Geschichten glaubte, die über die Christen in Umlauf waren. Er war ehrlich der Meinung, wir seien Brandstifter, Mörder und Feinde des Menschengeschlechts, um die Worte aufzugreifen, die er neulich in seiner Rede vor dem Senat verwendet hatte. Ohne Gewissensbisse und mit der Überzeugung, Rom und der Gerechtigkeit zu dienen, verurteilte er uns zum Martyrium. Und allein der Gedanke, daß ich, ein Ritter, ein römischer Vollbürger, ehemaliger Prokurator

Judäas, mich dieser schändlichen Sekte angeschlossen hatte, mußte ihm wahrhaft den Wunsch eingeben, mich zu töten. Mit barscher Stimme fragte er:
»Die Einladung schloß auch deinen Adoptivsohn ein, Gaius Pontius; ich sehe ihn nicht. Wo ist er?«
In einer ohnmächtigen Geste zuckte ich die Achseln. Antiochos hatte uns gestern abend verlassen; nachdem er seinen Vater und mich nach Hause zurückgebracht hatte, hatten wir ihn nicht mehr gesehen.
»Mein Sohn ist nicht da, Flavius Sabinus. Ich konnte ihn nicht mehr rechtzeitig benachrichtigen. Möge der Cäsar ihm vergeben.«
Die schmalen Lippen des Präfekten preßten sich wütend zusammen; er konnte seinen Zorn kaum zurückhalten. Er bedeutete uns, wir sollten uns unter die anderen Gäste mischen, die herbeiströmten, alle in prachtvoller Aufmachung. Es war so viele Jahre her, daß ich bei einem Empfang dieser Art gewesen war, daß ich niemanden erkannte; der größte Teil dieser Männer und Frauen war zwanzig, dreißig, vierzig, manchmal sogar fünfzig Jahre jünger als ich. Ich kannte sie nicht. Pudens mußte mir im Vorbeigehen die Namen zuflüstern. Im übrigen sagten mir diese Namen, über die in der Gerüchteküche ganz Roms getuschelt wurde, zumeist kaum etwas. Viele Leute musterten uns schamlos, warfen uns neugierige Blicke nach. Doch niemand machte Miene, uns anzusprechen oder ein Wort an uns zu richten. Ein- oder zweimal ging Pudens mit ausgestreckter Hand auf einen Senator zu, der stets hastig auswich und die hereinbrechende Dunkelheit und die Menschenmenge nutzte, um zu verschwinden, bevor Gaius Cornelius ihn erreichte.
Pudens sah deutlich böse drein, bis er schließlich eine so finstere Miene zeigte wie vermutlich auf dem Schlachtfeld, kurz bevor er angriff. Ich fürchtete, daß ich mich weit weniger

kaltblütig zeigte. Pudentiana, die sich hoch aufgerichtet hatte – sie war gar nicht so klein –, stellte einen Hochmut zur Schau, der mich mit Bewunderung erfüllte. Hin und wieder warf ihr Vater ihr einen Blick zu, und ich sah, wie seine Gesichtszüge sanfter wurden und einen vollkommen gerechtfertigten väterlichen Stolz ausdrückten.

Mindestens eine Stunde spazierten wir bereits in den Alleen der Gärten herum. Zu den eleganten Gruppen der Höflinge und der besonderen Freunde des Cäsars, der Privilegierten unter den Privilegierten, gesellten sich nun weit weniger feine Silhouetten. Nero hatte Befehl gegeben, der Plebs Zugang zu gewähren. Zerlumpte und schmutzige Kinder, Frauen, von denen manche schön gewesen wären, wenn der Brand nicht seinen Schatten auf ihnen hinterlassen hätte, beschäftigungslose und laute Männer drängten sich im Park. Patrizierinnen, die noch mehr Schmuck trugen als Pudentiana, stießen spitze, halb erschrockene, halb entzückte Schreie aus, wenn die Zuhälter aus Subura sie im Vorbeigehen streiften und mit der Hand befummelten.

»Ich kenne einige, die schon davon träumen, sich im Gebüsch von einem *leno* vergewaltigen zu lassen«, meinte eine Stimme hinter uns.

Pudens drehte sich um, einen Ausdruck entzückten Erstaunens auf dem Gesicht. Ein mittelgroßer Mann mit feingeschnittenen Gesichtszügen, schönen weichen Augen, das kastanienbraune Haar nach der neuesten Mode gelockt und frisiert, gekleidet in eine strahlendweiße Toga, deren einfache Eleganz offensichtlich der Gipfel des Raffinements war, kam auf uns zu. Er warf Pudentiana ein blendendes Lächeln zu, so perfekt einstudiert, daß es den meisterhaften Verführer verriet und das arme Mädchen, das noch nie ein Mann so angesehen hatte, purpurrot werden ließ. Pudens bemerkte es nicht, ganz von seinem Entzücken erfüllt, jeman-

den gefunden zu haben, der nicht Hals über Kopf vor ihm davonlief.
»Gaius Petronius, welche Freude!«
Das war also der am meisten geschätzte der Freunde des Herrschers, dieser Gaius Petronius, der Ahenobarbus so lieb war, daß er auf seine Anwesenheit nicht verzichten konnte und ihn zu seinem »arbiter elegantiae« gemacht hatte, ein Titel, den Petronius als vollkommener Schmeichler an die Stelle seines Patronyms Niger gesetzt hatte ... Er mußte der Gunst des Cäsars sehr sicher sein, daß er es wagte, uns an diesem Abend anzusprechen ... Es sei denn, er spielte ebenfalls seine Rolle in dem lasterhaften Spiel, das sein Herr sich erdacht hatte.
Nein, ich hatte mich in Gaius Petronius getäuscht; er war nicht der weichliche Mann, den ich mir vorstellte, auch nicht der eifrige Komplize von Neros Grausamkeit. Diese Rolle überließ er Tigellinus. Er zog uns beiseite, in den gnädigen Schatten einer riesigen Strandkiefer, einem der schönsten Bäume in den Gärten des Vatican. Unter ihrem Geäst herrschte fast vollkommene Dunkelheit. Wir konnten das Gesicht von Gaius Petronius kaum erkennen, doch seine Stimme hatte die allzu verfeinerte Modulation und den falschen Zynismus verloren:
»Wißt ihr, daß Tigellinus heute nachmittag gegen den Architekten Phaon gewettet hat, ihr würdet heute abend nicht erscheinen und man würde uns die Mitteilung bringen, ihr hättet euch die Pulsadern aufgeschnitten, um dem Schicksal zu entgehen, das der Cäsar euch vorbehalten hat?«
Meine Kehle war wie zugeschnürt, aber Pudens antwortete ruhig:
»Gott allein hat das Recht, über die Stunde und die Art unseres Todes zu entscheiden. Unser Leben liegt in seiner Hand.«
Mit einem leisen, freudlosen Lachen erwiderte Petronius:

»In diesem Fall bin ich glücklich, kein Christ zu ein. Lieber bewahre ich mir die Freiheit, mein Leben nach meinem Gutdünken an dem Tag zu beenden, an dem Nero meiner Ratschläge überdrüssig wird; er kann bei manchen Gelegenheiten außergewöhnlich erfinderisch sein, wenn es um ausgeklügelte Todesarten geht, und es ist mir lieber, wenn er meinen Tod nicht nach seinem Vergnügen inszeniert. Ich befürchte, daß ihr heute abend eine bemerkenswerte Demonstration der Phantasie des Herrn der Welt erleben werdet ... Erinnert ihr euch daran, was sein legitimer Vater, dieser arme Tölpel von Ahenobarbus, gesagt hat, als er sich das erste Mal über die Wiege seines göttlichen Sprößlings beugte? ›Was hätten Agrippina und ich auch gemeinsam hervorbringen können, außer einem Ungeheuer?‹«

Erneut erklang das desillusionierte Lachen des Günstlings.

»Gaius Cornelius, du bist ein tapferer Mann, auf den Rom stolz sein kann, und du gehörst zu denen, deren Meinungen im Senat immer angehört wurden. Und du, Gaius Pontius, obwohl du dich zurückgezogen hast, haben dir viele Leute in der Stadt ihre Wertschätzung bewahrt. Ich versichere euch, niemand hier, außer vielleicht dieser bäuerliche Idiot Sabinus, der nie über seine Nasenspitze hinaussieht, glaubt, daß ihr irgendwie in diese Katastrophe verwickelt seid, die uns allen das Herz gebrochen hat. Doch das wird sie alle nicht daran hindern, das Spektakel zu genießen, das ihr ihnen, wie sie hoffen, geben werdet. Nein ... Nero ist noch nicht wahnsinnig genug, um euch hier und jetzt umzubringen. Aber er ist verrückt genug, um sich an dem Vorgeschmack auf den Tod zu erfreuen, den er euch bereiten wird. Pudens, schütze vor, daß deine Tochter krank ist, und schick sie zurück nach Hause; was sich hier abspielen wird, ist nichts für eine normale Frau. Übrigens auch nichts für normale Männer ...«

Pudentiana trat auf ihren Vater zu und legte ihm die Hand auf den Arm.
»Ich werde meinen Vater nicht verlassen, was hier auch geschehen mag.«
Mit einer Geste der Ohnmacht bedeutete Gaius Petronius uns, daß er uns gewarnt habe, dann entfernte er sich ohne ein weiteres Wort und ließ uns allein und verängstigt zurück.
Die Nacht brach herein, eine drückende, sternenlose Nacht. Der Sturm, der seit Mittag drohte, schwoll an, und er würde noch vor Tagesbeginn losbrechen. Ich schrieb die Angst, die mein Herz umklammerte, lieber diesem drückenden Wetter zu als den beunruhigenden Warnungen des Günstlings; Pudens, der wohl ebenfalls dieses rätselhafte Gespräch innerlich wiederkäute, seufzte:
»Zumindest hat er gesagt, daß wir lebend nach Hause zurückkehren werden.«
In der Tat würden wir lebend nach Hause zurückkehren. Doch hatten wir im Vergleich zu unseren Brüdern zweifellos nicht das bessere Los.
Mit einem Schlag wurden die Gärten des Vatican erleuchtet. Jede Allee, jedes Gebüsch, jeder Fels, selbst die in weiter Ferne, erstrahlten im Licht. Beim Hereinbrechen der Dunkelheit hatten wir bemerkt, welche Unzahl von mit Rosen- und Myrtengirlanden umkränzten Pfosten im Park verteilt worden war, die nichts anderes sein konnten als große Leuchter. Doch an jedem dieser Leuchter hatte Tigellinus eine Frau, ein junges Mädchen, ein Kind oder einen jungen Mann in pechgetränkten Tuniken festbinden lassen, die abwechselnd von den Flammenzungen verhüllt und enthüllt wurden.
Als Pudentiana begriff, daß es unsere Brüder und Schwestern waren, schien sie zu taumeln. Ihr Vater streckte die Arme aus, um sie zu stützen, doch sie richtete sich bereits wieder auf, und

mit einer Stimme, die nicht zitterte und die einen Augenblick lang das Prasseln der Flammen übertönte, sprach sie:
»Ihr seid das Licht der Welt. Es kann die Stadt, die auf einem Berge liegt, nicht verborgen sein. Man zündet auch nicht ein Licht an und setzt es unter einen Scheffel, sondern auf einen Leuchter; so leuchtet es allen, die im Hause sind. So laßt euer Licht leuchten vor den Leuten, damit sie eure guten Werke sehen und euren Vater im Himmel preisen.«
Während sie so sprach, ging sie auf den Kreis menschlicher Fackeln zu, der einen runden Platz beleuchtete. Ich wollte sie zurückhalten, doch Pudens hinderte mich daran.
»Der Geist ist über sie gekommen«, sagte er in einem Ton heiliger Verehrung.
Ja, der Geist des Herrn war über Pudentiana gekommen, die plötzlich groß, sehr groß schien. Wo war die unscheinbare Maus aus dem Patrizierviertel? Wo war das verängstigte, unglückliche Mädchen, das am Abend zuvor vor Petros' Knien gelegen hatte? Sie stand nun in der Mitte des Kreises aus Feuer und Qual, in dem sich die Körper von Frauen und Männern wanden. Und mit dieser Stimme, die nicht die ihre war und die den Lärm des Festes, die Schreie der Gemarterten und das Grollen des heranziehenden Gewitters übertönte, rief sie schallend:
»Gesegnet seid ihr, Diener in Christos, denn ihr seid wahrhaft, ich sage es euch, das Licht der Welt! Und wer es an diesem Abend gewagt hat, seine Gärten mit Fackeln aus Fleisch zu erleuchten, weiß noch nicht, daß er ein Licht entzündet hat, das nicht mehr verlöschen wird, ein Feuer, das nichts aufhalten wird! An diesem Abend hat er euch für immer die Stadt und die Welt gegeben! An diesem Abend habt ihr sie für Christos erobert! Ja, die Zeit wird kommen, und wahrhaftig, von heute an, von diesem Ort aus, an dem ihr den Tod findet, wird Christos an der Stelle des Cäsars herrschen!«

Dutzende von Neugierigen waren herangekommen und umringten Pudentiana; doch niemand wagte es, ihr zu nahe zu kommen oder sie gar zum Schweigen zu bringen. Eine Vestalin wehrte heftig einen Soldaten ab, und ich hörte sie ausrufen:

»Rühr sie nicht an, Unglückseliger! Ein Geist ist über sie gekommen! Du würdest sterben, wenn du sie nur anrühren würdest ...«

Nun bemerkte ich, daß um uns herum Stille eingekehrt war: keine Klage, kein Schrei, kein Stöhnen mehr. Und dieses Schweigen wurde gebrochen, nicht vom qualvollen Schreien der Märtyrer, sondern von Gesang ... Eine der lebenden Fackeln, eine erhaben schöne Frauenstimme, erhob sich und verkündete:

»Christos siegt! Christos herrscht! Christos befiehlt!«

Weitere Pfosten, weitere Stimmen, als wären sie bereits befreit von der Macht der gemarterten Körper, nahmen den Gesang auf.

»Christos siegt! Christos herrscht! Christos, Christos, Christos befiehlt!«

Und überall von einem Ende der Gärten zum anderen, überall, wo die menschlichen Fackeln brannten, vereinten sich Stimmen, wie die Stimmen einer Legion am Tag ihres Sieges.

Hinter mir hörte ich die Vestalin seufzen:

»Unheil über die Götter Roms, Unheil über die Götter Roms!«

Ringsum weinten Matronen beim Anblick von Pfosten, an denen kleine Jungen und Mädchen, noch nicht einmal sieben Jahre alt, festgebunden waren. Eine dicke Frau rief schluchzend:

»Und diese Kinder haben wohl zweifellos die Stadt angezündet!«

Der wunderbare, überirdische Gesang stieg immer noch empor, wurde aber schwächer, während der Rauch unsere Mär-

tyrer erstickte und die Flammen sie verzehrten. Ein gräßlicher Gestank von verbranntem Fleisch breitete sich aus. Die Schaulustigen wichen zurück, nun belästigt von diesen Ausdünstungen.

Ich spürte, wie sich eine Hand auf meine Schulter legte; als ich mich umdrehte, erkannte ich Flavius Sabinus, den Präfekten der Stadt, der mir trotz der roten Glut der Scheiterhaufen bleicher als ein Leichentuch schien.

»Gaius Petronius kümmert sich um Pudens und seine Tochter, mach dir um sie keine Sorgen, Pilatus. Doch vielleicht machst du mir die Freude, mit mir nach Hause zurückzukehren; ich würde gerne mit dir sprechen.«

Er zog mich mit zum Ausgang der Gärten, wobei er die Orte vermied, wo wir Gefahr liefen, dem Cäsar und der Augusta zu begegnen. Doch diese hatten Besseres zu tun, als sich an die grausame Einladung zu erinnern, die sie uns geschickt hatten; sie sahen zu, wie Szenen aus der Mythologie und der Geschichte Roms nachgestellt wurden. Sichtlich angeekelt gestand mir Sabinus, daß ein christlicher Actaeon von Hunden zerrissen und eine christliche Pasiphae einem Stier ausgeliefert wurde; daß man einem neuen Regulus die Augenlider abgeschnitten und einem neuen Scaevola die Hand verbrannt hatte ... Wie hätte Nero solche Zerstreuungen versäumen können?

Erst das Gewitter, das endlich losbrach, machte dieser Nacht des Grauens ein Ende. Doch ich hörte unterdessen, wie der Präfekt der Stadt in seiner Sänfte, die uns zurück zum Aventin brachte, zu mir sagte:

»Gaius Pontius, erzähle mir von Christos.«

Ja, am Ende dieser entsetzlichen Nacht hatte Flavius Sabinus – der Präfekt Roms, der die Christen, seinen eigenen Worten nach, für die Feinde des Menschengeschlechts hielt, bis er sie im Frieden von Christos hatte sterben sehen – das wahre Licht

gefunden, das jeden Menschen erleuchtete. Und andere sollten seinem Weg folgen. Ich weiß nicht, wie lange es dauern wird oder wie viele von uns noch unter der Marter sterben werden, aber ich weiß, daß Pudentiana, als der Geist über sie gekommen war, die Wahrheit gesagt hatte: Die Stadt und die Welt würden unser sein. Die Zeit würde kommen, da Rom und die Welt im Namen Jesu die Knie beugen würden.

Ich erinnerte mich an den Ruf der Wachposten in unseren Lagern:

»Wächter, kommt nicht bald das Morgenrot?«

Inmitten der Finsternis scheint es immer unmöglich, daß der Morgen dämmert, und schrecklich sind die Gefahren, die die Nacht verbirgt. Sie sind wahrhaft schrecklich.

Meine Zeit ist knapp bemessen. Im Morgengrauen wird zweifellos derselbe Zenturio, der gestern Gaius Cornelius und seine Tochter ins Tullianum geführt hat, an meine Tür schlagen. Und ich werde ihm folgen. Möge es Christos dennoch gefallen, daß Sabinus davon benachrichtigt wird, so daß er uns mit Hilfe von Paulus und Petros das Brot des Lebens und den Kelch des Heils bringen lassen kann, bevor wir Zeugnis ablegen.

Meine Zeit ist knapp bemessen. Jetzt gleich werde ich diese Memoiren versiegeln, die ich so oft schon ins Feuer werfen wollte, überzeugt davon, daß niemand sie jemals lesen würde, und ich werde sie zum Präfekten der Stadt bringen lassen, nicht damit die Menschen die Erinnerung an Gaius Pontius Pilatus bewahren, sondern damit den künftigen Generationen die Spur der Wohltaten erhalten bleibt, mit denen der Herr uns überhäuft hat.

Manchmal hebe ich den Blick und betrachte den Sessel gegenüber von meinem Schreibtisch, in dem Flavius, wenn er sich Sorgen machte, daß ich zu lange aufblieb, saß, um mir

Gesellschaft zu leisten. Der Sessel ist leer. Mein Gallier ist letzten Monat gestorben; seine Vorahnungen hatten ihn nicht getrogen. Als sein Vater tot war, habe ich Antiochos sofort nach Samnium geschickt und ihm geraten, dort zu bleiben. Er hat mir gehorcht, und ich war darüber unendlich enttäuscht. Aber vielleicht ist es besser so, denn so werde ich morgen keinerlei Bedauern verspüren.

Paulus sagte mir neulich, er könne in Frieden sterben, denn er habe einen guten Kampf geführt. Kann ich das ebenfalls von mir sagen, in diesem Augenblick, da ich mein Leben und den Bericht, den ich darüber zu geben versucht habe, abschließen werde? So wie ich gegenüber Tiberius Augustus Rechenschaft über meine Handlungen abgelegt habe, werde ich Christos gegenüber Rechenschaft ablegen, und Er wird wissen, daß ich immer versucht habe, treu zu sein. Ich habe Rom geliebt, ich habe die Meinen geliebt, aber letztlich war Er es, den ich hätte lieben müssen. Einmal in der Vergangenheit hat Jesus bar Joseph mich gefragt:

»In Wahrheit, Gaius Pontius, liebst du mich mehr als alles andere?«

Damals hatte ich nicht die Kraft, ihm mit Ja zu antworten. Lange Zeit habe ich es für unmöglich gehalten, mir zu verzeihen. Und doch, was wäre geschehen, wenn Gaius Pontius Pilatus, Prokurator von Judäa, an jenem Tag geantwortet hätte: »Ja, Herr, ich liebe Dich mehr als mein Leben, ich liebe Dich mehr als Rom, ich liebe Dich mehr als meine Frau, ich liebe Dich mehr als meinen Sohn, ich liebe Dich mehr als meine Tochter.«

Kann es sein, Herr, daß Du eher meine Schwäche brauchtest als meine Stärke, eher meine Feigheit als meinen Mut? Die Welt wird sich ohne Zweifel daran erinnern, daß ich es nicht fertiggebracht habe, Dich bis zum Ende zu verteidigen, Dich, dessen Unschuld und Königtum ich doch beteuert hatte. Und

die Welt wird mich verurteilen, aber Du, Herr, Du bist größer als die Welt.
Ja, wahrhaftig, ich habe Dich verlassen. Weil ich Dich verlassen mußte. Weil Deine Kraft meine Schwäche brauchte. Herr, wenn ich Dich gerettet hätte, wären wir immer noch verloren …
Gleich, in diesem niedrigen Gelaß im Tullianum, wirst Du mich wieder fragen: »In Wahrheit, Gaius Pontius, liebst du mich mehr als alles andere?« Und diesmal werde ich frei sein, Dir zu antworten:
»Ja. Hier bin ich, Herr!«
Nichts ist von Bedeutung, nur das …
Ich weiß, daß mein Erlöser lebt.

Danksagung

Ihnen allen möchte ich danken:

Meinen Verlegern François-Xavier de Vivie und Xavier de Bartillat, die Interesse an diesem Projekt hatten.

Dr. André Charles, der mir wieder einmal großzügig per Brief Medizinvorlesungen hielt und mir immer, wenn ich ihn darum bat, wertvolle Ratschläge gab.

Meiner Schwester, Mademoiselle Caroline Bernet, die mir mehr als einmal dabei half, die psychologischen Reaktionen meiner Figuren und die Glaubwürdigkeit meiner Hypothesen abzuwägen. Dank sei ihr auch ausgesprochen für die zweihundertvierzehn Tassen Tee, die nötig waren, damit ich mein Projekt zu Ende führen konnte.

Mademoiselle Marie-Madeleine Dorveaux, meiner Lehrerin für Alte Sprachen am Lycée Molière, die mir vor nun schon etlichen Jahren die lateinische Sprache, Literatur und Philosophie nahegebracht und die Liebe zu Rom und zur römischen Kultur vermittelt hat; eine Schuld, die ich nie werde begleichen können.

Und Dank schließlich einem gewissen Prokurator von Judäa, der am 7. April des Jahres 30 dazu beitrug, daß die Erlösung ihren Lauf nahm.

Alain Absire

Der Maler von Florenz

Die Entdeckung des unbekannten Botticelli

Sandro Botticelli ist ein zutiefst unglücklicher und zerrissener Mann: Die Erinnerung an seine entschwundene Freundin quält ihn, seine Künstlerkollegen neiden ihm den Erfolg, und Savonarolas Hetzreden haben ihn in große Angst vor der ewigen Verdammnis gestürzt. Gleichzeitig versucht er jedoch verzweifelt, sich seinen Glauben an den Humanismus und die Freiheit zu erhalten.
Eines Tages erscheint in seinem Atelier der junge Benedetto, der bei ihm in die Lehre gehen möchte. Der Maler ist zunächst gerührt vom Eifer und Wissensdurst des jungen Mannes und ahnt nicht, daß Benedetto ein begeisterter Anhänger der Lehren des Savonarola ist und in sein Atelier eingeschleust wurde ...
Ein Roman, der den Leser einen bisher unbekannten Botticelli entdecken läßt und dem Werk des Malers eine neue Dimension verleiht.

Knaur